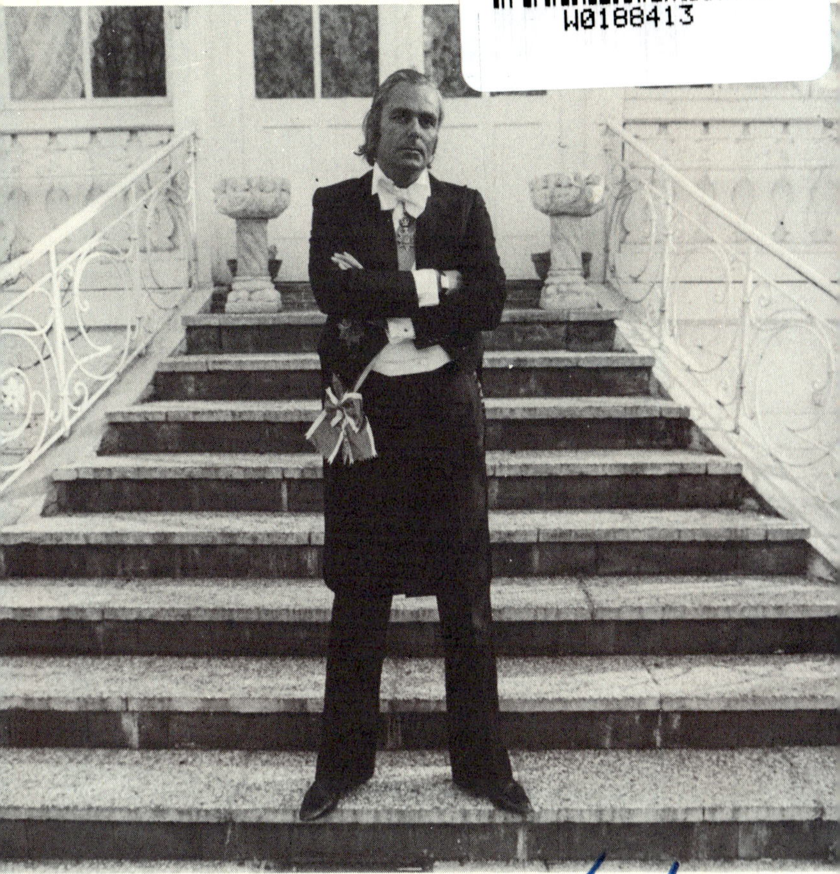

HANS-HERMANN WEYER

ICH,

DER SCHÖNE CONSUL

Karrieren für die Wunderkinder

HANS-HERMANN WEYER

ICH,

DER SCHÖNE CONSUL

Karrieren für die Wunderkinder

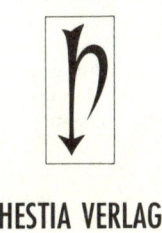

HESTIA VERLAG

Bildnachweis

Stern-Bildarchiv, Hamburg 1, 26, 35, 44, 72, 82
Angelo Zannantonio, Starnberg 23, 45
dpa 16, 22, 33, 37, 40, 52, 60, 65, 83, 85, 87, 94
Neue Revue, Hamburg 34
actionpress, Hamburg 67, 90, 93
ORF Wien, GÖA-Fotographie 91
TopPress, München 92
amw Pressedienst GmbH, München, Bild 97
RTLplus 95
Alle nicht aufgeführten Bildnummern: Privatarchiv des Autors

Printed in Austria
ISBN 3-7770-0426-X
© 1990 by Hestia Verlag GmbH, Bayreuth
Alle Rechte – auch das der photomechanischen Wiedergabe –
ausdrücklich vorbehalten.
Umschlaggestaltung: Graupner & Partner, München
Umschlagfoto (Vorderseite): Istvan Bajzat, München
Umschlagfoto (Rückseite): dpa, München
Satz: MPM, Reitmehring
Druck und Bindung: Wiener Verlag, Himberg bei Wien

Ich widme dieses Buch meinem Sohn Alexander, der sicherlich als Kind am meisten darunter zu leiden hatte, daß ich der »schöne Consul« wurde und bleiben mußte.

Inhalt

Vorwort

Liebe Leser, meine Freunde, treuergebene Fans, heißverliebte Verehrerinnen...

Auf dieses Buch hat Deutschland gewartet. Es liegt jetzt in Ihrer Hand. Karriere für die Wunderkinder. Was immer Sie über mich, den »schönen Consul« — Erfindung der *BILD-Zeitung* — gehört haben, vergessen Sie's!
Was immer Sie über mich gedacht, sich in Ihren wildesten Phantasien vorgestellt haben, vergessen Sie's!
Jetzt spreche ich. Die Wahrheit über mich kann ich manchmal selbst nicht fassen. Oder würden Sie Ihren Augen trauen, wenn Ihnen eines Tages ein Brief ins Haus flattert, in dem steht:

Sie bekommen vom Finanzamt 1 074 000 — eine Million 74 000 — Mark zurück!

Das hat es in Deutschland noch nie gegeben. Nach zehn Jahren sieht der deutsche Fiskus seinen Fehler ein. Ich bin unschuldig verfolgt worden. Meine Abreise aus Deutschland war gar nicht notwendig. Die Kaution von 1,5 Millionen Mark hätte ich nicht in dieser Höhe stellen müssen.
Da ich falsch beschuldigt wurde, mußte ich seinerzeit einen Teil meines Besitzes Hals über Kopf verkaufen, um 3,7 Millionen Mark zu beschaffen. Nur weil die Justiz irrte! Ich habe Gelder aufnehmen müssen, zu 21% Zinsen, was gar nicht notwendig gewesen wäre. Mein

DR. P. ROEMER   DR. M. ROEMER   F. REISCHER   DR. M. SCHÖFER

WIRTSCHAFTSPRÜFER STEUERBERATER RECHTSANWÄLTE

WP/STB/Herrn Roemer & Partner · Wir· Dres. Roemer, Schäfer & Partner
Maximilianstraße 10 · D-8000 München 82

Herrn Consul
Hans Hermann Weyer
Copacabana
Av. Atlantica 1786
Rio de Janeiro
BRASIL.

WP/STB DIPL.-KFM. DR. PAUL ROEMER
WP/STB/RA DR. MANFRED ROEMER
WP/STB DIPL.-KFM. FRIEDRICH REISCHER
RA DR. MICHAEL SCHÖFER
RA LUTZ INGWITH
RA HANS-PETER RUNGE

MÜNCHEN, DEN   07.06.1990

UNSER ZEICHEN

Dr. Roe/HH

Betreff: Rechtsbehelfe i. S. Einkommensteuer, Umsatzsteuer
Gewerbesteuer 1970 - 1980
hier: Stellungnahme des Finanzamtes München V

Sehr geehrter Herr Consul Weyer,

Wir können Ihnen heute die erfreuliche Mitteilung machen, daß lt. der
o. a. Stellungnahme die strittigen Steuerfestsetzungen um rd.

DM 1.074.000,00

reduziert werden.

Dies bedeutet, daß die ursprünglichen Steuerfestsetzungen sich um
etwa die Hälfte vermindern.

Wir werden nun gemeinsam mit Ihnen die hieraus resultierenden Erstat-
tungsansprüche dem Finanzamt gegenüber mit allem Nachdruck geltend
machen, nachdem Sie seinerzeit mehr als das Doppelte zahlen mußten.

- 2 -

Wir müssen uns aufgrund des neuen Sachverhaltes überlegen, inwieweit
wir die Finanzbehörde wegen des Ihnen erwachsenen immensen Schadens
regreßpflichtig machen können.

Wir bitten Sie, sich möglichst bald mit uns telefonisch - gegebenen-
falls aus Rio - wegen des weiteren Procedere in Verbindung zu setzen.

Mit besten Grüßen

(P. Roemer)
Wirtschaftsprüfer
Steuerberater

Rückzahlung vom Finanzamt:
1 Million 74 Tausend DM!

Maximilianstraße 10 · D-8000 München 82 · Telefon (089) 43 90 05-0 · Telefax 43 90 05-29

Konten Wirtschaftsprüfer/Steuerberater:
Deutsche Bank AG, München, Nr. 5/52088 01   (BLZ 700 700 10)
Postgiroamt München   Nr. 7 5998-806   (BLZ 700 100 80)

Konten Rechtsanwälte:
Deutsche Bank AG, München, Nr. 5 5071801   (BLZ 700 700 10)
Postgiroamt München   Nr. 3765 29-803   (BLZ 700 100 80)

Antrag einer Privatperson
auf Erteilung eines Führungszeugnisses

| 01 | ◁ Beleg-Art | 02 | | ◁ Geburtstag |
| N | | | |

| 07 | | ◁ Geburtsname |
| Weyer | |

| 08 | ◁ Nur bei Abweichung vom Geburtsnamen: Familienname |

| 09 | | ◁ Vornamen |
| Hans Hermann | |

| 10 | | ◁ Geburtsort |
| Berlin | |

| 11 | ◁ Deutsche(n) | 12 | ◁ Andere Staatsangehörigkeiten |

| 14 | | ◁ Anschrift (Straße, Hausnummer, Postleitzahl, Ort) |
| Brasilien | |

| 15 | | ◁ Geburtsname der Mutter |
| Finkemeyer | |

| 16 | | ◁ Bei Antragstellung durch einen gesetzlichen Vertreter: Anschrift des gesetzlichen Vertreters |

Erläuterungen für den in Feld 01 (Beleg-Art) einzutragenden Kennbuchstaben:

Beleg-Art **N** = Führungszeugnis für eigene Zwecke
(Übersendung an Antragsteller)

Beleg-Art **O** = Führungszeugnis zur Vorlage bei einer Behörde
(Übersendung unmittelbar an die Behörde)

Beleg-Art **P** = Führungszeugnis zur Vorlage bei einer Behörde
(Übersendung an das in Feld 18 einzutragende Amtsgericht, wenn der Antragsteller dies beantragt für den Fall, daß das Führungszeugnis Eintragungen enthält.)

Zu den Feldern 07 08 09 15 16:

Akademische Grade und Titel werden nicht angegeben.

---

trag **Es wird um Erteilung eines Führungszeugnisses gebeten.**

18 Hier nur bei Beleg-Art P Anschrift des Amtsgerichts eintragen!

17 Die Angaben des Antragstellers zur Person sind überprüft.

Generalbundesanwalt
beim Bundesgerichtshof
– Bundeszentralregister –
Postfach 11 06 29

8. DEZ. 1987

1000 Berlin 11
(Ort, Datum)

I. A.
(Unterschrift)

19 Bei Beleg-Art O oder P Geschäftsnummer oder Verwendungszweck der Empfänger-Behörde angeben

---

21 Antragsteller benachrichtigt am

Eingesehen und der Weiterleitung nicht widersprochen.

(Datum, Unterschrift des Antragstellers)

20

Führungszeugnis
Eintragungen im Zentralregister:

22 Hier Anschrift für **Rückantwort** eintragen!
Bei Beleg-Art N   Anschrift des Antragstellers
O }
P   Anschrift der Behörde

Der Generalbundesanwalt beim Bundesgerichtshof
– Dienststelle Bundeszentralregister – Postfach 11 06 29 · 1000 Berlin 11

Luftpost!
Herrn
Consul Hans Hermann Weyer
Sonderbotschafter
Av. Atlantica, 1800 (Excelsior)

Rio de Janeiro

BRASIL

Keine Eintragung
Berlin, den
– 8. DEZ. 1987

Dieses Führungszeugnis wird mit Hilfe automatischer Einrichtungen erteilt und nicht unterschrieben

Bundesanzeiger, Abteilung Formularvertrieb
5300 Bonn – Telefon (02 28) 23 80 67 – Postfach 13 20

BZR 2 ⊙ Bundesdruckerei 529 149 8. 85   8 7 6 5 4 3 2 1

---

eißes Führungszeugnis vom Generalbundesanwalt.
ifahrtschein für die Rückkehr von Südamerika.

Name hat einen Schaden erlitten, der kaum gutzumachen ist. Ich, der schöne Consul Weyer, als angeblicher Steuerhinterzieher im Knast!

Aber wie immer in meinem Leben: Dinge, die für mich anfangs ungünstig stehen, wandeln sich zu meinem Vorteil. Also kann ich für meine steuerlich bezahlte »Umsiedlung« nach Südamerika dankbar sein: Deutschlands Staatsanwälten und meinem Schicksal, die sich aufs angenehmste ergänzten.

Ich verbrachte in Paraguay und Brasilien eine wunderschöne Zeit und fand dort das Glück meines Lebens: Ich bin mit einer Million Mark, eingenäht in meinem Pelzmantel, abgereist. In sechseinhalb Jahren habe ich ein Vermögen von vierzig Millionen Dollar verdient. Ich habe dreiunddreißig Länder bereist, und die schönsten Frauen lagen mir zu Füßen. Südamerika wurde für mich wahrhaftig zum Land der unbegrenzten Möglichkeiten.

Ich bin dem lieben Herrgott — und ich bete jeden Abend — unendlich dankbar. Aber jetzt fordere ich mein Recht. Und während ich an diesem Buch arbeitete, teilten mir meine Anwälte zuversichtlich mit: Ich werde zum teuersten Irrtum des deutschen Finanzamtes aufsteigen. Ich habe ein Recht auf Schadenersatz. Ich bekomme mein unrechtmäßig beschlagnahmtes Geld zum größten Teil zurück.

Es hat sich also gelohnt, immer nach meiner Maxime zu leben und zu handeln:

Consul Weyer ist seriös, anständig und korrekt.

Ich habe nie jemanden hereingelegt: Ich kann nur nichts dafür, daß es in meinem Leben wirklich Leute gibt, die mir das Geld aufzwingen. Leute, die mir nach Mitternacht eine Million Mark im Persilkarton vorbeibringen. Leute, die mir außer den Brötchen zum Frühstück auch noch 100 000 Mark in die Tüte legen. Es ist manchmal fast zum Verzweifeln, aber der Dukatenesel kommt vor meine Tür und ...

Manchmal macht er einen solchen Lärm, daß ich aufwache. Doch ich träume nicht: Die Millionen liegen für mich auf der Straße. Dabei mache ich mir nichts aus

Geld. Geld wird im Leben nur wichtig, wenn man es *nicht* hat. Ich selbst habe schon so lange keine Mark ausgegeben, daß ich gar nicht mehr weiß, wie eine Mark aussieht. Glauben Sie's oder nicht. Aber jetzt spreche ich. Und Consul Weyer sagt immer die Wahrheit. Vergessen Sie das nicht.

Meine Flucht

»Es ist eine wohltuende Abwechslung, in einem Land zu sein, das nicht von seinem Volk regiert wird«, sagte Prinz Philip bei seinem Staatsbesuch in Paraguay zu mir.

Vor einem Vierteljahrhundert, als ich gerade frischgebackener Consul war, fuhr Gustaf Gründgens einmal im Schrittempo neben mir her. Der beste Doktor Faust, den es je auf der deutschen Bühne gab, winkte mir aus dem Fond seines Rolls-Royce begeistert zu und bot mir jede Schauspielerkarriere an, die ich haben wollte. Nur weil er scharf auf mich war. Ich habe viele solche Angebote bekommen. Ich hätte die gleiche Karriere wie Horst Buchholz, Helmut Berger oder Alain Delon machen können. Aber ich wollte nicht.

Meine schauspielerischen Fähigkeiten gingen nicht verloren. Ich spielte auf der Bühne, die Leben heißt. Eine Rolle, bei der ich Kopf und Kragen riskierte, war meine Flucht nach Südamerika. Ich habe meinen Part vorher gründlich einstudiert.

Am letzten Abend war ich mit meiner Mutter bei einer Feier in Augsburg. Ein Bauernhaus am Waldrand. Ich nahm ihren Arm, und wir gingen spazieren. Meine Mutter war ob solch plötzlicher Zuneigung etwas überrascht und meinte: »Sag, Haya, ich habe so ein komisches Gefühl, du hast irgend etwas vor.«

Haya war mein Kosename aus den guten alten Zeiten, als wir noch in Tripolis lebten und bei König Mohammed Idris I. El-Senussi ein und aus gingen.

14

Ich schwieg beharrlich, schließlich wußte ich, daß die Kripo zuallererst bei meiner Mutter klingeln würde. Ich wollte sie nicht durch eine eventuelle Mitwisserschaft hineinzuziehen.

Wir standen am Rand eines kleinen Flugplatzes. Murmelnd schritt ich die Landepiste ab. Ich zählte: 365, 366, 399, 417 Meter...

»Hast du dieses Grundstück gekauft?« fragte meine Mutter neugierig. »Willst du hier bauen? Mir kannst du es verraten, ich bin doch deine engste Vertraute.«

Ach, meine liebe Mutti, ich bin wirklich ein dich über alles liebender Sohn, aber komm mir nicht mit so weiblicher List. Wenn es um Neugier geht, sind alle Frauen gleich. Sie wollen alles wissen, um es für sich auszunutzen: Wissen ist Macht. Ob Sohn, Ehemann, Liebhaber, alle Frauen wollen den Mann beherrschen. Aber keine beherrscht Consul Weyer!

Als ich die Piste mit meinen Schritten ausgemessen hatte, wußte ich: Mit Glück geht mein Plan auf. Ich dachte an meinen Vater, den Kriegsflieger, und seinen Kumpel, meinen Patenonkel, den Reichsmarschall Hermann Göring. Was wohl die Jungs zu meinem Flugabenteuer sagen würden? fragte ich mich. Bestimmt hatten dort oben im Himmel die alten Herren vom Reichskabinett schon ein paar Wetten laufen, ob ich es schaffe.

Seit meinem neunzehnten Lebensjahr besaß ich einen Pilotenschein, nur war er im Moment mangels Flugstunden abgelaufen. Die einzige Maschine, an deren Armaturen ich mich noch ungefähr erinnern konnte (ich finde sonst nicht einmal bei meinem neuen Porsche Carrera 2 für 162 000 Mark den Schalter für den Scheibenwischer), war eine alte Cessna 174. Eine achtzehn Jahre alte Kiste; die hatte ich mir besorgt. Sie stand bereits vollgetankt in der Dunkelheit.

Ich nahm wieder den Arm meiner Mutter, und wir kehrten zum Bauernhof zurück. Dort gab ich meinen pelzgefütterten Trenchcoat an der Garderobe ab. Meine Mutter wunderte sich, warum er so schwer war. Er wog fast einen halben Zentner, und Mutter meinte besorgt: »Egal was du vorhast, einen so schweren Mantel

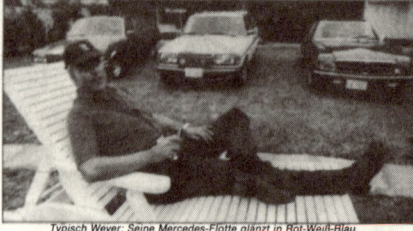
Typisch Weyer: Seine Mercedes-Flotte glänzt in Rot-Weiß-Blau, den Landesfarben Paraguays *Fotos: JOSÉ CAMEJO*

Partylöwe Weyer: Dona Heriberta (l.), die Schwester des Staatspräsidenten, zählte zu seinen Lieblings-Gästen. Sie starb vor wenigen Monaten

Autarker Weyer: Gemüse, Fleisch und Früchte bezieht „El Consulito" direkt von seinen riesigen Latifundien im Landesinneren

Der schöne Konsul Weyer in Paraguay
Hier habe ich absolute Narrenfreiheit

Leben in Paraguay wie Gott in Frankreich

King Weyer: Auch im fernen Südamerika ist der schöne Konsul stets von bezaubernden Frauen umgeben

BLÄTTERN SIE UM

...aguay ...htet JEANNÉE ...lbart des deut... ...otschafters in ... zittert unpro... ...sch:

...er, dieser Kon... ...ner! Der macht ...!!! Dieser Kerl ...eutsche Justiz, ...r Nase herum. ...n vor: Zweimal ...ellen Auslieferung ...uf dem Wege ...aft zum Ober... ...of einfach ver...

Gaucho Weyer (l.) und Hausherr Weyer (r.) sind sich einig: „Auch wenn der kleine Steuerscherz, den sie mir in Deutschland übelnehmen, in zwei Jahren verjährt ist, bleibe ich in Paraguay. Damit nie mehr ein subalterner teutonischer Steuerschnüffler seine Nase in meine Bücher stecken kann . . ."

(rechts: Ute und hübsche Tochter Heike).

Ganzseitige Tageszeitungs-Glückwünsche zu Staatspräsident Stroessners Geburtstag.

solltest du nicht tragen. Es kann der Wirbelsäule schaden.«

Diesmal mußte ich meiner Mutter recht geben. Es ist wirklich nicht gesund, mit einer Million Mark, eingenäht im Pelzmantel, herumzulaufen. Das bekam ich bald am eigenen Leib zu spüren, in der bleihaltigen Luft Paraguays.

Die Million war mein Fluchtkapital. Aber mit einer Million fühlte ich mich so gut wie pleite. Meine Haushälterin hatte das Geld in das Mantelfutter eingenäht, in Tausendern und Fünfhundertern. Ich überwachte ihre Arbeit mit Argusaugen, damit sie nicht in Versuchung kam, schließlich dauerte es fast die halbe Nacht, den Mantel zu präparieren.

»Gute Nacht«, waren auch die letzten Worte, die ich zu meiner Mutter sagte. Ich wußte nicht, ob ich sie je wiedersehen würde. Sie hatte es gespürt, aber sie schwieg. Es war Weihnachten, und draußen stieg leichter Bodennebel auf. Noch vor der Dämmerung wollte ich aufbrechen.

Um 5.15 Uhr morgens, am 26. Dezember 1981, bei unklarer Sicht, in achtzig bis fünfundachtzig Meter Höhe startete ich und unterflog das Radarnetz. Der Tower war noch nicht besetzt. Mein Plan, die Feiertagsstimmung auszunutzen, schien zu funktionieren. Da begann meine Maschine zu stottern, taumelte über den Fichten, die Fenster beschlugen mit Dampf.

Verdammt, ich hatte den falschen Hebel erwischt, aber die Cessna ist eine tolle Kiste, sie verzeiht dem Piloten sogar ganz grobe Fehler. Ich flog, und mir war zum Singen zumute. Mir fiel ein alter Schlager von Hans Albers ein: *Flieg, Pilot, flieg, grüß mir die Sonne und den Mond . . .*

Alles andere war generalstabsmäßig vorbereitet. Meine Rechtsanwältin, Ulrike Baronin von Keyserlingk, hatte vorher für 84 000 Mark einen Lear-Jet gechartert. Am Steuer saß mein alter Freund und Pilot Schaufuß, bewährt durch zahlreiche Einsätze nach Liberia und an die Elfenbeinküste. Er hatte den Auftrag, nach Reos zu fliegen, einem kleinen Flugplatz bei Barcelona. Ich sagte ihm noch am Telefon: »Hören Sie, Schaufuß, es geht um Hilfsgüter nach Südamerika, in Spanien nehmen Sie einen wichtigen Minister an Bord.«

Von mir kein Wort. Ich wollte ihn bei den späteren Kripo-Verhören nicht in Schwierigkeiten bringen. Er wußte nichts. Die sechzig Koffer mit der notwendigsten diplomatischen Weyerschen Habe, Bilder von mir selbst in Lebensgröße, meine Lieblingsmöbel und ein Schwert für die Ritterschläge, verschiffte die Speditionsfirma Schenker.

Baronin Keyserlingk checkte auf dem Flughafen Riem lediglich mit kleinem Handgepäck ein, achtundzwanzig MCM-Koffer, auf denen mit großen Lettern »Consul Weyer« prangte.

Der Zöllner stutzte, er las offenbar fleißig alles über mich der Zeitung. »Wieso seine Koffer?« meinte er. »Consul Weyer darf zur Zeit gar nicht reisen.« Aber Baronin Keyserlingk, die an meiner Universität promoviert hatte, wußte sofort die richtige Antwort: »Er reist nicht mit, aber vielleicht sitzt er in einem Koffer drin. Schauen Sie doch nach!«

Die Zöllner lachten. Ein Tag, der mit Consul Weyer beginnt, ist ein guter Tag. Ich glaube, die ganze Nation hat mir damals die Daumen gedrückt. Wenn es ums Finanzamt geht, hat man sogar bei der Kripo plötzlich Freunde. Ich habe damals eine Solidaritätswelle gespürt und bin überzeugt, jeder hätte mir geholfen. Noch heute schütteln mir wildfremde Leute die Hand und sagen: »Gut haben Sie's gemacht, Sie sind unser Consul.«

Mit dem Gefühl, das ich absolut nichts Unrechtes tue, wenn ich Deutschland vorübergehend verlasse, hing ich über den Wolken. Die Cessna gewöhnte sich allmählich an meinen Führungsstil, nur hat sie gegen alle Weyerschen Prinzipien doch Benzin gebraucht. Über Frankreich wurde der Sprit knapp, ich suchte auf der Landkarte Toulon und fand es nicht. Also ging ich über der erstbesten Piste runter, weil ich auf den Kraftstoffvorratsmesser klopfen konnte, wie ich wollte, der Zeiger rührte sich nicht mehr. Die letzten Meter flog die Kiste nur mit umweltfreundlicher Weyerscher Energie, ein

Treibstoff, aus dem sich Millionenträume verwirklichen lassen.

Als die Cessna mit Keuchhusten aufsetzte, bekam ich einen Schreck. Um mich rum eine ganze Staffel von Jagdbombern, Mirage — *mon Dieu*. Ich war auf einem Militärflughafen gelandet. Aber so schnell macht ein Weyer nicht in die Hose, was schon Gründgens richtig erkannt hatte. Ich bin ein geborener Schauspieler, und das Kostüm stimmt immer.

Ich nahm vom Rücksitz meine Uniform aus Haiti und marschierte als ranghoher Offizier ins Büro. Ich kannte mich aus Kaiser Bokassas Zeiten im Umgang mit der französischen Armee aus. Diese Knilche muß man erst zusammenstauchen. Also mokierte ich mich erst einmal. Überall volle Aschenbecher beim Flugplatzkommandanten! Ich bellte etwas von einer Meldung an das Verteidigungsministerium und gab nebenbei den Befehl, meine Maschine sofort aufzutanken, ich hatte es eilig. Ich nannte ein Kodewort und eine Nummer, unter der man meine Benzinrechnung verbuchen sollte. Es war der zweite Weihnachtstag, draußen nieselte es, und alle waren noch vom *vin rouge* etwas benommen.

»*Dernier verre, aimer la bouteille!*« — zu tief ins Glas geguckt, stauchte ich den Kommandanten zusammen.

Es griff auf diesem Militärflughafen niemand zum Telefon, um mich als Zwischenfall zu melden. Und so verabschiedete ich mich lässig: »*Bien Noël.*«

Der Flug über die Pyrenäen ist gigantisch. Leider konnte ich die Aussicht auf die verschneiten Berggipfel des Massivs Bourg Madame in der Ferne nicht genießen. In meinem Bauch rumorte es, durch meinen Kopf jagten tausend Gedanken. War mein Entschluß, Deutschland zu verlassen, richtig, fragte ich mich immer wieder, aber die innere Stimme antwortete nicht. Ich hörte nur meinen Anwalt, Rolf Bossi, sagen: »Juristisch ist nicht viel an der Sache, doch Sie wissen ja, die Leute, die über Sie urteilen, verschwinden abends im U-Bahnschacht.«

Jawohl, die ehrenwerten Richter. Wer von ihnen

kann schon die Probleme eines Rolls-Royce-Fahrers nachempfinden? Das flaue Gefühl stieg aus meiner Magengrube übelriechend auf. Ich muß wohl während dieses Fliegens auch einen schlechten Atem gehabt haben, es gärte alles in mir, die Million in meinen Mantel beunruhigte mich ebenfalls. Man muß es sich nur vorstellen: Sonst hatte ich nichts, keine Pesetas, keine Euroschecks, keine Kreditkarten. Nur eine Million im Mantelfutter.

Und während ich so grübelte, tauchte plötzlich die Nordwand des 2785 Meter hohen Mont Canigou vor mir auf. Ich drehte die Maschine ab, die Motoren heulten auf. Ich räumte meinen Platz für zwei Schutzengel, die den Steuerknüppel übernahmen, und schloß die Augen. Ich betete, dachte an meinen jüngeren Bruder Hartmut, der Chefpilot der Lybian Airlines gewesen war, 70 000 Flugstunden. Einmal hatte er auch Franz Josef Strauß geflogen. Wäre er bloß jetzt hier, dachte ich, er hätte mir noch schnell erklären können, wie der Höhenmesser funktioniert.

Meine Maschine bohrte sich inzwischen in dicke Wolkenschwaden, und ich erwartete jeden Augenblick, mit einem fürchterlichen Knall an einer Felswand zu zerschellen.

»Lieber Herrgott, laß mich wenigstens über Barcelona abstürzen«, betete ich. Spektakulär über den Ramblas. Da hätten die Straßendiebe einen großen Tag gehabt, wenn sie meinen Millionenmantel gefunden hätten. Ich wäre unsterblich in die Legende von Barcelona eingegangen, und man hätte mich in einem Atemzug mit Kolumbus, Picasso, Dalí, Antoni Gaudi genannt: Consul Weyer, der Bruchpilot des Jahrhunderts.

Und weil ich in dieser verflixten Situation meinen Humor behielt, traute ich mich wieder, die Augen zu öffnen.

Barcelona! *Eviva España!* Ich lebte und flog bei strahlendem Sonnenschein über das Riesenrad von Barcelona, hörte im Funk den Tower quaken. Ich war nämlich schon wieder auf dem falschen Kurs. Hinter mir donnerte ein Jumbo mit dreihundertzweiundfünfzig Passagieren an Bord heran. Der Pilot brüllte ins Funkgerät: »Verdammt! Aus dem Weg!«

22

Zwei Minuten noch, und er hätte mich tatsächlich gerammt! Doch inzwischen war ich Herr der Lage. Reos erteilte mir Landeerlaubnis. Ich dachte an die Erfahrungen der Buschpiloten, die behaupten: »Eine weiche Landung ist eine unsichere Landung.«

Also knallte ich die Maschine auf den Beton, daß die Bordinstrumente aus der Fassung sprangen. Vom Tower wurde ich zwar in meine Position eingewiesen, aber ich scherte mich einen Teufel darum, rollte über die Landebahn auf einen wartenden Lear-Jet zu und stieg aus der Cessna sofort in das andere Flugzeug um.

»Fröhliche Weihnachten«, wünschte ich, und Schaufuß, mein Pilot, bemerkte nur: »Ach, Sie sind's, Herr Consul.« Er wunderte sich über gar nichts, fragte auch nicht nach weiteren Passagieren und gab Gas.

Mit der hinterbliebenen Cessna hat sich die spanische Flugsicherung noch wochenlang beschäftigt. Denn es war ein Passagier gemeldet, nämlich ich, der niemals auftauchte. Bei dem Lear-Jet wurde ordnungsgemäß der Zwischenstopp registriert. Über einen umsteigenden Passagier gab es keine Notiz. Meine Phantom-Cessna wurde wohl unter dem Stichwort Bermuda-Dreieck vermerkt. Allerdings war diesmal etwas aufgetaucht, nicht verschwunden.

Schon in bester Laune, mit leicht angeknackster Wirbelsäule nach meiner meisterhaften Bruchlandung, näherten wir uns den Kapverdischen Inseln. Den Ort, wo die atlantischen Tiefs und Hochs entstehen, habe ich mir aufregender vorgestellt. Aber selbst wenn die Tochter des Staatschefs, die mich bei dieser Zwischenlandung begrüßte, hübscher gewesen wäre, wäre ich höchstens eine Stunde länger geblieben. So eilte ich davon, bevor die nächste Boeing der South African Airlines auf der Piste aufsetzte und ich einem ZDF-Team in die Arme lief. Im Moment hielt ich wenig von Publicity, und vom Tuten und Blasen hat Ernst Mosch mit seinen Egerländern sicherlich mehr Ahnung als die Töchter kapverdischer Präsidenten.

Die Probleme in Paraguay begannen gleich mit der Landebahn. Ich konnte nicht nach Asunción fliegen. Zwar hatte ich mich angemeldet, die Sache mit Stroessner vorher genau abgeklärt, aber Don Alfredo war im Urlaub. Von Weihnachten bis 27. Januar steht das ganze Land still.

Stroessner angelte in Balneário Camboriú, dem kleinen Copacabana des Südens im brasilianischen Bundesstaat Santa Catarina. Ein Tummelplatz der Reichen aus São Paulo, Argentinien und Paraguay, wo auch der Straßenboulevard wie in Rio Avenida Atlantica heißt und die Brandung malerisch zerstreute Zuckerhutfelsen umspült. Die Prominentenbungalows liegen versteckt auf einem mit Tropenvegetation dicht bewachsenen grünen Hügel.

Ich konnte nicht warten, bis Stroessner aus den Ferien zurückkam. Ich mußte die Weihnachtsstimmung nutzen. Als ersten Stützpunkt suchte ich mir Juan Pedro Caballero an der paraguayisch-brasilianischen Grenze aus. Über diesem verfluchten Nest flog Schaufuß jetzt eine Schleife.

»Zu kurz«, meldete er lakonisch, »auf dieser Piste können wir nicht landen.«

Das hatte mir noch gefehlt. Also zurück nach Brasilien. Nach Porta Porã, zwölf Kilometer hinter der Grenze. Ich meldete mich als wichtiger bolivianischer Diplomat und bat um Amtshilfe für schnelle Abfertigung. Wir setzten zur Landung an. Ein Fluglotse kam mit dem Fahrrad angeprescht. Wir sollten warten, die Polizei, von der wir einen Einreisestempel brauchten, war nicht da. Mein Herz schlug hoch im Hals. Schutzengel, wo bist du?

Kaum gedacht, war der Schutzengel da! In Person eines Fernsehteams von Rede Globo. Sie machten gerade einen Bericht über die Indios und wurden von meinem kreisenden Lear-Jet angelockt. »Endlich was los in Porta Porã!« jubelten sie. Ich nahm es mit gemischten Gefühlen auf. Immerhin konnte mich die Grenzpolizei nicht so leicht verhaften, andererseits erfuhr schon in den Abendnachrichten die ganze Welt: »El bello Consul ist in Brasilien!«

e soy antisocialista
alguno que ocultar''

Hans Hermann Weyer muestra una revista europea que se ocupa de su persona: "Son sensacionalistas", dijo.

Nota aparecida sobre Weyer en una publicación europea. Desde este continente llegaron reporteros para entrevistarlo. "Soy amplio con los periodistas, pues nada tengo que ocultar", acotó.

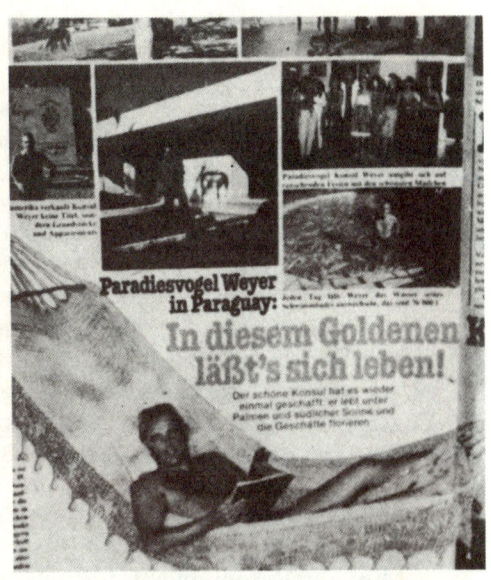

Paradiesvogel Weyer in Paraguay:
In diesem Goldenen K läßt's sich leben!

legales que están debidamente aclaradas en la sentencia respectiva. El comentario insidioso de la revista alemana "Stern" no hace sino repetir muchas versiones infundadas que se esparcen por la Europa izquierdista".

—Hablando de otras cosas expresó Weyer: "-Ya recorrí bastante el Paraguay. Es un país bonito. He enviado fotografías en colores a inversionistas alemanes sobre algunas tierras que están en venta en el Paraguay, porque allá existen gente de negocio que quiere venir aquí para hacer inversiones, en el sector agropecuario, un preferentemente Y lo que estoy diciendo no es mentira, pues muchos son los que conocen mis actividades".

"Creo que en breve tiempo vendrán varios ejecutivos europeos al Paraguay con miras a la inversión. Yo mismo estoy haciendo inversiones en el país, y si Dios me ayuda, iremos haciendo muchas cosas".

En un momento del diálogo, el bello cónsul, ríe de buena gana y nos dice: "Perdone, usted, pero sabe qué me dijo el director de la revista "Stern" cuando hace poco le llamé por teléfono para decirle que estaban diciendo mentiras sobre mi persona: "Sabemos eso bello cónsul,

pero tenemos que vender nuestra revista".

Comentó después que reporteros de Alemania llegaron hasta su residencia para un reportaje. Enseguida, quita de la guantera del Mercedes Benz rojo una revista alemana y nos muestra el resultado de aquella entrevista, que insumió prácticamente dos páginas. Varias fotografías en colores y con estos epígrafes: Nuevamente lo logró el bello cónsul, vive bajo palmeras y sol tropical y sus negocios florecen; orgulloso nos presenta Hans Hermann Weyer los estupendos árboles frondosos en su inmenso jardín que más bien llamamos parque; desde este lujoso escritorio supervisa sus negocios el cónsul; es especial Weyer; en Sudamérica cónsul Weyer no vende títulos mobiliarios, sino tierras y departamentos; su pasaporte le permite movilizarse por toda Sudamérica, etc.

Al menos por ahora, Weyer reside sin muchas molestias en Asunción, el nuevo reclamo de Alemania sobre su extradición, no pasó de ser solamente una versión, aunque en el ánimo de la diplomacia germana en nuestro país siempre está latente el caso Weyer, al que quieren juzgarlo por varios presuntos delitos.

o beweihräucherte mich die südamerikanische Presse.

Die Nachricht wurde weiterkolportiert, und bald hieß es: — »*Un principe azul*« — ein blauer Prinz aus Hollywood zu Besuch in Ponta Porã. — »*Un diplomate secreto boliviano*« — ein geheimer Diplomat aus Bolivien ist gelandet, was bei dem Indianerstamm Bororo in Mato Grasso do Sul Unruhen auslöste, weil die Indios befürchteten, jetzt nach Bolivien ausgesiedelt zu werden. — »*Un filho ilegítimo de presidente Stroessner*« — ein unehelicher Sohn von Stroessner ist aufgetaucht, lautete die spektakulärste Meldung.

Ich konnte mir denken, wie Don Alfredo deshalb tobte, und sah mich bereits in eine colonia dignidad verbannt, träumte nachts von Todesschwadronen. Diesmal konnte ich mir wirklich keine Wunder mehr vorstellen, die mich noch retten konnten. Ich tat, was ich immer in solchen Situationen tat. Ich betete. Diesmal zweimal am Tag. Juan Pedro Caballero. Das »Eiruzu Hotel« an der Hauptstraße. Immerhin mit Pool und Sauna. Über die Hauptstraße zogen die schweren Laster, mit Baumwolle beladen, eine dicke Staubfahne hinter sich herziehend. Das Thermometer kletterte täglich auf vierzig Grad. Die Hitze stand wie in Steinblöcken gegossen, der Ventilator fächelte müde von der Decke. In der Hotelhalle lag auf dem Boden eine tote Riesenspinne. Niemand kehrte sie weg.

Von der Rezeption wurde für mich Besuch gemeldet. Ein Herr Köppel. Scheißfreundlich war er, lud mich sofort zum Essen ein. In solchen Fällen kann ich schwer nein sagen. Wir fuhren in seinem Wagen auf die brasilianische Seite in eine Churrascaria mit herrlichen Fleischspießen, saftigen Steaks und Hochrippe von Rindern aus der Zucht des Fürsten Thurn & Taxis, der in der Nähe große Ländereien besitzt. Der Viehbestand wechselt zwischen 120 000 bis 150 000 Stück, je nach Wasserstand, wie man mir berichtete. Sinkt das Wasser, verdursten die Kühe, steigt es in diesem Überschwemmungsgebiet, ertrinken 10 000 Rinder. Ich wußte sofort, Viehzüchter werde ich nicht.

Die Kellner liefen sich mit den langen Fleischspießen die Füße schwielig, säbelten blutige Portionen auf den Teller. Die »Los Paraguayos«, von der Sorte gibt es für jede Kneipe eine Band, schluchzten: »México, Méxicóóó . . .«

Plötzlich stand Herr Köppel auf, ich dachte, er wolle einen Trinkspruch ausbringen, und lehnte mich gemütlich zurück. Da packte er mich am Kragen und drohte: »Entweder Sie geben mir 500 000 Mark, oder ich puste Sie um!«

Der Wurm vergaß wohl, wen er vor sich hatte. Ich gab ihm einen Tritt in den Magen, daß er über den Tisch flog, einen Stapel schmutziger Teller mit sich riß und unter Scherben begraben auf dem Boden landete, platt wie eine Flunder. Die »Los Paraguayos«, an solche Zwischenfälle gewöhnt, spielten soweit ich mich erinnern kann, weiter: »Cu-cu-ru-cu-cúúú . . .«

Die Gäste klatschten Beifall. Mein nächster Weg führte schnurstracks zum Polizeichef von Juan Pedro Caballero. Der sah wirklich aus wie ein Sheriff aus einem Westernfilm, und ich eröffnete ihm:

»El bello Consul, ein persönlicher Freund von Präsident Stroessner, ich fühle mich in diesem Ort nicht ganz sicher.«

Der Sheriff bot mir ein Glas feinsten geschmuggelten Whisky an. »Vergessen Sie Stroessner«, sagte er: »Geben Sie mir 300 Dollar, und hier haben Sie meinen Colt.«

Von diesem Augenblick an begann mir das Land zu gefallen. Hier kann man offen mit den Leuten reden: »Bei welcher Bank haben Sie Ihr Geld?« fragte ich den Sheriff.

»Wir haben nur zwei am Ort, ich bin Kunde der Banco National Paraná«, erwiderte der Sheriff. Da wußte ich, daß ich zur anderen Bank gehen muß, damit das Bankgeheimnis am Ort gewahrt blieb.

Ich ging zur Chase Manhattan Bank, die in Paraguay zahlreiche Filialen unterhält. Der Vorteil des paraguayischen Banksystems war — und dabei bewies Stroessner geniale Weitsicht: Man konnte sein Konto in jeder Währung der Welt eröffnen. Wer Dollar, D-Mark, Schweizer Franken, englische Pfund einzahlte, bekam sein Geld jederzeit in der gleichen Währung wieder ausgezahlt. Es bestand kein Umtauschzwang. Deshalb hortete halb Südamerika seine Schwarzgelder auch in Paraguay, sie lagen dort genauso sicher wie in der Züricher Bahnhofstraße.

Als nächstes ließ ich alle Gäste aus dem »Eiruzu Hotel« ausquartieren und mietete im Namen der bolivianischen Regierung für einen diplomatischen Auftrag alle Zimmer. So schützte ich mich vor einer möglichen Entführung und heuerte mir als private Wach- und Schließgesellschaft die örtliche Polizei an. So gut bezahlt wurde sie noch nie.

Um mir die Langeweile zu vertreiben, bis ich nach seinem Urlaub bei Stroessner vorsprechen konnte, rief ich bei Angela an. Unsere Beziehung war vor zehn Jahren zu Ende gegangen, aber wir verstanden uns prächtig. Angela war eine ausgezeichnete Mutter für meinen Sohn Alexander. Seinetwegen hatte ich sie eingeladen. Alexander sollte sich um seinen Vater keine Sorgen machen. Außerdem wollte ich ihm zeigen, daß in Paraguay goldene Äpfel wachsen können, wenn man den Boden richtig bewässert.

Zwei Tage nach meinem Anruf jettete Angela wie zu einer Safari an. Mit zwölf Koffern. Und sie brachte nicht nur Alexander, sondern auch den Chefreporter Alf Schmidt von *Frau im Spiegel* mit. Den Mann mit der Reisekasse. Er legte für die erste Exklusiv-Story über mich in Paraguay rund 30 000 Mark in bar auf den Tisch des Hauses. Ich atmete erleichtert auf, das Loch in meiner Million, die auf der Bank lag, war wieder gestopft. Ich posierte dafür schwerbewaffnet mit Pistolen im Gürtel für ein Foto.

Auch Angela legte sich nicht auf die faule Haut: Sie machte Modeaufnahmen im Urwald. Es war fast wie in alten guten Zeiten auf dem »Angelinenhof«. Auf einmal klingelte das Telefon. Das Sekretariat von Präsident Stroessner war dran. Don Alfredo kehrte von seinem Urlaub einen Tag früher zurück. Schöne Grüße, ich durfte nach Asunción kommen. Es täte ihm leid, daß ich gezwungen sei, in Juan Pedro Caballero zu darben, aber der Dienstweg müsse eingehalten werden. Aus internationalen Gründen, um ein Auslieferungsverfahren im Keim zu ersticken.

Es war der 26. Januar 1981. Ich spürte, es geht wieder aufwärts. 1981 wird wieder ein Weyer-Jahr werden. Was mir besonders am Herzen lag: schleunigst meine Freunde weltweit zu beruhigen, daß keineswegs »ein einsamer, ängstlicher Zuckerrohr-Farmer« *(Abendzeitung)* aus dem Busch um Hilfe rief, sondern sich lediglich meine Adresse vorübergehend geändert hatte. Eine weiße Diplomatenvilla in Asunción war bereits seit Monaten angemietet, ich wartete nur auf Stroessners Okay, um einzuziehen. Ich war weiterhin in der Lage, die individuellen Wünsche meiner renommierten Kunden zu erfüllen.

Die Anteilnahme an meinem Schicksal wuchs. Der *stern* (Nr. 4, vom 15. Januar 1981) schrieb:

»Ein König und drei Staatspräsidenten wundern sich schon seit zwei Jahren, was Hans Hermann Weyer sich von der deutschen Justiz so alles bieten lassen muß.«

Aus München kam inzwischen ebenfalls eine gute Nachricht. Ich hatte nämlich meinen nur 10 000 Kilometer gefahrenen Rolls-Royce vom Typ »Silver Shadow II« mit dem Kennzeichen BN-CC 800 dem lokalen Händler überlassen, nicht ohne gleich für 220 000 Mark einen neuen »Silver Spirit« zu bestellen. Wohin der Wagen zu liefern wäre, fragte der Händler meinen Sohn Alexander, damals achtzehn. Er wußte es zwar nicht, war aber um eine Antwort nicht verlegen: »Wo immer mein Vater ist, er fällt bald auf.«

Die Hauptstadt Asunción, zu deutsch Himmelfahrt, hielt, was der Name verspricht. Der Antrittsbesuch bei Präsident Stroessner glich einem Staatsempfang: der Chef der Geheimpolizei, der Innenminister und der für mich wichtigste Mann, Generalstaatsanwalt Clotildo Gimenez Benitez, waren anwesend, als Stroessner erklärte: »*El bello Consul* gehört zur Familie, ab sofort steht er unter meinem persönlichen Schutz, sorgen Sie, meine Herren, dafür, daß er sich bei uns in Paraguay wohl fühlt. Abtreten!«

Um von allen Behörden entsprechende Unterstützung zu bekommen, wurde ich auch beim obersten Appellationsrichter Bernadez Martinez Valdez vorstellig.
Ein bemerkenswerter Mann, der sich als treuer Anhänger der Stroessnerschen Colorado-Partei vom Gerichts-
putzer über Saaldiener in seine einflußreiche Position
hochgedient hat.

»Stroessners Freunde sind auch meine Freunde«, begrüßte er mich, und zum Zeichen seiner Zuneigung führte er mich sofort in den Keller des Justizpalastes. In der
Asservatenkammer zeigte er mir eine Waffenkollektion.
Ich sollte mir eine Schußwaffe nach meinem Geschmack
aussuchen. Zum Teil lagen sie noch da, wie sie hereinge-
kommen waren — blutverschmiert. Ich wählte eine Pistole mit Perlmuttgriff.

Der Appellationsrichter beglückwünschte mich zu
meiner Entscheidung: »Hervorragend, *el bello Consul*. Mit
dieser Pistole hat letzte Woche ein Justizbeamter sechs
Mitglieder seiner Familie erschossen. Alle tot. Die Waffe
ist wirklich ausgezeichnet.«

So fehlte nur noch ein standesgemäßes Fahrzeug.
Aber auch dieses Problem löste sich von selbst. Als ich
den Justizpalast verließ, bog gerade ein knallrotes Mercedes-Cabrio 450 SL in die Avenida General Stroessner
ein. Ich hielt das Auto sofort an.

»Was wollen Sie für den Wagen haben?« fragte ich
den verblüfften Besitzer. Bevor er den Mund aufmachen
konnte, drückte ich ihm bereits 50 000 Dollar in die
Hand. Er war der Sohn des reichsten Juweliers Südamerikas, Stern jun., der einige Filialen in Asunción leitete.
Den Gebrauchtwagenkauf verzögerte nicht einmal die
Umschreibung. Stern jun. konnte an Ort und Stelle sein
Kennzeichen abschrauben und mitnehmen. Ich brauchte
keine Nummer; am nächsten Tag wußte jeder, das knall-
rote Cabrio gehört *el bello Consul*, Stroessners Schütz-
und Liebling.

Vor meiner weißen Diplomatenvilla parkten drei Autos: Das rote Mercedes-Cabrio, ein gelber Porsche und
eine dunkelblaue Mercedes-Limousine. Stroessner hat
das auch gefallen: drei Autos, die zusammen mit den

Farben von Paraguays Fahne übereinstimmten. Nur einen Wunsch konnte er mir nicht erfüllen: die ratternde Straßenbahn auf der Avenida España abzuschaffen, die mich jeden Morgen unsanft weckte. Er beriet sich darüber mit seinem Wahrsager — einem Gnom — den er immer bei entscheidenden Staatsfragen zu sich rief. Der kleine Mann fand heraus, daß es eine Verbindung zwischen der alten Straßenbahn aus dem Jahr 1926 und Stroessners staatsmännischem Schicksal gibt:

»Solange die alte Tram fährt, bleiben Sie an der Regierung, Generalissimo Stroessner«, meinte der Wahrsager. »Wenn die Straßenbahngleise abgerissen werden, ist auch Ihr Sturz besiegelt.«

Also bangte Stroessner um die Zukunft der Straßenbahn sehr, ließ sie auch nachts von Spezialeinheiten bewachen. Das kam mir zugute, weil vor meiner Villa nachts stets eine Patrouille für meinen ruhigen Schlaf sorgte. Endlich konnte ich mich wieder meinen Geschäften zuwenden.

Ein Tag in meinem Leben in Asunción sah wie folgt aus: anderthalb Stunden Kosmetik, eine Stunde Yoga-Übungen, eine Stunde Lektüre von vier Lokalzeitungen. Ich studierte sogar die Todesanzeigen und natürlich die *BILD-Zeitung*. Ich wußte, daß jeder Betrüger, der aus einem Dentallabor einen halben Zentner Gold entwendet hatte, sich spätestens in einer Woche bei mir in Asunción melden würde. Wer es nicht wahrhaben wollte, daß alle Wege in Südamerika zu Consul Weyer führten, zahlte so bitteres Lehrgeld wie Günter Schotte-Natscheff, der eine Supermarktkette um sechsunddreißig Millionen erleichterte. In Asunción gelandet, hat er sich nach dreizehn Tagen sang- und klanglos von deutschen Detektiven aus dem Hotel »Guarani« abschleppen lassen. Auch noch mit der Beute. Dieser Idiot. Für dieses Geld hätte er in Südamerika drei Staatspräsidenten nackt auf dem Tisch tanzen lassen können, wie *stern* berichtete.

Ich dagegen hatte den Boden für meine Kunststücke bestens präpariert. Mein Nachbar war der Präsidentenberater General Rodriguez, der derzeitige neue Staatschef. Sein Neffe Juan Carlos nahm mir die Behördengänge ab.

Der Generalstaatsanwalt General Clotildo, den Ute und ich unter uns aus Jux »Clotie« nannten, versorgte meine Hausbar mit Whisky — fünfhundert Flaschen, bei einer Schmugglerrazzia beschlagnahmt und im Gerichtsgebäude eingelagert.

Habe ich gerade den Namen Ute erwähnt? Nun, sie gehörte zur Garde meiner guten Geister, ein Glücksbringer. Der Zufall spielte sie mir zu, als ich in Buenos Aires bei Staatschefin Eva Perón wegen einiger Ehrenconsulate anfragen wollte. Ich rief beim deutschen Botschafter mit der Bitte um Amtshilfe an. Ich glaube nicht, daß ihn Genscher dafür loben würde, aber er schickte mir eine Simultandolmetscherin, die außer Spanisch fünf weitere Sprachen perfekt beherrschte. Ute. Ich werde in meinem Buch noch öfter über sie sprechen, denn sie hat mich später sechseinhalb Jahre durch Südamerika begleitet.

Seit unserem ersten Treffen in Buenos Aires hatte ich sie zwei Jahre nicht mehr gesehen. Als ich sie nach so langer Zeit wieder anrief, sagte ich nur kurz angebunden: »Pack deine Koffer und komm nach Asunción. Richte dich auf einen längeren Aufenthalt ein, mehr kann ich dir im Moment nicht verraten. Du weißt ja, es ist ein Ferngespräch auf meine Kosten.«

Wumm, aufgelegt habe ich. Am nächsten Tag landete sie bereits mit der Mittagsmaschine aus Buenos Aires. Ich schickte den Dienstwagen des Generalstaatsanwalts zum Flughafen, um Spritkosten zu sparen. Mit Ute im Bunde war ich unschlagbar, und die Runde am Pool konnte sich sehen lassen:

Da saßen Baronin von Keyserlingk und ihre etwas aus der Form geratene Freundin. Ute nahm mit Stenoblock meine Diktate auf. Ich entspannte mich inzwischen in der Hängematte. In der Hollywood-Schaukel breitete Miss Paraguay 1981 ihre Reize aus, die zauberhafte neunzehnjährige Isabel Urizar-Rodriguez. Sie brachte auch ihre Freundin mit, die mir mit ihrem wuchtigen Busen den Alpenblick zu ersetzen versuchte.

Ich konnte mein Glück im Übermaß genießen. Alles lief wie am Schnürchen. Und die Herren vom stern klingelten an meiner Tür. Sepp Ebelseder und Peter Juppenlatz. Sie schleppten einen schweren Koffer mit: 40 000 Mark für eine Story, die auf den Punkt der Wahrheit entsprach: *Seit seiner Steuerflucht aus München lebt Hans Hermann Weyer in den feinsten Kreisen von Paraguay. Die mächtigsten Männer des Landes schützen ihn und halten die deutschen Behörden zum Narren.* (stern Nr. 13, 19. März 1981).

Meine allmächtigen Freunde konnten fürwahr nicht genug von mir bekommen. Keine Party, keine Feier in Paraguay ohne Weyer. Ich wurde überall herumgereicht. Es trafen sich immer dieselben zweihundert Leute. Mein sogenannter krimineller Ruf kam vorzüglich an. Am besten gefiel allen, wenn ich von meinem Patenonkel Hermann Göring erzählte.

Die stern-Reporter klopften auch bei der deutschen Botschaft an. Der ahnungslose Sekretär von Schweinitz wunderte sich sehr, als er erfuhr, daß ich nur einige Blocks entfernt residierte. Als er von meinem »*Pasaporte especial*« hörte, versuchte er die stern-Reporter zu verunsichern: »Bestimmt eine Fälschung«, behauptete Schweinitz. Doch die Reporter, besser informiert, wußten auch, wer den Paß unterzeichnet hatte: nämlich Stroessner persönlich. Da resignierte Schweinitz: »Ich sage gar nichts mehr.«

Einen Anlaß, mich bei Stroessner über die deutsche Botschaft in Asunción zu beschweren, hatte ich nicht. Die Herren waren so freundlich und leiteten meine Post, die im Botschaftsbriefkasten landete, weiter an die große Mercedes-Werkstatt in Asunción. Als sich der Botschafter Dr. Groener jedoch anmaßte, bei den Justizbehörden einen Auslieferungsantrag zu stellen, sprach Stroessner ein Machtwort: »Noch einmal eine solche Unverschämtheit, und ich lasse den deutschen Botschafter aus Paraguay ausweisen.«

Ich habe mich respektvoll der paraguayischen Justiz zur Verfügung gestellt, und das bedeutet im Klartext: Es sollte sich ja niemand einfallen lassen, gegen Weyer vorzugehen. Um so erstaunlicher war, daß ich eines Tages doch verhaftet wurde.

Es war an einem Freitag. Punkt zwölf Uhr mittags. Kurz vorher hatte mich General Stroessner angerufen, um mir ein schönes Wochenende zu wünschen. Er selbst

flog wieder an seinen Lieblingsort Camboriú am Atlantischen Ozean, wo er einen Bungalow besaß. Stroessner
war ein leidenschaftlicher Hochseefischer, genau wie
Hemingway.

Die Hitze trieb mich zum Kühlschrank in die Küche,
wo ständig eine Kanne voll frischgepreßter Limonen-
limonade stand. Plötzlich hörte ich von draußen Befehle,
und über den Steinboden nagelten eisenbeschlagene
Kampfstiefel. Der Chef der Geheimpolizei General Samaniego leitete den Einsatz persönlich. Er fuchtelte mit
seinem Revolver unter meiner Nase und schrie: »Hände
hoch!« Nach einer Schrecksekunde reagierte ich eiskalt.
Ich tat, als würde ich langsam die Hände heben, sammelte meine ganze Kraft, holte blitzschnell aus und schlug
dem General die Pistole aus der Hand. Ute schaute zu,
ihr gefror das Blut in den Adern, aber ich las es von ihren
Augen ab, die mich voller Bewunderung anstrahlten: Ich
wurde für sie zum Helden von Paraguay.

Der General konnte gar nicht fassen, was ihm passierte, er verließ gedemütigt mein Haus, schrie draußen
noch irgend etwas von Hausarrest. Es war, wie gesagt,
an einem Wochenende, und ich konnte nichts weiter
tun, als ein Glas Campari mit Eis in eine Hand und Isa-
belita, Miss Paraguay, in den anderen Arm zu nehmen.
Zugleich blitzte in meinem Kopf eine Idee auf. Ich rief
nach Ute.

»Was hältst du davon, wenn ich nächste Woche für
ein paar Tage ins Gefängnis gehe?«

Ute begriff nicht gleich, aber ich sah vor meinem geistigen Auge schon all die Schlagzeilen flimmern:

CONSUL WEYER VERHAFTET — MUSS WEYER RAUS AUS
PARAGUAY?

Es kam noch dicker.

Am Montag früh erreichte ich meinen Freund »Clotie« und erzählte ihm von dem Vorfall. Ich deutete ihm
an, daß ich es zu meiner eigenen Sicherheit bevorzugen
würde, einige Tage im Polizeipräsidium zu verbringen,
»nur solange der wildgewordene Samaniego frei herum-
läuft«, fügte ich hinzu.

Außerdem, aber das habe ich dem Generalstaatsanwalt nicht verraten, beabsichtigte ich einige führende Journalisten Deutschlands nach Paraguay einzuladen, um meine Immobiliengeschäfte anzukurbeln. Ein Knast als Kulisse gefiel mir gut.

Die mächtigen Herren von der Justiz, besorgt um mein Wohlergehen, handelten rasch. Ein bequemes Sofa wurde ins Arbeitszimmer des Polizeichefs hinaufgebracht, der Boden sauber aufgewischt und ein paar Tropfen Guerlain-Parfüm verstäubt. Ich zog meine Valentino-Seidenhosen an, schlüpfte in Testoni-Slipper und bestellte mein Mittagessen im »La Preferida«, dem besten Restaurant am Ort.

Den Nachmittag verbrachte ich beim Schachspielen mit dem Polizeipräsidenten, abends las mir Ute vor, um meine Augen zu schonen. Horrorgeschichten von Stephen King. Seine dicken Jumbobücher hatte ich besonders gern.

Die Nachricht von meiner Verhaftung breitete sich in Deutschland wie ein Lauffeuer aus. Wer damals eine journalistische Karriere anstrebte, machte mir seine Aufwartung. Eine Dienstreise nach Paraguay war der häufigste Antrag, den die Chefredakteure bewilligen mußten.

Für *QUICK*, die seit Jahrzehnten besonders loyal zu mir hält, kündigte ich, als Sonderprämie sozusagen, meine Freilassung genau auf den Tag und mit Uhrzeit an. Weil ich wußte, daß das schöne Fotos gibt.

Der Innenminister Montanaro war informiert: »Wir müssen mal wieder auf den Putz hauen«, sagte ich ihm am Telefon. »Um Weyer ist es viel zu ruhig geworden.« Er lobte meinen Einfall, schließlich wußte er, was es bringen würde: neue ausländische Investoren für Paraguay.

Entsprechend waren die Haftbedingungen. Die Schlüssel zur Zelle hatte ich in der Tasche. Ich empfing die Besucher in der Amtsstube des Kommandanten, an einem wuchtigen Schreibtisch sitzend. An der Decke verquirlte ein Ventilator die heiße Luft. Neben mir saß eine Sekretärin, die meine Korrespondenz eifrig stenografierte.

Den Besuchern habe ich in wohlklingendem Spanisch zackige Befehle erteilt. Ich kannte diesen Ton. Ich war lange genug bolivianischer Sonderbotschafter in Madrid und bin auch Generalissimo Franco vorgestellt worden. Aus seinem Wortschatz kannte ich:

»Ojos a la esquierda!« — *»Derecho!«* — *»Limpiar sabatos!«*
»Augen links!« — »Richt euch!« — »Schuhe putzen!«

Nach neun Tagen stand die Torwache stramm und salutierte, als ich strahlend den Knast verließ. Ich fuhr in den Präsidentenpalast »Carlos Antonio Lopez«, schwer bewacht wie eine Festung, um dem vom Urlaub braungebrannten Stroessner persönlich zu berichten, was vorgefallen war.

Rund um den taubengrauen Bau patrouillierten mit Maschinenpistolen ausgerüstete Militärpolizisten, die ebenfalls salutierten, als ich den roten Läufer mit federnden Schritten nahm. Stroessners Arbeitszimmer lag im Ostflügel. Hinter riesigen weißen Türen ein farbenfroher Raum — purpurne Samtvorhänge, rote Plüschsessel und vier schwarze Telefone.

Auf dem massiven Mahagonischreibtisch, hinter dessen Frontseite eine Stahlplatte eingebaut worden war — sollte ein Attentat aus Stroessner verübt werden, brauchte er sich nur unter den Schreibtisch zu verkrümeln, der hielt fest wie ein Bunker —, lag die Tageszeitung *Hoy*. Sie gehörte Stroessners Schwiegersohn und berichtete täglich in Farbe über Stroessners Leben. An Geschichten mangelte es nie, weil der Präsident sogar neue Telefonzellen selbst einweihte, um sich zu überzeugen, daß der Münzapparat auch tatsächlich funktionierte.

Sein fester Händedruck wirkte wie ein Ritterschlag. *»Que pasa, el bello Consul«*, begrüßte er mich, und ich fühlte, daß er vor Zorn bebte, weil er nicht einmal für zwei Wochen unbesorgt das Land verlassen konnte. Es war kein Geheimnis, daß einige Generäle bereits aus der Reihe tanzten. Deshalb betrachtete Stroessner jeden Angriff gegen mich auch als persönlichen Angriff gegen sich selbst.

Seine Hände lagen ruhig auf dem Tisch, als er mich aufforderte, mich zu setzen. Seine Stimme klang energisch. Er war mit dreiundsiebzig Jahren absolut kein Tattergreis, sondern ein Mann von unglaublicher Tatkraft. Von sechs Uhr früh bis Mitternacht hat er gearbeitet, das mußte er wohl auch, weil er sogar die Gehaltsanweisungen für Lehrer und alle Beförderungsurkunden für Offiziere selbst unterzeichnete.

Ich, wenn ich es so formulieren darf, war das Barometer zur Kontrolle seiner uneingeschränkten Macht. An mir studierte Stroessner die politische Wettervorhersage, prüfte die bedingungslose Zuverlässigkeit seines Apparates. Quasi nach dem Motto, solange Consul Weyer nichts zustößt, herrscht Ordnung im Lande Paraguay, wo 200 000 deutschstämmige Siedler — von insgesamt vier Millionen Einwohnern — lebten, die zu 90% Stroessners Colorado-Partei wählten. Außerdem gab es etwa 8000 deutsche Auswanderer, darunter zahlreiche Weyer-Kunden.

Was war tatsächlich vorgefallen? Ich wurde oft gewarnt, daß viele der deutschen Auswanderer sich in dem extremen Tropenklima in Schweinehunde verwandeln können. Damit habe ich nichts zu tun, dachte ich.

Sehr unliebsame Erfahrungen machte ich mit einem gewissen Manfred Rogg, der Ende 1981 nach Paraguay auswanderte und prahlte, ein gesuchter Valium-Fälscher zu sein. Er nahm den Kontakt zu mir auf, um eine Aufenthaltserlaubnis zu erlangen. Unter gewissen Umständen gehörte das zu meinem Geschäft, weil ich zu den zuständigen Stellen einen Sonderzugang hatte.

Jener Manfred Rogg war mir vom ersten Augenblick an zuwider, aber Ute legte für ihn ein gutes Wort ein. Er interessierte sich auch für ein großes Grundstück.

Wir haben korrekt im Sinne der Landesgepflogenheiten vereinbart, falls er ein Grundstück erwirbt, bekommt er seine neuen Papiere als zusätzlichen Service gratis. Wir einigten uns auf einen Preis von 225 000 Dollar inklusive meiner diplomatischen Dienste.

Als Manfred Rogg in Besitz des neuen Passes und des Grundstücks war, versuchte er sich als Erpresser. Er forderte sein Geld zurück. Sonst werde er mich anzeigen, drohte er. Er ging zu weit. Sein Vorgehen brachte dem Geheimdienstgeneral Samaniego die schwersten

Stunden seines Lebens ein. Der Mann hatte nichts gegen mich persönlich. Nur aus Übereifer passierte ihm dieses Mißgeschick, mich verhaften zu wollen. Stroessner ließ ihn, kaum war ich mit meinem Bericht fertig, sofort zum Rapport antreten. Ich verabschiedete mich, weil ich ahnte, was folgte, und nicht Augenzeuge der tiefsten Demütigung eines Mannes sein wollte, der den kleinen Fehler gemacht hatte, sich mit Consul Weyer anzulegen.

General Samaniego fuhr mit seiner gepanzerten Limousine beim Präsidentenpalast vor, wollte aussteigen, aber ein Adjutant schlug ihm die Tür vor der Nase wieder zu.

»Warten! Sie sollen im Auto warten, bis man Sie ruft!« lautete der Befehl. Nach etwa fünf Stunden in praller Sonne bei geschlossenen Wagenfenstern, bat General Samaniego darum, austreten zu dürfen. Der Adjutant schlug ihm wieder die Tür zu.

»Wenn Sie urinieren müssen, machen Sie's im Auto.« Befehl von General Stroessner. Rund vierundzwanzig Stunden mußte General Samaniego im Wagen ausharren, im Wageninneren auch seine Notdurft verrichten. Dann reichte man ihm einen zerknüllten Papierfetzen: *Das soll Ihnen eine Lehre sein, damit Sie sich nicht noch einmal an meinen Freunden vergreifen.*

Der General hat seine Lektion begriffen, nur Manfred Rogg ist nicht klüger geworden. Er zeigte mich erneut an; diesmal bei der Abteilung für Straf- und Bußgeldsachen. Es bereitete mir eine große Genugtuung, auch ohne Stroessner mein Recht zu bekommen. Der beantragte Strafbefehl gegen mich wurde vom Amtsgericht München abgelehnt.

»Es ist durchaus denkbar, daß es sich um ein Komplott des Anzeigenerstatters Rogg in Verbindung mit den Zeugen handeln könnte«, urteilte der Richter. Mein Vertrauen zur deutschen Justiz war wiederhergestellt. Die Kosten des Verfahrens einschließlich der notwendigen Auslagen des Angeklagten gingen zu Lasten der Staatskasse.

Eigentlich hatte ich in Paraguay alles, was Herz und

Seele begehrten. Im Arbeitszimmer stand mein gold-bronzierter Gipskopf, davor drei dicke Ordner mit den Adressen aller Universitäten und Colleges, die noch Ehrendoktorate liefern konnten. Die Anfragen rissen nicht ab. Auch die deutsche Journaille pilgerte fleißig nach Asunción. Was ich für eine Rolle in diesem Land spielte, konnte jeder schon auf dem Weg vom Flughafen in die Stadt sehen: »Residencia Consul Hans Hermann Weyer« — *construye y vende* — *baut und verkauft: 79 Appartements.* Die Tafel war anderthalb Meter größer als die Reklame der Deutschen Bank.

Es besuchte mich die überaus charmante Charlotte Seeling, Chefin von *Cosmopolitan* und *Marie Claire*. Dem ARD-Team von »*Bitte umblättern*« klagte ich mein Leid mit dem paraguayischen Benzin: »Man muß hier mehrere Autos haben, weil man so oft liegenbleibt.«

Bild am Sonntag schickte die Plaudertasche Michael Jeannée, und von *QUICK* waren Arne Boyer und Peter Franz meine Dauergäste.

Insgesamt zwanzig Journalisten düsten, um mein Wohlergehen besorgt, nach Paraguay und besserten meine Haushaltskasse um rund 250 000 Mark auf. Ein Teil dieses Geldes lag für alle Fälle im Garten vergraben. So ganz habe ich dem Frieden in Paraguay doch nicht getraut. Bargeld in der Erde gibt einem ein beruhigendes Gefühl. Man ist jederzeit beweglich und von den Bankstunden unabhängig. Diese Gepflogenheit hatte ich schon immer geschätzt, schon damals in Feldafing habe ich auf meinem Grundstück in einem Plastiksack rund 100 000 Mark verscharrt.

Das Phänomen Weyer beschäftigte auch die örtliche Presse. *El correo* entfachte die Polemik: *El bello Consul: Angel o demonio?* Ja, Engel oder Teufel, die Bilanz ließ sich sehen: 350 verkaufte Ehrentitel, meinen Fuhrpark von drei Autos auf fünf aufgestockt, zu Porsche und zwei Mercedes kamen noch ein Range Rover und ein brasilianischer Toyota-Jeep hinzu.

Im District Horqueta gehörten mir neunundsechzig Hektar und 8250 Quadratmeter Land, in Juan Pedro Caballero eine Finca. Die Besonderheit hier waren die zwei

Eingänge: einer von paraguayischer, der andere von der brasilianischen Seite aus.

Doch Buschland war noch nie meine Bühne. Was mir in dieser Goldgräberzeit fehlte, waren: das Champagner-Frühstück bei »Käfer«, die Rennwochen in Baden-Baden mit meiner Ehrenloge und das Oktoberfest in München, mein Stammtisch in der Käfer-Schenke mit der Ente in der Kupferpfanne und Millirahmstrudel in Vanillesoße. So alles in allem hat München doch schöne Seiten. In Asunción blies mitunter ein zu rauher Wind.

Aus Angst und um nicht weggeputscht zu werden, griff Stroessner gelegentlich hart durch. Einmal herrschte besondere Aufregung. Als Geschenk der amerikanischen Regierung schickte man die ausgediente Präsidentenmaschine von Jimmy Carter nach Paraguay. Stroessner lud einige seiner Generäle und Berater zu einem Rundflug ein, darunter General Andrés Rodriguez, dessen Tochter mit einem der beiden Stroessner-Söhne verheiratet war.

Auch Stroessner selbst nahm gutgelaunt Platz in der Maschine. Da rannte sein Adjutant wild gestikulierend über die Rollbahn. Der General würde am Telefon verlangt. Stroessner stieg aus.

Die Carter-Maschine hob ohne ihn ab. Etwa zweihundert Meter über der Startpiste passierte das Unglück. Ein Motor fing Feuer, und die Maschine stürzte ab. General Rodriguez wurde wie durch ein Wunder gerettet, erlitt jedoch schwere Verbrennungen am Unterleib. Man erzählt sich in Paraguay, daß er mit diesem Unglück seine Männlichkeit verlor. Hinter der vorgehaltenen Hand scherzt man über ihn, daß er nun ein künstliches Leihgerät besitze. Nix mehr Señoritas.

Wenn es um Macht ging, nahm Stroessner nicht einmal auf seine Familie Rücksicht. Nur ich konnte ihn stets bei Laune halten. Einmal fragte ich ihn nach dem gesuchten KZ-Arzt Josef Mengele und bekam eine seltsame Geschichte zu hören.

Jawohl, die »Bestie von Auschwitz« soll sich ein Vierteljahrhundert lang in Paraguay unbehelligt versteckt haben. Mengeles Name wurde zur Legende. Es war in den

MINISTERIO PUBLICO
Fiscalia General del Estado
Fiscal General
— . —

Asunción, 19 de Febrero de 1981

Señor
Jefe de Policía de la Capital,
Gral. Don FRANCISCO A. BRITEZ. B.
E.   S.   D.-

El Fiscal General del Estado, Dr. Clotildo
Jiménez Benítez, que suscribe, tiene sumo agrado en dirigirse al
Señor Jefe de Policía de la Capital, con motivo de la presentación
formulada por el ciudadano alemán Hans Hermanh Weyer, nacido en Ber-
lín el 22 de Abril de 1938, poniéndose a disposición de la justicia
paraguaya, en respetuoso acatamiento.-

Ruego al Señor Jefe quiera tener a bien hacer
saber al Director del Departamento Interpol de la Policía Paraguaya,
que el dicho ciudadano alemán Hans Hermanh Weyer se halla a disposición de la justicia paraguaya en el domicilio ue tiene constituido
que cualquier requerimiento que se reciba del exterior deberá informa
se a la Excma. Corte Suprema de Justicia o a esta Fiscalía General de
Estado antes de adoptarse cualquier otra medida.-

Le saludo con mi mayor consideración.-

Dr. Clotildo Jiménez López

FISCALIA
GENERAL

CUARTEL CENTRAL DE POLICIA
MESA DE ENTRADA Y SALIDA
No. 677
ombre Fiscal Gral. de Estado
licitud comunica que el Ale-
Hans Weyer a dis
ion de la justicia paraguaya.
echa
r. Puso 19.II

eneralstaatsanwalt: Freifahrtschein für Paraguay.

Wirren des Bürgerkriegs von 1947. Ein Attentat auf die einzige Eisenbahnlinie des Landes wurde verübt. Den Helfern bot sich ein Bild des Schreckens, umgestürzte Waggons, schreiende Menschen, Verletzte in den Trümmern. In dieser Not tauchte ein einfacher Landarbeiter mit Strohhut auf. Er sagte: »Ich bin Arzt, ich kann helfen.«

Wie durch ein Wunder wurden alle Menschen gerettet, niemand starb nach dem Bombenanschlag auf den Zug. Jemand hat auch den Namen des Helfers erfahren: Dr. Josef Mengele. Seitdem hieß er der »gute Arzt von Paraguay«, und Tausende von einfachen Menschen haben ihn verehrt, sich jahrelang an ihn erinnert und Blumen an die Unglücksstelle gelegt. Doch gesehen hat Dr. Mengele seit damals niemand mehr.

Stroessner, dessen Vater aus Hof stammte, führte 1954 die Militärdiktatur ein. Auch er behauptete, Dr. Mengele niemals zu Gesicht bekommen zu haben. Aber an die Legende vom Zugunglück glaubte er ebenfalls.

Als im Sommer 1984 Stroessners Schwester Doña Heriberta plötzlich verstarb, hielt ich die Zeit für reif, meine Zelte in Paraguay abzubrechen. Dona Heriberta war meine beste Verbündete und meine rechte Hand gewesen, wenn es um Geschäfte ging. Wäre sie noch paar Jahre am Leben geblieben, hätten wir uns sicherlich fast ganz Paraguay unter den Nagel gerissen. Aber mein Schicksal entschied anders.

Der Tod seiner Schwester hat an der väterlichen Liebe von Stroessner zu mir nichts geändert. Gelegentlich fuhr er an meinem Haus vorbei, ließ seine Offiziere Spalier stehen und scherzte etwas derb: »*El bello Consul, tengo mucho trabajo?*« Viel Arbeit, schöner Consul?

Freilich, antwortete ich und zeigte mit den Fingern: »*Bastante. Hoy dos chicas, Paraguay, es un pais bonito!*«

Zwei Frauen pro Tag, Paraguay ist ein schönes Land! Das hat Stroessner gefallen. Er lachte, und seine Adjunkten applaudierten anerkennend über meine Leistung als Casanova vom Dienst. Das war ich meinem Ruf schuldig, und Stroessner hat es imponiert. Doch während er lachte, wuchs der Neid der anderen Minister und Generäle. Vor allem mein Nachbar Rodriguez war fuchsteufelswild, daß er keine Geschäfte mit mir machen konnte. Er bot mir seine Farm für drei Millionen Dollar an, aber das fand ich zu teuer. Ich kaufte direkt bei Stroessner billiger.

Eine Million Dollar für ein Stück Paradies am künstlichen Stausee von Itaipu, dem größten Wasserkraftwerk der Welt. Auch Stroessner besaß Aktien des Projekts — eines geplanten Ferienzentrums mit Motorbooten und Bungalows.

Ein traumhafter Ort, so ruhig, daß ich endlich Zeit fand, das Buch »Hitler« von Joachim Fest zu lesen. Seit acht Jahren verstaubte es bei mir im Schrank, aber in der Naturidylle von Itaipu war es die richtige Lektüre und eine Abwechslung zu den Briefen, die mir ins Haus flatterten. Da wollte eine:

— Sigrid Reichsgräfin von Schmettow wissen: »Wieviel Provision nehmen Sie bei 250 000 Mark für eine Adoption?«

— Hermann Wolfgang Friedrich Graf von Rohde schrieb ungeduldig: »Ich beabsichtige, meinen Adelstitel zum Verkauf anzubieten. Bitte um baldige Antwort . . .«

— Charlotte von Holstein erinnerte daran: »Der Geheime Rat von Holstein war für Bismarcks Sturz verantwortlich. Er stammt aus meinem Geschlecht . . .«

— Georg Graf Schenk von Stauffenberg bestätigte: »Ich bin interessiert an einer Adoption!«

— Hans Freiherr von Richthofen strich sein »relativ nahes Verwandtschaftsverhältnis zum Roten Baron« heraus, wegen einer Adoption, versteht sich.

Alles gute Nachrichten, zudem ich im Monat zwischen 20 000 bis 50 000 Dollar verdiente und soeben in ein neues Projekt eingestiegen war. Ein Appartementhaus, nur dreihundert Meter Luftlinie vom Präsidentenpalast entfernt, das Filet mignon unter den Wohnanlagen in Asunción. Zweiundzwanzig Einheiten innerhalb einer Woche verkauft. Damit man sich eine Vorstellung machen kann, um welche Preise es ging: Ein vierzig Quadratmeter großes Appartement voll möbliert 118 000 Mark. Ein hervorragender Zufluchtsort für alle, die Probleme mit dem Finanzamt hatten. Weltweit.

Als die Tageszeitung *La Voz Nacional* eine *tabla de popularidad* veröffentlichte, hat sich in Paraguay das Klima für mich etwas verschlechtert. Stroessner nahm selbstverständlich den ersten Platz auf dieser Popularitätsliste ein. Ich als *el bello Consul* rangierte an achter Stelle, während mein Todfeind General Rodriguez weit abgeschlagen die Nummer elf wurde. In einem Interview verkündete ich mehr im Scherz als im Ernst, daß ich mir vorstellen könnte, eines Tages der Nachfolger von Präsident Stroessner zu werden. Schließlich sei ich auch Deutscher und ein Bewunderer des Führungsstils von Stroessner.

Au Weyer, kann ich da nur sagen. Es wirkte wie eine Bombe. Rodriguez, der schon einmal vorgeprescht war, um ans Präsidentenamt zu gelangen, bezahlte dafür beinahe mit seinem Leben. Was hätte mich erwartet, hätte ich mir Stroessners Gunst verscherzt?

Eines Tages stand Innenminister Montanaro bei einem der üblichen Clubabende auf. Sein verbissenes Haudegengesicht ließ nichts Gutes ahnen. »Liebe Freunde«, verkündete er, »dieser Weyer muß jetzt ausgewiesen werden!«

Mein Herzschlag setzte aus. Der Club stand kopf. Es hagelte Proteste. Niemand wußte, ob er es im Spaß meinte oder ob es ihm ernst war. Es war bekannt, daß der Innenminister schon mißliebige Personen eigenhändig »über den Busch geworfen« hatte.

Der Clubvorsitzende ergriff Partei für mich. Er fragte: »Warum denn, *el bello Consul* ist doch so lustig. Außerdem ein Freund von Stroessner, dem können Sie doch gar nichts tun!«

»Nein, nein«, beharrte der Innenminister. »Jetzt ist Schluß. Denn Weyer verführt unsere Frauen und Töchter, während wir alle arbeiten.«

Die Runde schüttelte sich vor Lachen. Nur ich wußte, was an seiner Geschichte stimmte. Eine Woche vorher war ich nämlich nach Brasilia geflogen, erster Klasse. Ute las mir vor, und ich flirtete mit meiner Nachbarin, einer feurigen Señorita, die auch die Hauptrolle in der Oper »Carmen« hätte singen können, einen so musikalischen Mund hatte sie.

44

Ute war es gewohnt, daß alle Frauen nach mir verrückt waren und versuchten mich ins Bett zu kriegen. Ute liebte mich wirklich, völlig selbstlos. Sie gönnte mir meine erotischen Abenteuer. Auch auf diesem Flug fädelte sie es geschickt ein:

»Mein Bruder würde Sie gern näher kennenlernen«, sagte sie zu der unbekannten Schönheit.

Ich blickte ihr tief in die Augen, und wir vereinbarten ein Klopfzeichen. Dann stand sie auf und ging unauffällig zur Toilette. Ich folgte ihr nach einigen Minuten. Das Klopfzeichen funktionierte. Wir wurden auch nicht gestört. Erst der Pilot, der die Landung in Brasilia ankündigte, unterbrach unsere Affäre. Sie war wunderbar, ich fragte nach ihrem Namen. Sie stellte sich als Tochter des paraguayischen Innenministers Montanaro vor. Ob sie dem Papa ihre »Angst vorm Fliegen« gebeichtet hat?

Ich war mir nicht ganz sicher, als ich das Gesicht des Innenministers an jenem Abend betrachtete. Der alte Fuchs ließ sich überhaupt nichts anmerken. Mein Instinkt jedoch meldete: Jetzt, Hans Hermann, ist es für dich in Paraguay zu heiß geworden. Ich beschloß, an einem der nächsten Tage bei meinem Ziehvater, Don Alfredo, vorzusprechen.

Er war miserabel gelaunt, ohrfeigte gerade in Anwesenheit seiner versammelten Generäle den Offizier Hellmann, zuständig für die Geheimpolizei. Als er mich sah, setzte er seine gewohnt freundliche Miene auf.

»*Que actividades hoy, el bello Consul?*« fragte er mich, um wieder die Zahl der Frauen zu hören, die ich an diesem Tage vernascht hatte. Ich winkte ab.

»*Nada, tudo merda.*«

Nichts mehr, alles Scheiße.

Während die anderen Anwesenden im Zimmer beim Wort *merda* — Scheiße — gleich in Deckung gingen und einen fürchterlichen Wutausbruch befürchteten, umspielte ein mildes, wohlwollendes Lächeln die Mundwinkel des Diktators:

»Wenigstens einer, der mir die Wahrheit sagt. Was kann ich für Sie tun, *el bello Consul*, damit Sie wieder lachen. Sie sehen wirklich traurig aus.«

„Ich möchte für den 7. Oktober ein Leih-Volk leasen!"

tz-Zeichnung: Haitzin

NAZIS   Texto y dibujo de BOTTI

-El "bello cónsul" dice que le persiguen porque es ahijado de Goering...
-Tiene suerte de no serlo de Hitler.

LA EMBAJADA DE PANAMÁ ESTÁ SIN EMBAJADOR

Y EL "BELLO CÓNSUL" SIN CONSULADO

Karikaturen aus Deutschland und Südamerika. (Richtig bekannt ist man erst, wenn man karikiert wird.)

»*Triste?*« — Ich bin sehr traurig, mein General, ich habe große Sehnsucht nach dem Meer, der Copacabana, Rio de Janeiro, Mulatas, antwortete ich.

»Kann ich verstehen«, pflichtete mir Stroessner bei und griff zum Telefon, um einen alten Freund aus der Militärakademie anzurufen: Kavalleriegeneral Figueiredo, damals Staatschef von Brasilien, ein geachteter Mann, dem auch Bundeskanzler Helmut Schmidt einen offiziellen Besuch abgestattet hat. Figueiredo war ein Politiker, dem Gesetz und Ordnung heilig waren. Zu seinem Amtsantritt erließ er eine politische Amnestie.

»Sie sind bei ihm in besten Händen«, versicherte mir Stroessner und kündigte mich bei Figueiredo an: »Ich schicke Ihnen einen sehr guten Freund meiner Familie nach Rio, passen Sie auf, daß ihm kein Haar gekrümmt wird.«

»Sie werden mir fehlen«, sagte Stroessner zum Abschied und verlängerte mir den *Pasaporte especial* um weitere fünf Jahre. Ob er schon ahnte, daß seine Amtstage gezählt waren? Im Frühjahr 1989 gelang es General Rodriguez schließlich doch, den eisernen Stroessner nach fünfunddreißig Jahren Alleinherrschaft abzulösen. Stroessner wollte offenbar einen neuen Bürgerkrieg verhindern und räumte mehr oder weniger freiwillig seinen Diktatorenstuhl. Er war ein weiser Mann, er hat mir das Leben gerettet, und ich verdanke ihm viele, viele Millionen.

Wie es zum diplomatischen Geschick gehört, fand auch eine Versöhnung zwischen mir und General Rodriguez statt. Ich könnte, wenn ich wollte, auch mit ihm Geschäfte machen. Nur hat sich das Klima in Paraguay etwas verändert: Wo schlechte Laune herrscht, hält sich ein Weyer nicht lange auf.

Ich verließ Asunción mit meinem Wagen. Wir hatten mit Ute eine wunderbare Fahrt durch halb Brasilien, von der paraguayischen Grenze in drei Tagen nach Rio. Man sagt, ich sei abgebrüht, zu keinerlei Gefühlen mehr fähig. Irrtum!

Als ich in die Avenida Atlantica an der Copacabana einrauschte, hielt ich Utes Hand. Inzwischen wandelte sich unser Verhältnis, aus der tüchtigen Mitarbeiterin wurde die Geliebte. Wir waren über eine lange Zeit hinweg *lover* im besten Sinne des Wortes. Ich spürte Gänsehaut an meinem ganzen Körper. Es lief mir eiskalt über den Rücken. Christus auf dem Buckel Corcovado, die monumentale Betonstatue, das Wahrzeichen von Rio, leuchtete im Scheinwerferlicht über den Wolken auf. Als habe mich der Himmel begrüßt: willkommen, Hans Hermann, im Paradies. Ich war so überwältigt, daß ich beschloß, Ute für mein eigenes Geld groß zum Essen auszuführen.

Vom Ober ließ ich mir den besten Tisch im Restaurant »Le Saint Honoré« geben. Direkt am Fenster mit einem berauschenden Blick aus dem siebenunddreißigsten Stock des Hotels »Meridien«. Es wurde für mich zum schicksalhaften Ort. Hier hat sich später einer meiner besten Kunden einquartiert. Er brachte mir 2,2 Millionen Dollar in bar, zerstörte aber mein Vertrauen zu Ute.

Doch an jenem Abend empfand ich ein so ungetrübtes Glück wie selten in meinem wunderbaren Leben. Das berühmte schwarzweiße Zebramuster des Straßenpflasters der Copacabana, sechs Kilometer lang, erstreckte sich voller Fröhlichkeit und überschäumendem Leben unter mir. Ich hatte das Gefühl, wie ein Albatros darüberzuschweben, und bestellte zur Feier meiner Ankunft in Rio den Champagner meines Jahrgangs. Es gab keinen älteren als einen vierzigjährigen. Ich merkte sofort, Rio ist meine Stadt, City of Consul Weyer, wo man ewig jung bleibt, weil es keinen alten Champagner gibt.

Ich ließ auch 1000 Postkarten mit Rio-Motiv und Aufschrift »City of Consul Weyer« drucken. Es hatten sich in der Zwischenzeit schon 12 000 Autogrammwünsche angesammelt. Ich bedaure, daß nur jeder zwölfte Fan von mir aus Rio eine Karte bekam.

Meine erste Million

An dem Werk, mich zum buntesten Vogel im bundesdeutschen Paradies zu machen, haben mitgearbeitet: Hitler und ein junger Araberkönig, Reichsmarschall Göring und ein britischer General.

Ich mochte es gern, wie ein Mensch ein Kamel mögen kann. Das heißt, ich haßte es nicht allzusehr. Ich war damals der ärmste Schüler des Privatinternats in Echzell, mit ausgezeichneten Noten im Aufsatz und miserabel in Mathe. Nur Mathe konnte ich leicht abschreiben, von einem dicken Mitschüler, der mir jeweils die Ergebnisse auf einem Spickzettel herüberschob, während ich ihm Einblicke in meine Aufsätze gewährte. Es kam schnell heraus, weil mein Stil derart unverwechselbar war, daß der Direktor nach den ersten Sätzen sofort Bescheid wußte.

Die Mitschüler, Söhne aus reichen Familien, steckten mir jeden Monat fünfzig Mark in die Tasche, damit ich mithalten konnte. Meine Mutter hatte mich heimlich auf ein Privatinstitut geschickt und finanzierte mein Studium, indem sie das Geld aus der Haushaltskasse abzweigte. Mein Stiefvater sollte davon nichts erfahren.

Ich war ein Spätzünder, geboren am 22. April 7.30 Uhr morgens in Berlin-Dahlem. Schon drei Jahre alt, begann sich meine Mutter Lilo, eine Gutsbesitzerstochter aus Westfalen, um meinen geistigen Zustand berechtigte Sorgen zu machen. Ich sprach noch kein Wort, was für mein Alter wirklich nicht normal war. Meine Mutter brachte mich zum Arzt, der mich eingehend untersuchte und beruhigend erklärte: »Keine Bange. Sie, gnädige Frau, werden noch sehr viel von Ihrem Sohn hören.«

Der Mann muß ein Hellseher gewesen sein.

Wir lebten bei Kriegsausbruch in Berlin, in einer feudalen Vierundzwanzigzimmer-Villa. Meinem leiblichen Vater, Hans Weyer, sicherte eine renommierte Praxis als Wirtschaftsprüfer ein behagliches Leben. Mein Vater hatte einen dicken Kameraden aus dem ersten Weltkrieg, Hermann Göring, beide Kampfflieger im legendären Richthofen-Geschwader. Mein Vater war Hermanns Vorgesetzter, aber das tat ihrer Freundschaft keinen Abbruch.

Nach 1918 verloren sie sich vorübergehend aus den Augen. Mein Vater legte seinen militärischen Rang ab und sich einen — garantiert echten, durch fleißiges Studium erworbenen — Doktortitel zu, den er aus Bescheidenheit nie führte. 1933 übernahm Hermann Göring das Reichsluftfahrt-Ministerium. Bald darauf rief er meinen Vater an und sagte: »Hans, solltest du keine Lust zum Arbeiten habe, dann komm zu mir.«

So wurde mein Vater Leiter der Personalabteilung im Luftfahrtministerium und verbrachte mehr Zeit in seinem Garten bei seinen Rosen als in seinem Büro. Immer, wenn etwas los war, fuhr ein Adjutant bei unserer Villa vor und holte meinen Vater ab, ins Ministerium.

Unsere Familie wurde ab und zu nach Karinhall, auf den pompösen Landsitz des Reichsmarschalls Göring, eingeladen. Dort tauchte einmal auch der Führer und Reichskanzler auf, ganz privat, aber doch mit dem üblichen großen Auftritt, Gefolge und Stiefel- und Ordensgeblitze und mit ehrfurchtsvollem Erstarren der Versammelten. Hinein piepste sehr vernehmlich die erst kürzlich erwachte Stimme eines vierjährigen Buben — die meine nämlich: »Kommt der Kater, macht Theater!«

Das Entsetzen hat die Versammelten für eine schlimme Minute gelähmt, aber Hitler tätschelte mich ab. So machte ich die erste Erfahrung im Umgang mit Diktatoren, man kann ihnen ruhig gelegentlich die Wahrheit sagen, weil die anderen es sich nicht trauen. Irgendwann hat jeder Mensch von Speichelleckern die Nase voll. Das erste Buch, das ich las, war der *Eulenspiegel*. Es faszinierte mich.

Der Grundstein für meine Karriere wurde gleich nach Kriegsende gelegt. Deutschlands Städte versanken in Schutt und Asche, doch die Weyer-Villa in Dahlem blieb verschont. Nicht nur von Bomben, sondern auch von den Sowjets. In Berlins feinster Gegend ließen sich die Amerikaner und die Briten nieder. Mein Vater wurde von den Alliierten verhaftet. Meine Mutter marschierte in ihrem besten Kleid zur britischen Stadtkommandantur, und das beeindruckte einen jungen Generalmajor Seiner Britischen Majestät sehr.

Ich weiß nicht, wie es meine Mutter bewerkstelligte, aber ein paar Tage später hielt vor unserer Villa ein schwarzer Rolls-Royce mit einem komischen Ding auf dem Dach: einem Schlauchboot. Ein englischer Offizier machte meiner Mutter seine erste Aufwartung und brachte mir Schokolade, aber ich war so wütend, daß ich das Schlauchboot mit dem Messer zerstochen habe.

Es war die erste Begegnung mit meinem späteren Stiefvater, denn meine Mutter ließ sich scheiden und heiratete Clifford Davis, um die Zukunft ihrer beiden Söhne zu sichern. Der Krieg war verloren, das Leben mußte im gewohnten Standard weitergehen.

Ich hatte an meinem Vater sehr gehangen, konnte deshalb den neuen Mann im Haus nicht akzeptieren, obwohl er Lebensmittel und Geld brachte.

Begreiflicherweise wollte der neue Stiefvater nicht ständig an meinen Vater Hans und schon gar nicht an Hermann erinnert werden. Er nannte mich Cliff. Und so heiße ich heute: Hans Hermann Clifford Weyer. Clifford Davis hatte sich während des Krieges mit dem im ägyptischen Exil lebenden Senussi-Oberhaupt Saijid Muhammad Idris El-Senussi angefreundet, den die Engländer 1949 als Emir der Cyrenaika einsetzten. 1951 wurde die Cyrenaika unabhängig. Saijid Muhammad bestieg als Herrscher Idris I. den Thron des neuen Königreichs Lybien. Mein Stiefvater wurde als Finanzbeamter im Ministerrang ins Land geholt. Wir zogen von Berlin nach Tripolis um.

Die gleißende weiße Villa neben dem Königspalast wurde unsere Residenz. Lybien hatte damals seinen Öl-reichtum noch nicht entdeckt. Es war ein armes Land, so arm, daß sich der König nicht einmal einen Panzer-schrank leisten konnte. Mein Stiefvater brachte deshalb jeden Abend die Staatskasse mit nach Hause und ver-steckte das Geld aus Furcht vor Dieben und Räubern un-ter unseren Betten. Seit ich auf der libyschen Staatskasse schlief, weiß ich, daß gebündelte Scheine ein sanftes Ru-hekissen sein können.

In meiner Internatszeit grübelte ich unaufhörlich darüber nach, wie ich einmal viel Geld mit geringstem Aufwand verdienen könnte. Als dem ärmsten von allen Mitschülern wuchs mein Klassenbewußtsein gehörig. Ich lernte schnell, daß der einfachste Weg, an das große Geld heranzukommen, der ist, es den Reichen wegzu-nehmen. Ich sympathisierte deshalb mit klassenkämpfe-rischen Ideen und hielt den Kommunismus durchaus für eine angemessene Staatsform, vorausgesetzt, ich wäre der Arbeiterführer und würde auch der KP befehlen.

Weil mich die finanzielle Not drückte und ich auf die Almosen meiner Mitschüler angewiesen war, wurde in mir der soziale Haß geschürt. Sei's drum, meinen Cha-rakter hat der Nachholbedarf an Geld entscheidend ge-prägt.

Was mich tröstete, waren die Ferien. Keiner von mei-nen Mitschülern hatte solche Abenteuer erlebt. Im Kö-nigspalast von Tripolis.

Der Rittmeister Seiner Königlichen Hoheit lehrte mich, mit Kamelen umzugehen. Ich wußte, was mit die-sen störrischen Viechern anzufangen ist, wenn sie kurz vor einer Oase zusammenbrachen und sich nicht mehr von der Stelle rührten.

Nach arabischer Sitte, und die sind immer grausam, mußte man entweder unter dem Hintern des Kamels Feuer machen oder Wasser in seine Nüstern gießen, bis es zu ersticken drohte. Dann bewegte es sich wieder.

Schon die Reise nach Tripolis bedeutete damals, im Sommer 1956, ein echtes Abenteuer. Mit einer Propeller-maschine ging es über Mailand nach Rom. Dort traf ich mich mit meinem zwei Jahre jüngeren Bruder Hartmut, und zusammen flogen wir nach Casablanca, wo wir einen halben Tag auf die Anschlußmaschine nach Tripolis warten mußten.

Die Mittagstemperatur kletterte auf fünfundvierzig Grad, der lange Sommer der Sahara hatte begonnen. Ich war fünfzehn und hatte endlich das verhaßte Internat hinter mir. Außer dem Abiturzeugnis hatte mir der Direktor auch einen Begleitbrief an meine Mutter mitgegeben, den ich längst geöffnet hatte, um ihn meinen Mitschülern vorzulesen. So endete der letzte Tag im Internat mit schallendem Gelächter. Denn die besorgte Schulleitung machte die »Erziehungsberechtigten« darauf aufmerksam, daß ich über einen »widernatürlichen Intellekt« verfüge.

Der Direktor hatte das sicherlich richtig erkannt; wegen zahlreicher Eskapaden drohte er mir des öfteren mit Rausschmiß. Nur ließ ich mich als Klassensprecher nicht in die Enge treiben. »Wenn ich gehe, gehen alle sechzehn Mitschüler mit, und Sie können sich ausrechnen, was es für Sie bedeutet, sechzehn mal 2200 Mark pro Kopf zu verlieren.«

Der Direktor war ein Schnellrechner, verzog säuerlich das Gesicht und ließ mich weiterhin Unfug treiben.

Ich habe mich in der Tat weniger durch Kenntnisse als durch eine große Klappe ausgezeichnet, wurde auch immer zum Klassensprecher gewählt. Meine Mitschüler genossen die Weyerschen Auftritte sehr, und ich wußte schon damals, was ich meinem Ruf schuldig bin.

Meine Mutter ertrug die Anmerkungen der Schulleitung ziemlich gelassen; mein Stiefvater jedoch, der ehrenwerte Sir Clifford Davis, geriet über meine wache Weyer-Intelligenz außer Fassung. Doch diesmal, mit dem Abitur-Zeugnis in der Tasche, hatte ich wirklich was Großes vor.

Meinem Bruder Amun sagte ich vorläufig kein Wort davon. Wir hatten unsere Namen arabisch eingefärbt, weil die Deutschen nach dem Zweiten Weltkrieg in Nordafrika ziemlich unbeliebt waren, und wir wollten nicht auffallen. So nannte ich meinen Bruder Hartmut

Amun, und er sagte zu mir Haya. Wir verstanden uns blendend, wenn nicht sogar noch besser.

Wir hockten schon ein paar Stunden auf den Stufen vor dem Flughafen in Casablanca. Mir fielen die Frauen auf, die dort auf dem Platz Sitzkissen mit Gold- und Silberfäden bestickten. Ich beobachtete sie genau. Plötzlich sagte ich ganz spontan wie ein Wahrsager, der eine Eingebung bekommt: »Schau, Amun, mit diesem Ding werde ich meine erste Million machen.«

Für die zweite Million, mit der ich ebenfalls liebäugelte, benötigte ich allerdings die Hilfe meines Stiefvaters.

In Tripolis gelandet, lief ich gleich zu ihm. Sein Arbeitszimmer befand sich im Königspalast mit herrlichem Blick direkt aufs Meer.

Mein erster Satz gefiel ihm nicht besonders, aber als alter Finanzhase war sein Interesse sofort geweckt. Ich schaute mich in seinem Arbeitszimmer herausfordernd um und sagte frech, wie ich immer schon war: »So gewaltig ist dein Gehalt offenbar nicht, wie? Ich wüßte schon, wie man es aufbessern könnte . . .«

Mein Stiefvater schlug die Beine übereinander, nicht ohne die Bügelfalten sorgfältig zurechtzuzupfen, damit sein schneeweißer Anzug nicht zerdrückt wurde.

Ich fuhr fort: ». . . Du weißt ja, wie das mit deinen früheren Feinden, den Deutschen, ist: Das Wirtschaftswunder hat begonnen zu funktionieren, und jetzt braucht Deutschland Anerkennung. Wenn man schon nicht beliebt ist, nach diesem Krieg mit seinen schrecklichen Taten, dann möchte man wenigstens respektiert werden.«

Mein Stiefvater runzelte die Stirn, er ahnte nicht, worauf ich hinauswollte. Ich bereitete vorsichtig das Terrain zum Angriff vor. »Weißt du, ich habe inzwischen während der Oster- und Pfingstferien viele Eltern von Mitschülern kennengelernt. Richtige Wirtschaftswundermacher. Die haben einen Haufen Geld verdient . . .«

Nun sollte der entscheidende Satz folgen, für den ich noch etwas Luft holen wollte: »Für ein paar Ehren und Würden, einen Orden oder gar ein Wahlconsulat, würden sie viel Geld ausspucken . . .«

Soweit ich mich erinnere, habe ich damals zum erstenmal auch meinen später zum geflügelten Wort gewordenen Ausdruck »gebündeltes Bares« angewendet. Ich wollte meinem Stiefvater die Sache noch schmackhafter machen und begann ihm unsere neuen Reichtümer farbig zu schildern.

»Wir könnten beide sehr reich werden, wenn es uns gelänge, ein paar Honorarconsulate von Lybien zu verschachern ...«

Von der Vorstellung der hereinströmenden Gelder völlig hingerissen, machte ich einen Fehler. Ich vergaß völlig, das britische Aristokraten-Gesicht meines Stiefvaters zu beobachten. Es erstarrte im Verlauf meines Vortrags zu Stein. Bei den letzten Sätzen blitzte in seinen grauen Augen etwas auf, was bei den Offizieren Seiner Britischen Majestät selten vorkommt, dann aber einem Naturereignis gleicht: blanke Wut. Sir Clifford Davis explodierte.

Bevor ich erkannte, in welcher Lage ich steckte, hatte ich mir schon eine saftige Ohrfeige eingefangen. Wie beim Jüngsten Gericht donnerte die Stimme meines Stiefvaters: »Titel muß man sich verdienen, Titel sind nicht käuflich! Titel bedeuten die höchste Ehre, die einem Mann mit besonderen Fähigkeiten zuteil werden!«

Beschämt wegen der Backpfeifen, es waren die ersten meines Lebens — und wie ich spürte, auch die letzten —, stürmte ich aus dem Arbeitszimmer. Voller Wut und unter Tränen schrie ich: »Ich werde dir schon zeigen, daß man Titel kaufen und verkaufen kann!«

Nachdem ich diesen schicksalhaften Entschluß gefaßt hatte, hielt ich es nicht mehr lange im Königspalast aus. Es wäre für mich nur noch reine Zeitverschwendung gewesen. Ich wußte, was zu tun war: die marokkanischen Sitzkissen. Auf ihnen wollte ich mein Weyer-Imperium aufbauen.

Die Titelgeschäfte mußte ich vorerst noch zurückstellen, aber ich wußte: Was nützten Deutschland die neuen Millionen, wenn es unter fehlenden Ehren und unter einem Anerkennungs-Defizit leiden mußte. Ich dachte an die prallen Brieftaschen der Neu-Diplomaten und verabschiedete mich von meiner Mutter. Die Kontakte, die ich im Königspalast bereits geknüpft hatte, öffneten mir die Augen für eine weitere Lebensweisheit — meine zweite: Beziehungen schaden nur dem, der keine hat.

Vor dem Flughafen in Casablanca kaufte ich mir paar von diesen Sitzunterlagen. Das Ding ohne Lehne und für den Boden bestimmt, war für deutsche Hinterteile nicht sehr bequem. Aber es wirkte ungemein exotisch. Die Deutschen konnten damals, 1956, noch nicht reisen, aber das Fernweh keimte bereits in den bundesrepublikanischen Seelen.

Noch ahnte man nicht, welche Ausmaße eines Tages der Germanen-Grill in Riccione erreichen würde, aber ein marokkanisches Sitzkissen von den unerreichbaren Küsten Nordafrikas, das bedeutete für den Anfang ein gutes Geschäft. Was konnte ich in dieser Zeit Besseres finden, als ein so herrlich exotisches Stück für die gutbürgerlichen Stuben, das so unverfälscht den Eindruck von Globetrotter-Flair erweckte. Vom Sitzkissen zum Titelhandel war es nicht mehr weit. In beiden Fällen sollte mir das Prestigedenken meiner Landsleute viel Geld einbringen.

Ich gründete eine Firma in Hamburg und ging hausieren: Hans Hermann Weyer jun. von der Firma Import-Export-Weyer sen. in Hamburg. Auch die Adresse auf der Visitenkarte mit Stahlstich wirkte vertrauenswürdig: Bismarckstraße 19, darüber das Weyersche Familienwappen.

Ich mußte nicht allzu lange herumlaufen. Gleich der erste, bei dem ich auftauchte, der Chefeinkäufer von Karstadt, ein gewisser Herr Nees, wurde hellhörig. »Auf so einen Artikel haben wir schon lange gewartet«, meinte er und prüfte die Ausführung.

Die Qualität schien ihm in Ordnung, nur die Füllung hat er bemängelt. »Nein, mit Seegras gefüllt können wir das in Deutschland nicht loswerden.«

»Kein Problem.« Ich klopfte ihm auf die Schulter. »Sie werden eine Füllung bekommen, die dem deutschen Sitzfleisch besser entspricht. Geben Sie mir den Auftrag, und Sie werden staunen.«

Herr Nees bestellte viertausend Kissen, und ich marschierte schnurstracks zu den Conti-Gummiwerken nach Hannover. Eine Bonbonniere für die Chefsekretärin bewirkte, daß der Generaldirektor in einer wichtigen Sitzung gestört wurde.

Um ein Haar feuerte er die Sekretärin erbost, als er hörte, um was es sich handelte: Schaumstoff-Abfälle. Aber um mich loszuwerden, unterschrieb er schleunigst einen Liefervertrag über sechs Eisenbahnwaggons Schaumstoff, für die ich nichts weiter als den Transport von Hannover nach Hamburg bezahlen mußte. Aus lauter Dankbarkeit habe ich meine gute Fee, seine bezaubernde Chefsekretärin, mitgenommen, im Handumdrehen abgeworben für große Taten.

Beim Ordern der Kissen als Großauftrag in Marokko waren mir die in Tripolis erworbenen Kenntnisse der arabischen Sprache und Mentalität recht nützlich. Als es um die Bezahlung ging, habe ich den Besitzer der Werkstatt überzeugt, daß man beim Handel mit Deutschen erst nach der Lieferung sein Geld bekommt. Seit General Rommel, dem Wüstenfuchs, hat man in Afrika den Deutschen alles zugetraut.

Auch daß ich den Werkstattbesitzer auf einen Pfennigpreis für ein Sitzkissen herunterhandelte — und auch dabei half mir ein Trick mit der Eitelkeit. Ich ernannte mich kurzerhand zum Generalimporteur der königlich-marokkanischen Sitzkissenmanufaktur und wurde in Casablanca ein geschätzter Geschäftspartner. Nun fehlten mir nur die Arbeitskräfte für die Füllung der Kissen in Deutschland. Mein Erfindungsgeist versagte nicht: Auf eine Zeitungsanzeige meldeten sich hundertzehn Studenten, die für mich im Akkord rund um die Uhr stopften. Also hatte ich plötzlich auch hundertzehn Angestellte.

Ich habe wie geplant die erste Million mit diesen Kissen verdient. Als kleiner Nebeneffekt entwickelten sich später sehr gute Beziehungen zu einigen Chefärzten der Eppendorfer Klinik in Hamburg. Diese Medizinprofessoren erinnerten sich nach Jahren noch gerührt, wie ihre Karriere eigentlich begann: als Kissenstopfer bei Hans

Hermann Weyer jun. Inzwischen berühmte Chirurgen waren schon bei mir beschäftigt.

Ich versuchte allerdings, den Nimbus eines Sitzkissenhändlers so schnell wie möglich wieder abzustreifen. Leider habe ich beschlossen, ein ganz seriöser hanseatischer Geschäftsmann zu werden, und eröffnete eine Getränkehandlung. Die Lehre hat mich verblüfft, aber sie war nützlich:

Wenn man Geld ausgibt, kann man nicht reich werden!

Bald jedoch spielte mir der Zufall die große Chance meines Lebens zu. Denn meine Lieblingsidee zu verwirklichen und Titelhändler zu werden und damit in absolutes Neuland vorzustoßen, das war ich meinem Stiefvater schuldig.

Das Glück kam in Person eines NS-Sympathisanten, der über ausgezeichnete Kontakte in Südamerika verfügte. Er stellte sich mit seinem echten Namen vor, meinte aber augenzwinkernd: »Sie können mich Bambuse nennen!«

Mein Traum, der jüngste Consul der Welt zu werden, war auf einmal zum Greifen nah. Ich war ganz Ohr für das, was mir Bambuse zu erzählen wußte.

Wie bin ich sparsam

10 Gebote für »Geld unser — gelobt sei's in meiner Tasche« — oder wie man die Millionen beisammenhält

»Lieber sparsam als arm«, sagte schon meine Großmutter, und ich als braver Enkel habe ihr versprochen: »Wenn es ums Geld geht, werden selbst Vater und Mutter für mich Ausländer sein.« Und ich halte immer meine Versprechen.

Im Lauf der Jahre merkte ich aber, Geld verdienen kann jeder Depp, es kommt nur darauf an, wie hält man die liebe Marie zusammen. Folgende Regeln haben sich bestens bewährt, erfordern allerdings die moralische Stärke meines Formats und natürlich meines angeborenen Charmes. Denn glauben Sie's oder nicht, man nimmt es mir nicht übel, daß ich . . .

1) . . . nur dann fliege, wenn ich das Ticket nicht selbst bezahlen muß. Bin ich eingeladen, dann nur 1. Klasse, Lufthansa bitte, weil ich bei der Lufthansa eine »frequent«-Karte habe, damit ich für Übergewicht beim Gepäck nicht dazuzahlen muß. Ich besitze übrigens nur MCM-Gepäck, weil ich es geschenkt bekam.

2) . . . grundsätzlich in Hotels nur auf Einladung des Hotels oder meiner Kunden wohne. Hierbei lege ich Wert auf die Präsidentensuite. Als persönlicher Berater einiger afrikanischer, süd- und mittelamerikanischer Staatschefs muß ich standesgemäß besser untergebracht sein als etwa der Außenminister des jeweiligen Landes,

sonst könnte meine Autorität bei den übrigen Regierungsmitgliedern leiden. Die Ausnahme bildet nur das Hotel »Palace« in München, wo ich das Zimmer von Tina Turner gern beziehe. Wegen gewisser Erinnerungen, die mir besonders angenehme Gefühle bereiten.

3) ... ständig Diät lebe. Aber bei einer Einladung in ein Drei-Sterne-Restaurant oder zum »Käfer« werde ich schwach. Allerdings bitte ich anschließend meinen Gastgeber, die Rechnung sehr diskret und nicht am Tisch zu begleichen. Der Anblick von Bargeld würde mir körperliches Unbehagen bereiten, weil ich bei der Wahl zwischen Hummer und Bargeld lieber gleich zum zweiten Gang greife. Außerdem halte ich es für hinausgeworfenes Geld, wenn man fürs Essen bezahlt.

4) ... alle Kreditkarten der Welt besitze, aber ich halte sie versteckt. Es ist mir peinlich, meine Sponsoren zu beschämen, die mit der goldenen American Express hantieren. Ich habe nämlich die Platin und bin stolz darauf, daß sie immer noch wie neu aussieht. Ohne Spuren von der Schrubbmaschine. Ich könnte mir jeden Wunsch erfüllen, mir alles auf der Welt kaufen. Das tue ich aber nicht. Für Geld kann sich jeder Pflaumenaugust alles kaufen. Mir bereiten nur wirkliche Geschenke echte Freude, und sie erhalten darüber hinaus tatsächlich die Freundschaft.

5) ... auf Reisen für mich gilt: Warum sollte ich zweihundert Dollar für eine Übernachtung zahlen, wenn ich hundert Kilometer weiter bei Freunden umsonst schlafen kann. Mal fahre ich dafür schon auch zweihundert Kilometer. Da muß mir aber bei freier Kost und Logis noch ein kleines Zusatzgeschäft winken. Etwa ein Beratervertrag. Es stimmt, daß ich überhöhte Honorare ohne Gewissensbisse kassiere.

6) ... die Gewohnheit habe, vom Frühstückstisch auch ein paar Brötchen mitzunehmen; sie geht auf die schlechte Gewohnheit meiner Gäste zurück, die an langen Weyer-Feiertagen öfter mal Hunger haben. Mich macht der Gedanke an meine vierzig Millionen auf meinen diversen Konten satt. Das bewahrt mich auch vor Verdauungsproblemen, denn die teuren Arztrechnun-

gen spart man sich nur dann, wenn man keinen Arzt braucht.

7) ... wenn man mir ein Haus anbietet, schon bei der Vorstellung, was der Hausmeister kosten würde, in Ohnmacht falle. Also kaufe ich mir lieber keine Immobilien, keine Häuser — und falle daher auch nicht in Ohnmacht.

8) ... wenn es um Testautos geht, gern nur Modelle meiner Klasse fahre, unter der Voraussetzung, daß die Spritkosten zu Lasten des Autobesitzers gehen. Mit dem eigenen Wagen unternehme ich nur Dienstfahrten bei voller Erstattung des Kilometergeldes, das sich aber bei mir nicht nach Sätzen des Finanzamts richtet. Die Weyerschen Spesentabellen werden auf Anfrage gern zugesandt, selbstverständlich zahlt das Porto der Empfänger.

9) ... als Geizhals beschimpft, nicht beleidigt bin. Man hat dann nämlich nur erkannt, daß man mit mir Geschäfte machen kann. Gute Geschäfte, bei denen ich mindestens 20 Prozent kassiere.

10) ... gute Geschäftsfreunde auch gern zum Essen einlade. Aber wenn einer behauptet, er habe bei einem solchen Anlaß gesehen, daß ich die Rechnung übernommen habe, müßte ich ihn öffentlich einen Lügner nennen. Also loben Sie nicht mich, sondern den HERRN, daß Er Sie mit Consul Weyer zusammengeführt hat. Glauben Sie mir, es ist Fügung, wenn Sie mir eines Tages begegnen.

Wie ich jüngster
Consul der Welt wurde

**Jüngster Consul der Welt. Mein Chauffeur hatte
eine Mark siebenundsechzig in der Tasche. Ich
kaufte ein paar Brötchen, da blieben ihm nur noch
sieben Pfennig übrig.**

Der Teufel muß mich geritten haben! Vier Tage habe ich
mich geschunden und geplagt, bin aus einer Maschine in
die andere geklettert, bin von Hamburg nach New York,
weiter nach Los Angeles und Mexico City, von dort aus
nach Buenos Aires und schließlich nach La Paz geflogen.
Alles mit Propellermaschinen vom Typ »Superconstella-
tion«, weil es 1963 noch keinen Düsenkomfort gab.

In La Paz gelandet, war mein einziger Gedanke: ins
Bett! Das Zimmer im »Hotel Liberador« hatte sogar einen
Safe. Ich sperrte ihn auf, um meine 30 000 Dollar hinein-
zulegen, doch im selben Augenblick öffnete sich die
Rückwand des Safes, und ein Männergesicht grinste
mich an. »*Buenos dias, Señor*«, sagte der Mann verlegen.

Ich schlug die Safetür wieder zu, die Müdigkeit war
blitzartig von mir abgefallen. Kein Schlaf mehr, ich grübelte nun, wo ich mein Geld sicher aufbewahren konnte.

Was brachte mich nach Bolivien? Bambuse! Jener un-
ternehmungslustige Mensch, der mich eines Tages in
meiner Hamburger Getränkefirma aufgesucht hatte. Vertraulich wollte er mich sprechen, verschloß eigenhändig
die Tür mit dem Schlüssel, schaute ein paarmal aus dem
Fenster und fing dann an, von seinen Kriegserlebnissen
zu berichten. Offenbar hatte er gehört, daß Reichsmarschall Göring mein Patenonkel war, und wollte mein Ver-

EL PRESIDENTE DE LA REPUBLICA DE BOLIVIA

Por cuanto: conviene al servicio de la República nombrar una persona que ejerza las funciones de Cónsul Honorario de Bolivia en Luxemburgo, Luxemburgo.

Por tanto: y consintiendo en la persona del **Sr. Hans Hermann Weyer,** las cualidades que se requieren, he venido en elegirlo y nombrarle, como por la presente le nombro Cónsul Honorario de Bolivia en Luxemburgo, Luxemburgo, rogando a las Autoridades lo reconozcan y le permitan ejercer su empleo libre y pacíficamente, dándosele el favor y auxilio que necesitare y guardándosele las prerrogativas de estilo a los agentes de su clase.

Al efecto, se expide la presente, firmada, sellada y refrendada según corresponde en La Paz, a los 13 días del mes de noviembre del año mil novecientos sesenta y tres.

_____

Anótese
El Introductor

Refrendado
El Ministro de Relaciones Exteriores

_____

November 1963: Ernennung zum jüngsten Consul der Welt.

trauen gewinnen. Er selbst war bei der Waffen-SS in Polen auf Partisanenjagd gewesen.

»Es wurden keine Gefangenen gemacht. Der Befehl lautete, die gefaßten Partisanen an die Wand zu stellen und zu erschießen. Ich wurde im Kampf dreimal verwundet, war aber immer schneller als der Feind. So bin ich am Leben geblieben.«

Ich wollte den Mann hochkantig aus dem Büro werfen, aber plötzlich fiel ein Zauberwort: Consul!

»Millionär sind Sie schon, wollen Sie nicht Consul werden?«

Meine anfängliche Unsicherheit wich offenem Interesse. Bambuse erzählte mir, daß einige seiner Kriegskameraden nach Bolivien geflüchtet waren und dort einflußreiche Positionen bekleideten. Ein ehemaliger Sturmbannführer saß sogar im Vorzimmer des Präsidenten Victor Paz Estenssoro. Da ließe sich was machen, meinte Bambuse.

»Was?« erkundigte ich mich in Vorahnung der guten Nachricht.

»Die Republik Bolivien beabsichtigt, das Consularische Corps in Europa auszubauen. Es werden einige fähige Leute gesucht ...«

Das war bereits Musik für meine Ohren. Dieser stramme Deutsche sollte mich zur Quelle führen. Ich hatte einige Anfragen von Eltern ehemaliger Mitschüler, ob ich ihnen vielleicht über das Königreich Lybien ein Ehrenconsulat besorgen könnte.

Nur war, wie bereits erwähnt, mein Stiefvater ein sturer Bock, der noch der altmodischen Vorstellung huldigte, man müsse einem Land erst vierzig Jahre aufopfernd dienen, ehe man sich die Ehren eines Consuls verdiente.

Der lybische König Idris El-Senussi verstand zwar einiges vom Festefeiern, war aber sonst so dusselig, daß mein Stiefvater sogar die Schecks für ihn ausstellen mußte. Ergo konnte ich mit Seiner Hoheit auch nicht direkt über Geschäfte reden.

Dies war nun die große Chance, meinem ehrenwerten Stiefvater zu beweisen, wie sehr er sich irrte, wenn er meinte, Consultitel könne man nicht kaufen. Ich habe nur eine letzte Frage gestellt, bevor ich einschlug: »Wie hoch ist der Preis?«

Wie aus der Pistole geschossen, antwortete Bambuse: »20 000 Mark.«

Ich wartete noch eine Weile auf den Zusatz: »Plus Spesen.«

Doch Bambuse schwieg, beobachtete mein Gesicht. Ich zuckte nicht einmal mit den Augenbrauen und sagte knallhart: »Sie bekommen 5000 Mark Anzahlung, Rest bei Lieferung. Ist doch korrekt, oder?«

Bambuse sprang auf, salutierte vor mir, dabei hob er den Arm verdächtig hoch, und ich befürchtete schon, er würde sich in meinem Büro zum alten Reichsgruß hinreißen lassen. Daraufhin frage ich ihn sehr freundlich: »Wann treten Sie in Aktion, die Sache eilt?«

Bambuse schlug die Hacken zusammen: »Ich bin ein alter Soldat, ich bin sofort einsatzbereit. In zwei Tagen marschiere ich nach Bolivien und melde mich gehorsam in zehn Tagen wieder bei Ihnen in Hamburg zurück.«

Dann verzog er schmerzlich das Gesicht, faßte sich an den Kopf und hielt die Luft an.

»Ist Ihnen nicht gut?« fragte ich.

Bambuse schüttelte sich, machte eine fahrige Bewegung: »Entschuldigung, eine meiner Kriegsverletzungen, gelegentlich machen sie mir noch zu schaffen. Aber ich versichere Ihnen, ich bin absolut einsatzfähig.«

Ich entließ Bambuse mit 5000 Mark und griff zum Telefon: »PanAm? Sagen Sie mir bitte, welche Flugverbindung gibt es nach La Paz?«

Die Würfel waren gefallen. Ich beschloß, mich Bambuse an die Fersen zu heften. Voller Wißbegierde wollte ich auskundschaften, wie man Ehrenconsulate verschacherte. Bolivien erschien mir ein ideales Pflaster, das sagte mir mein animalischer Instinkt untrüglich: eine Republik, in der es seit der Unabhängigkeit vor hundertsechzig Jahren rund zweihundert Putsche und Revolutionen gegeben hatte ...

Das ist der Boden, auf dem ein Weyer säen kann! jubelte meine innere Stimme. Meiner erfolgreichen Zukunft schien nichts mehr im Wege zu stehen. Ich besorgte mir Bergschuhe, ein Fernglas und »gebündeltes Bares«. Wie immer auf meinen Reisen, packte ich auch die Bibel mit ein. Die Dinge konnten ihren Lauf nehmen.

La Paz, 3. November 1963, »Hotel Liberador«. Eigentlich fühlte ich mich wohl, nur dieser verfluchte Safe machte mir Sorgen. Wohin mit den 30 000 Dollar in bar? Ich lag auf dem Bett und starrte zur Decke. Da fiel mir eine Ritze auf. Ich stand auf und faßte hinein. Die Gipsdecke fiel mir beinahe auf den Kopf. Ich hielt das für ein himmlisches Zeichen, denn alles Gute kommt angeblich von oben.

Also verstaute ich mein Bargeld in der Öffnung zwischen Gipsstuck und Decke und befestigte es. Jetzt konnte ich ruhig auf dem Bett liegen und weiter zur Decke starren. Keine Fliege entging meiner wachen Aufmerksamkeit. Wenn ich allerdings das Zimmer verließ, packte mich ein flaues Gefühl im Magen.

Ich erkundete die Lage im Präsidentenpalast. Wo blieb Bambuse, der nette Mensch? Glücklicherweise hatte er den Namen seines Verbindungsmannes im Vorzimmer des Präsidenten erwähnt. Ich erkundigte mich nach ihm und wurde unverzüglich vorgelassen. Der Zufall wollte es, daß ich mich in der Tür irrte. Plötzlich stand ich einem General gegenüber.

Sein Name Remberto Iriate Paz sagte mir nichts. Vorerst nichts. Er schien aber von mir sehr angetan zu sein. Ich sagte ihm einige Stichworte: Hamburg, Millionär, Freund des lybischen Königs und daran interessiert, für Ihr Bolivien tätig zu sein. Ich durfte Platz nehmen.

Als ich wieder ging, spürte ich, daß ich diese Partie gewonnen hatte. Ich brauchte Bambuse nicht mehr. Ich hatte für den nächsten Tag schon einen Termin beim Präsidenten.

Im »Hotel Liberador« erfuhr ich, welches Ansehen General Iriate im Lande genoß. Ein Held der Revolution, einer wie Che Guevara. Er verhalf mit seiner Armee Victor Paz Estenssoro an die Macht. Was für ein Glück, als erstem ihm zu begegnen.

Von der Stadt La Paz habe ich außer dem Präsidentenpalast kaum etwas gesehen. Ich mußte das Geld in meinem Zimmer bewachen. Zwischendurch rannte ich zum Präsidenten. Auch er war sichtlich davon angetan, in Europa künftig auf einen so fähigen Mann wie mich zählen zu können. Es gab nur ein kleines Problem: In Bonn saß bereits ein bolivianischer Botschafter. Da kam mir die glorreiche Idee mit Luxemburg. Als ich dem Präsidenten die Bedeutung dieses kleinen Landes schilderte, zögerte er mit der Ernennung nicht mehr. Am 13. November 1963 — unglaublich, aber es war tatsächlich ein Freitag! — erhielt ich die persönlich unterschriebene Urkunde: *Hans Hermann Weyer, Consul Honorario Bolivia en Luxemburgo. Victor Paz Estenssoro, Presidente Constitucional de la República.*

Nach dem Abschied vom Präsidenten nahm mich General Iriate auf die Seite. »Der Präsident hat Angst vor mir«, vertraute er mir an. »Er fürchtet, meine Popularität könnte ihm gefährlich werden, die Stimmung brodelt schon wieder. Ich werde bald nach Madrid weggelobt. Ich komme auf Sie zu.«

Für die spanischsprechenden Länder Südamerikas erscheint die diplomatische Vertretung in Madrid wichtiger als die in New York. General Iriate winkte sicherlich ein sehr ehrenvoller Posten. Zumal Spanien sich zu einem beliebten Urlaubsland zu mausern begann. Die Küste war noch jungfräulich und ein Quadratmeter am Meer für zwei Mark zu erwerben. General Iriate deutete mir große Geschäfte an.

»Die Deutschen mögen doch Spanien, oder?« fragte er.

»*Sí.*« Ich nickte. »*Mucho!*«

So leicht war die Verständigung mit Helden der Revolution, wenn es ums Geld ging. Ich spendete der noch bolivianischen Staatskasse eine großzügige Summe und wollte gehen, da lief mir Bambuse auf dem Korridor völlig abgekämpft in die Arme. Es hat ihn fast umgehauen, aber ich versprach, künftig auch für ihn beim bolivianischen Staatschef ein gutes Wort einzulegen. Bambuse trug seine Niederlage tapfer, er begann mich richtig zu bewundern.

Achtzehn Jahre später besuchte er mich in Paraguay. Ich empfing ihn freundlich und stellte, weil er es so gewohnt war, für ihn ein militärisches Feldbett im Garten auf. Ich glaube, er hat sich bei mir sehr wohl gefühlt und scheute keine Strapazen, noch einmal kreuz und quer durch Südamerika mit dem Bus hinter mir herzureisen. Die Antriebsfeder für sein Leben war, so zu sein wie ich. Er verriet es mir im Vertrauen. Mit einer Bemerkung allerdings, die mir weniger schmeichelte: »Ach, lieber Consul Weyer, lassen Sie uns mal zusammenarbeiten, wir sind doch beide Bambusen.«

Sprach's und wollte mit mir seine Tagesverpflegung teilen: eine Banane und einen Apfel. Obwohl ich diesen Mann ausgetrickst hatte, hatte er mich ins Herz geschlossen.

Aus Bolivien wurde mir standesgemäß ein Privatchauffeur für den Botschaftswagen zugeteilt. Er hieß Carlos. Als halber Indio machte er in seiner Uniform, im Sommer weiß, im Winter blau, eine gute Figur. Unsere erste gemeinsame Fahrt war die Abholung meines Mercedes 600 in Stuttgart. Der Verkaufsleiter, der uns zum Kauf beglückwünschte, zeigte mir eine Rechnung: Achtundachtzig Mark für das Autoradio. Ich hatte überhaupt kein Geld dabei. Bei Carlos steckten 1,67 Mark in der Tasche.

Also mußte ich den Verkaufsleiter im schärfsten Ton zurechtweisen: Was erlaube er sich denn da? Ich wollte zum Hausapparat greifen, um mich beim Chef von Mercedes über diese Unverschämtheit zu beschweren. Der Verkaufsleiter wurde blaß, entschuldigte sich, legte die Rechnung beiseite und wünschte uns eine gute Fahrt.

Auf die hoffte ich stark, vor allem darauf, daß der vom Werk vollgetankte Wagen es bis Hamburg schaffte und uns nicht vorher der Sprit ausging.

Kurz vor Kassel meldete Carlos, daß er vor Hunger kaum mehr fahren könne. Wir hielten an einer Raststätte. Ich erklärte dem Ober, daß ich im Kofferraum eine Ladung Pfälzer Landwurst hätte und ein paar Brötchen dazu brauchte. Vier Stück würden reichen, sie kosteten genau eine Mark sechzig. Daher kam Carlos mit sieben

Pfennig in der Tasche in Hamburg an. Mit dem allerletzten Tropfen Benzin rollten wir ohne Motor vor dem Hotel »Atlantic« aus. Der 600er zeigte eine bemerkenswerte Leistung: Auch ohne Motorhilfe schaffte es die Hydraulik, den Kofferraumdeckel fünfmal zu öffnen und zu schließen. Danach allerdings schlossen die Türen, von Hand bedient, etwas schwer.

Carlos übrigens leistete mir zuverlässige Dienste, nur beschwerte er sich gelegentlich, er habe zu Hause im armen Bolivien besser gegessen als bei mir. Worauf ich ihm einige appetithemmende Tabletten Preludin schenkte. Sie hielten ihn auch für lange Nachtfahrten wach, was die Logiskosten senkte.

General Iriate gehörte in meinem Leben zu den großen Vaterfiguren wie Stroessner. Er stattete mich mit Empfehlungsbriefen für Mexikos Staatschef Miguel Aleman und Madame Perón in Argentinien aus, wo ich eine wahre Goldgrube für den schwunghaften Handel mit Ehrendoktortiteln der Universidad Belgramo fand. Die Zahnärzte jubelten.

Es lag an den Wirren der bolivianischen Innenpolitik, daß Iriate immer weggeschickt und nach Bedarf wieder ins Land geholt wurde. Die Präsidenten wechselten wie Huren, und erstaunlicherweise kam, achtzehn Jahre nach seinem Sturz — und das ist in der Geschichte einmalig — Victor Paz Estenssoro wieder an die Macht. Inzwischen ist auch er wieder abgelöst. General Iriate pendelte. Mal war er Generalconsul in Rom und beorderte mich gleich als seine rechte Hand zu sich. Dann mußte er wieder ungehorsame Anden-Generäle zur Vernunft bringen.

Iriate wurde in Bolivien fast wie ein Heiliger verehrt. Seine Autorität dauerte an, weil er in keinem Amt zu stürzen war. Als Symbolfigur der Revolution hielt er sich klug aus allen Intrigen heraus; ein Mann, von dem ich viel lernen konnte.

Im Oktober 1974 erhielt ich einen Anruf: General Iriate, der mir zuliebe Deutsch lernte, meldete sich: »El bello Consul, was halten Sie von den Señoritas in Madrid?«

Ich wußte gleich, was gemeint ist: Ich wurde als Sonderbotschafter nach Madrid bestellt. Eine Überdosis Glück purzelte statt Zucker in meinen Kaffee, den ich immer sehr süß trinke und mit einem goldenen Löffel rühre.

Jetzt waren die Muscheln mit echten Perlen dran. Und der Champagner zum Baden. Zum Amtsantritt fuhren wir im Sechsergespann vor. Der Caudillo Franco schickte uns seine Kutsche. Der Auftritt glich einer Operette: ich mit Dreispitz auf dem Kopf und in weißer Uniform, General Iriate mit Goldtressen behangen, winkten wir der spalierstehenden Menge auf dem Bürgersteig. Auf den Dächern flatterten die Fahnen. Pracht und Pomp und die Schutzherrin der Stadt, »La Paloma«, deren Statue vor mehr als zweihundert Jahren im Müll von Madrid gefunden und wieder aufgestellt worden war. Alles war nach Weyerschem Gusto.

Generalissimo Franco war von kleiner untersetzter Statur, aber doch etwas größer als mein bolivianischer Freund. Ich schob deshalb General Iriate schnell ein Kissen unter den Hintern, damit er sich Franco anglich. Die Unterredung dauerte kurz und verlief ähnlich wie später bei Stroessner: »Wenn es Probleme gibt, kommen Sie zu mir. Ich werde sehen, was ich für Sie tun kann.«

Als erstes empfahl uns Franco eine Klinik in Marbella, und dazu sagte er, wir dürften auch seine Loge im Stadion von »Real Madrid« benutzen.

Tagsüber hielt ich mich in den Räumen der bolivianischen Botschaft auf, ließ meine Post erledigen, und immer, wenn es mir langweilig wurde, ging ich vor die Tür. Die vier Wachen der Guardia civil schlugen die Hacken zusammen und salutierten, was mir jedesmal eine fast kindische Freude bereitete. Ich führte das allen meinen Besuchern vor: Gingen sie dann allein weg, grüßten die Wachen nicht, ergo konnte jeder die Wichtigkeit meiner Person genau einschätzen.

Madrid bei Tag — das ist nicht unbedingt eine Schönheit. Oft wolkenverhangen, die sechsspurige Paseo de la Castellana voller Autoschlangen, aber ohne Leben. Aber wie sich das in der Nacht ändert!

Meinen Stammtisch hatte ich im Restaurant »Horcher«, wo man bis heute »Moppi«, dem Sohn des Gründers, bloß sagen muß: »Bitte keine Speisekarte, servieren Sie mir das Leibgericht von Consul Weyer.« Sie bekommen »ragoût of venison with Spätzle«. Ich schrieb damals ins Gästebuch:

»*The décor is natural (gemütlich) the clientèle grand and frequently from Mitteleuropa.* Ich fühle mich hier wie beim Humpelmayer in München.«

Nach Mitternacht trafen wir uns auf einen Drink an der Bar des Hotels »Ritz«, wo sich auch das Münchner Starlet Birgit Bergen herumtrieb. Sie erzählte mit glänzenden Augen von einer Militärgarde, die auf der Plaza de las Cortes im Morgengrauen aufmarschierte.

»Kompanie halt!« brüllte der Offizier, und alle Soldaten standen stramm, blickten salutierend hinauf: zu Birgit, die im Nachthemd und mit wehender Löwenmähne auf den Hotelbalkon trat. Die Trompeten glänzten in der Sonne und schmetterten. Birgit, ob soviel Männlichkeit entzückt, stürzte fast über die Brüstung.

Sie dachte wirklich, diese Parade finde ihr zu Ehren statt. Aber auf diese Art wurde früh an jedem Morgen die Nationalflagge gehißt und abends wieder eingeholt. Jaja, es war der alte Charme von Francos Regime. Heute waltet dort *movida*, und die Lederminis von Madrid sind die kürzesten in Europa.

In Marbella stieß ich auf eine Goldader, gründete mit General Iriate die Firma »Intercase« und baute das Marx-Hochhaus, eine gewinnträchtige Anlage mit teuren Appartements. Das Geschäft mit den Grundstücken ist für mich wie Roulette. Ich besetze die Felder mit Weyer-Jetons, lasse die Kugel rollen und warte auf Gewinne.

Was mich an Immobilien interessierte, war immer nur dieses Spiel Ankauf—Investment—Verkauf—Verdienstspanne. Ansonsten lebe ich nach der indischen Philosophie: Besitz belastet. Wäre ich Herr eines Maharadschapalastes, könnte ich nicht mehr ruhig schlafen. Ich kaufe mir auch kein Haus, denn allein die Vorstellung, was der Gärtner mich dann kostet, verdirbt mir die Laune. Und einen schlechtgelaunten Weyer kann ich selbst nicht ertragen.

Wann immer ich gegen meinen Grundsatz, CCV *(Consul construye y vende)* verstoßen habe, habe ich es bereut. In Acapulco erwarb ich, weil mir Trompeten-König Teddy Staufer so davon vorgeschwärmt hatte, einen Bungalow für 40 000 Dollar, in traumhafter Lage direkt am Strand. Nach einem halben Jahr, das ich woanders verbrachte, fehlten die Türen, zwei Monate später die Fenster; zu Weihnachten holte sich ein mexikanischer Nikolaus den Fußboden, und der Osterhase nahm den Rest mit. Nach einem Jahr habe ich das Haus nicht mehr gefunden. Es war bis auf die Grundmauern ausgeschlachtet worden. Mir blieb nur der Staufer-Hit in den Ohren: *Adios, Panama, say si si.*

Und warum ist Bolivien so schön? Auch dort verletzte ich einmal die eigenen Spielregeln und blieb zu lange an einem Grundstück in Santa Cruz dela Sierra kleben. Eigentlich hatte ich in der Fülle meiner Geschäfte vergessen, daß ich dort vor zwanzig Jahren für 80 000 Dollar einen Hühnerhügel gekauft hatte. Die Stadt wuchs, und heute gehört dieser Platz schon zum Zentrum. Schätzwert 800 000 Dollar. Nur verkaufen kann ich im Moment nicht. General Iriate hält seine schützende Hand darüber. Ich kann es ihm nicht verübeln, nach allem, was er für mich getan hat.

Im »Marbella Club« errichtete ich meine Agencia und verkaufte die Grundstücke wie Pizza. Prinz Alfonso von Hohenlohe, der Entdecker von Marbella, und seit 1953 mit seinem vornehmen Club am Ort, bemerkte belustigt: »Gell, Consul Weyer, es ist gut, aus vollen Hosen zu stinken.«

Ein altösterreichisches Sprichwort, und Alfonso, der passionierte Schweinezüchter, hatte selbst eine gute Nase. Sean Connery, Björn Borg, Julio Iglesias, Don Jaime de Mora y Aragon zählten zu den Gästen seines Clubs und sorgten für einen Ruf wie Donnerhall. Hier lief mir auch Aristoteles Onassis wieder über den Weg, halb so reich, wie man meinte, aber ungeheuer gewitzt und mit Weyerschem Humor ausgestattet. Ich bat ihn um einen

Gefallen. Ich erwartete nämlich einige Kunden, in der Größenordnung von 300 000-Mark-Rupfhühnern (Pardon, aber diesen Ausdruck hat der *stern* geprägt). Es waren zähe Burschen, zwei Industrielle aus dem Schwabenland.

Ich wollte auf gar keinen Fall, daß etwas schiefging und sie mit ihrer halben Million wieder abreisten, und dachte, ein kleiner Trick könne nicht schaden. Also fragte ich Onassis, ob er am Nachmittag gegen drei Uhr im Café vorbeischauen könnte.

»Tun Sie's mir zuliebe, und grüßen Sie mich sehr auffällig.«

Er fragte nicht, warum, schließlich hatte er selbst in den zwanziger Jahren in Buenos Aires, wo er mit Fleischfracht nach Europa seine erste Million verdiente, einige saubere Tricks hingelegt. Er schmunzelte und versprach zu kommen.

Am Nachmittag saß ich mit meinen Schwaben im Café, und wir nuckelten an einer Zitronenlimonade, die immer saurer wurde, rechneten und wälzten Prospekte; eigentlich gar nicht meine Art, so kleinkrämerisch Millionengeschäfte abzuwickeln. Im richtigen Moment tauchte dann Onassis auf und schwadronierte von weitem: »Oh, mein alter Freund, der liebe Consul, welche Freude!«

Ich setzte meine finsterste Miene auf und zischte: »Später, später, Ari, stör mich jetzt nicht. Ich mache hier wichtige Geschäfte.«

Onassis drehte sich verdutzt um, ging weg, und ich hatte nach zehn Minuten zwei Schecks über 600 000 Mark eingesteckt. Die Art, wie ich Ari abblitzen ließ, war sehr beeindruckend. Die beiden Schwaben waren baff. Bei einer geschäftlichen Verhandlung wichtiger als Onassis zu sein wurde für sie zum unwiederholbaren Erlebnis. Sie kauften von mir noch viele Appartements und Grundstücke. Unbesehen.

Ari hat mir diesen Scherz nicht einmal heimgezahlt. Im Gegenteil. Als wir uns am Abend im »Regine's« wiedersahen, lachte er. »Herr Consul, Sie sind unbeschreiblich.«

»Ich bin unbeschreiblich«, sagte ich, »selbst gegen Entgelt ist es schwer, mich darzustellen.«

Als Marotte von Onassis war bekannt, daß er sich die Nummern von großen Scheinen notierte, die er ausgab. Wenn er im Casino größere Summen gewann, verglich er jeweils die Nummern. Manchmal fand er wirklich seine eigenen Scheine darunter und freute sich ungemein: »So muß es sein, das Geld liebt mich, es kommt immer wieder zu mir zurück.«

Was Geiz betrifft, da hatten wir alle einen Oberlehrmeister: Paul Getty.

Als Ehrengast mit Christina Onassis bei ihm eingeladen — er wohnte etwa fünfzehn Meilen außerhalb von London auf einem prachtvollen Landsitz —, lernte ich ihn kennen. Auf seinem Schreibtisch standen zwei Telefone. Ich fragte, ob ich ein Ortsgespräch führen dürfe.

Paul Getty war die Höflichkeit in Person: »Gehen Sie bitte in den Garten, dort habe ich für diesen Zweck einen Münzautomaten aufgestellt. Sie können ungestört telefonieren, solange Sie wollen. Mein Butler wird Ihnen fünfzehn Pence wechseln.«

Seitdem ist es mir wirklich lieber, die Leute halten mich für geizig als für arm.

Wie meine hervorragenden Beziehungen zur Familie Onassis entstanden sind? Eine meiner frühen Lieben, Danuta Collins, die Erbin von »Gin Gordon«, stellte mich auf einer Party in London dem Großreeder vor. Er musterte meine lichte Höhe von eins neunzig und war begeistert. Ich nenne es den sogenannten Eiffelturmeffekt. Die Leute stehen unten und schauen nach oben, sind hingerissen vom Mut des Architekten, machen mich schwindelig, die anderen wollen hinauf, um den herrlichen Ausblick wenigstens einmal im Leben zu genießen. Ich habe diese Aussicht täglich, und Ari hat mir einmal verraten: »Wenn ich noch einmal auf die Welt komme, möchte ich sein wie Sie, der schöne Consul.«

Auf der Onassis-Yacht »Christina« war ich jederzeit willkommen. Dort begegnete ich Winston Churchill in seinen letzten Lebenstagen. Ausgerechnet zu dem Zeitpunkt, als mich die amerikanische Illustrierte *LIFE* ihren Lesern vorstellte. Mit einem maliziösen Bericht über die Titelsucht der Deutschen. Unter dem ganzseitigen Farbfoto von mir stand als Bildunterschrift: *The most beautiful consul-maker of Europe.*

Ich erhielt 12 400 Liebesbriefe aus aller Herren Länder, beigefügt Fotos von mehr oder weniger zauberhaften Damen aller Hautfarben. Sogar eine Sioux-Indianerin war darunter. Sie legte ein schriftliches Versprechen ihres Vaters bei, mich zum Ehrenhäuptling seines Stammes zu machen, wenn er mich als Schwiegersohn in die Arme schließen dürfe.

Ein Weyer mit Federkopfschmuck wäre vielleicht für die UNO ein guter Gag, aber zum Heiraten hatte ich noch nie Lust. Ich bin später auch ohne Trauschein mehrfacher Ehrenhäuptling geworden, mit Stammesbrüdern von Afrika bis in die Südsee.

Mit Winston Churchill führte ich an Bord der »Christina« herrliche Gespräche. Seine schönsten Worte waren: »Mein Gott, Weyer! Warum sind Sie nicht dreißig Jahre früher geboren! Dann hätten Sie diesen *silly bastard* Hitler zum britischen Wahlconsul gemacht und uns allen eine Menge Ärger erspart.«

Ich überlegte eine Weile, ob ich tatsächlich an den Rädern der Geschichte hätte drehen können. Logischerweise fiel mir die richtige Antwort ein: »Sir Winston, das hätte selbst ich nicht geschafft. Denn Hitler war ja nur ein arbeitsloser Anstreicher ohne einen Pfennig, und ich liefere nur gegen *cash*.«

Der große alte Mann hat herzlich darüber gelacht.

Zweifellos, die Begegnung mit Winston Churchill zählte zu den Höhepunkten meiner anglophilen Phase, auch wenn sie nicht unmittelbar von einem finanziellen Erfolg gekrönt wurde.

Mein Interesse für England wurde in den frühen sechziger Jahren geweckt. Die Queen verleiht Jahr für Jahr Tausende von Orden, schlägt Kaufleute zu Rittern und erhebt Bürger in den Adelsstand. Seit 1969 erlaube ich mir, der englischen Königin Konkurrenz zu machen.

Der Vorteil für mein Geschäft: Nicht wenige englische Adelstitel sind mit dem Grundbesitz gekoppelt. Wer solches Wappenland erwirbt, bekommt den Adelsbrief dazugeliefert. Hunderte von Dukes, Earls, Counts und Lords habe ich vor dem Ruin gerettet und ihre verfallenen Schlösser renoviert: durch frisches Geld für altes Blut.

Nicht nur aus diesen Gründen fühle ich mich in England wohl. Die Briten *swingen* auf der Weyer-Wellenlänge, und das gefällt mir besonders. Im englischen Fernsehen werden alle Personen übel rangenommen, die englische Presse gräbt die schmutzigsten Skandale aus. Selbst der Papst kommt nicht ungeschoren davon. Nur die Queen bleibt unangetastet.

In diesem Klima hat man auch meinen Scherzen viel Verständnis entgegengebracht. Der skurrile Herzog von Bedford, der seinen Schloßpark fürs Publikum öffnete, um mit dem Eintritt die Grundsteuern bezahlen zu können, fragte mich einmal bei schottischem Malt-Whisky: »Wollen Sie nicht König werden?«

Aha, britischer Humor, dachte ich zuerst, doch der Duke of Bedford sprach von einem heißen Tip: »Lundy!«

Eine fünf Quadratkilometer kleine Insel in der Bucht von Bristol vor der englischen Küste, mit allen Hoheitsrechten versehen, stand zum Verkauf.

Natürlich! Eine Insel, der alte Traum von uneingeschränkter Macht! Herr einer unabhängigen Insel zu sein! Ich begann mir alle Möglichkeiten auszumalen: die Vorteile von Liechtenstein, Monaco, Las Vegas und Gretna Green, dem Heiratsparadies, wo der Dorfschmied die Ehen besiegelt, in Weyerland vereint.

King of Lundy, das würde bedeuten . . . Und ich listete mir die einzelnen Punkte auf:

— ein Banken-Konsortium gründen, mit geheimen Konten natürlich.

— Steuerparadies für Briefkastenfirmen ausrufen.

— Spielcasino, nur von der »königlich Weyerschen Finanzverwaltung« kontrolliert, etablieren.

— Ferienprojekte für Schwarzgeldinvestoren anbieten.

— Schiffe mit Fahnen des *Kingdom of Lundy* zu beflaggen brächte zusätzliche Steuereinnahmen in die Königskasse; Beispiel Panama oder Liberia.

— eigene Briefmarken herausgeben. Da kleckern

sich auch ein paar Tausender zusammen, mit Glück auch eine Million für die »blaue Lundy«.

— Piratensender wie »Radio Weyer-Line« installieren, mit teuren Werbeminuten, weil diese Station ihr Programm quer durch alle internationalen Frequenzen ausstrahlen könnte.

Reif für die Insel und die totale Freiheit, sah ich mich bereits im Geld schwimmen. Das Problem war nur die Zustimmung der britischen Regierung. Völkerrechtlich hätte die unabhängige Insel Lundy einen internationalen Konflikt auslösen können. Angenommen, ich hätte den Sowjets genehmigt, auf der Insel einen Raketenstützpunkt zu errichten. Oder ein Ausbildungslager für irische Terroristen versteckt. Und schon begannen meine Inselträume wieder im Nebel zu zerrinnen. Allerdings gab es eine Möglichkeit, aus der Sache Kapital zu schlagen.

Die Taktik hieß Überrumpelung. Ich mußte die britische Regierung in Nöte bringen, Lundy zu einer Staatsaffäre hochputschen, dann wäre der Premierminister Edward Heath, den ich als hervorragenden Teekenner sehr schätzte, gezwungen, mit mir zu verhandeln.

Ich freute mich schon auf das Weyer-Heath-Gipfeltreffen und bestellte eine große Pressekonferenz ins Hamburger Hotel »Atlantic«.

Es kamen mehr Journalisten als ein paar Tage vorher zu dem Meeting mit Sammy Davis jun. in den gleichen Räumen. Ich haute ordentlich auf die Pauke:

DER SCHÖNE CONSUL WIRD KÖNIG! WEYER KAUFT INSELREICH! WEYER VERSPRICHT: BEI MIR ZAHLT KEINER STEUERN!

Diese Schlagzeilen wirkten wie eine Bombe. Geldgeber stürmten mir die Bude, der Portier des Hotels »Atlantic« sammelte an einem einzigen Nachmittag über vierzig Umschläge ein, mit Anmeldungen zur Teilnahme an meinem Inselprojekt. So war es ein Kinderspiel für mich, auch einen Scheck aufzutreiben, den ich auf dem Flughafen zeigte, bevor ich die Maschine bestieg: CONSUL WEYER FLIEGT MIT EINER MILLION NACH LONDON.

In Reserve hatte ich noch fünf weitere Schecks, mit denen ich eine weitere Million hätte ausspielen können.

Begleitet von Fotografen und Reportern, begrüßte ich die englische Presse im »Savoy«, dem Lieblingshotel von Winston Churchill; auch Harry Truman, Enrico Caruso, Charlie Chaplin hatten hier gewohnt. Die erlesene Art-deco-Atmosphäre, blitzender Chrom in der Halle, sie paßten hervorragend zu meinem Auftritt mit Melone und im Samtreversanzug.

Am nächsten Tag waren die Londoner Zeitungen voll von der Sensation, daß ausgerechnet ein Deutscher eine englische Insel kaufen wollte. Die allgemeine Meinung begann die Sache zu beeinflussen.

Lundy gehörte drei schrulligen *very british ladies*. Sie bestanden darauf, daß ich ihre Insel erst einmal besichtige, bevor ich kaufe. Warum diese Umstände? fragte ich, aber es half nichts. Ich mußte hin. Mit Journalisten im Schlepptau, ich hochdekoriert mit einem Orden am Schulterband, den mir weiland der König von Burundi verliehen hatte, setzten wir mit einem wackligen Fischerboot über. Windstärke sechs, starker Wellengang, grauer Himmel und Lundy ...

Ein häßlicher, kahler Felsbrocken, gepeitscht von Dauerstürmen, ragte aus dem Atlantik. Ein paar Häuser und eine Kirche für die vierzehn Einwohner, Schafställe und einige verrottete Boote, bäuchlings in einer steinigen, schmalen Bucht liegend, in der es nach Schafmist und faulenden Fischabfällen stank. Ich gab das Zeichen zum Umkehren mit erhobener Hand. Die Kameras klickten und verewigten meine majestätische Seefahrerpose mit der Insel Lundy im Hintergrund. Nun gab's keine Zweifel mehr, daß ich den Kauf ernst meinte.

»Wunderbar, die Insel ist ein Traum«, flunkerte ich, als ich wieder in London den drei Ladys gegenübersaß, diesmal im Hotel »Ritz«, wo in allen Räumen Schlipszwang herrscht, sogar auf der Toilette. Von La Belle Epoque umrahmt, in einer Palmenecke, spürte ich sofort — die drei Ladys wollen verkaufen, aber nicht an mich. Wer war der zweite Bewerber?

Zwei der drei Ladys führten das Wort. Ich nannte sie für mich »Arsen und Spitzenhäubchen«, weil sie mir wie aus dieser Kriminalkomödie vorkamen.

»Wir haben die glücklichste Zeit unseres Lebens auf Lundy verbracht«, ließ mich Spitzenhäubchen wissen.

Am liebsten hätte ich gefragt: »Wie?« Aber ich unterdrückte meine ungebührliche Neugier und lenkte das Gespräch auf den Inselpreis. Ich nannte Summen.

Die Ladys taten anfangs uninteressiert. Doch bei 1,5 Millionen Mark wurde Arsen plötzlich blaß. Bei 1,6 Millionen begann Spitzenhäubchen zu zittern, und die dritte — die stumme Lady — verschüttete ihren Lipton-Tee auf das Brokatsofa.

Ein untrügliches Signal, daß ich die oberste Grenze meines Mitbewerbers überschritten hatte. Doch warum schlugen sie nicht ein?

Da sagte die dritte Dame unvermittelt: »Werden Sie Lundy auch als Vogelparadies unberührt lassen?«

Ich wurde ungehalten. Es ging um Millionen — und diese alte Dame sprach von Vögeln!

»Mylady, Sie ahnen gar nicht, was für tolle Vögel meine Freunde sind«, erwiderte ich. »Selbstverständlich werde ich sie alle auf der Insel aussetzen.«

Ziemlich pikiert verabschiedeten sich die drei Damen. Am nächsten Morgen drängte ich die Anwälte: »Wann machen wir den Kauf perfekt?« Die Herren zögerten. »Es gibt noch einige Probleme. Die Regierung Ihrer Majestät von England muß ihre Zustimmung erteilen, bevor man den Kaufvertrag ausfertigt.«

Eine diebische Freude erfüllte mich, aber ich ließ mir nichts anmerken: »Hätten Sie das nicht schon längst erledigen können? Sie stehlen mir meine kostbare Zeit. Ich werde im Vatikan erwartet.«

Das Wort Vatikan verfehlte seine Wirkung nicht. Zwei Stunden später meldeten sich zwei Herren bei mir. Man sah sofort, daß es sich um britische Regierungsbeamte handelte. Sie rückten mit der Wahrheit heraus: »Wir möchten Ihnen empfehlen, von Ihrer Kaufabsicht zurückzutreten. Es bestehen zwingende Gründe, die Insel in britischem Besitz zu belassen.«

»Ich denke nicht daran«, sagte ich kühl. »Ich habe erhebliche Vorkosten in das Objekt investiert, es bestehen geschäftliche Abmachungen und Pläne. Ich bin

nicht bereit, meine Verluste so ohne weiteres hinzuneh-
men.«

Die Herren tauschten Blicke. »Selbstverständlich.
Über diesen Punkt können wir uns sofort einigen: Genü-
gen zehntausend Pfund, um Sie zu entschädigen, Sir?«

Nach einigem Zögern willigte ich verstimmt ein.
Aber mein Herz jubelte heimlich. Meine Strategie war
voll aufgegangen. Bei allen verlockenden Plänen, ein Casino zu führen, Briefmarken herauszugeben und Briefkastenfirmen zu gründen, so ganz ernst war die Sache mit
Lundy doch nicht gemeint. Hätte ich alle diese Pläne
verwirklichen wollen, hätte ich gegen meinen wichtigsten Grundsatz im Leben verstoßen müssen: nie mehr
als zwei Stunden am Tag zu arbeiten. Alles andere ist
meiner Gesundheit und meinem Wohlbefinden abträg-
lich.

Mit einer gnädigen Geste nahm ich den Scheck über
10 000 Pfund Sterling an. Und murmelte etwas von
»Never again this fucking island«.

»Alles in allem«, sagte ich zu den verdutzten Beamten, »wäre Lundy für mich als König doch zu klein gewesen.«

In der Maschine nach Rom rechnete ich nach, was
mir abzüglich der Spesen dieses Lundy-Manöver einge-
bracht hatte. Über 100 000 Mark bar auf die Hand.

»Bitte Champagner!« In meiner Euphorie rief ich die
Stewardeß. »Eine Flasche, Sir?« fragte sie mit lieblichem
Lächeln.

Sofort fiel mir mein Freund Paul Getty ein. »Nein, bitte nur ein Glas«, wünschte ich in seinem Sinne mit lei-
dender Miene. »Mehr kann ich mir nämlich nicht leisten.«

Aus der Zeitung erfuhr ich, wer die Insel Lundy
schließlich erwarb: The National Trust. Ich hatte also einen durchaus respektablen Mitbieter gehabt und war
froh, so erfolgreich ausgebootet worden zu sein. Die In-
selidee, mit der ich soviel Aufsehen erregte, spukte in
den Köpfen vieler Möchtegern-Weyer-Nachahmer weiter.

Ein Schweizer Tourneeveranstalter, der Adamo und
Gilbert Bécaud »Monsieur 100 000 Volt« mit den ersten

One-Man-Shows nach Deutschland brachte, erfand 1973 die Mini-Republik »Koneuwe«. Von seinem Staatsgebiet aus — bestehend aus seiner Anderthalbzimmerwohnung in Schwabing — betrieb er einen lebhaften Handel mit Diplomatenpässen, auf den auch über hundert Bundesbürger hereinfielen.

Der Weyersche Inseltraum steckte auch fünfundzwanzig Münchner an, die in einer Gastwirtschaft die »Republik Luconia« gründeten: ein unbewohntes Eiland im Südchinesischen Meer, die der »gewählte Staatspräsident« angeblich durch Überfliegen friedlich okkupiert hatte. Durch den Verkauf von Consultiteln sollte der Bau einer Hauptstadt finanziert werden.

Was für Stümper! Über solche Tölpeleien muß ich lachen. Nur einer hat es in der gesamten Geschichte der Bundesrepublik geschafft, zum seriösen und angesehenen Titelhändler aufzusteigen. Ich, der schöne Consul. Und nur einmal hat der Gründungsversuch eines neuen Königreiches ernsthaft auch eine Regierung beschäftigt: mein Kaufangriff auf Lundy.

Was mich nämlich von anderen Träumern des Ordens- und Titelhandels unterscheidet, ist mein Sachverstand. Eine Garantie für meine Kunden, daß sie keinen wertlosen Firlefanz erhalten, sondern in den Besitz von Ehren gelangen, die auf der ganzen Welt anerkannt sind.

Der Vorsitzende Richter am Oberlandesgericht Düsseldorf, Dr. Clemens Amelunxen, schrieb in der *Westdeutschen Zeitung*, Düsseldorf: *Sehr häufig ist das blühende Geschäft mit der Eitelkeit schon deshalb kein Betrug, weil die Opfer weder getäuscht noch geschädigt werden. Sie bekommen just das, was sie haben wollen.*

Über diesem Artikel strahlte mein Foto. Ich, der schöne Consul. Es war, als hätte ich in der *WZ* eine Anzeige geschaltet. Ich bekam über fünfhundert Anfragen, welche Titel ich zum damaligen Zeitpunkt vorrätig hätte.

London war für mich immer eine meiner Lieblingsstädte und eine Reise wert, auch wenn es nicht um Geschäfte ging. Eine Stippvisite brachte mir den zauberhaften Kosenamen »Dorchie« ein. So nannte mich die traumhaft schöne Dagmar Winkler, Miss Germany 1977. Die tüchtige Jurastudentin aus Nürnberg nutzte ihren Titel zu einem kometenhaften Aufstieg. Und Titelträger ziehen sich bekanntlich gegenseitig an.

Ich lernte Dagmar auf dem »Angelinenhof« meiner Exlebensgefährtin Angela kennen, bei Modeaufnahmen am Starnberger See. Ich schneite unangemeldet herein, denn ich wußte, daß es bei Angela immer gutes »Material« sprich Models und Mannequins gibt. Die Models reagierten auch meist wie aufgescheuchte Hühner, wenn ich erschien. Jede wollte die Schönste sein, alle buhlten um meine Gunst.

Auch Dagmar verschwand zuerst in ihrem Zimmer, um sich nachzuschminken. Dann schwebte sie die Stufen herab wie eine Prinzessin. Ich gestattete ihr, in meine blauen Augen zu schauen. Es entflammte eine zügellose Leidenschaft, aber nicht bei mir.

Consul Weyer ist nie leidenschaftlich. Ich halte es mit der Binsenweisheit: Leidenschaft ist die Eigenschaft, die Leiden schafft.

Ich begleitete Dagmar zu den Wahlen der »Miss World« nach London. Sie wohnte mit anderen Kandidatinnen im Hotel »Royal Gardens«. Ich bezog die Präsidentensuite im Hotel »Dorchester«, dem 1001-Nacht-Palast voller orientalischer Gäste. Dagmar war hingerissen. In Erinnerung an unsere unvergeßlichen Nächte nannte sie mich »Dorchie«. Sie schrieb mir flammende Briefe: *Dorchie, Du bist die größte Liebe meines Lebens.*

Oh, wie gern wäre ich es geblieben, aber bald mußte ich wieder weiter. Beziehungsweise diesmal zurück. Zurück zur Miss Germany und zweitschönsten Frau der Welt vom Vorjahr 1976, Marina Langner. Sie schrieb mir einen verzweifelten Brief: *Süßi, ich kann ohne Dich nicht leben.*

Da wurde »Dorchie« ausnahmsweise mal großzügig: Ich lud Marina zum Essen in das Münchner Feinschmeckerlokal »Die Schnecke« ein. Ich war es gewohnt, immer umschwärmt zu sein, nur mußte ich zu diesem Zeitpunkt noch mehr aufpassen als sonst. Drei Frauen, und alle drei wollten mich heiraten.

— Angela, die mir seit siebzehn Jahren die Treue hielt.

— Dagmar: die *BILD-Zeitung* irrte leider mit der Meldung, sie hätte mir zwei Mietshäuser als Mitgift gebracht. Aber ihre juristische Ausbildung war auch nicht zu verachten. Als Anwältin in eigener Dr.-Weyer-Kanzlei hätte sie sicherlich gut verdient.

— Marina, die mich so liebte, daß sie ständig Tränen in den Augen hatte, wenn sie mich sah.

Ich zog meine Freiheit vor und begann mit der vierten Frau zu flirten. Mein alter Freund Ari hat mich vorgestellt. Der Anlaß war eine große UNESCO-Gala im New Yorker Nobelhotel »Pierre«. Wir fanden uns gegenseitig vom ersten Augenblick an sehr anziehend.

»Haben Sie aber schöne Orden. Welches Land vertreten Sie«, hauchte Jackie mit ihrer rauchigen Piaf-Stimme.

»Sie wissen doch, Madame«, antwortete ich, »je kleiner das Land, desto größer die Orden.«

Sie lachte. Ich trug wahrhaftig viel glänzendes Blech: Drei Orden blitzten an meinem schwarzen Frack, darunter ein funkelnagelneuer aus Haiti, mit fünf Zentimetern Durchmesser.

Jackie flüsterte mir ins Ohr: »Einen so schönen Diplomaten wie Sie habe ich noch nie gesehen.« Und sie schob mir ihr Kärtchen mit ihrer Geheimnummer zu. Doch zu meinen unumstößlichen Grundsätzen gehört, daß die Ehefrauen meiner Freunde für mich absolut tabu bleiben.

So konnte ich erst nach dem Tod meines Freundes Ari auf Jackies Angebot eingehen. Ich bin zu ihrer Silvester-Party nach New York geflogen und kokettierte bereits mit der Absicht, meinen Titelhandel aufzulösen und mich nur meiner Diplomatenkarriere zu widmen. Jackie fieberte vor Begierde. Ihr sehnlichster Wunsch war es, einen himmlischen Urlaub zu verbringen. Allein zu zweit mit mir. Ich baute gerade einen Super-Bungalow auf der Liebesinsel Lampedusa. Dort war ich König.

Meine Frauen

Traumhaft mühelos ergreife ich Besitz von jeder Frau, die mitspielt. Ich nehme immer nur das Beste und mache einen Weyer-Cocktail daraus.

Ich und die Frauen. Wenn mich im Leben etwas wirklich interessiert, dann die Frauen. Ich tue für sie fast alles, wenn sie mir ganz und gar bedingungslos ergeben sind. Frauen waren für mich immer das Wichtigste, es sei denn, wie mein großer Bewunderer, der *stern*-Gründer, Henri Nannen, richtig erkannte: »Wenn Consul Weyer tausend Mark verdienen kann, dann macht er seine Hose wieder zu.«

Richtig erkannt. Ich habe das Geld zur zweiten Religion meines Lebens erhoben. Aber über Geld zu reden ist langweilig. Also rede ich über Frauen, und alle hören mir zu.

Über Geld zu reden schürt Neid. Aber Geschichten über Frauen, das ist der Stoff, aus dem die Legenden sind. Bei aller Bescheidenheit darf ich verraten: Mir liegen sie zu Füßen, hängen mir am Hals, wenn ich abends mit einer Frau ins Bett gehe, wache ich morgens mit zwei Frauen auf. Und ich weiß, wenn ich einer Frau gestatte, tief in meine blauen Augen zu blicken, ist sie verloren. Sie verliebt sich sofort in mich, und das war schon immer so.

Schon als Baby übte ich auf die Frauen eine unwiderstehliche Anziehungskraft aus. Wenn mich meine Mutter im Kinderwagen fuhr, blieben die Frauen auf der

Straße stehen und riefen voller Entzücken: »Was für ein wunderschöner Junge! Von wem haben Sie ihn bekommen?«

Und da lag ich, ein riesengroßes, schwules Baby mit rosa Schleifchen, weil mich jeder schmücken wollte. Aber ich erkannte sofort: Wen die Götter lieben, dem schenken sie Schönheit. Ich bin ein Liebling der Götter — Verzeihung: Göttinnen. Ich bin schön, und das behaupte nicht ich, das habe ich ein Leben lang gehört, also muß es auch stimmen.

Weil mich die Frauen lieben, fällt es mir leicht, durchs Leben zu gehen. Ich habe immer alles bekommen, was ich wollte, habe von Frauen auch alles verlangt, vom Unmöglichen wenigstens die Hälfte. So bin ich Millionär geworden, weil ich immer frech war, auch schon zu meiner Lehrerin.

O Irene, Doktor der Philologie. Für Lochkunde hielt ich dieses Fach, und ich irrte mich nicht. Nach langem Schmachten rief mich Irene — reife neunzehn Jahre älter als ich — zu sich ins Kabinett. Sie sah mich an und sagte ohne Umschweife: »Hans Hermann, weißt du, daß du sehr schön bist? Ich möchte dich gern streicheln.«

»Du sollst nicht blöd rumquatschen, du sollst mir was zeigen«, antwortete ich. Eine große Klappe hatte ich schon immer. Und es hat sich gelohnt. Nach einem halben Jahr sind wir beinahe beide aus dem vornehmen Privatinstitut in Echzell geflogen, weil der Direktor von unserer Affäre erfuhr. Irene war mit ihm verlobt, was die Sache jedoch rettete. Der Direktor befürchtete einen Skandal und schwieg, allerdings mußte ihm Irene auf den Knien schwören, daß sie ihn nie mehr mit einem Schüler betrügen würde.

Ich blieb weiterhin lernfähig. Daß ich unter anderem bis heute ein Konto bei der angesehenen Londoner Lloyd's Bank habe, verdanke ich meinem nächsten Bettstudium. Ich war in Hamburg, und die BILD-Zeitung feierte mich als den erfolgreichen Getränkemillionär Cliff Weyer. Die Millionen hatte ich tatsächlich, aber als Schulden. Die Firma, die ich gründete, ging innerhalb von zwei Jahren pleite, obwohl ich mir geschworen hatte, ehrlich und seriös zu sein und ein solides Geschäft zu führen.

Ich hatte in meinem Büro nicht einmal Möbel. Meine Sekretärin lag auf dem Boden und versuchte Rechnungen zu tippen, aber ihre Fingernägel waren so lang, daß sie die Schreibmaschinentasten nicht traf — und wenn sie noch so genau zielte. Ich mußte mich innerhalb kürzester Zeit sanieren, da half Fortuna und trieb mir eine gewisse Danuta Collins in die Arme.

Ich weiß gar nicht mehr, wie sie aussah, jedenfalls war sie sechzehn Jahre älter und Erbin der traditionsreichen Marke »Gin Gordon«. Sie hat sich sofort in mich verliebt. Ich dachte an meine hundertfünfundachtzig Angestellten, die seit Monaten ohne Gehalt schufteten, ich dachte an die Herzkrämpfe meines Direktors, der bei mir kerngesund angefangen hatte und jetzt ein Schatten seiner selbst war. Und ich dachte an mich und meine Zukunft, schloß die Augen und küßte Miss Gordon innig. Davon verstand ich schließlich auch mehr als von Buchhaltung.

Ich küßte so gut, daß wir auf die Bahamas flogen. Wir speisten im »Gray Cliff«, dem Lieblingsrestaurant meines Freundes Curd Jürgens, wo er zehn Jahre später auch seine Hochzeit mit Margie ausrichten ließ. Ich versüßte die tropischen Nächte meiner Gin-Erbin und hauchte irgendwann in die Kissen: »Darling, ich habe ein Problem, ich brauche zwei Millionen Mark.«

Damals entsprach die Summe mindestens dem zehnfachen Wert von heute. Es war, als hätte ich heute zwanzig Millionen gesagt. Aber Miss Gordon schloß nicht einmal ihre Schenkel und hauchte: »*That's easy.*« Und weil sie mit beiden Händen beschäftigt war, ließ sie mich die Nummer ihrer Londoner Bank wählen, um dem Direktor eine Zahlungsanweisung durchzugeben.

So habe ich mir die Lloyd's Bank und auch den Namen des Direktors gemerkt. Bald gab es in Hamburg Zahltag. Ich habe alle meine Gläubiger im Hotel »Atlantic« zusammengetrommelt und ließ fünfzehn Flaschen »Dom Perignon« knallen. Ich erinnere mich noch an einen Zimmermeister, der sich anmaßte, den Champagner zurückzuweisen, und meinte, er wolle nur sein Geld haben.

Mir platzte der Kragen, und ich schrie, so laut ich konnte: »Was erlauben Sie sich, Sie ungehobelter Klotz! Wer keinen Champagner mit mir trinkt, kriegt auch kein Geld!«

Die ehrenwerte Miss Gordon flog mir an die Alster hinterher. Voller Bewunderung streichelte sie mich und nannte mich: »Mein blauer Prinz«.

Das nervte. Vor allem wollte sie mich heiraten. Zum Glück erfuhr ich, daß sie schon verheiratet war. Ha, was für ein Trumpf! Ich spielte sofort den Beleidigten und machte ihr eine Riesenszene: »Wie konntest du mich nur so schändlich täuschen? Meine Liebe so grausam verletzen!«

Sie lag zerstört am Boden, umarmte meine Beine und schluchzte: Sie habe nur aus Rücksicht auf ihren Ehemann so gehandelt, sie wolle ihm seine letzten Tage nicht verbittern. Er sei schon sehr alt, liege in einem Militärhospital bei London, aber jetzt, da ich alles wisse, werde sie sich selbstverständlich sofort scheiden lassen, um für mich frei zu sein.

»Um so schlimmer!« donnerte ich mit meiner gewaltigen Stimme. »Du widerwärtiges Luder!« beschimpfte ich sie. »Wie kannst du nur so herzlos sein, deinen sterbenden Ehemann im Stich zu lassen? Geh zu ihm und pflege ihn. Tu deine Pflicht!«

Komischerweise starb der gute Mann kurz danach innerhalb von drei Monaten. Miss Gordon erschien wieder strahlend in Hamburg, wollte mich umarmen. Ich freute mich riesig, daß der Mann jetzt tot war, weil ich eine neue Trumpfkarte ausspielen konnte.

»Ich mache aus meinem Herzen keine Mördergrube«, erklärte ich Miss Gordon eiskalt, es gehe mir alles mit dem Tod ihres Mannes zu schnell. »Ich kann mich über ein so tragisches Ereignis nicht einfach hinwegsetzen und seinen Platz im Ehebett einnehmen. Im respektvollen Angedenken an den Verblichenen« — und dabei deutete ich auf meine Hose — »rührt sich bei mir nichts.« Miss Gordon fuhr enttäuscht nach London zurück und hat die Lappalie von zwei Millionen Mark vor lauter Trauer vergessen. Nach sechs Jahren bekam sie dieses Geld unerwartet zurück. Freilich ohne Zinsen.

So konnte ich meine Hamburger Getränkefirma noch eine Weile weiterführen und der *BILD-Zeitung* eine weitere Schlagzeile liefern. Denn mein Leben hat sich immer in der Presse abgespielt. Jeder Tag, an dem ich in der Zeitung stehe, ist für mich ein schöner Tag. Auch in Paraguay half mir diese Tatsache, über die sonst trostlose Umgebung hinwegzusehen. Denn jedes Land, in dem ich fast täglich in der Zeitung stehe, ist für mich ein schönes Land.

Als ich an jenem verregneten Tag im Hamburger Hotel »Atlantic« aufwachte, war die Welt für mich wieder einmal in Ordnung. Die Schlagzeile der letzten Seite lautete:

FILMSTAR RENATE EWERT VERLOBT SICH MIT HAMBURGER
GETRÄNKEMILLIONÄR CLIFFORD WEYER.

Verlobt ist gut. Sauber reingelegt haben wir uns gegenseitig. Ich habe Renate auf einer Münchner Party kennengelernt. Ich saß mit Gunter Sachs, damals waren wir dicke Freunde, auf dem Boden, und plötzlich stöckelten wunderschöne, endlos lange Beine zu uns herüber. Ich blickte auf und war entzückt. Renate stand über uns wie eine Sphinx mit großem Löwenkopf und einem wunderbaren großen Busen. Ihre Lippen waren noch sinnlicher als die von Brigitte Bardot; sie streichelte sie mit der Zungenspitze und sagte zu mir: »Du bist der schönste Mann, den ich je gesehen habe, führe ihn mir bitte ein.« — *bitte* hat sie besonders betont.

Wir gingen auf die Terrasse, blickten zur Frauenkirche hinüber. Zwischen den beiden Türmen ging der Vollmond auf. Ich erfüllte Renates Wunsch und wußte noch in jener Nacht, daß sie die beste Geliebte von ganz Europa war.

Wir liebten uns, wir schlugen uns. Und wir glaubten beide, der andere habe Geld. Daß die einundfünfzig Filme, in denen Renate mitgespielt hatte, nur Schall und Rauch waren, daß Kinokasse und Bankkonto nicht gleichbedeutend sind, wußte ich damals noch nicht. Aber ich kann mich trösten: Renate rechnete ähnlich.

Im Hof meiner Mineralwasserabfüllstation standen zweiundzwanzig Lieferwagen. Renate wußte natürlich nicht, daß zweiundzwanzig Autos nur ein Trick sind. Denn bestellt man ein Auto, wird man nach der Bezahlung gefragt. Aber zweiundzwanzig Stück werden einem sofort und mit Vergnügen auf den Hof gefahren.

Daß ich einer rosa Zukunft unter dem beständigen, lieblichen Rieseln des Geldes entgegensah, war keineswegs eine Täuschung. Ich besorgte den Deutschland-Vertrieb auch für eine wohlbekannte Fruchtsaftmarke. Nur bin ich einzig dazu geschaffen, einen Einmannbetrieb zu leiten. Zudem ich damals Umsatz mit Verdienst verwechselte, mir die Tageskasse ins Hotel »Atlantic« Hamburg, oder in den Bayerischen Hof in München nachschicken ließ, damit ich ständig große Geldscheine, sprich Tausender, in der Tasche hatte.

Das konnte nicht gutgehen. Als ich meine Getränkefirma mit einem ordentlichen Vergleich schließen mußte und dabei doch noch 500 000 Mark verdiente, schickte ich Renate weg; nach dem Motto »Einen Weyer verläßt man nie« machte immer ich Schluß. Und bereute es nicht, weil die Riege der Nachkriegsschönheiten gerade flügge wurde. Und die Playboys aus der ganzen Welt sich im »ABC-Hotel« meines Freundes James Graser die Türklinken in die Hand gaben.

Nicht nur das, man tauschte auch fleißig die späteren Industriellengattinnen, die allesamt als Partygirls über den Prüfstand bei James gingen, bevor sie reich heirateten und angesehene Ehefrauen von bekannten Hoteliers, Anwälten, Großmetzgern und Fußballstars wurden.

Damit der Abschied von allen meinen Liebschaften sich schneller vollzog, mietete ich mir ein Musikstudio und nahm eine Single auf: *C'est la vie, ma chérie.* Auf der B-Seite stand der beziehungsreiche Titel: *Leider muß ich gehen.* Das hat mir viele Worte und viel Zeit erspart. Und hob auch den Umsatz meiner Schallplatte, von Metronom in Hamburg vertrieben.

So konnte ich natürlich nicht verhindern, daß meine Liebesabenteuer zu Tagesthemen wurden. Bald fragte man sich: Wer ist in Deutschland der Casanova Nummer eins? Curd Jürgens oder Hans Hermann Weyer? Zu dieser delikaten Streitfrage möchte ich heute ganz diskret bemerken: »Ich habe die Herzen nicht reihenweise gebrochen, sondern zärtlich die Rosen gepflückt.«

Mein Ruf als Rosenkavalier wurde von einem Wunderauto gefördert. Als im Herbst 1963 der neue Mercedes-Benz 600 vorgestellt wurde, bestellte ich sofort diese Repräsentationslimousine, die bei den ersten Tests gleich als »das beste Auto der Welt« abgeschnitten hatte. Es wurden von diesem Wagen insgesamt 2190 Exemplare montiert. Den ersten Wagen dieser Serie fuhr ich: Verständlich mein Stolz, denn erst nach mir wurden Kunden beliefert, wie zum Beispiel Bundeskanzler Ludwig Erhard, Kammersänger Rudolf Schock, Papst Paul VI., Herbert von Karajan. Der Preis von damals, 56 500 Mark, entpuppte sich als beste Wertanlage. Im Herbst 1978 kostete der Wagen schon 165 500 Mark.

Mit meinem neuen 600er gehörte die Piste München—Monte Carlo zu meiner Hausstrecke. Fast jedes Wochenende fuhr ich beim Hotel »Hermitage« oder »Hôtel de Paris« vor. Bei den außergewöhnlichen Leistungen dieses Autos liefen die Passanten auf der Straße zusammen. Ich mußte jedesmal die Hotelpagen darauf hinweisen, daß man den Kofferraumdeckel nicht von Hand bewegen sollte, und drückte auf den Hydraulikknopf. Bei einer solchen Show lief einmal der Ober von der Terrasse am »Hôtel de Paris« auf mich zu und bat mich diskret, ihm zu einem Tisch zu folgen. Dort saß eine traumhaft schöne Frau, behangen mit dem teuersten Schmuck, Gold und Brillanten.

»Kennen Sie mich?« fragte sie und sah mich prüfend an, als ich vor ihr stand.

»Nein«, antwortete ich und habe nicht gelogen. Irgendwie kam sie mir schon bekannt vor, ein ganz bekannter Hollywood-Star, dämmerte es mir, aber ich kam nicht auf den Namen.

»Gut.« Sie zwinkerte mir zu. Vielleicht dachte sie, ich

will sie beschwindeln, aber ich war von ihren Diamanten und ihrem Busen total geblendet — in dieser Reihenfolge.

»Sollte ich Sie vielleicht kennen?« fragte ich, und meine Unschuld war nicht gespielt. Sie lächelte und steckte mir unauffällig den Schlüssel ihrer Hotelsuite zu.

»Sie schleichen sich hinauf, aber niemand darf es bemerken«, flüsterte sie. Ich nahm ein einziges Mal in meinem Leben einen Dienstboteneingang. So lernte ich die Mülltonnen und die Wäscherei des »Hôtel de Paris« flüchtig kennen. Im Personalaufzug griff ich schnell einem Zimmermädchen unter den Rock, denn ging es um schöne Frauen, kannte ich überhaupt keine Klassenunterschiede.

Wie hoch ich die Treppe raufgefallen war, merkte ich im Schlafzimmer der Dame. Mir purzelte tatsächlich einer der größten Hollywood-Stars in den Schoß, aber im Moment war mir der Name nicht wichtig.

»Es hat mich schon immer ungeheuer angetörnt, wenn bei der Liebe ein Kollier für 300 000 Dollar vom Nachtkästchen zu Boden fällt!«

Wie von Sinnen flüsterte sie: »*I love you!*« Und sah dabei die Milchstraße leuchten. Sie hat mich vernascht, nach Strich und Faden.

Ich erlebte eine traumhafte Nacht und wollte meine Göttin am nächsten Morgen überraschen. Ich stand früh auf, um ein Sträußchen zu besorgen, weil ich in der *Praline* gelesen hatte, daß man Frauen Blumen schenken soll. Mit einem wunderschönen Strauß eilte ich durch die Halle, und sie schwebte mir majestätisch über den roten Teppich entgegen. Ich war mir der Gunst der Stunde sicher. Ich strahlte. Und sie?

Es war furchtbar, es war grausam, es war vernichtend. Ich werde diesen Augenblick nie vergessen: Sie hat mich nicht einmal wie einen Gigolo behandelt. Sie ließ mich völlig abblitzen.

Eiskalt fragte sie verwundert: »Wer sind Sie, Monsieur? Ich kenne Sie nicht.«

Noch schlimmer. Sie winkte sofort zwei Pagen heran, die mich aus dem Hotel hinauskomplimentierten. Ich stand auf der Straße wie ein begossener Pudel und habe mir geschworen: »So was, Hans Hermann, passiert dir nie wieder!«

Seither schenke ich Frauen keine Blumen mehr!

Meine Wunden wurden schon am nächsten Abend geheilt. Eine Modenschau im Münchner »Bayerischen Hof«. Sie schritt den Laufsteg auf und ab wie eine Tigerin. Blond und langhaarig war sie, unheimlich blond. Ich fühlte ein Kribbeln zwischen drittem und viertem Lendenwirbel. Sie strahlte mich an und drehte sich auf dem Laufsteg, als führe sie die Kleider nur für mich vor.

Am Schluß warf sie mir ihre Federboa zu. Ich schickte sofort meinen Sekretär los. Tibor, einen tüchtigen Ungarn, der anderthalb Jahre unentgeltlich bei mir arbeitete. Er sollte ein Parfüm besorgen. Aber nicht irgendeines, sondern eine Zweiliterflasche. Eine Magnum sozusagen. Dieses Maß war ich vom Champagner her gewöhnt.

Vom Hotelportier erfuhr ich, welche Zimmernummern die Models hatten, und ließ mir ein Zimmer geben, das genau darunter lag. Freilich mußte man erst einen berühmten Pianisten ausquartieren, aber bei meinen damals noch verschwenderischen Trinkgeldern hätte man auf meinen Wunsch das ganze Hotel von der Südseite zur Nordseite umgedreht.

Die Mischung aus zwei Litern Parfüm und meinem Charme wirkte bombensicher. Als die Nachtigall sang, kam die Dame über die Feuerwehrleiter geklettert, die ich vor meine Fenster stellen ließ: *Angela*, Deutschlands Botschafterin der Mode, für die Lufthansa unterwegs, auf dem Bonner Politparkett wie zu Hause, wohlbehütete einzige Tochter eines vermögenden Wirtschaftsprüfers aus dem feinen Stadtviertel Nymphenburg, das damals viel, viel vornehmer war als Bogenhausen und Grünwald.

Am nächsten Tag stellte ich mich der Familie vor. Ich habe mir den Kopf zerbrochen, wie ich Angela für ein Wochenende loseisen könnte, denn sie wurde von ihrem Vater streng bewacht. Mit einem Mann allein zu verreisen kam gar nicht in Frage.

Als ich dem Herrn gegenüberstand und artig meinen

Namen nannte, kam mir blitzartig eine Idee: die heilige Agatha. Ja, natürlich eine Pilgerreise zur Kathedrale des St.-Agatha-Ordens im sizilianischen Syrakus. Dahin bat ich, Angela mitnehmen zu dürfen. Ich erhielt den väterlichen Segen sofort und wurde dafür, daß ich mich so uneigennützig um Angelas Seelenheil kümmern wollte, auch noch gelobt.

Dabei konnte ich es kaum erwarten, mit Angela ins Bett zu steigen. Nach Syrakus flogen wir mit einer Propellermaschine und machten Zwischenstation in Rom. Ich raste mit Angela sofort ins Hotel »Excelsior« an der Via Veneto, ließ den Ober aufs Zimmer kommen und überflog die Speisekarte. Um Angela zu imponieren, wie gut ich Italienisch konnte, sagte ich lauthals zum Ober: »*Tutti!*«

Etwas verdutzt schaute er mich an, aber ich wiederholte noch lauter: »*Si, si, tutti, avanti.*«

Nach einer halben Stunde schob dann eine halbe Armee von Kellnern einen Konvoi von Servicewagen mit allen Vorspeisen und Suppen, allen Hauptgerichten und Nachspeisen in unser Zimmer.

Angela hatte es die Sprache verschlagen, aber ich trieb weltmännisch die Kellner wieder aus dem Zimmer: »*Avanti, rapido!*«

Wie es uns geschmeckt hat? Nun, zum Essen hatten wir keine Zeit. Wir sind aus dem Bett gar nicht herausgekommen. Ich glaube, Angela hat nur einen Apfel gegessen, und ich habe Mineralwasser getrunken. Die Rechnung über fünftausend Mark habe ich zunächst an der Rezeption liegenlassen. Das Geld mußte ich mir erst in Syrakus abholen, von drei Kandidaten für einen Ritterschlag. Sie waren der Grund, warum ich überhaupt nach Syrakus fuhr, sonst hätte ich Angela nicht nach Rom eingeladen.

Die drei Herren warteten inzwischen in der Hitze Siziliens auf mich. Gewichtige Herren, selbst unter dem dünnsten von ihnen wäre die Waage zusammengebrochen. Sie machten einen sehr geknickten Eindruck, als sie mich begrüßten. Aus ökonomischen Gründen waren sie zu dritt in einem Auto von Hamburg nach Sizilien gereist. Ich bin ihnen mit Angela erster Klasse nachgeflogen, da meine Spesen vertragsgemäß auf Kosten der Kundschaft gingen. Eine Regelung, die ich mir von der ersten Stunde meines Titelhandels an zum Grundsatz machte.

Meine drei Ritteraspiranten trugen natürlich auch die Kosten für ein anschließendes Bankett, bei dem die Freunde aus der Runde des Flugplatzkommandanten kräftig hinlangten, ebenso wie die ganze Gemeinde des St.-Agatha-Ordens.

Der Bischof sprach von einem besonderen Freudentag, Weihrauchkessel dufteten, und Prinz Henri de Vigo, mein Geschäftspartner, prächtig anzusehen in der Uniform eines Admirals unter dem weißen Umhang des Ritterordens von St. Agatha, nickte zufrieden. Er stützte sich auf sein mächtiges Schwert und lächelte froh, aber auch voll christlicher Demut seinen drei neuen Paladinen aus Deutschland zu.

Die Orgelklänge donnerten durch den altehrwürdigen Dom von Syrakus, und meine drei frischgebackenen Ritter schritten ergriffen zwischen den vollbesetzten Bankreihen nach vorn. Ich berührte unterm Rock Angelas Knie und beschloß, in einem größeren Rahmen weiterzumachen.

»Soll ich Ihnen beim nächstenmal einen ganzen Bus voller Ritter bringen?« fragte ich den Prinzen Henri de Vigo. Er drückte mir voller Rührung die Hand. »Gott segne Sie, Sie sind ein wahrhaft guter Mensch.«

Bei nächster Gelegenheit kam ich mit dem Bus und zuletzt mit einem vollbesetzten Charterflug, zweiundsechzig Passagiere mit wohlgefüllten Brieftaschen. Angela war nicht mehr dabei, um die Spesen zu senken.

Sie war oft genug unterwegs auf Mode-Galas zwischen Paris und London, hatte Fototermine in Italien und Marokko. Ich begleitete sie und achtete darauf, daß die Gage ordnungsgemäß bezahlt wurde. Ich fuhr sie mit meinem Mercedes 600 zu den Terminen, aber das Benzin ging auf ihre Rechnung. Ich stöhnte meist über die schlechte Zahlungsmoral meiner Kunden und hatte mein Geld vor Angela auch vorsorglich versteckt, damit wir es nicht versehentlich ausgaben.

Natürlich hatte ich immer ein Bündel Bares dabei, um jederzeit ein günstiges Geschäft abschließen zu können. Aber das durfte Angela nicht wissen. Auch nicht, daß unter dem Reserverad meines Wagens, luftdicht verpackt, 50 000 Mark in bar lagen.

Einmal aalten wir uns mit Angela am Strand. Sonne, blaues Meer, beide heiß verliebt. Ich wollte die 30 000 Mark, die ich als Notgroschen dabeihatte, nicht im Hotelzimmer lassen. Sie wissen ja, die arabischen Putzmädchen riechen so etwas gleich. Also nahm ich das Geld mit an den Strand und verstaute es eingerollt in meiner Badehose.

Wir turtelten und schmusten, bis ich ganz vergessen hatte, was mich unten drückte. Natürlich dachte ich, ich sei es selbst, prachtvoll gebaut, wie ich war. Erhitzt sprang ich mit Angela in die Wellen. Auf einmal löste sich der Druck, die Badehose platzte auf. Ich schwamm, und hinter mir trieben im Wasser 30 000 Mark. Es war mir peinlich, aber ich redete mich flott darauf heraus, daß ich wohl auf einen Schatz gestoßen sein müsse.

Ich weiß nicht, ob Angela mir wirklich glaubte, jedenfalls liebte sie mich und gewöhnte sich an meine Eigenarten. Sie wußte: *Ich bin deshalb so erfolgreich, weil ich keine Freunde habe.* Angela habe ich stets gut behandelt, wir waren ein Traumpaar, und der *stern* hat uns in einer fabelhaften Personenbeschreibung so charakterisiert: *Weiß trägt sie mit Vorliebe und schiebt sich durch teure Restaurants und Bars wie eine Statue. Für sie ist der »schöne Consul« der dekorative Rahmen für ihr Auftreten.*

Wenn so was im *stern* steht, muß es auch stimmen. Hätte Deutschland Anspruch auf ein königliches Paar, viel schöner als Prinz Charles und Lady Di, dann wären das sicherlich WIR gewesen.

Aus unserer Verbindung entstand Alexander, ein Kind der Liebe. Ich war sehr glücklich. Unser ungeregeltes Verhältnis störte mich nicht, ich fühlte mich auch nicht schuldig. Ich hatte Angela vom ersten Tag an gesagt: »Du kannst ein Baby haben, aber zum Heiraten fühle ich mich nicht reif genug.«

Angela mußte nie Versorgungsängste haben. Für

meinen Sohn Alexander war immer nur das Beste gut genug. Oma und Opa sorgten aufopfernd für ihn, wofür ich an dieser Stelle herzlich danke. Auch ihretwegen ist er ein so toller Junge geworden.

Als ich nach Südamerika »umsiedelte«, schickte mir der Himmel Ute. Sie liebte mich mehr als sich selbst. Sie hätte sich für mich töten lassen. Sie begleitete mich sechs lange Jahre durch dick und dünn, half mir, das sagenhafte Vermögen von vierzig Millionen Dollar anzuhäufen. Von ihr ging eine unglaubliche Energie aus. Sie war nicht nur ein Schmuckstück in meinem Leben, sondern eine Frau, die mich beruflich unterstützte, mir meine Wege ebnete.

Als ich damals einsam und traurig in Paraguay eintrudelte, habe ich sie gerufen. Sie hat ihren Mann verlassen und kam mit ihren drei süßen Kindern Hals über Kopf zu mir. Sie bekam von mir sofort ein eigenes Haus. Der Himmel hat sie geschickt, und ein völlig fremder Bischof, der unser Foto in der Zeitung gesehen hatte, schrieb uns: »Gott segne Euren Bund, Ihr seid vom Herrn füreinander geschaffen.«

Mein Rio

Wer bei mir in Rio eine neue Karriere machen wollte, mußte zumindest gestürzter Präsident oder Ex-Minister sein.

Deutschlands führender Anti-Sozialist. Diese Bezeichnung der paraguayanischen Presse, natürlich lobend ausgesprochen, wurde in Brasilien übernommen. Ich fühlte mich geschmeichelt. Die Struktur des Landes sagte mir ebenfalls zu. Neunzig Prozent des brasilianischen Gesamtvermögens gehören achtundvierzig Familien. Zehn von ihnen habe ich bei meinen früheren Aufenthalten in diesem herrlichen und — für Weyer — Land der unbegrenzten Möglichkeiten kennengelernt.

Nur einige Beispiele für Reichtum in Brasilien. Achtzig Prozent der gesamten Zementproduktion teilen sich zwei Familien. Und Brasilien, wohlgemerkt, ist vierunddreißigmal so groß wie die Bundesrepublik. Den Beton-König Antonio Ermirio de Moraes, auch Besitzer von achtzehn Kraftwerken mit 60 000 Angestellten, traf ich öfter im Golfclub von Gávea. Er bewunderte mich und sagte: »Lieber Consul, ich bin einer der reichsten Männer Südamerikas, aber Sie haben ein schöneres Leben.«

»Ach was, mir geht's genauso beschissen wie Ihnen«, tröstete ich ihn: »Auch ich habe mehr Geld als Zeit.«

Der achtzigjährige Roberto Marinho wiederum gab mir ein Beispiel, wie man bis ins hohe Alter voller Energie und Unternehmenslust bleiben kann. Täglich ist er im Jockeyclub am Lagoa ausgeritten, wo ich seit 1976 Mit-

Leute, über die man spricht

Bhagwan Reisepaß von Konsul Weyer

Ausgerechnet der schöne Konsul Hans Hermann Weyer (48) soll Sektenführer Bhagwan (55, l.) aus der Klemme helfen – mit einem Paß aus Südamerika. Der Grund: Mit seinen indischen Reisepapieren kann der Guru keinen Beamten oder Computer an den Grenzübergängen mehr überlisten: Sofort schrillten die Alarmglocken, wenn Bhagwan seinen Paß zeigt. In fast allen Ländern dieser Erde gilt der Meister als „unerwünschte Person". Deshalb soll Konsul Weyer (Foto oben) für rund 200 000 Dollar seine Beziehungen in Bolivien, Chile, Paraguay oder Brasilien spielen lassen. Weyer: „Bald hat der Guru seinen neuen Paß!"

Der Bhagwan ist staatenlos und besucht mich hilfesuchend in meinem Büro.

glied mit einer eigenen Loge bin. Er hatte immer ein halbes Dutzend schöner Frauen um sich. Aus der blonden Ex-Freundin von Fußballidol Pelé machte er den bekanntesten Fernsehstar Brasiliens, die Xuxa (sprich Schuscha). Sie flimmert täglich zwei Stunden über den Bildschirm, und die Kinder vergessen, in die Schule zu gehen, weil sie Xuxas Show verfolgen. Millionen kleiden sich wie Xuxa und sprechen wie Xuxa, es gibt Xuxa-Figuren und einen Hund namens Xuxo und ein Wörterbuch mit Xuxa-Terminologie, den sogenannten »Schuschismes«, eine nationale Verblödung hoch drei — alles grandiose Ideen von Marinho. Er kontrolliert auch das gesamte zweite Fernsehprogramm *TV Globo* mit fünfzig Millionen Zuschauern täglich und Werbeeinnahmen von 1,5 Milliarden Dollar im Jahr.

Bei unserer ersten Begegnung im Jockeyclub winkte er mir fröhlich zu und meinte: »Ich glaube, lieber Herr Consul, wir haben das gleiche Problem, wir beide wissen nicht mehr, was wir alles besitzen.«

Nein, Roberto, altes Haus. Auch ich leide unter dem Flick-Syndrom: »Ich kaufe mir ein Grundstück, will hinfahren und finde es nicht mehr.«

Ähnlich wie F. sen., der sich einmal in Wiesbaden furchtbar aufregte, als er anstatt frischgepreßter Orangen Saft aus der Dose bekam. Er schrie: »Wem gehört dieses Scheißhotel?«

Worauf ihn sein Konzernverwalter Eberhard von Brauchitsch ganz erschrocken beschwichtigte: »Um Gottes willen, nicht so laut, das Hotel haben Sie selbst vor drei Jahren gekauft.«

Von Marinho wissen in Brasilien auch Leute, die sonst nicht lesen und schreiben können, daß er alle Bücher und Zeitungen druckt, daß ihm achtzig Prozent aller Telefonanschlüsse gehören und er das japanische Elektronikunternehmen NEC do Brasil geschluckt hat.

In Italien kaufte Marinho achtzig Prozent der RAI-Aktien, und in Monaco ist er mit zehn Prozent an Radio Television Monte Carlo beteiligt.

Wir fanden viele gemeinsame Gesprächsthemen. Nur sind die Weyerschen Vermögensverhältnisse etwas einfacher: Ich bin Bargeldfanatiker. Dennoch stellte ich neulich bei der Prüfung des Jahresberichts meiner brasilianischen Firma »Grupo musico ltda.« überrascht fest, daß mir auch sechs Würstchenbuden an der Avenida Atlantica, der vordersten Reihe der Copacabana, gehören. Rein aus Sentimentalität gab ich diesmal nicht die Order »abstoßen«. Mir fiel meine Großmutter mit ihrer Weisheit ein: »Wer den Pfennig nicht ehrt, ist der Millionen nicht wert.«

Mein erster Rio-Besuch ist historischen Datums: 16. Januar 1976. Eröffnungsflug mit der Concorde Paris—Rio de Janeiro. An Bord der damalige französische Präsident Pompidou und als einziger Deutscher bei diesem gallischen Nationalereignis: Consul Weyer mit Familie: meiner Lebensgefährtin Angela »Anschie« und meinem Sohn Alexander. »Als einziger Deutscher hob, wie konnte es anders sein, Consul Weyer mit ab.« *(Spiegel)*

Die Maschine startete wie jede andere Kiste auch. Wegen des Luftdrucks durfte sie erst über dem Mittelmeer beschleunigen. Der Schub, mit dem man die Grenze zur Mach II durchbricht, ist gewaltig. Man wird in die schmalen Sessel gedrückt, die Teetasse aus echtem Nymphenburger Porzellan fliegt einem in den Schoß, der Kaviarlöffel bleibt im Hals stecken.

In Dakar gab's eine feierliche Zwischenlandung, die mit allen Festreden und Begrüßungen, die französische und die senegalische Hymne zweimal gespielt — beim Empfang und beim Abschied —, geschlagene drei Stunden dauerte, so daß wir den durch die Geschwindigkeit gewonnenen Vorsprung verloren und aus Paris statt nach sechs erst nach neun Stunden landeten, zumal wir hinter der normalen Linienmaschine, die fünf Minuten früher den Flughafen Galeon erreichte, in die Warteschleife gehen mußten.

Ich wollte meinem Filius zeigen, welche Plätze in der Welt man im Leben anstreben soll, aber es war in Rio für den Sommer ungewöhnlich kühl. Alexander erkältete sich. Ich mußte den Hotelarzt des »Copacabana Palace« kommen lassen. Unverschämt berechnete er mir für die Visite tausend Dollar. Das habe ich nie vergessen.

Als ich fast zehn Jahre später, mit sämtlichen Vollmachten von Stroessner ausgestattet, wieder nach Rio
kam und bei Brasiliens Präsidenten General Figueiredo
vorstellig wurde, bat ich ihn, diesen Arzt suchen zu lassen. Innerhalb von vierundzwanzig Stunden erschien
der betrügerische Äskulap höchstpersönlich bei mir.
Wortlos legte er mir einen Umschlag auf den Tisch. Ich
brauchte ihn gar nicht zu öffnen. Ich fühlte die tausend
Dollar drin. Es war ein gutes Omen und ein fabelhafter
Auftakt für Rio.

Ich fand eine traumhafte Dachterrasse, *cobertura* genannt, an der Avenida Visconde de Piraja, der Pracht-
straße mit Rios elegantesten Geschäften.

In meiner Nachbarschaft befand sich das Hochhaus
des reichsten Juweliers von Südamerika Hans Stern.
Auch er machte eine bemerkenswerte Karriere. Sein
Startkapital, als er vor dem Zweiten Weltkrieg nach Rio
auswanderte, war ein Akkordeon, das er für zweihundert Dollar verscherbelte und dafür ein paar Edelsteine
kaufte. Heute beschäftigt er über 2000 Angestellte, hat
über zweihundert Filialen in Brasilien und mehr als vierzig Geschäfte im Ausland, von New York bis Frankfurt,
von Tel Aviv bis Lissabon und Monte Carlo.

Wir verstanden uns auf Anhieb. Denn sein Credo lautete: »Auch Edelsteine sind nur Steine, aber Geld ist
Geld.«

An der neuen Traumwohnung störte nur, daß ein
Pool fehlte. Also kaufte ich ein azurblaues Becken und
ließ es mit einem Kran von der Straße auf die Dachterrasse in der elften Etage hieven. Der Verkehr tief unter uns,
vierspurig verlaufend, brach zusammen. Die Leute blieben stehen und blickten zum Himmel. *»Olha, o que mila-
gre!«* riefen sie voller Verzückung. »Schaut, was für ein
Wunder!«

Huldvoll winkte ich von der Terrasse dem Fußvolk
zu, und den anwesenden Reportern von *Globo*, die über
dieses Ereignis einen halbseitigen Bericht unter *Ganz privat* brachten, erklärte ich: »Wo Consul Weyer lebt, geschehen immer Wunder. Aber Consul Weyer kann nicht
überall leben.«

101

Ich taufte mein Heraufgeschwebtes mit Champagner wie die »Queen Elizabeth« und fuhr zum Flughafen, den Kolumnisten von *Journal München*, Thomas Veszelits abzuholen. Der Mann war wichtig. Er brachte mir aus Deutschland luftverpackt Griebenschmalz, Blutwurst und Schwarzwälder Beinschinken. Sie paßten gut auf meinen Weihnachtstisch.

Die erste Amtshandlung im Neujahr 1985 war, den Posträuber Ronald Biggs anzurufen: »Hören Sie mal, Ronnie, Sie verstehen doch eine ganze Menge von Postangelegenheiten, ich brauchte jemanden, der für mich Briefmarken auf meine Fankarten klebt.«

Dem Ronnie ging's in Rio blendend. Er thronte oben auf dem Hügel von Santa Teresa, planschte im Pool und sonnte sich in der Popularität seines achtzehnjährigen Sohnes, der in Brasilien einen Hit landete. Dennoch griff Ronnie bei meinem Angebot sofort zu, schulterte seinen grünen Papagei und trat bei mir in den Dienst. Der legendäre Posträuber meinte: »Wenn wir zusammenhalten, sind wir in Rio bald berühmter als der Corcovado.«

Nun, das war maßlos übertrieben. Was heißt hier: wie beide. Ich, der schöne Consul allein, war schon so berühmt wie das Wahrzeichen von Rio. Ich bekam Körbe von Briefen: »Consul Hans Hermann Weyer, Rio de Janeiro«, und sie kamen an! Nur einige Journalisten blickten in die Röhre und fuhren weiterhin vergeblich nach Paraguay, fanden mich dort nicht mehr, und um die Reisespesen zu rechtfertigen, setzten sie eine makabre Meldung in die Welt:

Weyer — Schöner Consul tot! BILD vom 18. Juli 1985. Unterzeile: *Nicht mal seine Mutter weiß Bescheid.*

Die Geschichte las sich sehr dramatisch: *Vom schönen Consul Hans Hermann Weyer fehlt jede Spur! Seit ihn auch die Behörden von Paraguay jagen, ist er verschwunden. Sein Münchner Anwalt Lutz Libbertz ist überzeugt:* »Herr Weyer ist tot.«

Ich selbst bin hart im Nehmen, kann sogar über meine eigene Todesanzeige lachen, aber für meine Mutter, Gott hab' sie selig, muß es ein sehr großer Schock gewesen sein. Und ich konnte mich tatsächlich nicht sofort mit ihr in Verbindung setzen, um diese Falschmeldung zu korrigieren.

Und so tappten die Spürhunde der Presse in die Falle. Ein Reporter rief bei der deutschen Botschaft in Asunción an. Ein kapitaler Fehler. Was hat die deutsche Botschaft mit einem Consul Weyer zu tun? Armin Steuer gab folgende Auskunft: »Ich weiß es nicht, vielleicht ist er im Urwald verschollen, vielleicht treibt er sich auf einer Party irgendwo zwischen Bogotá und Buenos Aires herum. Unsere Auslieferungsanträge haben jedenfalls nichts genutzt. Weyer kriegen wir nicht.«

Es stimmten nur die letzten zwei Sätze. Das Verwirrspiel gewann an Spannung, weil auch einige Briefe, an mein Postfach CC/24/86 in Asunción gerichtet, auf Abholung warteten und unbeantwortet blieben.

Nächstes Mißverständnis: Für den 1. April 1985 hatte sich mein Münchner Anwalt, Lutz Libbertz, angemeldet. Ich schickte ihm standesgemäß eine Limousine mit Fahrer ins »Copacabana Palace« und als Überraschung »Miss Paraguay« Isabela Rodriguez mit entsprechenden Instruktionen. Doch mein Empfangskomitee kehrte unverrichteter Dinge zurück. Wo war Libbertz?

Er erklärte später in der *BILD:* »Ich war pünktlich im Hotel. Weyer kam nicht. Ich blieb ein paar Tage und erhielt einen maschinegeschriebenen Brief: ›Schade, daß Sie nicht da waren.‹ Unterschrift: Weyer.«

Libbertz zum zweiten: »Ich kenne seine Schriftzüge genau. Diese Unterschrift war gefälscht.«

Nun halte ich Libbertz nach wie vor für einen guten Juristen, war aber sehr verärgert, daß er als mein Anwalt versuchte, öfter in der Presse zu stehen als ich. Nach der verpaßten Verabredung, aus welchen Gründen auch immer, kam er offenbar ebenfalls zu der Ansicht, Weyer existiere nicht mehr.

Immerhin, es klang sehr spektakulär. *BILD* fragte: »Wer aber könnte ein Interesse haben, einen toten Weyer künstlich am Leben zu erhalten?«

Libbertz: »Seine früheren Mitarbeiter. Weyer hatte bei seinem Handel mit Titeln optimale Beziehungen.

Und jetzt soll dieses lukrative Geschäft unter seinem Namen weitergeführt werden.«

Tatsache war, daß ich in Wirklichkeit kräftig das alteingefahrene Geschäftsgefüge in Paraguay aufgewirbelt habe. Plötzlich mußten Oberst Alberto Hellmann, der deutschstämmige Geheimdienst-Chef von Stroessner, und General Rodriguez mit mir teilen — was ihnen gar nicht schmeckte. Leider konnte ich auf solche Feinheiten keine Rücksicht nehmen.

Bekanntlich leben Totgesagte länger. Den Zeitpunkt meiner Wiederauferstehung habe ich mir sorgfältig ausgewählt.

Am 21. Juli erfuhr ich, daß Peter Franz, ein netter Journalist von der *Quick*, mich in Rio suchte. Ich beschloß, ihm die Geschichte seines Lebens zuzuschanzen, und ließ ihn vom »Othon Palace« mit meiner Präsidentenlimousine, einem Ford Landau, abholen. Nach Buzios, dem St. Tropez Brasiliens, etwa 200 Kilometer nördlich von Rio. Herrlicher Ort! In den fünfziger Jahren von Brigitte Bardot entdeckt — daher auch der Vergleich mit St. Tropez. Zweiundzwanzig Buchten, rundum Berge mit Luxusvillen und Bungalows. Einen ganzen Hügel haben sich hier die Benetton-Pullover-Brüder gekauft. Ein Haus an der Praia Ferradura gehört der resoluten Finanzministerin Zelia de Mello, der Cousine des Präsidenten Collor de Mello.

Dieses Buzios und das Hotel »Byblos« mit Terrasse und Blick über eine traumhafte Bucht wählte ich zum Ort meiner Illustrierten-Wiedergeburt. Ich ließ alle meine treuen Anhänger in Deutschland grüßen und auch die neueste Preisliste veröffentlichen.

Ein Adelstitel von Baron bis Fürst kostete damals bei mir zwischen 400 000 und 800 000 Mark, ein Ehrenconsulat 120 000 Dollar. Ich hatte gerade eine neue Quelle angezapft: Chile. Die Empfehlung von Stroessner öffnete mir bei General Pinochet alle Türen.

Ich bin fast jeden Monat nach Santiago de Chile gedüst, um schnelle Abschlüsse zu tätigen. Chile war damals in aller Munde, sogar unser Minister Blüm hielt es für notwendig, hinzufahren. Die unvorhergesehene Wirkung war, daß sich von Bielefelder Juwelieren bis zu Düngemittelfabrikanten aus Ludwigshafen alle darum rissen, Ehrenconsul von Chile zu werden. Die Nachfrage war größer als das Angebot. Ich konnte, und dieses Problem habe ich nicht oft, gar nicht schnell genug liefern.

Jedenfalls brachte mir die *Quick* eine derartige Reklame, daß sich sogar einer von meinen zahlreichen Anwälten in Deutschland meldete. Mit einer unverschämten Rechnung: Für Aktendurchsicht von tausend Seiten hatte er sich erlaubt, mir eine Forderung von zweitausendfünfhundert Mark zu schicken. Ich habe ihm sofort mein Mandat entzogen.

Rückblickend war die Zeit in Rio eine der schönsten in meinem Leben, und ich erlebe immer nur schöne Zeiten. Wo Consul Weyer ist, scheint die Sonne, weicht der Schatten und strahlt das Glück.

Kaum war meine fürstliche Dachterrasse an der Avenida Visconde de Piraja nach meinem Geschmack eingerichtet, alle diplomatischen Standarten an der Wand befestigt, das Bild von Alfredo Stroessner aufgehängt und im Korridor das Wappen des Freistaats Bayern (aus alter Anhänglichkeit) hingenagelt, schon kickte mir der Zufall den nächsten Glücksball vor die Füße. Es war ein Traumpaß von der Witwe des berühmten Playboys Porfirio Rubirosa. Die rastlose Odile hatte wieder einen neuen Lover gefunden und wollte sich von ihrer Wohnung an der Copacabana trennen. Vielleicht war sie auch klamm, aber es hatte sich bis in höchste brasilianische Kreise herumgesprochen, wenn es um Bargeld geht, ist Consul Weyer eine zuverlässigere Adresse als die Banco do Brasil. Sie rief mich an.

Die Wohnung der Rubirosas lag im Edificio Chopin. Hier besitzt auch Edson Arantes do Nascimento alias Pelé (bedeutet Leder auf brasilianisch) ein supertraumhaftes Penthouse-Appartement mit Tennisplatz auf dem Dach. Die Zimmerflucht, die ich für zwei Millionen Dollar im fünften Stock erwarb, hatte hundertdreißig Quadratmeter Fensterfront mit Blick über den Strand von Copacabana. Wie viele Quadratmeter die Wohnung selbst hatte, interessierte mich nicht. Sie waren wie bei den Angaben über die Motorleistung eines Turbo-Bentley: ausreichend.

Für mein Arbeitszimmer kaufte ich mir Rollschuhe, und der Weg zur Besenkammer war so weit, daß ich es in drei Jahren nicht ein einziges Mal schaffte, ihn zurückzulegen. Es sollte auch eine *empregada*, Zimmer für Dienstmädchen, dazugehören, aber es war ziemlich unwahrscheinlich, daß man sich je bis dorthin verirrte.

Der Boden war mit glänzendem Parkett ausgelegt, die Wände aus kühlendem Marmor. Neben dem Eingang baute ich meinen traditionellen Weyer-Altar auf. Erinnerungsbilder mit Baby Doc und Pinochet, Freunde von William R. Tolbert bis Kardinal Ottaviani im Vatikan.

In der ersten Reihe durften noch Franz Beckenbauer, Roberto Blanco und Prinzessin Ira von Fürstenberg stehen. Berti Vogts, Wolfgang Menge und Kurt Biedenkopf, Harald Juhnke und Eddie Constantine habe ich die zweite Reihe zugewiesen.

Die Stirnseite des Salons beherrschte ein überdimensionales Weyer-Bild mit Diplomatenschärpe des Papstporträtisten Hans Linus aus Murnau. Er verewigte in Öl unter anderem Kaiser Bokassa, König Juan Carlos, Schah Reza Pahlevi und Ex-Kanzler Helmut Schmidt.

Man brauchte nicht allzuviel Sachverstand, um festzustellen, daß Linus der beste Pinselstrich bei Consul Weyer gelang. Da wuchs er über sich hinaus, erreichte eine Form wie nie zuvor und leider auch nachher nie mehr. Aus Linus wurde ein Weyer-Rembrandt, ein genialer Maler, der vor Begeisterung über sein Werk aufs Honorar verzichtete und mir das Bild schenkte. Allerdings, wenn ich die bisherigen Frachtkosten auf meinen zahlreichen Umzügen für diesen 1,70 x 2,80 Meter großen Ölschinken zusammenrechne, hätte ich das Bild nie annehmen dürfen — oder es gleich als Leihgabe der Pinakothek vermachen müssen.

Zu diesem Kolossal-Weyer paßt natürlich nur noch das Bildnis von Don Alfredo in der Admiralsuniform der paraguayischen Marine, die am Fluß Parana stationiert und die stärkste Binnenland-Kriegsflotte der Welt ist. Ich glaube, meine Galeriewand in Rio zählte mit zu den schönsten, die ich je gesehen habe, und ich war auch schon im Prado.

Auch für einen Neujahrsgruß des Präsidentenpaars Ronald und Nancy Reagan aus Washington, D.C., fand ich einen ehrenvollen Platz. Auf der Toilette. Dort bestens sichtbar, konnte es auch jeder in Ruhe lesen. *»God bless you, God bless America, with best wishes . . .«* Darunter die persönliche Unterschrift der Reagans.

Schöne, aber auch sehr arbeitsame Tage waren es. Ich mußte sogar meinen Grundsatz brechen, nie mehr als zwei Stunden am Tag zu arbeiten. Dutzende von Anwälten läuteten ein, daß sich die Verjährungsfrist meiner Steuerlappalien nähere, und das Gerangel um das Hauptmandat verschärfte sich. Ein gewisser Graf von Bergheim aus Stuttgart war so eifrig, daß er mir täglich anderthalb Meter lange Telexe ins Hotel »Excelsior« tickerte. Mit Wettervorhersage für Deutschland, samt Wasserstand der Donau. Dreimal die Woche traf Luftfracht mit Spezialpaketen ein, jeweils auf Kosten des Absenders, versteht sich. Video-Kassetten mit aufgezeichneter Tagesschau, und für mich lebenswichtigen Multibionta-Packungen, weil ich da etwas eigen bin. Einmal niesen, und schon denke ich: Mit Consul Weyer geht es gleich zu Ende.

Netterweise, wie es sich gegenüber einem Diplomaten auch gehört, stellte mir der brasilianische Generalstaatsanwalt die sogenannte »Unantastbarkeit« aus, und schickte mir durch einen Polizeiadjutanten ein weißes Führungszeugnis ins Haus. Ich war also im Besitz von fünf Diplomatenpässen: von Bolivien, Paraguay, Liberia, Haiti und Guinea, die ich mir als Generalbevollmächtigter auf Lebenszeit zum Teil selbst verlängern konnte. Mit den beiden weißen Führungszeugnissen (hinzu kam jetzt noch die Bestätigung der Generalstaatsanwaltschaft in Berlin mit dem Vermerk »Kein Eintrag«) wurde ich zum Sonderbotschafter ernannt.

Mit meinem einwandfreien Leumund hätte ich mich als Direktor bei der Dresdner Bank in Rio bewerben können oder als Vorstand bei der brasilianischen Hypo-Bank. Aber solche Aufgaben haben mich weniger gereizt. Ich war mit dem zufrieden, was ich erreichte: sechs Häuser, drei Appartements in Rio, sieben Autos und ein kleines Flugzeug. Der Stand meiner Tätigkeit bis 21. Juli 1985 ließ sich als Zwischenbilanz durchaus sehen: einhundertvierzehn Ehrenconsulate vermittelt, über sechshundert Titel Dr. h. c. an Dentisten, Heilpraktiker, zwei Hellseher sowie einen Bademeister gebracht.

Auf meinem Schreibtisch türmte sich die Post. Anwärter auf eine Adoption und adoptionsbereiter Adel wandten sich hilfesuchend an mich. Briefe von verzweifelten Aussteigern, die, in Brasilien abgebrannt, keinen Ausweg mehr wußten. Ein Lehrer, der mit einer minderjährigen Schülerin abgehauen ist, fragte nach irgendeiner Beschäftigung; einem Bremer Kaufmann, der von einer brasilianischen Heiratskandidatin reingelegt wurde und sich das Leben nehmen wollte, fiel der Consul Weyer plötzlich als letzte Rettung ein. Es waren oft erschütternde Briefe von Gescheiterten, die voller Hoffnung eine neue Existenz anfangen wollten, aber als diese Hoffnung sich verflüchtigte, bereit waren, jegliche Arbeit nur für Kost und Logis bei mir anzunehmen.

Ich hätte ein regelrechtes Flüchtlingslager aufmachen können. Sogar Touristen, die an der Copa bestohlen worden waren, meldeten sich bei mir; sie dachten, ich sei der deutsche Botschafter. Ich mußte sie leider enttäuschen und sagte: »Ich vertrete zwar viele Länder, aber Deutschland gehört nicht dazu.«

»Schade«, jammerte ein Professor von der Uni Heidelberg. Er wurde innerhalb von vierzehn Tagen rund siebzehnmal an der Copa überfallen. Er konnte nichts dafür, er hat wirklich wie das zerstreute Professörchen aus einem Witzheft ausgeschaut. Die Diebe schlichen hinter ihm her und schlitzten ihm jedesmal die Hosen auf, damit der Tascheninhalt auf die Straße fiel. Zum Schluß haben sie nur noch gepfiffen und gerufen: »Hei, Gringo, komm zum Abliefern her!«

Es war Flavio, ein pechschwarzer Kerl aus Niteroi, Chef einer Räuberbande an der Copa. Er kontrollierte den Streifen vom Hotel »Meridien« bis zum »Copacabana Palace«. Die Meile war ein Teil meiner Jogging-Strecke.

Ich lief sie mit elegant abgemessenen, leicht federnden Schritten ab, hinter mir zwei meiner bisexuellen Leibwächter.

Sie waren in mich verliebt, und ich hatte die Sicherheit, daß sie sich notfalls für mich auch umbringen lassen würden. Daß ich so gazellenhaft vorneweg lief, spornte sie auch zu einer besseren Leistung an. Immerhin habe ich eine unwiderstehliche Rückenpartie, wie mir später in Wien »Miss Austria« und dreifache Salzburger Landesmeisterin im Schach, Brigitte Cimarolli, bestätigte.

Während meines Jogging-Trainings grüßten mich Diebe, Geheimpolizisten, jüdische Juweliere, arabische Geschäftsleute und ihre ungarischen Anwälte und mein alter Freund Leo Jurs, der Besitzer des Hotels »Excelsior«. Hier liefen die Drähte meiner Informationsbörse zusammen. Seit sieben Jahren erledigt der deutschsprachige Chefportier Hermano alle Dienste für mich. Er sammelt meine Korrespondenz, notiert Nachrichten, hebt allerhand Zettel auf, aber nur die wichtigen. Ohr und Auge sind bei ihm inzwischen so perfekt geschult, daß er auf Anhieb Spender und Schnorrer voneinander unterscheiden kann. Sein Riecher für Leute mit Geld funktioniert exzellent. Die Nassauer hält er mir vom Hals.

Manchmal blieb mir wirklich die Spucke weg. Briefe, Briefe, Briefe. Als wäre ich die einzige Person in ganz Südamerika, an die man sich vertrauensvoll wenden kann. Dem war in der Tat so! Es stand auch blau-rot auf meiner Visitenkarte, ein gelungener grafischer Wurf von mir:

Oben die Firma: P. I. Paraguay International S. R. L. Mitglied der Deutsch-Paraguayischen Handelskammer
In der Mitte zentriert:
Consul H. H. Weyer
Presidente
Unten eingeblockt ein Wahrzeichen und der dazugehörige Text: Dieses Symbol steht im Zeichen nationaler und internationaler Kontakte und Verbindungen. Es steht für Zufriedenheit, Sicherheit und Zuverlässigkeit. Es steht für Leistungsfähigkeit und für Qualitätsbewußtsein.

Es klang so glaubwürdig, daß ein Kaufmann aus Bremen sich meldete. Bis über beide Ohren in eine Brasilianerin verliebt, löste er zu Hause sein Geschäft auf, doch statt eines Himmels fand er in Rio die Hölle; er zahlte seiner Geliebten die Scheidung, stellte aber später fest, daß sie gar nicht verheiratet war. Dafür hatte sie einen brüderlichen Beschützer, der mit einer Wahnsinnsrechnung auftauchte. Für jeden Tag hundert Dollar Liebestaxe. Der Bremer zahlte und war im Nu abgebrannt.

Er bettelte mich um eine Stellung an, egal als was, Hauptsache, er bekam ein Dach überm Kopf und etwas zu essen. Er tat mir leid, aber von solchen Fällen hatte ich in jeder Woche drei.

Und Mitleid ist das einzige, was man sich in Südamerika nicht leisten kann, sonst muß man sich eines Tages noch selbst das Leben nehmen.

Ich schickte den gescheiterten Kaufmann mit einer einfachen Begründung weg: »Ich beschäftige nur Top-Leute. Wer bei mir eine neue Karriere machen will, muß zumindest ein Ex-Minister oder gestürzter Präsident sein.«

Diese Einstellung hat sich schon in vielen Fällen gelohnt. Und daß Leute für mich umsonst arbeiten wollen, ist nichts Außergewöhnliches. Ein Weyer zahlt keine Löhne, ich rede auch nicht von meinen Angestellten, sondern von Sancho Pansas. Solche habe ich in jeder Stadt, rund um den Erdball, und sie sind rund um die Uhr für mich erreichbar, glücklich, für Consul Weyer etwas zu erledigen.

Auf meinem Schreibtisch oben auf dem Berg von Post lag, gewissermaßen als Briefbeschwerer, ein schwerer Feldstecher, Zeiss-Ikon, Reichweite dreißig Kilometer.

Ein Traum von mindestens zweieinhalb Kilo Gewicht. Mit diesem Feldstecher peilte ich aus meinem Fenster im fünften Stock die Lage am Pool des »Copacabana Palace«. Es ist der teuerste Pool der Welt, weil er nicht auf dem Dach, sondern auf dem Grund der Copacabana liegt, wo der Quadratmeter gut 5000 Dollar kostet.

Ich zog die Vorhänge zu, um ungestört wie ein Kapitän auf hoher See mit meinem Feldstecher spielen zu können. Eine unglaubliche Schärfe. Ich konnte die Blattläuse in den Palmenzweigen wie unter einem Mikroskop betrachten und den Badegästen von den Lippen ablesen, was sie reden. Ich war besser informiert als durch eine Abhöranlage, zumal Wanzen Batterien brauchen; ergo wäre der Betrieb auf die Dauer auch viel zu teuer.

Aber der Feldstecher, den ich von der brasilianischen Admiralität geschenkt bekam, kostete gar nichts. Die Gläser putzte mein Dienstmädchen ebenfalls umsonst. Dank meiner Klarsichtinformationen tauchte ich immer im rechten Augenblick am Pool des »Copacabana Palace« auf.

Es hatte seine Wirkung. Denn vormittags hieß es noch, ich sei in Venezuela, und Punkt drei Uhr erschien ich am Pool, bereits bestens im Bilde über das, worüber man sich den ganzen Vormittag unterhalten hatte.

»Wissen«, hatte mir mein Stiefvater Clifford gesagt, »ist Macht.« Daran hielt ich mich.

Meine Memoiren wären unvollständig, wenn ich die Geschichte des »Copacabana Palace« nicht erzählen würde. Die Großmutter der internationalen Grandhotels, verwandt mit dem »Hôtel de Paris« in Monte Carlo, war für mich drei Jahre lang mein Arbeitszimmer, ähnlich wie für meinen Freund Jimmy Carter das Weiße Haus. Als er auszog, hinterließ er zweitausend krumme Büroklammern. Als ich vom »Copacabana Palace« Abschied nahm, blickte ich auf eine Reihe erfolgreicher Geschäfte zurück, die mir zirka zwölf Millionen Dollar einbrachten. Das war auch ungefähr der Unterschied zwischen mir und Jimmy Carter: Er verbog als erfolgloser US-Präsident Büroklammern, ich als erfolgreicher Consul Weyer machte zwölf Millionen.

Bei seiner Eröffnung 1923 war das »Copacabana Palace« das einzige Luxushotel in Lateinamerika. Es gehörte der mächtigen Familie Guinle, den Eigentümern des Kaffeehafens Santos. Unermeßlicher Reichtum, und den Gästen wurde alles geboten: Schwimmbad, Theater, Casino, die besten Restaurants und der beste Service.

111

Zur Einweihung kam King George VI. aus England. Seitdem gehörte es zur Pflicht für Stars, den Jet-set, Großgrundbesitzer und Spieler, sich mindestens einmal im Leben im »Copacabana Palace« blicken zu lassen. Wer nicht wenigstens einmal in diesem Hotel nächtigte, hat gar nicht gelebt, heißt es.

Der Oberkellner Gabriel Catena, der mich auf der Terrasse bediente, erzählte mir oft von diesen glorreichen Zeiten. Über vierzig Jahre arbeitete er bereits hier und sah all die V.I.P.'s kommen und gehen: John F. Kennedy stieß sich kurz nach dem Krieg, als er noch ein Twen war, hier die Hörner ab; die exzentrische Lana Turner, der abgesetzte König Karoly von Rumänien nahmen hier zeitweilig ihren Wohnsitz und das Jazz-Idol Nat King Cole ebenfalls; Edith Piaf lotste sogar Schuhputzer von der Straße auf ihr Zimmer, und niemand wagte diese Schmuddelknaben hinauszuwerfen, weil dem Personal angeordnet worden war, niemals nein zu sagen, wenn ein Gast etwas wünschte.

Besonders gern erzählte mir mein treu ergebener Kellner Catena von Jayne Mansfield. Die goldenen Fünfziger; durch Rio rollten die Lambrettas und röhrten die Ferraris, und Jayne stolzierte am Pool des »Copacabana Palace« auf und ab. Ihr wuchtiger Busen wippte, und die Bändchen ihres Bikini-Oberteils lösten sich unter der schweren Brustlast. Die Busenschalen fielen zu Boden, und Jayne stieß ihr berühmtes »Uuuh!« aus.

Da nahm Catena zwei weiße Stoffservietten — so vornehm war man damals — und deckte Hollywoods Wunderbusen ab.

Noch mehr illustre Gäste kamen: Zsa Zsa Gabor, nicht ahnend, daß sie sich auf künftigem Weyer-Terrain bewegte, die Haudegen Errol Flynn und Clint Eastwood. Cary Grant und Ingrid Bergman waren als Liebespaar eingetragen.

Eva Perón reiste mit zehn Begleitern und hundert Koffern an. Auch Fürst von Thurn & Taxis gehört zu den alljährlichen Stammgästen, und seine Gemahlin Gloria erklärte, warum es ihr so gut im »Copacabana Palace« gefällt: »Weil es hier so schön muffelt.«

Die Gästeliste ist fast unendlich: Liz Taylor, Richard Burton, James Bond Roger Moore, Mick Jagger, der Superplayboy Chico Escarpa; Bud Spencer und Terence Hill, die *Vier Fäuste für Rio* drehten; Belmondo; und eines Tages trudelte auch Peter Prasch ein.

Ich entdeckte ihn mit meinem Feldstecher. Außerdem machte er sich schon mittags laut bemerkbar. Nach dem Champagnerfrühstück trällerte er den Gründgens-Schlager: *Die Nacht ist nicht allein zum Schlafen da* . . . Worauf er wie Pavarotti in der Arena di Verona die Hände hob und rückwärts wie die alte Frau Müller in den Pool purzelte.

Mein alter Freund Peter war Musikverleger und Gründer des legendären Bürotels in Vaduz. Ein achtstöckiger Hochbau voller Briefkastenfirmen, die dadurch ihren Hauptsitz steuergünstig in Liechtenstein erhielten.

Über Peters Millionen kursieren wahre Märchen. Jedenfalls machte die Luft von Rio seinem Schwergewicht die Erde leicht. Er war ein unbestrittener Weltmeister im Feiern. Einmal brachte er sogar einen Olympiasieger im Viererbob mit. Hans Leutenegger, Jahresumsatz vier Millionen Fränkli, Tennisplatz in Marbella, das stärkste Motorboot am Genfer See; wegen seiner Ähnlichkeit mit einem Hollywood-Star auch »Burt Reynolds der Alpen« genannt.

Als dritter in der Runde mein alter Weggefährte aus meinen schönsten Tagen in München, James Graser, der Mann, der mindestens 20000 Frauen liebte.

Bei solchen Anlässen wußte ich, was man von mir erwartet. Ich legte den Feldstecher beiseite, schmiß mich in meine weiße Generalsuniform und marschierte zum Pool. Vor lauter Überraschung sind sie beinahe ertrunken, als sie mich sahen, dann ließen es meine Freunde krachen, bestellten schon am Nachmittag dutzendweise »Dom Perignon« und einen Pott Erbsensuppe mit Speck; ich machte allen die Freude, als ich sagte: »Laßt uns gleich übers Bumsen reden.«

Reden ist gut, Taten sind besser. Kaum hockte ich an jenem denkwürdigen Nachmittag eine halbe Stunde am Pool, kreuzte eine Lady in Blau auf. Blaues Kleid aus durchschimmerndem Crêpe de Chine, blaue Strümpfe, blaue Pumps und blauer Hut. Ich wollte meinen Freunden eine Weyersche Blitzaktion demonstrieren.

Also stand ich auf und steuerte auf die Lady Blue zu. Ich kannte sie nicht. Ich fragte sie nur, ob sie mit mir einen Drink nehmen wolle. Sie strahlte mich an. Sicherlich dachte sie, daß ich sie in die Präsidentensuite führe, die legendäre Nummer 614, wo einst Orson Welles im Vollrausch die Möbel aus dem Fenster warf.

Er war nach Rio gekommen, um einen Dokumentarfilm mit dem Titel *It's all true* zu drehen. Der Streifen wurde nie fertiggestellt.

Die blaue Madame hakte sich bei mir unter, und wir tauchten in das Labyrinth des »Copacabana Palace« ein. Auf dem langen Gang vom Gourmetrestaurant »Bife d'Oro« zur Rezeption entdeckte ich eine Mahagonitür. *Homens*, stand darauf: Männer. Ich griff nach der Türklinke. Meine Begleiterin, ich vergaß sie nach ihrem Namen zu fragen, stutzte. Mit zartem Druck brach ich aber ihren Widerstand.

»*No suite presidential?*« Sie seufzte, fand sich in den ungewöhnlichen Räumlichkeiten aber auch zurecht. Sie legte den Kachelboden mit Zeitungen aus und machte es sich auf der Herrentoilette so bequem wie möglich.

Wann kehrte ich zurück? Ich habe nicht auf die Uhr geschaut, aber als ich den Poolgarten wieder betrat, passierte etwas wirklich Unerwartetes. Plötzlich ertönte die französische Nationalhymne. Ich blieb in meiner weißen Generaluniform wie angewurzelt stehen. Ein Moment der Überraschung, und auf einmal erhoben sich alle Hotelgäste von den Sonnenliegen. Die Schwimmenden kletterten aus dem Becken und schauten in nasser Badehose etwas verwirrt zu mir her. Meine Freunde hat's völlig umgehauen. Auch sie standen stramm.

Draußen drückten sich die Passanten die Nasen an den Glastüren platt. Die Polizei bewachte den Haupteingang. Aus der Menge erschallte kurzer Jubel und Beifall. Mir ging ein Licht auf: François Mitterand, Frankreichs Staatschef, weilte eben zu einem offiziellen Besuch in Rio. An diesem Nachmittag war auch ein Empfang für die französische Gemeinde in Rio arrangiert. Mehr als zweitausend Franzosen drängelten sich oben im »Salon nobre«. Die Hymne galt Mitterands Begrüßung. Nur, wie der Zufall so spielt, verschwand der kleinwüchsige Mitterand völlig in der Menge. Keiner hat ihn gesehen.

Aber meine lichte Höhe von eins neunzig war aus allen Ecken bestens sichtbar. Überdies trug ich meine weiße Paradeuniform.

Ich konnte es dem Volk und den feinen Gästen des »Copacabana Palace« gar nicht verübeln, daß sie mich grüßten. Die meisten dachten, die Hymne, die Polizei-Eskorte, die Fahnen und der ganze Auflauf gälten mir. Auch Lady Blue blickte ehrfurchtsvoll zu mir her. Sie hielt mich nun wirklich zumindest für einen Großadmiral und rätselte wohl, welchem Land sie mich zuordnen sollte. Sie stand kurz vor dem Ausgang. Ziemlich ramponiert. Ihre blonden Haare hatten sich unterm Hut aufgelöst, der Rock war verrutscht, der blaue Strumpf hatte eine Laufmasche. Eine Szene, reif für eine Hollywood-Komödie.

Das Publikum betrachtete auch die blaue Lady sehr aufmerksam und dachte sich seinen Teil. Daß wir im Gang zu den Duschen und Toiletten verschwunden waren, war wohl niemandem entgangen. Vorher. Und nachher die französische Hymne. Mehr Aufmerksamkeit kann man kaum erregen.

Nach dem letzten Trompetenstoß trollte sich die blaue Lady, und meine Freunde empfingen mich mit unglaublicher Bewunderung: »Ist es eigentlich üblich, daß eine Staatshymne gespielt wird, wenn du vom Bumsen kommst?« fragten sie.

»Wenn ich's mir wünsche, ja«, antwortete ich bescheiden, »im ›Copacabana Palace‹ bekomme ich den besten Service der Welt.«

Inzwischen schleppten die Ober von unserem Prasch-Tisch die vollen Obstkörbe in meine Wohnung um die Ecke. Auch ein Vorteil, so direkt in der Nachbarschaft zu wohnen. Ich hatte praktisch den Roomservice zur Verfügung.

Einem alten Freund tat ich einmal einen besonderen

Gefallen. Er jettete nach Rio, um seinen fünfzigsten Geburtstag zu feiern. Sein Wunsch war ausgefallen, aber im »Copacabana Palace« durchaus zu verwirklichen. Er träumte davon, einmal auf einer Privatstation zu liegen und von einem Dutzend farbiger Krankenschwestern bedient zu werden. Mulatas in allen Schattierungen der Farbe Braun. Von leichtem Kaffee & Milch bis zu Bitterschokolade sollten sie weiße Häubchen tragen, weiße Kittel und drunter weiße Strümpfe und Strapse. Und das konnte ich, der schöne Consul, in Rio mit einem Telefonat erledigen.

Ich rief bei Francisco »Chico« Recarey, dem Nacht-König von Rio an. Ein Spanier, der vor zwanzig Jahren als Kellner in einer Pizzeria angefangen hatte und sich kometenhaft hocharbeitete. Ihm gehören heute die zwei größten Diskotheken Südamerikas, das »Help!« an der Copa, und das »Babilonia« in Leblon. In seinem Glitzerpalast »Scala« treten die schönsten Samba-Tänzerinnen auf. Ein Dutzend von der Reservebank schickte er mir umgehend ins »Copacabana Palace« als erste Hilfe für meinen im Rausch der Sinne fiebernden Freund.

Ich muß das Aufsehen gar nicht schildern — nicht schildern, wie groß die Augen kullerten, als ein Dutzend tigerhafte, gazellenschlanke, langmähnige Tänzerinnen in weißen Kitteln durch die Hotelhalle stöckelten. Das Himmelskommando nahm im Korridor Platz. Mein Freund legte sich ins Bett, ließ hundert Flaschen Champagner einkühlen und rief alle zehn Minuten eine der Krankenschwestern zu sich.

Es wurde eine lange Nacht auf der Wachstation. Und der Liebeslohn ein Witz: hundert Dollar pro hübscher Pudernase einer Mulata. Seither redet auch mein treu ergebener Kellner Catena nicht mehr von Jayne Mansfields Wunderbusen und den fliegenden Möbeln von Orson Welles. Die Legende aller Legenden ist, wie Consul Weyer das »Copacabana Palace« in eine Intensivstation verwandelte.

Ich tat es aus langjähriger Freundschaft und um eine alte Schuld zu begleichen. Es war noch zu meiner Hamburger Zeit. Ich ließ mir im Hotel »Atlantic« die Hemden

116

waschen und die Rechnung auf die Zimmernummer meines Freundes schreiben. Wie gesagt, alles nach dem gesunden Motto: »Millionen machen ist nicht schwer, sie zu halten dagegen sehr.«

In meinem Zeiss-Ikon-Feldstecher tauchte am Strand regelmäßig eine komische Figur auf. Dank der fabelhaften Technik dieses Geräts stellte sich bei echten Blaublütlern das Ding ganz von selbst scharf ein, und ich hatte ihn wie in der Hand:

Prinz Luitpold von Auersperg, den Schwager des Krupp-Erben Arndt von Bohlen-Halbach.

Der Lebenskünstler kreuzte meine Wege öfter auf seltsame Weise. In Rio wurde er beim Jet-set berühmt, weil er neben seinem Prinzentitel — er stand als legitimer Thronfolger in Österreich an achtzehnter Stelle — auch unnachahmlichen Stil an den Tag legte. So erledigte er zum Beispiel seine Kleinwäsche am Strand. Er trug nur feinste Seidensocken, und die steckte er in den heißen Sand zur »Trockenwäsche«.

Nach Paraguay hat es ihn verschlagen, nachdem er in Nürnberg eine Brauerei um 100 000 Mark geprellt hatte. Vorher erfand er in Kitzbühel den sogenannten Rucksack-Dudler, einen Tanz mit geschulterter Braut.

In Asunción gelang es ihm, den Hotelier Gerhard Reichstaller vom »Plaza« um tausend Mark anzupumpen. Damit verschwand er nach Rio und beeindruckte sogar Mick Jagger. Auf der Liebesinsel »Ilha fantasia« veranstaltete er eine Orgie und jagte zum Höhepunkt Wildenten über die Rundbetten. Seine letzte Reise führte ihn nach Asunción zurück. Er kannte den paraguayischen Oberst Mondes, der mit Führerscheinen handelte. Luiz Auerspergs Hauptbeschäftigung war aber das Trinken. Zwei Flaschen Whisky am Tag. Im Hotel »Plaza« kippte er einmal mittags voll wie eine Strandhaubitze vom Barhocker — tot.

Ich rief Oberst Mondes an und fragte, ob man für Luiz noch was Gutes tun könnte. »Aber sicher, *el bello consul*«, versprach er mir am Telefon. »Wir erheben den Prinzen postum in den Rang eines hohen Offiziers und werden ihn mit allen militärischen Ehren beerdigen.«

So stand am Grab des Spaßvogels Auersperg eine Pa-
radekapelle, und es wurden sieben Böllerschüsse abge-
feuert. Wäre Stroessner in seinem Amt in die Ewigkeit
eingegangen, dann wären es einundzwanzig Böllerschüsse gewesen. Aber sieben Kracher zum Ende eines
Prinzen, der nur eine Plastiktüte mit zwei Hosen, zwei
T-Shirts und ein paar Fotos mit exotischen Schönheiten
hinterließ, sind auch keine schlechte Bilanz nach sieben-
undvierzig Lebensjahren.

Dieses wunderbare Rio hatte die Zauberkraft, die
Menschen völlig zu verändern. Ich holte des öfteren meine Kunden vom Traumschiff »MS Europa« ab. Es war
wie in einem Lustspiel von Billy Wilder. Einen Fleisch-
fabrikanten aus Oberrammstadt, der bei mir ein Doppel-
consulat bestellte, fand ich in aller Herrgottsfrühe schon
putzmunter an Bord. Er thronte in einem Sessel und ba-
dete seine Füße in silbernen Champagnerkübeln.

»Ein heißer Tag heute, Herr Consul!« rief er mir zu und
goß sich eine Flasche »Moët & Chandon« über den Kopf.

Wir fuhren in meiner Präsidentenlimousine an die
Copacabana. Vor dem Hotel »Ouro verde« (grünes Gold)
sahen wir einen Menschenauflauf wie in Warschau,
wenn es Sauerkraut gibt.

Alle streckten die Hände hoch, sprangen in die Luft,
prügelten sich auf dem Bürgersteig. Vom Himmel regne-
te es Geld. Cruzeiros in dicken Bündeln lösten sich im
Wind auf und flatterten auf die Straße, wo der Verkehr
zusammenbrach. Auch wir mußten, trotz meiner liberianischen Standarte am Kotflügel (die gleichen Farben wie
die amerikanische Flagge) anhalten. Ich blickte zum Hotel »Ouro verde« und erkannte auf dem Balkon einen alten Bekannten. Ein Direktor einer berühmten Versiche-
rungsanstalt drehte durch. Total ausgeflippt warf er mit
vollen Händen Cruzeiros mit dem kleinsten Notenwert,
offenbar vorher für dieses Happening besorgt, von seinem Balkon im neunten Stock.

Abends wieder fit, entschuldigte er sich quasi in unserer Runde: »Wissen Sie, ich wollte mal wissen, ob es
wirklich stimmt, daß das Geld zur Tür wieder rein-
kommt, wenn man es zum Fenster rausschmeißt.«

Es kam nur der Hoteldirektor, der höflich bat, wenn der verehrte Herr Gast sich mal wieder so fühlen wolle wie Nero, als er Rom anzündete, dann möge er bitte für dieses ungewöhnliche Erlebnis kurz das Hotel wechseln.

Silvester 1986 hatte ich das Vergnügen, im »Salon nobre« des »Copacabana Palace« meinen Tisch neben dem offiziellen deutschen Botschafter zu haben. Die Direktion dachte offenbar, daß zwei Diplomaten besser ins Neujahr rutschen als einer. Irrtum. Kurz nach Mitternacht, kaum verglühte das magische Feuerwerk über der Copacabana, zog der deutsche Botschafter samt Familie mit beleidigtem Gesicht davon. Auf dem Weg zischte er mir zu: »Kein guter Anfang, Sie als ersten im Neujahr zu treffen.«

Wenigstens einer, der nicht schon in den ersten Minuten des neuen Jahres gelogen hatte.

O Rio, *mon amour*, Consul Weyer liebt zwar nur sich selbst, aber Rio, das war meine Stadt. Und alle, alle kamen. Auch Berti Vogts mit Franz Beckenbauer. Berti stellte mir seine entzückende Frau vor: »Sie war mal Stewardeß bei der Lufthansa.«

Ich sagte: »Machen sie sich nichts daraus, ich habe früher auch alle Stewardessen vernascht. Aber jetzt, da ich Vielflieger bin, schaffe ich es nicht mehr.«

»Und ist es gefährlich, in Rio zu leben?« wollten die meisten meiner Gäste wissen. »Haben Sie keine Angst vor Entführung?«

»Ach was, Altweibergeschwätz«, antwortete ich, »ein Consul Weyer hat niemals Angst. Ich trage ein Parfüm, das heißt ›Egoiste‹, von Chanel für den Mann. Da fühle ich mich absolut sicher.«

Als Zugabe, weil alle an meinen Lippen hingen und wie Kinder flehten: »Bitte, bitte, Großmutter, erzähl uns noch ein Märchen«, gab ich noch eine Geschichte zum besten, verbürgt durch die Polizei von Rio.

Durch die zahlreichen Entführungen von Prominenten unter Zugzwang geraten, flog eine Anti-Kidnapping-Truppe in einer Privatmaschine nach Asunción. Dort vermutete man drei Entführer, darunter den Draht-

119

zieher Nilo Cunha da Silva, genannt »Professor« (der Titel stammte nicht von mir).

Paraguays Polizei, über die Aktion nicht informiert, wurde erst durch die Dreharbeiten des begleitenden TV-Teams auf dem Flughafen aufmerksam. Sie hielt alle Beteiligten für ausgefuchste Drogenhändler, nahm sie fest und steckte sie in eins der Foltergefängnisse des Militärs.

Erst nachdem Brasiliens Außenminister sich eingeschaltet hatte, kamen die Polizisten und die Fernsehreporter frei. Vom Lösegeld, das die Entführer nach Paraguay herüberretten wollten, fehlte jede Spur.

»Ja, ist das nicht ein ordentliches Land?« pflegte ich zum Schluß zu bemerken und mich über die erstaunten Gesichter meiner Zuhörer zu amüsieren.

Meine Kunden

»Ich bin reicher als Gunter Sachs«, sagte der Anrufer, »bloß kennt mich keiner.«

Ich kann im Namen meiner Kunden versichern: Nur der kleinste Teil kommt zu mir aus Geltungssucht. Emporkömmlinge, die eine Rolle in der Gesellschaft spielen wollen, gehörten nie zu meiner Klientel. Die meisten »Patienten« führte eine rein kaufmännische Überlegung zu mir. Ich habe den Weyer-Verbraucher genau studiert und in folgende Typologie unterteilt:

1) Typ »*Dr. bohrt besser*«. Es sind Dentisten gewesen, die erkannt haben, Deutschland ist ein Land der Titel. Das Obrigkeitsdenken bestimmt, daß man im Volk glaubt, Können sei mit einem Titel verbunden. Ein Titel, egal welcher, weckt Respekt.

2) Typ »*geschädigter Odontologe*«. Als per Bundesgesetz die Bezeichnung Dentist in Zahnarzt umgewandelt wurde, fühlte sich ein Heer von Mundklempnern ohne Berufsehre. Meinen märchenhaften Aufstieg Anfang der siebziger Jahre verdanke ich der Zunft von Schmalspurbohrern, die oft die besseren Techniker sind, weil sie mehr Zeit in der Praxis als beim Pauken von theoretischem Wissen verbrachten.

Es löste für mich einen Irrsinnsboom aus, die bundesdeutschen Karieslöter auf die schnelle mit einem Dr.-h.c.-Titel zu versorgen. Desgleichen die Heilpraktiker. Allerdings handelte es sich durchwegs um gestandene Fachleute von höchster Reputation. Denn um sich eine »Behandlung« bei Consul Weyer zu leisten, mußte man erst Geld verdienen können. Und zwar viel Geld.

AMTLICH ZUGELASSENER ÜBERSETZER
ENGLISCH · DEUTSCH · FRANZÖSISCH · PORTUGIESISCH · ITALIENISCH · SPANISCH

AZARA 180, OFIC. 102 · RUF: 49 589
ASUNCION · PARAGUAY

ÜBERSETZUNG

Blatt 1

Republik Paraguay

S t a a t s a n w a l t s c h a f t

Ich bestätige hiermit, dass mir bei Gelegenheit seines beruflichen Besuches in unserem Land (Asunción/Paraguay),
die ausgezeichnete ärztliche Behandlung des hervorragenden
Herrn Prof. Dr. med. Jürgen D. S c h i e f e l b e i n
zuteil wurde, der mit einer intensiven Behandlung seine
grosse Fähigkeit bewies und meine vollständige Genesung
ermöglichte.

Es ist mir bekannt, dass auch andere Kollegen in der Regierung des Staates, die von dem Genannten in seinem Fach-
gebiet behandelt wurden, das gleiche Ergebnis erzielten.

Hochachtungsvoll

gez. Dr. Clotildo Giménez Benítez
General-Staatsanwalt

Asunción, Januar 1986.

Die sinn- und wortgetreue Übereinstimmung der
vorstehenden deutschen Übersetzung mit der
spanischen Urschrift wird hiermit bestätigt.
Asunción, Paraguay, den 3. März 1986.-

FRANK M. SAMSON
TRADUCTOR
PUBLICO
MATRICULADO
Asunción - Paraguay

MINISTERIO PUBLICO

"CINCUENTENARIO DE LA DEFENSA DEL CHACO"

CERTIFICO, que en oportunidad de la
gira médica por éste país (Asunción- Paraguay) tuve
la excelente atención profesional del distinguido
Prof. Dr Med. Jürgen D. SCHIEFELBEIN, quien con
un tratamiento intensivo ha demostrado su gran
capacidad, lo que posibilitó mi total recuperación.

Me consta que igual resultado han
obtenido los demás colegas del gobierno nacional,
que por él fueron atendidos en su especialidad.

Muy atentamente

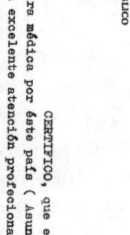

Dr. Clotildo Giménez Benítez
FISCAL GENERAL DEL ESTADO

Asunción, enero de 1986.-

amoar bestangt
Schiefelbein zum
Kabinettsarzt.

Seine Excellenz der Botschafter der Republik Bolivien, in Rom
General Remberto Jriarte Paz,
geben zum 10. Jahrestag meiner Ernennung zum Konsul und anläßlich der
Vollendung meines 34. Lebensjahres
am Ostersonntag, den 22. April 1973, zwischen 17.00 und 19.00 Uhr

Vino et Pane

in meiner ital. Sommerresidenz „Casa Consules"
neben Hannes Obermaier=Hunter, km 8,400 della Strada da Provinciale
Roma Terracina = S. Felice, Circeo o Strada Mediana und ich lade Sie

hierzu herzlichst ein.

Antwort erbeten bis 15. April 1973, an
8133 Feldafing, Consuls Club Hotel oder Botschaft von Bolivien in Rom, Viale Bruno Buozzi 107

...ne meiner typischen Partyeinladungen zu Wein und Brot.

República Federativa do Brasil

ESCOLA DE MEDICINA

Diploma de Professor Visitante

A FUNDAÇÃO TÉCNICO-EDUCACIONAL SOUZA MARQUES

CONFERE AO **PROFESSOR DOUTOR JURGEM SCHIEFELBEIN** O PRESENTE DIPLOMA, PARA
REGISTRAR A SUA VISITA À ESCOLA DE MEDICINA SOUZA MARQUES, NESTA DATA, QUANDO
PROFERIU UMA AULA SOBRE "STRESS".

Rio de Janeiro, 28 de maio de 1986

Stella de Souza Marques Gomes Leal
Presidente

...de Schiefelbein wird Professor.

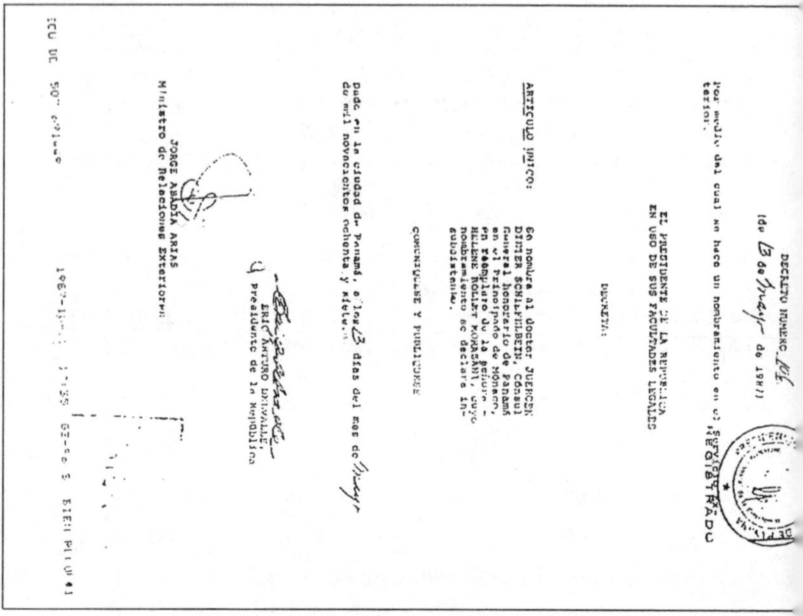

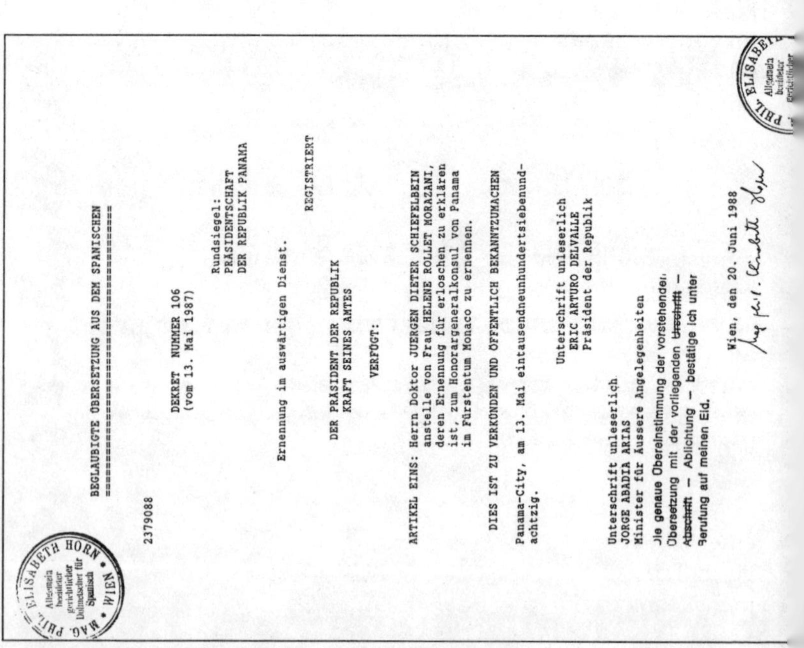

BEGLAUBIGTE ÜBERSETZUNG AUS DEM SPANISCHEN
==

DEKRET NUMMER 106
(von 13. Mai 1987)

Rundsiegel:
PRÄSIDENTSCHAFT
DER REPUBLIK PANAMA

Ernennung im auswärtigen Dienst.

REGISTRIERT

DER PRÄSIDENT DER REPUBLIK
KRAFT SEINES AMTES

VERFÜGT:

ARTIKEL EINS: Herrn Doktor JUERGEN DIETER SCHIEFELBEIN
anstelle von Frau HELENE ROLLET MORAZANI,
deren Ernennung für erloschen zu erklären
ist, zum Honorargeneralkonsul von Panama
im Fürstentum Monaco zu ernennen.

DIES IST ZU VERKÜNDEN UND ÖFFENTLICH BEKANNTZUMACHEN

Panama-City, am 13. Mai eintausendneunhundertsiebenund-
achtzig.

Unterschrift unleserlich
ERIC ARTURO DELVALLE
Präsident der Republik

Unterschrift unleserlich
JORGE ABADIA ARIAS
Minister für äussere Angelegenheiten

Die genaue Übereinstimmung der vorstehenden.
Übersetzung mit der vorliegenden ~~Urschrift~~ —
~~Abschrift~~ — Ablichtung — bestätige ich unter
Berufung auf meinen Eid.

Wien, den 20. Juni 1988

[Unterschrift]

Staatspräsident Delvalle ernennt meinen Kunden
Prof. Dr. Schiefelbein zum Honorarkonsul in Monaco.

3) Typ »*Sand in die Augen*« zu streuen. »Cleverles«, die ihr Geschäft ankurbeln wollen. Etwas darstellen, was man eigentlich nicht ist. Die Dummheiten der anderen ausnutzen, die sich von einem Titel blenden lassen und denken, sie bekommen ein besseres, seriöseres Angebot, wenn auf dem Briefkopf Dr. h. c. steht.

4) Typ »*Selbst-Schulter-Klopfer*«. Jemand, der wirklich erfolgreich in seinem Beruf ist, nur fällt es keinem auf. Also wozu warten, bis die anderen Hohlköpfe es merken? denken solche Ich-habe-alles-erreicht-was-ich-wollte-Typen. Sie legen sich, um ihr Image aufzupolieren, kurzerhand einen Titel zu wie eine teure Uhr. Warum nicht?

5) Typ »*toller Hecht*«. Er sagt seiner Frau zuerst gar nichts und bestellt heimlich einen Ehrentitel. Eines Tages macht er die Post auf und spielt überrascht Theater: »Ich konnte es doch nicht ablehnen, die haben mich überredet, daß ich diese ehrenvolle Aufgabe annehmen soll.« Vor Freude wird dann gleich ein edles Fläschchen entkorkt, und die Alte, die eigentlich von ihrem Mann die Nase voll hatte, blüht plötzlich auf, weil sie Frau Consulin wird. Dann ist der alte Trottel auch wieder gut. Der Titel eines Honorarbotschafters wirkt wie die Frischzellenkur, ist aber etwas teurer.

6) Typ »*Namenskomplex*«. Er heißt Friedberg Ficker (den Fall hatte ich tatsächlich) und will Namenskosmetik betreiben. Den Ficker behält er, nur besorgt er sich dazu den Titel eines »fürstlichen Professors«. Die Genehmigungsurkunde, um den Titel Dr. h. c. führen zu dürfen, beschäftigt den jeweiligen Landesminister für Wissenschaft und Forschung oder Kultur. Zu einem solchen Titel, der gut und gern 120 000 Mark kostet, kommt noch eine Gebühr von 25,60 Mark für die Beglaubigung. Auf diese Summe mache ich jeweils meine Kunden ausdrücklich aufmerksam, damit sie später nicht überrascht sind, was für zusätzliche Unkosten noch auf sie einstürzen.

Wenn sich zum Beispiel ein Hans Kleinkopf von mir einen Titel der Universidad de Belgramo kauft und zufällig in Trier in der Palaststraße wohnt, halte ich die Namenskosmetik für besonders gelungen.

7) Typ »*Etikettebedachter*«. Selbst in einer angesehe-

nen Position, will er sein Verhältnis zu einer Fließbandarbeiterin von MAN (ein Fall aus meiner Praxis) aufpolieren — also macht er sie zur Diplomatin durch Kauf eines CD-Passes. Aus einer Ente kann man aber keinen Schwan machen. Früher oder später tritt solch eine »Diplomatin« ins Fettnäpfchen, daß es nur so überschwappt.

8) Typ »*Aufsteiger*«. Es entspricht der Regelung in der Beamtenhierarchie, daß sich ein Aufstieg mit Hilfe eines Titels schneller vollzieht; es für einen Promovierten ein paar Mark mehr, unter Umständen auch einen Dienstwagen gibt. Also wird so ein ausgefuchster Staatsdiener auch zum Weyer-Fall, wenn er sonst nichts auf dem Kasten hat.

9) Typ »*Dr. Emailbrenner*«. Der dusselige Junior schafft's an der Uni nimmer, und wenn der Dr. Senior den Löffel abgibt, droht der akademische Grad im Firmenemblem des Gründers auch flötenzugehen. Ich leiste mit der Beschaffung eines Dr. h. c. wertvolle Hilfe, um Arbeitsplätze zu retten. Wenn ein als »Dr.« eingeführter Traditionsbetrieb auf einmal ohne »Dr.« firmiert, gleicht das einer Konkurserklärung.

10) Typ »*Grabsteinzierde*«. Als Dr. Dr. h. c. ruht sich's besser. Man hat im Jenseits die Gewißheit, daß sich der Nachbar zu Tode ärgert. Das Gefühl ist sein Geld wert. Wie es den neidischen Übriggebliebenen stinkt, daß man mit einem akademischen Grad in den Himmel kommt.

So leiste ich Hilfestellung praktisch von der Wiege bis ins Jenseits und mache mich bei Schaffung von Lebensqualität unentbehrlich. Für alle, die lieber Geld verdienen und ihre Zeit nicht nutzlos auf den Uni-Bänken verplempern. Ich hatte immer Respekt vor Menschen, die mit beiden Beinen auf dem Boden der Realität stehen.

Ich selbst, obwohl ich mehrere selbst verdiente und — wohlgemerkt — nicht gekaufte Doktortitel honoris causa besitze, führe sie nicht. Mir reicht es, schlicht Consul Weyer zu sein. So kennt mich auch die ganze Welt. Ein Markenname wie Persil.

*   *   *

Ich bin reicher als Gunter Sachs, sagte der Anrufer, bloß kennt mich keiner.

»Rupfhühner« nenne ich manchmal meine Kunden. Natürlich liebevoll, und weil es manche gern hören.

»Kann ich noch paar Federn bei Ihnen lassen?« fragte mich einmal ein Zahnarzt aus München. Er hatte bei mir schon einen Titel von der Grand Universidad Bogotá gekauft und bestand unbedingt auf einem zweiten Dr. h. c. aus Buenos Aires. So stand bald an der Praxistür in der Rosenheimer Straße in München: Dr. Dr. h. c. und sein Umsatz hat sich verdoppelt. Der Mann war mir unendlich dankbar.

Wie finden die Kunden zu mir?

Dieser Fall, der mir in einer heißen Nacht in Rio passierte, war so dramatisch wie auf der Notstation. Es war kurz vor Mitternacht. Ich wollte eben zu Bett gehen. Vor kurzem hatte sich Franz Beckenbauer verabschiedet, und ich hatte den tosenden Beifall noch in den Ohren.

Am Abend waren wir zusammen mit meinem Freund, Fußball-Idol Zico, bei einem Spiel im Flamenco Stadion. Plötzlich hatte es sich wie ein Lauffeuer herumgesprochen, daß Beckenbauer mit mir in der Ehrenloge saß. Da standen 110 000 Leute auf und skandierten begeistert: »Kaiser, Kaiser.«

Solche Tage gehörten für mich in Rio zum Alltag. Die Prominenz meldete sich bei mir. Von Roberto Blanco bis Filmschauspieler Herbert Fux, Österreichs Grünem, der mit mir am Pool des »Copacabana Palace« hockte, sich bei meinen Geschichten fast in die Hose machte und zugleich zitterte. »Hoffentlich macht niemand ein Foto. Ich und Consul Weyer auf einem Bild! Da wäre ich geliefert. Dann entzieht mir meine Partei das Vertrauen und streicht mich von der Abgeordnetenliste.«

Jaja, liebenswürdiges Österreich. Der Filmbösewicht Fux ließ damals gegen den Innenminister Sekanina auf den Bahamas ermitteln, um ihn zu stürzen. Er selbst vergnügte sich mit Consul Weyer in Rio. Trotz seiner rot-grünen Gesinnung konnten ihm die Mädchen nicht schwarz genug sein.

Apropos Minister. Norbert Blüm lief mir zufällig in der Drehtür des »Rio Palace« direkt in die Arme. Er begrüßte mich begeistert: »O Herr Consul, wie schön, daß ich Sie hier treffe!«.

Worauf ich ihm in meiner unverwechselbaren Art antwortete: »Ich, Herr Minister, gehöre hierher. Daß Sie aber mitten im Dezember einen so braunen Kopf haben, stimmt mich etwas nachdenklich.«

Blüm war ganz verwirrt und entschuldigte sich, daß er von einer Dienstreise aus Chile komme.

Ich konnte es mir nicht verkneifen, ihm noch zu sagen: »Gucken Sie, Herr Minister, wie viele schöne Frauen es hier überall gibt, und Sie bringen Ihre eigene mit...«

Da reagierte Blüm etwas sauer und hat sicherlich meine schönen lieben Grüße an Amtskollege Genscher nicht übermittelt.

Aber zurück zu dem Tag, an dem Beckenbauer zum Flamenco-Lokalderby kam. Kurz vor Mitternacht. Das Telefon klingelte. Ich dachte, Franz ruft an. Dann fiel mir auch ein Juwelier aus Pforzheim ein, der am Nachmittag meine Zweitwohnung an der Copacabana besichtigt hatte und mir sofort 1,2 Millionen Mark hinblättern wollte. Avenida Atlantica, der Blick aus dem siebten Stock über den Strand hinaus aufs Meer hat ihn völlig umgehauen. Er fiel in Kauffieber, wie die meisten meiner Besucher.

Ich hätte die Dreizimmer-Wohnung auch gleich verkauft, machte aber zur Bedingung: »Das lebensgroße Bild von Präsident Stroessner muß an der Stirnseite des Arbeitszimmers hängen bleiben!« Der Juwelier zog ein langes Gesicht und meinte, das müsse er sich noch überlegen.

Jetzt ließ ich das Telefon noch ein paarmal klingeln. Ich wußte, wer kurz vor Mitternacht anruft, legt nicht so schnell auf. Ich dachte, vielleicht hat sich der Juwelier die Sache überlegt und will mir 100 000 Mark mehr für die Wohnung bieten, um das Stroessner-Bild abhängen zu dürfen. Das wäre auch der Zweck meines Manövers gewesen. Entschuldige, Don Alfredo, aber für 100 000 Mark darf man dein Porträt schon in den Müll werfen. Ich nahm den Hörer ab.

Herrn
Consul Weyer

Avenida Atlantica, 1800

Rio de Janeiro / Brasil

⌐   den   1.3.1987

Sehr geehrter Herr Consul Weyer!

Wäre es Ihnen möglich, mir bei der Vermittlung einer
südamerikanischen Medizin-Professur behilflich zu sein?
Diese Professur sollte von einer staatlichen Universität
verliehen sein und in Deutschland anerkannt, so daß ich
den Titel hier auch führen kann. Da ich eine wissenschaftliche
Ausbildung habe (Max-Planck-Institut) , wäre ich durchaus
in der Lage und auch willens,eventuell geforderte Vorlesungen
zu halten.
Bitte sind Sie so freundlich und informieren Sie mich über
die gegebenen Möglichkeiten und Ihre Konditionen.

Mit vorzüglicher Hochachtung verbleibe ich,

Ihr ████████████████

Dr. ████████

*krete Titelanfrage – eine von Tausenden die mich in Rio de
*eiro erreichten.

Genehmigung

Gemäß § 3 in Verbindung mit § 2 des Gesetzes über die Führung
akademischer Grade vom 7. 6. 1939 (RGBl. I S. 985) wird

Herrn Ferenc P á l i n k ó ,
geboren am 15. 6. 1926,
wohnhaft in Trier, Palaststr. 10,

die Genehmigung zur Führung des akademischen Grades

Doctor Honoris Causa/Universidad "La Gran Colombia",
Bogota, Columbien (Südamerika)
(abgekürzt: Dr. h.c./Universidad "La Gran Colombia",
Bogota, Columbien)

in der Bundesrepublik Deutschland erteilt.

Im Auftrag:

(Dr. Foit)

Dienstgebäude
Mainz
Ernst-Ludwig-Straße 2

Fernsprecher
(Vermittlung)
(06131) 161

Telex
4187656
kumi

Zahlungen an
Landeshauptkasse Mainz
Konto PSA Ludwigshafen 14 281-672

*Internationaler Hochschulverband, anerkannte Universität, ernennt
Deutschen zum Dr. h. c. Das zuständige Kultusministerium genehmigt.*

»Guten Abend, spreche ich mit Consul Weyer?« röchelte eine mir unbekannte Stimme wie kurz vor dem Ersticken. Ich erkannte sofort, dieser Mann ist in Nöten. Wieder einer, der in Rio Lebenshilfe braucht und sich vertrauensvoll an mich wendet. Das war ich ja schon gewohnt.

Trotzdem brüllte ich den Mann zuerst an: »Ja, hier Consul Weyer! Was erlauben Sie sich, mich um diese Zeit zu stören!«

Der Mann wurde leiser, und ich merkte, daß er sich wie ein Ertrinkender an einen letzten Strohhalm klammerte. »Hören Sie, Herr Consul, ich bin der Leibarzt von Gräfin Thyssen . . .« Er machte eine bedeutungsvolle Pause, dann fuhr er fort: »Ich bin Mediziner, Schiffsarzt auf der ›MS Europa‹, aber wissen Sie, mich kennt keiner. Ich stehe nackt da.«

»Aha«, unterbrach ich ihn, »Sie suchen einen guten Schneider, den kann ich Ihnen besorgen.«

»Nein«, erwiderte der Mann gequält. »Ich bin Dr. Schiefelbein und reicher als Gunter Sachs, aber mich kennt keiner.«

»Na, bekennen Sie schon Farbe,« wurde ich ungehalten.

Dr. Schiefelbein schluckte trocken, daß es in der Leitung knackte, als sei sein Kehldeckel geplatzt: »Ehm, was kostet es, wenn Sie mich so bekannt machen, wie Sie es sind?«

Donnerwetter! schoß es mir durch den Kopf. Der Mann hat sich aber einiges vorgenommen. Doch ich bewahrte wie immer meine unterkühlte Art und nannte ihm einen Preis, bei dem ich dachte, er legt sofort auf:

»Es kostet Sie die Kleinigkeit von zwei Millionen Mark.«

Ich muß sagen, das Doktorchen — und da ahnte ich noch nicht, wie er aussieht — hat mich überrascht: »Überhaupt kein Problem«, zwitscherte er fröhlich ins Telefon. »Das läßt sich sofort regeln. Es muß nur schnell gehen.«

Diese Forderung war ich gewohnt. Alle meine Kunden haben es eilig, und manche kommen tatsächlich mit hochgeschlagenem Kragen zu mir wie in einen Puff.

Wenn einer Druck hat, muß es rasch gehen, dafür habe ich volles Verständnis.

»Wie eilig habe Sie's?« hakte ich nach.

»Ganz eilig. Noch heute nacht, die Gräfin hat das Schiff ›Seagodess‹ gechartert, eine der teuersten Yachten der Welt für 60 000 Mark. Wir laufen morgen früh aus. In einer halben Stunde bin ich mit dem Geld bei Ihnen, zwei Millionen Mark in bar, abgemacht?«

Ich blickte auf mein Bett und auf Ute im Spitzennegligé und sagte schweren Herzens: »Gut, wenn es gar nicht anders geht, dann kommen Sie vorbei. Aber zählen Sie vorher bitte das Geld genau nach.«

Eine halbe Stunde später, auf die Minute pünktlich, stand Dr. Jürgen Schiefelbein vor meiner Tür. Er stellte eine Papiertüte aus dem Supermarkt triumphierend auf meinen Tisch: »Hier! Zwei Millionen Mark, wie versprochen. Glauben Sie, daß Sie es schaffen? Ich möchte so bekannt sein wie Sie.«

»Wenn ich Sie mir so anschaue, sind die Voraussetzungen schlecht«, sagte ich.

»Bitte«, flehte mich der Doktor an. Irgendwie bekam ich Mitleid mit ihm, vergaß erst mal das Geld und wurde freundlich.

»Setzen Sie sich, mal sehen, was ich tun kann. Als erstes könnte ich Sie mit Ihrem neuen Doktortitel bei *Frau im Spiegel* unterbringen. Dann bekommen Sie die gesamte Kollektion aus dem Weyerschen Angebot an Staatsorden und Medaillen. Wenn Sie demnächst nach Rio kommen, wird Großadmiral Albuin Sie empfangen und zum obersten Stabsarzt der brasilianischen Kriegsmarine ernennen. Ich kann Sie selbstverständlich auch zum Leibarzt im Kabinett von General Stroessner machen.«

Der Doktor strahlte. »Ich kann den General sofort untersuchen, glauben Sie mir, von Medizin verstehe ich wirklich etwas, Sie können sich bei der Gräfin Thyssen erkundigen«, ereiferte er sich.

»Um Gottes willen, wollen Sie alles vermasseln? Was fällt Ihnen ein? General Stroessner untersuchen! Wollen Sie ihm vielleicht seine Prostata abtasten?« schurigelte ich den Doktor.

Niedersächsische Landeshauptkasse

Buchh. 2

Kassenstunden: 9.30 Uhr - 12.00 Uhr

3 HANNOVER, den 9. Juli 1974
Schiffgraben 10, Postfach 4442
Durchwahl-Ruf: (05 11) 190- 9120
Vermittlung: (05 11) 19 01
Fernschreiber: 9 22800 (mdfha d)

Niedersächsische Landeshauptkasse · 3 Hannover 1 · Postfach 4442

An Herrn

Octavian Krauss

8 München

Prinzregentenstr. 67

pt. per Postchek 16.7.74. Kr.

Sehr geehrter Herr Krauss!

Wir haben vom Nieders. ....Kultusministerium in Hannover......
am 27. Mai 1974 ....Anweisung erhalten, von Ihnen
bis zum ....14,50.DM für ....
....Verwaltungsgebühr für die Bearbeitung des Antrages auf Genehmigung.
....zur Führung eines im Ausland erworbenen akademischen Grades........
....
zu vereinnahmen.

Da der Betrag bis heute nicht eingegangen ist, bitten wir,
diese Forderung umgehend - spätestens bis zum 18.7.74 - zu
begleichen oder uns die Hinderungsgründe mitzuteilen.

Wir weisen darauf hin, daß wir nur mit der Einziehung des
Betrages beauftragt sind. Anfragen hinsichtlich der Höhe
bzw. der Berechtigung der Forderung sind an die Dienststelle zu richten, die Sie zur Zahlung aufgefordert hat.
Auch Zahlungserleichterungen (Stundung u. dgl.) kann nur
diese Dienststelle gewähren.

Für eine etwaige Einzahlung auf unser Postscheckkonto
fügen wir eine Zahlkarte bei.

Hochachtungsvoll

BANKVERBINDUNGEN

Landeszentralbank Hannover (BLZ 250 000 00) Nr. 01587
Norddeutsche Landesbank Hannover (BLZ 250 500 00) Nr. 35927
Norddeutsche Landesbank Braunschweig (BLZ 270 500 00) Nr. 811620

Bremer Landesbank Oldenburg (BLZ 280 500 00) Nr. 1420/00
Postscheckkonto Hannover (BLZ 250 100 30) Nr. 90-304

DM 14,50 wird aus Herrn Schulz Herr Dr. Schulz.

Er lief rot an, und ich erteilte ihm noch eine Lektion: »Außerdem verbiete ich Ihnen, in Zukunft rote Jacken zu tragen. Und bei der Krawatte, die Sie umgebunden haben, fallen ja die Fliegen tot um. Sie brauchen eine völlig neue Garderobe.«

Der Doktor nickte stumm. Ich wußte, daß ich seinen Willen gebrochen hatte. Er war nicht unsympathisch, nur konnte ich wirklich nichts dafür, daß ihn die Natur etwas benachteiligt hatte. Das Geld lag immer noch unberührt auf dem Tisch. Da fiel mir ein, daß in Panama gerade ein Präsident wackelte, zu dem ich aber ausgezeichnete Verbindungen hatte, Eric Arturo Delvalle.

Ich beschloß, Dr. Schiefelbein in dieser Nacht ein Honorarconsulat von Panama zu verklickern. Ich wußte, es würde schnell gehen. Der Doktor sprang vor Freude auf und wollte mich umarmen.

»Reißen Sie sich zusammen!« herrschte ich ihn an und entließ ihn wortlos aus der Tür. Sein »Gute Nacht, ich bin Ihnen wirklich sehr verbunden, ich werde es nie vergessen, ich weiß es wirklich zu schätzen, was Sie für mich getan haben«, verhallte im Aufzug, der in die Tiefe raste.

Ich kehrte ins Schlafzimmer zurück, schob die zwei Millionen Mark unters Bett und nahm Ute in die Arme.

»Verzeih, Liebling«, flüsterte ich ihr zärtlich (ich bin es nur selten) ins Ohr und begann die Wirkung der Moneten zu spüren. Von unten. Ich kann jedem, der mal unter Potenzstörungen leidet, nur empfehlen: Legen Sie sich zwei Millionen Mark (in Tausendern, wichtig für die Therapie) unter die Matratze, und Sie erleben ein wahres Wunder.

Mag sein, daß Sie über den etwas rauhen, befehlenden und rücksichtslosen Umgangston erstaunt sind, den viele Kunden von mir zu hören bekommen. Nun, es steckt Psychologie dahinter und jahrelange Erfahrung. Ich weiß, was die Kunden von mir wollen: einen Weyer, den man bewundern kann, weil er so souverän mit einem umspringt — ohne Ansehen der Person.

Daß ich nichts Falsches mit meinem Weyerschen Benimm-Kodex mache, beweisen mir genau 1646 zufriedene Kunden. Von 1980 bis 1987, wo ich in Südamerika an der Quelle saß; in den ganzen Jahren zuvor waren es nur 100 Kunden. Sie pflastern meinen Weg zum erfolgreichsten Titel- und Ordenshändler Deutschlands.

Zu einem meiner besten Kunden zählt Dr. Jürgen D. Schiefelbein, Gynäkologe aus Düsseldorf. Er stammt aus kleinsten Verhältnissen, sein Vater, ein einfacher Handwerker, wie er mir sagte, hat ihn studieren lassen. Der Sohn brachte es bis zum Schiffsarzt auf der »MS Europa«. Dort begegnete ihm auf einer Kreuzfahrt 1984/85 durch die Karibik das Glück.

Eines Abends wurde Dr. Schiefelbein in den Speisesalon gerufen. Einer der Gäste — ein älterer Herr — griff sich zwischen Hummersalat und Kaviar ans Herz. Sein Gesicht wurde kreidebleich, er rutschte unter den Tisch. Der beistehende Dr. Schiefelbein konnte nur noch attestieren: Herzinfarkt. Und den Totenschein ausstellen. Für Graf Batthyány. Mit seinem Tod wechselte der tüchtige Äskulap auch seinen Beruf. Er wurde Witwentröster bei der fünfundsiebzig Jahre alten Margarete Gräfin Batthyány-Thyssen, der Schwester von Heini Baron von Thyssen. Ihr Privatvermögen wurde auf 800 Millionen Mark geschätzt. Sie finanzierte auch die Titelsucht ihres Leibarztes.

An Dr. Schiefelbein habe ich 2,2 Millionen Mark verdient. Er brachte mir aber auch Unglück. Seinetwegen zerbrach indirekt meine Verbindung zu meiner Lebensgefährtin Ute. Sie war meine engste Vertraute, bis sie durch Dr. Schiefelbein zu einem Geschäft hinter meinem Rücken verleitet wurde; als ich dahintergekommen bin, konnte ich ihr nie mehr verzeihen.

Mit Schiefelbein ließen sich die Dinge bestens an. Sein Hunger nach Titel und Orden kannte keine Grenzen. Als erstes bestellte ich beim Schneider von Alfredo Stroessner für ihn eine Admiralsuniform, Größe 54. Wir wurden fast Freunde. Nach drei Wochen »Studienaufenthalt« in Brasilien hielt Dr. habil. Schiefelbein seine Antrittsvorlesung in der Militärakademie von Rio de Janeiro. Thema: Heilung durch Hypnose. Rund 1500 Kadetten mußten zuhören.

Das Ganze war eine ungeheuerliche Farce, gehörte aber zu den Bedingungen, die man erfüllen mußte, um vom obersten Militärarzt in Brasilien, Admiral Albuin, zum Gastprofessor ernannt zu werden. Nebst einem Privatscheck von 50 000 Dollar, den ich dank meiner hervorragenden Beziehungen am richtigen Platz unterbringen konnte.

Nur schwitzte ich ganz schön. Beinahe hätte es noch einen Skandal gegeben, weil dem Admiral Albuin bei Schiefelbeins dummem Geschwätz die Geduld platzte. Ich rannte zum Rednerpult und klappte Schiefelbeins Buch zu. Im offiziellen Teil bekam er eine Schärpe und eine Medaille an die Brust geheftet, groß wie eine Untertasse. Er strahlte wie ein Honigmond, und ich flog für ihn nach Panama, um die nächste Sache zu regeln.

Am 2. Januar 1987 rief mich der Präsident von Panama Eric Arturo Delvalle an. Er sagte, es könnte unter Umständen in Panama bald mit ihm zu Ende gehen. Um seine Altersversorgung ein wenig abzusichern, wollte er rasch ein paar Consulate vergeben. Er brauchte Bares für die Reisekasse. Dieses Problem vieler Präsidenten in der Dritten Welt kannte ich nur zu gut. Deshalb flog ich schleunigst nach Panama City und besorgte die Bestätigung für Schiefelbein als Honorarconsul in Monte Carlo. Im Paradies, wo er kaum Steuern zahlen mußte.

Leider saß zu der Zeit eine respektable Dame auf dem monegassischen Consulatsstuhl. Zwanzig Jahre diente sie treu dem Staat Panama. Delvalle mußte noch in der letzten Minute die Brechstange ansetzen, um den Posten für Schiefelbein zu erzwingen. Ich dachte, er werde mir ein Leben lang dafür verbunden sein, weil ich über Geld nie rede. Aber Undank war diesmal mein Lohn.

Hinter meinem Rücken trat er bei meiner Lebensgefährtin Ute an. Er beschwerte sich, daß ich zu teuer sei, und bot ihr 50 000 Dollar, wenn sie ihm einen Orden aus Panama besorgte. Nur als panamesischer Honorarconsul ohne Verdienstkreuz kam er sich wie ein Weihnachtsbaum ohne Schmuck vor.

Ich schweige mich über weitere Details aus, aber ich

Consult H. H. C. Weyer

— *Financial Consultant & Advisor to the Government of the Republic of Liberia* —

1. Internationale Titelagentur
München — Deutschland
Delpstraße 9, Telefon 089/98 16 16

bietet an:

Hans Graf Hardenberg	*DM 400.000,—*
Detlef Graf von Schwerin	*DM 250.000,—*
Freifrau Ursula von Batocki	*DM 150.000,—*
Hugo Freiherr von Grote	*DM 150.000,—*
Freiherr Rolf Friedrich von Ahrenschildt	*DM 150.000,—*
Baronin Elisabeth von Lüde	*DM 100.000,—*
Freiherr von Gregory	*DM 100.000,—*
Ute Freifrau von Oldershausen	*DM 100.000,—*

Titel allerhöchster gesellschaftlicher Kreise im In- und Ausland. Die Herrschaften wünschen Heirat oder
Adoption. Bitte Kontaktaufnahme mit Vermögensnachweis durch Anwälte oder Wirtschaftsprüfer.

H. H.
Consul Weyer

cante Adelige auf meiner Warteliste, die regelmäßig im In- und
·land erscheint.

muß gestehen: Es hat mir schon gestunken. Wenn man einem Mann beibringt, wie man ißt, trinkt, die Beine übereinanderschlägt und das Whisky-Glas in der Hand hält, erwartet man, daß er sich bei der Wahl eines Ordens, den man von der Wiege bis zum Tode trägt, nicht an einen Laien wendet, sondern zu einem Fachmann geht.

Ich bin aber nicht nachtragend. Wenn sich Schiefelbein bei mir entschuldigt, kann er mit einem entsprechenden Schmerzensgeld vieles wiedergutmachen. Und ich, Consul Weyer, bin noch lange nicht am Ende, was neue Ordenslieferungen und Medaillen betrifft. Aus meiner Schatzkiste kann ich Großfürsten und sogar Könige zaubern. Könige ohne Königreich gibt's sogar im Sonderangebot.

THE HOUSE OF REPRESENTATIVES
MONROVIA, LIBERIA

April 14, 1976

His Excellency Baron Hans-Hermann Weyer
Special Envoy on Industrial & Economic Affairs, R.L.
König Heinrichweg 120
61 Hamburg, WEST GERMANY

Your Excellency:

It gives me that great and sublime pleasure to congratulate you on your preferment to the high post of Special Envoy on Economic and Industrial Affairs for the Republic of Liberia to the whole world, which position you definitely merit by virtue of the charitable benefits that you have endowed on Liberia for social welfare programs, as well as the multitudinous investors that you have directed to the land infused with great and dynamic potentials, the Republic of Liberia.

By virtue of the personal investments that you have made for hotel, agricultural and mining developments in Liberia, I have no constraint but to laud you in my capacity as Chairman of the Foreign Affairs Committee, House of Representatives, Republic of Liberia, for such commendable services to humanity and to the world.

Your congenial rapport with world leaders, inclusive of Kings and Queens, and then your soft touch for the common man and under-privileged, make you a noble man and a Prince in your own rights. The world today is in dire need of men of your texture. As Chairman of the Foreign Affairs Committee, House of Representatives, Republic of Liberia, I hereby declare that you are privileged to use this letter as a memorial in all your private and public

THE HOUSE OF REPRESENTATIVES
MONROVIA, LIBERIA

- 2 -

dossiers which will reflect the dynamism of your services to mankind where your true challenge lies. No position will be too high, no status lofty, in my estimation for you to fill. You are indeed an ambassador extraordinary to humanity, preaching the Gospel of Goodwill to humanity at large. You are exalted to continue the good work for Africa is in need of friends such as you.

With sentiments of my profound esteem,

I remain,

Post sincerely yours,

A. Benedict Tolbert
CHAIRMAN, FOREIGN AFFAIRS COMMITTEE
HOUSE OF REPRESENTATIVES, R. L.

cc: His Excellency William R. Tolbert
President of Liberia

Der Sohn des Staatspräsidenten von Liberia schickt mir Anerkennungsschreiben für jede diplomatische Qualifikation.

Wie ich Kaiser von Wien wurde

Zu meinem 50. Geburtstag lud ich 400 meiner besten Kunden ein, um zu überprüfen, ob sie titelmäßig auf dem neuesten Stand sind.

Es kribbelte mir im Nacken. Wie immer, wenn große Ereignisse ins Haus standen, kündigten sie sich mit diesem seltsamen Gefühl an.

Deutschland. Der Tag meiner Rückkehr näherte sich. Theoretisch hätte ich als Sonderbotschafter jederzeit in meine alte Heimat einreisen können, aber dort nahm man auf meinen diplomatischen Status nicht immer Rücksicht. Ich wartete ab, bis sich alles ordnungsgemäß erledigte, die Fristen meines Steuerdelikts verjährten und ich mit weißem Führungszeugnis das Land betreten konnte, ohne daß mir irgendein Staatsanwalt mit Fragen am Zeug flicken durfte.

Die Fäden liefen in Ruhpolding zusammen. Dort wurde mein Staatsbesuch mit ungeheurer Akribie vorbereitet.

Einer meiner tüchtigsten Helfershelfer, der treuergebene Sancho Pansa, war dort am Werk. Ralf Hansen, Verleger, ein cleverer Bursche, der vor -zig Jahren an der Pforte meiner Feldafinger Villa klingelte.

»Ich möchte für Sie arbeiten«, sagte er. »Ich werde jeden Tag Ihren Rasen mähen und Ihre Autos waschen. Ich will dafür nur ein Zimmer bei Ihnen in Untermiete haben. Kostenlos.«

Ich schwankte eine Weile, überlegte, ob ich sein Angebot annehmen oder ihn hinauswerfen sollte, bis meine Eingebung, jenes Kribbeln im Nacken, mir signalisierte, diesen Mann schickt dir die Vorsehung. Er wird dir noch viele nützliche Dienste erweisen. Ich stellte ihn ein.

Ralf enttäuschte mich nicht. Schon im Morgengrauen brachte er meine fünf Edelkarossen auf Hochglanz, und das Gras konnte gar nicht so schnell wachsen, wie Ralf es stets fleißig beschnitt.

Als Ralf zur Bundeswehr einrücken mußte, tat ich ihm einen Gefallen und chauffierte ihn persönlich zur Kaserne. Das Fahrzeug erregte entsprechendes Aufsehen: Rolls-Royce »Phantom«, Baujahr 1938, den gleichen Typ besaß die englische Königin Elizabeth. Der Feldwebel machte sich in die Hosen, als Ralf sich, aus dem Rolls aussteigend, zum Dienst meldete. Er wurde sofort in die Küche eingeteilt: Bei seinen Beziehungen muß sich der Feldwebel was gedacht haben, und er übergab Ralf die Verwaltung der Lebensmittelkammer. So landeten die feinen Sachen bei mir in meiner Feldafinger Residenz, und Kartoffeln und Margarine blieben für den Barras übrig.

Ralf ist mir über zwanzig Jahre in treuer Freundschaft ergeben. Als er seinen Wohnsitz nach Ruhpolding verlegte, wurde diese Alpenvilla neben Monte Carlo zur zweitwichtigsten Weyer-Zentrale. Was sich inzwischen weltweit herumgesprochen hat. Der gestürzte panamesische General Noriega schrieb einen Brief und adressierte ihn an »Consul H. H. Weyer«, Ruhpolding. In diesem Brief beschwerte er sich bitter über seine Haftbedingungen im State Prison Miami. Was nutzen ihm dort seine Millionen? Er möchte raus, und braucht einen guten Anwalt:

Den besten, als wäre er für Sie selbst, lieber Herr Consul. Besorgen Sie mir bitte einen. Es eilt sehr.

Ich werde darüber mit meinem Freund Manuel Tschofen beraten. Er ist der beste Anwalt Deutschlands, er ist m e i n Anwalt, vermittelt vom Wunderknaben Ralf, ebenfalls jahrelanger Mandant von Manuel. Ich erteilte ihm mein Mandat nach einem Telefonat zwischen Traunreut und Rio im Oktober 1987.

Auch diesmal täuschte mich mein Instinkt nicht. Ohne daß wir uns persönlich kannten, wuchs ein Vertrauensverhältnis zwischen uns, wir fühlten uns wir bei einer Schwangerschaft. Neun Monate lang haben wir telefoniert, bis wir uns zum erstenmal trafen. In Frankfurt bei der Talk-Show *Live*, dem grandiosen Paukenschlag anläßlich meiner Rückkehr.

Die Koffer in Rio standen gepackt. Beate Wedekind, damals *Bunte*-Kolumnistin, jetzt *ELLE*-Chefredakteurin, flog eigens nach Rio, um Inventur zu machen.

Das kleine Handgepäck bestand aus zwölf »MCM«-Koffern, der strapazierfähigen Marke meines ehemaligen Parteifreundes Michael Cramer, der mich stets für meine Reisen bestens ausgestattet hat. Im Gepäck hatte ich einen eingerollten roten Teppich für die Zwischenlandung im Senegal. Für Paris, meine erste Station in Europa, hatte ich einige Pferdehinterteile dabei, Acrylgemälde von Clemente. Ich hatte sie samt der Wohnung an der Copa von der Rubirosa-Witwe gekauft und mich derart an diese Kunstwerke gewöhnt, daß ich sie im Hotel »George V« nicht in meiner Umgebung missen wollte.

Die Reise, und das muß ich wohl nicht eigens erwähnen, war erstklassig finanziert. In meiner Weitsicht wandte ich mich ans Fernsehen, und weil meine Rückkehr nach Deutschland zur Herzensangelegenheit wurde, verzichtete ich generös auf die Gage. Ich wollte lediglich meine Spesen.

In dem Gerangel um den Exklusiv-Termin Weyer ließ ich *Leo's* den Vortritt. Ich fand den Newcomer Andreas Lukoschik durchaus sympathisch und wollte ihm zum Durchbruch verhelfen. Er durfte mich in Paris als erster vor der Kamera interviewen.

Wie ich inzwischen weiß, hat meine bescheidene Spesenrechnung den zuständigen Redakteur beinahe den Kopf gekostet: 2630 Mark für die Präsidentensuite, dazu weitere drei Doppelzimmer für meinen Anhang, plus zwei Tage Bewirtung für meine dreizehn engsten Freunde, die ein tränenreiches Wiedersehen mit mir feierten. Daß für *Leo's* dieses Entree eine Nummer zu groß wurde, tut mir leid. Damit er in Zukunft nicht an Kom-

142

plexen leiden mußte, habe ich ihn bei der nächsten *Leo's*-Ausgabe in Wien zum Ritter von Samoa geschlagen. Die Zeremonie leitete ich mit den für Lukoschik unvergeßlichen Worten ein: »Bitte rühren Sie sich, knien Sie bitte nieder, Herr Leo.«

Seit diesem Akt habe ich in »Leo«, wie man mir versicherte, einen neuen, aufrichtigen Bewunderer gewonnen. Ich reichte ihm, um alle Spesenmißverständnisse auszuräumen — es ging etwa um lächerliche 25 000 Mark — die Hand und flüsterte: »Wenn Sie mich mit Exzellenz anreden, machen Sie keinen Fehler.«

Immerhin, mit zweifachem Weyer-Auftritt war für »Leo« der Durchbruch geschafft. Rechtsanwalt Lutz Libbertz stellte mit Recht fest:

»Consul Weyer ist sicher ein bemerkenswerter Mann...«

Ich kam an der Schwelle des Wonnemonats Mai '88 zurück. Für die ersten Tage wählte ich meine Sommerresidenz in Monte Carlo zum Ort der zahlreichen Pressetermine. Das Telefon klingelte ununterbrochen. An der Strippe waren:

— Thomas Gottschalk, der mich aus Los Angeles sofort für *Wetten daß...* verpflichten wollte;

— Günther Jauch, den ich als Moderator von *Na siehste!* gar nicht kannte;

— Dieter Thomas Heck, ein alter Bekannter, mit der Sendung nach meinem Gusto *Ihr Einsatz, bitte.* Könnte ein Weyer-Special sein.

Das berühmte Kribbeln im Nacken meldete sich allerdings erst bei einem ZDF-Anruf: *Live aus der Alten Oper in Frankfurt.* Es war die spektakulärste Talk-Sendung, die jemals über einen öffentlich-rechtlichen Bildschirm flimmerte. Die legendäre Fernsehkritikerin Ponkie der Münchner *Abendzeitung* schrieb darüber: *So exemplarische Kontrasttypen wie Hark Bohm und den schönen Consul Weyer kriegt man auf keinem Jahrmarkt geboten. Nicht einmal auf dem Oktoberfest.*

Diese Sendung war eine Weyersche Sternstunde, und ich durfte sogar ein Vorurteil über die zwei »menschenverachtenden Diktatoren« Stroessner und Pinochet zurechtrücken: Beide waren sehr kultivierte Herren, die eine Ahnung von Regierungsgeschäften hatten, im Gegensatz zu vielen Pfuschern, die sich Politiker nennen.

Paraguay unter Stroessner, und es freut mich immer wieder, wie sich meine Widersacher grün und rot ärgern, war ein mustergültiges Land. Es wurde in jeder Hinsicht praktisch gedacht. Kommunisten, zum Beispiel, die Bombenanschläge verübten, kamen in Säcke, wurden in ein Flugzeug verladen und über dem Chaco abgeworfen. Der Chaco ist größer als ganz Deutschland, und in Paraguay konnte jeder machen, was er wollte. Bauen, wie er wollte, Auto fahren, fischen, jagen. Zum Jagen brauchte man keinen Jagdschein, sondern ein Gewehr, zum Angeln brauchte man eine Angel, zum Fahren ein Auto.

In Porto Stroessner konnten sich Alkoholsünder aus Deutschland während der Mittagspause neue Führerscheine besorgen. Gegen eine entsprechende Bearbeitungsgebühr wurden diese Dokumente sogar ins Casino zugestellt, wo man sich die Wartezeit beim Roulette verkürzen konnte.

Ein Bauunternehmer aus Ottobrunn hat während der Wartezeit von anderthalb Stunden achtzehn Cuba libre getrunken und mit dem neuen Führerschein vor dem Casino einen Unfall gebaut. Der Gegner hat sich bei ihm entschuldigt und die Polizei nur salutiert. Da soll mir einer in Deutschland kommen und behaupten, in Paraguay sei die Welt nicht in Ordnung gewesen. Bueno!

Bei meinem Frankfurter *Live*-Auftritt gelang es mir auch, richtigzustellen, was eigentlich das Wort Berufsdiplomat bedeutet. Ich zitiere mich selbst: »Berufsdiplomaten kommen alle, wenn es umsonst was zu essen gibt.«

Damit habe ich, der schöne Consul, die besten Erfahrungen. Moneten-Consuln hin, Kauf-Consuln her, wenn ich einen Baulöwen aus Augsburg zum Afrika-Botschafter mache, nehmen die seriösen Herren aus Bonn alle die Einladungen zur Fahnenfeier an.

Daß ich mir alles leisten kann, bewies ich zwei *Neue Revue*-Spesenrittern bei einem Schnelltermin in Monte

Carlo, gegen eine Sonderprämie von 10 000 Mark. Im »Château Eza«, einem der nobelsten Freßtempel an der Côte d'Azur, zog ich am Tisch mein Maßhemd aus und zeigte zwei schwer mit Diamanten behangenen Damen meinen nackten Oberkörper. Die Ladys klatschten. »Was für ein Kerl!«

Ich wußte, daß meine Weichen für den 50. Geburtstag, den ich vorhatte am Rhein zu feiern, bestens gestellt waren. Wer außer mir und meinem alten James-Bond-Freund Sean Connery könnte es sich leisten, in Nobelrestaurants seine nackte Brust zu zeigen?

Die Faszination Weyer schlug nach der ZDF-Werbung wie eine Bombe ein. Ich entdeckte Städte, von denen ich früher keine Ahnung hatte. Und ich muß sagen: Monte Carlo ist langweilig. Dort sitzen auf der Terrasse des »Hôtel de Paris« immer noch die gleichen Weiber wie vor dreißig Jahren und nuckeln an ihrem Kaffee. Nichts für mich, einen Mann von Welt.

In Rosenheim dagegen ist die Hölle los. Im Café »König Ludwig« ziert die Wand ein Weyer-Altar: sämtliche Presseausschnitte der letzten Jahre, die schönsten Fotos. Darunter hocken die Studentinnen aus reichen Familien, die zum achtzehnten Geburtstag großräumige Eigentumswohnungen mit Alpenpanorama als Geschenk bekommen. Und wovon träumen diese wohlerzogenen Töchterlein?

Ihr neues Doppelbett mit Fernblick zum Wilden Kaiser mit Consul Weyer einzuweihen. Wenn ich in Rosenheim bei meinem Freund Hans Eckerl im »König Ludwig« sitze, stecken die schönsten Töchter der Stadt mir heimlich ihren Wohnungsschlüssel zu. Ich kann kommen, wann ich will, auch zur bezaubernden Claudia und ihrer reizenden Mutter.

In Monte Carlo würde ich gar nicht mehr auf die Idee kommen, die Staatswitwen und Abfindungsgattinnen nächtens zu besuchen. Dort führe ich allenfalls hochgeistige Gespräche mit Monsieur Courtain, dem örtlichen Polizeichef. Seine Tochter Benedictine war mit Boris Becker liiert, aber ich wußte, diese Liebe währt nicht lange. Dafür ist Benedictine zu gut erzogen.

145

Ich habe mit ihrem Vater ein gemeinsames Hobby: Zahlungsmittel. Monsieur Courtain ist spezialisiert auf die vorbänkerische Periode, also bevor das Geld kam. Er sammelt Holz und Perlen, die seinerzeit als Münzen galten, steinerne Dreiecke und Knochenplatten und gilt als großer Kenner der Materie. Neulich brachte ich ihm für seine Sammlung einige rote peruanische Katzenperlen, eine absolute Seltenheit, das Zahlungsmittel der alten Indios. Er freute sich ungemein, und ich habe in ihm eine sehr zuverlässige Person in Monte Carlo in einer hohen Position.

Meine juristische Hauptstadt verlegte ich allerdings nach Traunreut, die Stadt mit den meisten Urteilen auf »lebenslänglich« in Deutschland. Dort beim Landgericht zugelassen, ist mein Freund und Anwalt Manuel Tschofen die Kapazität. Ich schätze ihn so, daß ich seinetwegen einmal zum Dieb wurde. Ich klaute für Manuel vom Schreibtisch des RTL-Chefs Dr. Thoma eine Autogrammkarte von Erika Berger. Ich weiß gar nicht, ob sich Manuel darüber gefreut hat.

Strategisch wichtig für mich liegt auch Ruhpolding. Mit meinem Turbo-Bentley knappe neunzehn Fluchtminuten zur österreichischen Grenze. Wenn ich die bolivianische Fahne vom Kotflügel einrolle, geht's schneller, weil das Auto windschlüpfriger wird, nur kann man als »windiges Fahrzeug« aufgehalten werden. Deshalb ziehe ich es bei Grenzübertritten vor, immer mit Stander zu rasen. Ein Tip, den mir Alfredo Stroessner nach Deutschland mit auf den Weg gab. Ich hatte das Gefühl, er wollte in meine sauerländischen Geschäfte zwischen Glücksburg und Ruhpolding einsteigen. Aber was sind das alles für kleine Brötchen gegen Wien!

Ich war verblüfft und ahnte gar nicht, welche Möglichkeiten sich für mich in dieser alten Monarchie-Metropole noch einmal eröffnen würden. In dieser Weyer-Stadt verbrachte ich nach meiner Rückkehr aus Südamerika triumphale drei Monate.

Schon die Begrüßung war nach meinem Gusto: *Seine Verehrer sterben nicht aus,* schrieb Adabei, seit dreißig Jahren der ruhmreiche Kolumnist der *Kronen-Zeitung* Roman Schließer. Er kennt seine Pappenheimer.

Es hätte nicht viel gefehlt, und ich wäre in Wien tatsächlich noch zum Kaiser ausgerufen worden. Denn was ich zu bieten habe, ist in diesem liebenswürdigen Österreich Mangelware. Ich biete nämlich Glanz und Eleganz, bin ein Paradiesvogel, nach dem sich die Wiener Gesellschaft sehnt. Ich bin auch dementsprechend verwöhnt und verhätschelt worden.

Kost und Logis überall gratis. Die ersten Wochen im renovierten »Alba Palace« später standesgemäß in die Juniorsuite des »Hilton International« umgezogen. Der Begriff Junior paßte zu mir, weil meine Liebhaberinnen immer jünger wurden.

Arme Ute, meine treue Lebensgefährtin. Aber sie hatte es geahnt. In Rio schon unkte sie unentwegt: »Wenn wir wieder in Europa sind, wirst du mich vergessen, so viele junge Mädchen werden sich auf dich stürzen.«

Und ihre runden Augen — die hellen Äpfel mit der blauen Pupille, blau wie der Urlaubshimmel über Rio — trübten sich. In Wien waren sie nur noch braun wie die Donau. Die Top-Models standen Schlange, die dreifache Salzburger Landesmeisterin Brigitte Cimarolli hing mir am Hals. Ihre Umarmung war insofern beruhigend, weil an ihrem Handgelenk eine Rolex mit Diamanten glänzte. Ein Geschenk von Box-Europameister René Weller. Es freut mich immer, wenn ein anderer schon den Schmuck gekauft hat, damit ich mit der Dame ausgehen kann.

»Cimi« kam damals gerade aus dem Bett eines Weltstars: Julio Iglesias Hörner aufzusetzen, ist nicht die schlechteste Art, die Vormittage in Wien zu verbringen.

Zwischendurch flog ich schnell auf die Insel Capri, um mich zu erholen. Das »Grand Hotel Quisisana«. Ich liebe diese Nostalgie, wo durch den Korridor tatsächlich Marcello Mastroianni schlendert und am Pool sich die Nichte von Mussolini aalt. Nachts fliegen bei heißen Eifersuchtsszenen echte Bulgari-Juwelen (meine Lieblingsmarke) aus den Fenstern in die finstere Meeresbucht, wo schon des Consuls flinke Taucherbuben warten.

Weyer in Wien, als Hahn im Korb. Aber auch Utes Tage wurden versilbert. Die besten Couturiers von Wien wetteiferten um meine Gunst und schneiderten auch für Ute Kostüme mit markantem Herrenschnitt.

Die Berge mit Geschenken türmten sich:

— fünfunddreißig neue Anzüge vom »House of British Gentlemen«;

— zwölf Kostüme für Ute aus dem benachbarten Laden »Lady Escort«;

— die komplette Kollektion von MCM-Gepäck bis zum großen Überseekoffer samt Brieftaschen in allen Größen;

— hundertvierzig Flaschen vom Herrenparfüm bis zu leichten Duftwässerchen für Körpermassage;

— ein Dutzend Polohemden, sechzig Dinnerhemden und eine exklusive Hundeleine;

— fünf Schreibmaschinen von Olivetti, mit denen ich überhaupt nichts anfangen konnte. Ich spiele Tennis und Golf, aber wie man eine Schreibmaschine bedient, wußte mir noch niemand so zu erklären, daß ich's begriffen habe. Das gleiche gilt auch für einen Thermoprinter »Cannon S-70«. Völlig überflüssig. Im Weyerschen Inventar verrotten diese Geräte jetzt in irgendeiner Wiener Besenkammer.

Nützlicher war der Breitschwanzmantel, den mir der Wiener Pelzfürst Johann Strauß schenkte, Wert 18000 Mark. Auch für Ute fand sich ein Pelzchen bei Freddie Mosböck, das gut und gern 12000 Eier wert war.

Es türmten sich auf meinem Schreibtisch fünf Drehbücher und eine endlose Menge von Partyeinladungen.

»Ich wußte gar nicht, daß Wien eine so tolle Stadt ist. Ganz wie Paris, nur spricht man hier deutsch«, schwärmte ich und dinierte des öfteren mit meinem alten Freund, dem Ex-Kanzler Hannes Androsch. Wir trafen uns seinerzeit in einer Talk-Show. Er als der intelligenteste Österreicher, ich als intelligentester Deutscher. Eine wunderbare Paarung. Die Bewunderung besteht bis heute uneingeschränkt, denn ich halte zu meinen Freunden, auch wenn sie eine Rückwärtskarriere antreten.

Auf dieser Basis besorgte ich für den gestürzten Jean-Claude Duvalier von Haiti eine Sommerfrische oberhalb der Côte d'Azur, in den Bergen der Parfümstadt Grasse. Der Preis war eine Lachpartie: 600 000 Dollar. Auch zu diesem Staatschef halte ich unbeirrbar, ungeachtet seiner Rückwärtskarriere, weil »Hackepeter aus Leuten, das pflegte nur sein Vater Papa Doc zu machen. ›Baby Doc‹ hat, soweit ich weiß, nur ganz wenige Leute umbringen müssen, die putschen wollen.«

Dieses Zitat, in einem TV-Bericht über meine Aktivitäten auf Haiti festgehalten, wurde zum geflügelten Wort.

Ich halte auch zu »Baby Doc«, weil er sonst keine Freunde hat. Wenn er spielen wollte, dann kraulte er seinen Pekinesen oder tollte mit seiner dänischen Dogge und dem deutschen Schäferhund durch die Palastgärten. Manchmal forderte er seine Leibwächter zu einem Tennismatch, ging mit ihnen zum Tauchen oder veranstaltete ein Motorradrennen. Der einzige Diplomat, der ihm ehrlich alle Ehren erwies, ihn als Freund behandelte, war ich, Consul Weyer. Ich habe für ihn einen Platz in meiner Galerie der Millionendiener reserviert.

In Wien feierte ich ein zauberhaftes Wiedersehen auch mit meiner langjährigen Lebensgefährtin Marina Langner. Sie hat inzwischen aus Trotz einen Millionär geheiratet, aber sie ist nicht glücklich. Es war in Wien beinahe wie damals in München.

Ich lernte Marina bei den Dreharbeiten zu der ZDF-Show *Gestatten, Consul Weyer* im August 1976 kennen. Die Besetzung war hochkarätig: Der alte Haudegen Eddie Constantine, Bibi Johns, Mady Rahl und Helmut Ruge. Es war ein verdammt heißer Sommer, und ich befand mich in einer prekären Lage. Ich sollte als Zeuge in einem Prozeß über Hochverrat aussagen. Die Anklage richtete sich gegen meinen Förderer General Iriate. Als mein Botschaftschef in Rom und Madrid wurde er beschuldigt, in Bolivien einen Putsch angezettelt zu haben. Er saß im Gefängnis. Hätte ich ihn in die Pfanne gehauen, wäre er hingerichtet worden. Hätte ich seine Partei ergriffen, wäre ich selbst in Ungnade gefallen. Also beschloß ich, lieber nicht nach Bolivien zu fahren, und tauchte bei den Dreharbeiten in München unter.

Es ist eine alte Schlitzohrenweisheit, wo es am meisten Licht gibt, wird am wenigsten gesucht. Ich stand im Licht der Scheinwerfer, und die bolivianische Geheimpolizei suchte mich vergeblich ein paar Meter weiter in »Käfer's Schenke«.

Wir drehten in der Münchner Stuck-Villa. Es ging nicht um Skandale, sondern um Beispiele, was in Deutschland möglich ist. Bei einer Szene erschien Marina. Mittelblond, schlank, wunderbare Haut, die zweitschönste Frau der Welt, frischgekürt in London.

Ein Blick in ihre Augen, und ich sah eine Träne an ihren Lidern. Ich ließ sofort abbrechen. »Kamera stopp!« brüllte ich durch den ausgeleuchteten Saal und packte Marina bei der Hand.

Wir stürzten uns in mein Auto und fuhren um ein paar Ecken in meine Wohnung in der Delpstraße. Wir sprachen kein Wort miteinander. Wortlos zogen wir uns in meiner Wohnung auch aus und verbrachten die nächsten vierundzwanzig Stunden im Bett. Das ZDF-Team mußte waren.

Mit diesem ungewöhnlichen Auftakt wurde Marina meine Dauerbraut. Sie war schön und verdiente gut. Wieder eine Frau, die mich keinen Pfennig kostete. Sie verdiente im Monat zwischen 30 000 bis 40 000 Mark. Mindestens 10 000 Mark brauchte sie, um mich aus allen Ecken der Welt anzurufen, wo sie gerade fotografierte. Ihre Stärke waren Aufnahmen in Unterwäsche. Und sie rief jeden Tag an. Aus Jamaika und aus Bahia, aus Miami und Hawaii.

Unterwegs im Flugzeug schrieb sie Gedichte für mich. Nach einem langen Flug kehrte sie meist mit 2000 verliebten Versen zurück.

Im Polizeigewahrsam von Kassel, wo ich als Schicksalschirurg deutscher Zahnärzte und Ehrenconsuln eine Zwangspause verbringen mußte, besuchte sie mich. Es dauerte ein paar Tage, weil man meine Akten mit der Schneckenpost schickte. Marina schmuggelte mir Rosen in die Zelle, und auch mein Anwalt brachte zwischen den Akten Rosenknollen von Marina zum Züchten. Sie kam öfter nur mit dem Pelzmantel bekleidet. Darunter trug sie Reizwäsche. Wir trieben es auf dem Dienstschreibtisch, und die Wächter paßten auf, damit wir nicht gestört wurden. Consul Weyers Schäferstündchen im Knast wurden berühmt. Ich glaube, der ganze Knast hielt mir die Daumen, und die meisten Mitgefangenen legten Hand an sich selbst, wenn durch die Heizung die Meldung getrommelt wurde: »Consul Weyer hat Besuch, Miss Germany ist wieder da.«

Übrigens: Ich wurde nie rechtskräftig verurteilt.

Bei unserem Wiedersehen in Wien hatte Marina wie üblich Tränen in den Augen. Sie liebt mich noch immer, aber ich mußte ihre Frage, ob ich sie heiraten will, wieder nur verneinen: »Ich fühle mich für eine Ehe noch zu jung.«

Da schob sie mir im Wiener Gourmettempel »Rauchkuchl« einen zerknüllten Zettel über den Tisch, den sie seit fast fünfzehn Jahren bei sich trägt. Ein Gedicht. Ich konnte es kaum fassen, ein seltenes Werk von mir selbst. Ich schrieb es im Knast in Kassel und muß gestehen, daß in mir ein beinahe großer Dichtergeist verlorenging:

»Tobendes Meer umbrandet das Land
Der Horizont, im Nebel verschwand
Kahle Bäume, nackt und entlaubt
Vom Sturm ihres bunten Kleides beraubt.
Einsam schreitet der Wand'rer dahin
Düst're Gedanken und trüber Sinn.
Grau sind die Wolken ohne Licht
Wie weit noch der Weg?
Bis das Auge bricht.
Öde das Leben. Der Alltag ist trist.
Worin liegt der Sinn, daß du überhaupt bist?«

Ich war gerührt. Ergriffen in der »Rauchkuchl«.

Alte Liebe rostet nicht. Dennoch trennten wir uns. Meine PR-Termine, bestens von meinem Werbeexperten Peter Gutherz organisiert, drängten. Es war wieder an der Zeit, sich einige Stöße Unterwäsche und Socken im »House of British Gentlemen« abzuholen. Von Wien aus habe ich auch sieben Panama-Consuln in der Welt berufen und weitere neun in Italien.

Der Wohlstand erreichte Österreich und Italien später als Deutschland. Um so größer war der Nachholbedarf: Die Wohnung voll mit Luxusmöbeln und Antiquitäten, lechzte man neben Zweitwagen und Drittfreundin nach etwas Besonderem: nach einem honorigen Professorentitel oder Consul-Ehren. Ich kam nach Wien zum richtigen Zeitpunkt. Schon wieder das Schicksal, das den günstigen Wind in meine Segel pustete. In Deutschland hingegen herrschten wieder die schrecklichen, die »weyerlosen Zeiten«.

Die PR-Geschenke stapelten sich weiter: Eine UV-Sonnenbank und vier Supermarktwagen voller Kosmetika. Lederwaren aller Art und 1200 Flaschen Tafelwein »Feldmarschall Radetzky — Jubiläumsabfüllung«. Mit seinem Urenkel Graf Radetzky habe ich mich ausgezeichnet verstanden. Etwas klamm mit seinem Antiquitätenladen, beauftragte er mich, für ihn eine reiche amerikanische Millionärin zu finden, gegen Provision, versteht sich.

Sein Name, meinte er, wäre Gold wert, aber er vermasselte sich selbst die Tour. Zwei Filmproduzenten aus Hollywood, denen er die Stadt Wien zeigte, führte er auch zur Statue eines bronzenen Reiters: »Das ist mein Urgroßvater«, sagte er völlig der Wahrheit entsprechend. Das Reiterstandbild von Feldmarschall Radetzky steht vor der Wiener Burg. Die amerikanischen Banausen glaubten dem Grafen nicht und feuerten den »Angeber« Radetzky als Stadtführer.

Es ist manchmal wirklich nicht leicht, die echten Perlen zu verkaufen. Wir beschränkten erst einmal unsere künftigen Geschäfte auf einen geplanten Export von Radetzky-Tafelweinen nach Amerika.

Um mich zeitweilig von meinem Wiener Triumph zu erholen, machte ich Stippvisiten kreuz und quer durch Europa.

— In Rom nahm ich Kontakte mit der Firma »Borsalino« auf und wurde für ganz Südamerika Werbeträger für diese feinen Hüte, wo die Direktion auch berechtigterweise eine breite Kundschaft für ihre Markenware vermutete.

— In Venedig bezog ich im Hotel »Danieli« die Suite, reserviert für Mario Andreotti. Italiens Außenminister mußte mit einem Doppelzimmer ohne Aussicht vorliebnehmen. Die Direktion kann diesen Vorfall bis heute nicht aufklären. Mit dem Management der CIGA-Hotels, das Italiens feinste Nobelherbergen verwaltet, einigte ich mich auf einen »Consul Weyer Guide«, mit den besten Adressen für reiche Leute. Dieses Werk wird mich voraussichtlich die nächsten fünf Jahre beschäftigen. Es soll ein Gourmet-Gotha werden.

— Bei Meran wurde ich Ehrenbürger eines Dorfes, wo ich im Tennissporthotel »Muchele« auf Lebzeiten gratis Urlaub machen kann.

— In Abano gelang es mir, im Thermalhotel »Bristol« jene 1200 Gramm wieder abzuspecken, die ich mir in Wien bei der Konditorei »Demel« als Übergewicht angeschlemmt habe. Die Kellnerinnen redeten mich dort in dritter Person an: »Wie hättet Ihr denn gern den Obers zum Kaffee? Flüssig oder geschlagen?«

»Natürlich flüssig, immer in bar, ein Consul Weyer gibt sich niemals geschlagen«, lautete meine Antwort.

— In Salzburg hatte ich im Hotel »Goldener Hirsch« einen Stammtisch, und der Besitzer Graf Waldersdorf gehörte zu meinen passionierten Zuhörern. Nach einem köstlichen Apfelstrudel verfaßte ich eine diplomatische Note an den panamesischen Generalconsul Adolfo Wohlmarker in München. Ich las sie laut vor, und Ohrenzeugen bestätigen, daß ich den richtigen Ton getroffen habe:

»Sehr geehrter Herr Wohlmarker, aus verschiedenen Seiten kommen mir Klagen, daß Sie abfällige Äußerungen über mich bzw. mein schweres Geschäft machen. Sie spielen, wer weiß wie lange noch, den seriösen Generalconsul, obwohl Sie sich vor circa zehn Jahren noch als Bittsteller bei mir eingefunden haben, um auch an den großen consularischen Geschäftskuchen ranzukommen.

Bei dieser Gelegenheit haben Sie mir stolz eine Fotokopie der Ernennungs und Bestallungsurkunde von Ex-Consul Fritz Haberl, MAHAG-Händler in München, sowie viele Fotos von

Haberls Besuch in Panama gezeigt, wo er mit Ministerpräsiden-
ten Franz Josef Strauß zu sehen ist. Dann haben wir uns leider
aus den Augen verloren, weil Sie offensichtlich zu den Men-
schen gehören, die sich abwenden, wenn Sie von einer Rück-
wärtskarriere hören. Doch das Gegenteil ist der Fall.

Ich habe im Gegensatz zu Ihnen und Ihrem Haberl Fritz vie-
le Consulate vermittelt, auch für Ihr Land. Ich habe Ihrem
Land viele Vollmachten und rote CD-Ausweise, sowie nordafri-
kanische Botschaften besorgt. Man weiß ja ohnehin nicht, wie
lange es noch gutgeht in Panama. Sie haben selbst bereits meh-
rere Präsidenten überlebt.

Egal wie gut Sie mit Ihrem Botschafter in Bonn stehen, un-
terrichten Sie ihn, daß ich keine Einmischung in meine Geschäf-
te dulde. Es ist schließlich nicht meine Schuld, daß man Sie of-
fensichtlich nicht für würdig genug hält, Sie von meinen Tätig-
keiten für Ihr Land zu informieren.

Ich hoffe nur, daß sich Ihre finanzielle Situation gebessert
hat, weil bei unserem letzten Zusammentreffen war es nach Ih-
ren eigenen Schilderungen etwa so, daß man Sie auf den Kopf
stellen konnte, und es fiel keine Mark heraus.

Mit kollegialen Grüßen auch von meinem Freund und Ih-
rem Vorgesetzten Philip von Feigenblatt, Botschafter in allen
arabischen Ländern, der mich unaufgefordert mit einem pana-
mesischen Diplomatenpaß ausgestattet hat.

Consul H. H. Weyer«

Eine ausführliche Stellungnahme zu consularischen Geschäften und dem Titelhandel gab ich in der Wirtschafts-
sendung *WISO*. Ich schilderte deutlich, welche Vorteile
die Reprivatisierung des Aufgabenbereichs des Diplomatischen Corps für Bonn hätte. So mancher aus Steuergel-
dern hochbezahlte Botschafter beschäftigt sich mit Aufgaben, die besser und wesentlich billiger von Untergebenen erledigt würden: dem Schreiben von Einladungskar-
ten zu Partys zum Beispiel.

Es liegen mir Unterlagen vor, wonach in der General-
vertretung der Bundesrepublik in Washington von hundertfünfzig Mitarbeitern jeder vierte überflüssig ist. Eine
Prüfstelle ermittelte, daß von vierundsiebzig Stunden
pro Monat eine Sekretärin rund fünfzehn Stunden nichts

zu tun gehabt hatte. Und in der Residenz des Botschafters hätten zwei Putzfrauen die repräsentativen Empfangsräume in Schuß gehalten. Eine Arbeit, die eine Kraft in täglich zweieinhalb Stunden auch geschafft haben müßte.

Das Weyersche Sparkonzept entlastet die Steuerzahler völlig von unnötigen Repräsentationskosten. Man kann sich überall davon überzeugen. Allein von Italien aus habe ich vier Panama-Consuln gemacht, die auf eigene Kosten ihre Diplomatenrolle spielen. In Deutschland bleibt ebenfalls die Nachfrage nach Honorarconsulaten groß. Schon allein wegen der Tatsache, daß die Diplomaten von der Hundesteuer befreit sind.

Frühjahr 1990. Meine Mission in Wien war mit dem Abklappern aller Sendungen im Fernsehen beendet. Vom Auftritt in »Seitenblicke« bis zu einem Fünfundvierzig-Minuten-Portrait über mich, war der Kanal voll. Ich ging zum Angriff auf die deutschen Sendeanstalten über. Mein vorläufiger Abschied bei einem Abendessen mit Ex-Kanzler Dr. Hannes Androsch: »Es freut mich außerordentlich für Ihr Land, daß die Österreicher im Titeldenken genauso fortschrittlich sind wie die Deutschen.«

Wer sich als Talk-Master in Deutschland eine Zukunft sichern wollte, lud mich als Studiogast zur Pilotsendung ein. So startete die *ELLE*-Chefin Beate Wedekind, meine gutinformierte Rio-Kolumnistin, beim hessischen Fernsehen *Zeil um 10* mit Weyer als Erfolgsgarant. Neben mir klatschte Ford-Boß Goeudevert sich vergnügt auf die Knie. Ob ich als Vorstandsmitglied auf meine Kosten käme?

»Kaum«, mußte ich wahrheitsgemäß antworten. »Mit zwei Dingen könnte ich nicht einverstanden sein: mit der Arbeitszeit und dem Gehalt.«

Aber dann beruhigte ich Goeudevert, daß ich einen Ford durchaus gern fahre, wenn er mir umsonst vor die Haustür gestellt wird, wie es in Brasilien der Fall war. Die Fabrik Autolatina stellte mir ein offenes Escort Cabrio und das Spitzenmodell »Del Rey« — König — zur Verfügung.

Bei Antje Kühnemanns Talk-Ballonversuch *Nacht-*

Club wurde den Zuschauern angst und bange. Antje, meine früher sehr vertraute Freundin, *hat mich mit ihren verliebten Blicken fast ausgezogen*, schreibt *Journal München*.

Das Thema drehte sich um Kaufrausch, und ich klagte über mein Problem: »Wenn man soviel Geld hat wie ich, sich alle Wünsche mit einem Telefonat erfüllen kann, macht Geld ausgeben keinen Spaß mehr.«

Nach meinem Motto »Ich gebe traurigen Figuren Farbe« hatte ich einen Gastauftritt auch bei *TV-weiß/blau*. Als Streithahn zwischen »Simpl«-Wirtin Toni Netzle, Margot Werner. Abgesagt hat Ex-Oberbürgermeister Erich Kiesl, ein alter Bewunderer von mir. Als ich einmal in der Steuer-Klemme steckte, gab mir dieser Gentleman vom Scheitel bis zur Sohle meine Parteispende von 10 000 Mark zurück. Statt Kiesl kam in die Sendung ebenfalls ein alter Freund, Stadtrat Otto Lerchenmüller. Unsere vergnüglichen Abende mit dem König von Samoa Malietoa Tanumafili II. müssen ihm wohl in Erinnerung haftengeblieben sein.

Keine Feier ohne Weyer. Zum drittenmal erschien ich bei *Leo's* in kurzen Abständen auf dem Bildschirm. Diesmal wurden eigens für mich ein Hit und Video-Clip produziert. Peter Thomas aus St. Tropez komponierte, die BR-Redaktion textete und betrat damit völliges Neuland; man wurde GEMA-Mitglied und kann sich demnächst auf Tantiemen freuen. Der Titel hieß *Au Weyer con dios* — was des Spanischen kundigen Ohren wie »Weyer mit Gott« klingt. Was dem *Leo's*-Redakteur Stefan Reichenberger aus der Feder floß, hat beständigen Wert:

»Ein Paß aus Pa-Pa-Panama, Zigarre aus Ha-va-na-na./ Die Uniform aus Paraguay, zwei schöne Mädchen aus Hawaii./Ich kenne jeden Swimmingpool von hier bis Asunción./Ich leg mich in die Sonne und lach mir einen Ast, egal wohin ich komme, ich bin überall zu Gast.

Ein Prinz aus Ka-Ka-Kaffernland ist plötzlich mit Herrn Kunz verwandt./Graf Rotz kriegt Do-Do-Donnerstag vom Vatikan den Ritterschlag.

Ja, dann kassier als Consul ich meine Provision./Ich mach für Geld wenn's gefällt, 'nen Bäcker zum Baron./

Und leg mich in die Sonne, hab wieder 'ne Million./Ja, so einfach kann man leben und das nur per Adoption.«

Besonders gefallen hat mir der Refrain, er könnte auch aus meiner Feder stammen: »Ja, die Welt die braucht Männer wie mich. Ja, was zählt, das sind Kenner wie ich. Keine Feier ohne Weyer. Jede Nacht ohne Rast, au Weyer!«

Dreimal in *Leo's* gewesen, ein Rekord, der schwer zu übertreffen ist. Den »Leo« Andreas Lukoschik sehe ich öfter. Mein Bewunderer und Helfer, der eingangs erwähnte Ralf Hansen aus Ruhpolding, hängte sich ein großes Foto auf sein stilles Örtchen. Die Plazierung ist genau so bemessen, daß »Leo« einem über den Hosenbund schielt, beim mannhaften Pinkeln. Das Bild verfehlt nicht die Wirkung. Auch ich selbst würde mir keinen König Ludwig mehr auf die Toilette hängen, sondern den »Leo«. Er hat mehr Lifestyle.

Nach meiner durchschlagenden Bombenpräsenz beim Fernsehen mußte ich wegen der neuen RTL-Aktivitäten eine Pause einlegen. Derweil bestätigte mir das Hamburger *Abendblatt:*

»Consul Weyer hat mehr Show-Wert als Rudi Carrell.«

Ich traf Rudi kurz danach bei meinem Abstecher in Marbella. Wir begrüßten uns, noch mit einem alten Bekannten Roy Boston als Alhambra-Immobilienverwalter dabei. Ich habe den beiden nicht einmal einen Kaffee ausgegeben. Ich erfuhr nämlich, daß Rudi Carrells Gage beim Fernsehen höher liegt als meine. Es war ausnahmsweise keine gute Nachricht.

Andererseits stellte sich nach einer Meinungsumfrage heraus, daß sich mit mir als Sympathieträger mehr Leute identifizieren können als mit Rudi Carrell. Auf die wenigen, die es nicht können, verzichte ich gern. Die schenken mir sowieso nichts.

*   *   *

P. S. Ich weiß nicht, was für Briefe Carrell nach seinen Sendungen erhält. Mir schrieb nach einer Talk-Show eine begeisterte Mittalkerin, Dr. Ursula Matschke-Richter, Autorin eines aufsehenerregenden Buches über Frauen, die mit jüngeren Männern leben, folgende Zeilen: ... *und natürlich gilt meine Achtung der Person Hans Hermann Weyer, weil — wie mir scheint — ein Einzelkämpfer dahintersteckt. Und der Herr Consul Weyer läßt mich aufhorchen, weil er den Erfolg, das Ziel des Einzelkämpfers dokumentiert. Der den Wurzeln der kämpferischen Lebensbewältigung nicht in Verhärtung, sondern in Warmherzigkeit gedenkt. Mit einfühlender Sicherheit. Trotzdem wirklichkeitsnah und lebensklug. Einfach überzeugend.*

Das nenne ich, der schöne Consul, einfach Literatur.

Mein Abenteuer in Burundi

Ich habe animalische Instinkte. Und einen starken Schutz um mich. Ich kann nicht enttäuscht werden.

Ich saß auf der Terrasse des Hotels »Côte d'Ivoire«. Elfenbeinküste, Afrika. Fast wie in Frankreich, nur ein bißchen heißer. Am Horizont flossen Wasser und Himmel ineinander. Es duftete nach Oleander und Pinien. Plötzlich stand sie vor mir. Catherine Deneuve!

Das dachte ich im ersten Moment, dann rieb ich mir die Augen und mußte feststellen: eine Nutte! Aber erstklassig. Wunderbare blonde Haare, goldschimmernd in der Sonne, ein makelloser Körper im enganliegenden Bikini. Ihre nicht enden wollenden Beine zeichneten sich im Gegenlicht ab, sie trug goldene Riemchenschuhe mit hohen Absätzen, und sie ging ziemlich direkt zur Sache.

»Ich möchte mit Ihnen schlafen!«

»Und wo liegt Ihr Problem«, fragte ich zurück.

»Ich koste 1000 Dollar, können Sie sich das leisten?«

»Ich wüßte nicht, wer sich das hier leisten könnte außer mir«, sagte ich wahrheitsgemäß. Ihre Augen flammten auf, aber ich dämpfte ihren Drang. Es wirkte wie eine kalte Dusche, was sie jetzt von mir zu hören bekam:

»Ich komme aus dem gleichen Gewerbe wie Sie und nehme 1500 Dollar. Wir können es verrechnen. Ich kriege von Ihnen noch 500 Dollar, und dann mache ich's Ihnen schön.«

Sie strahlte. Wir einigten uns auf einen Nulltarif.

Mit solchen Chancen wurde ich täglich überhäuft.

Luxusnutten, Präsidenten, Könige, Diplomaten, Glücksritter. Was für den großen Hemingway Kenia bedeutete, war für mich ganz Afrika: ein Jagdrevier. Und ich schoß auf alles, was sich bewegte.

Im Frühjahr 1966 gab es am Hof Mwambutsas IV., des Herrschers im zentralafrikanischen Königreich Burundi, folgenschweren Ärger. Der König drohte seinem Sohn Ntare, ihn von der Thronfolge auszuschließen. Ntare kam seinem Vater zuvor. Der Neunzehnjährige sammelte ein Söldnerheer um sich und zog mit einer Panzereinheit gegen den Palast des Vaters. Die Sache war ernst, Bruderzwist und Vater-Sohn-Haß.

Wenn diese von Instinkten und Stammesriten benebelten Köpfe rauchten, mußte man mit allem rechnen. Das wußte König Mwambutsa auch, als er die Panzer seines Sohnes gegen seinen Palast rollen sah. Hals über Kopf packte er und flüchtete in die Schweiz. Ich traf ihn im Genfer »Le Richemond«, dem Lieblingshotel des Herzspezialisten Christiaan Barnard aus Kapstadt. Obwohl alle schwarzen Potentaten Südafrika haßten, kopierten sie den Johannesburger Lebensstil eifrig. Bevorzugten Blondinen, englische Maßanzüge und Hotels am Genfer See.

»Lieber Consul Weyer«, erklärte mir Mwambutsa, nachdem mich der Besitzer dieses Palais', Jean Armleder, begrüßt hatte, »wie ich höre, sind Sie ein gewandter Diplomat. Sie kennen die Welt, und die Welt kennt Sie. Ich möchte Sie zu meinem Sonderbotschafter ernennen. Sie sollen nach Burundi fahren und dort etwas für mich erledigen. Etwas für die Zukunft meines Landes sehr Bedeutsames.«

Die Mission, für die er mich auserwählt hatte, erwies sich als reine Vertrauenssache. Mwambutsa hatte nämlich in der Eile des Aufbruchs die Unterlagen über sein Schweizer Geheimkonto vergessen. Er wußte weder Nummer noch Kodewort. Ich sollte sie ihm beschaffen. Mit dem Geld wollte Mwambutsa die Söldnertruppen seines Sohnes bestechen und seinen Thron zurückerobern.

»Fünf Prozent für Sie«, sagte der König.

Meine schöne, intelligente
Mutter mit mir als Vier-
jährigem. (1)

Mein Vater und Vorbild
Hans Weyer mit meinem
Patenonkel Hermann
Göring (oben) und mit
mir (unten, 2, 3).

Mein Vater mit meinem Bruder Hartmut (links) und mit
mir in Berlin (in den letzten
Kriegstagen). (4)

Stiefvater Clifford Davis mit
meiner Mutter. (6)

Schulabschlußfeier. (5)

Posträuber Ronald Biggs verschickt meine Autogrammkarten von Rio de Janeiro aus. Ich habe ihn engagiert, weil er so viel von „Postangelegenheiten" versteht. (7)

Hubschrauberflug über Rio. (8)

Meine Fernseh-Talk-Wunsc
partner aus USA:

Don Johnson

Linda Evans

Christine

George Bush

Eddie Murphy

Sa

Mein diplomatisches Büro in Rio de Janeiro, Copacabana. (15)

Schießübungen im Inland von Paraguay für den Ernstfall. (16)

Meine erste Schall-
platte. Der Gewinn
ging als Spende an die
Unesco. (rechts, 17)

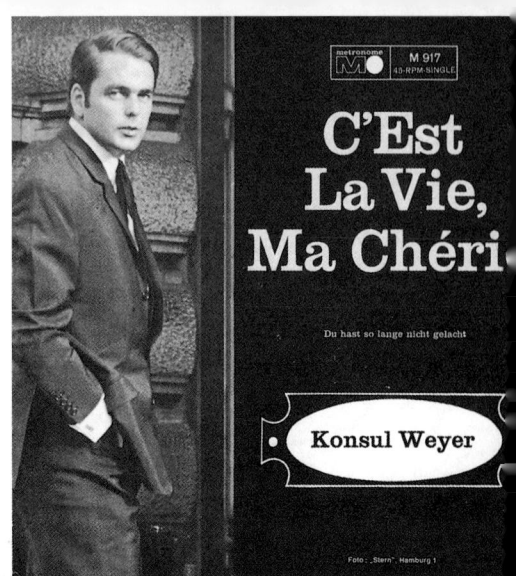

metronome M♀ M 917
45-RPM-SINGLE

C'Est
La Vie,
Ma Chéri

Du hast so lange nicht gelacht

● Konsul Weyer

Foto : „Stern", Hamburg 1

Mit 20 Jahren gab ich
die erste Autogramm-
stunde. Rechts: Sänger
Peter Beil. (mitte, 18)

Mit Sohn Alexander
per Lear Jet auf großer
Reise. (unten, 19)

Consul Wey

Angela und Alexander in
„Öl". Ein Geschenk von mir.
(23)

...wanzig auf meiner
...en Yacht vor Capri. (20)

Meine guten Freunde Lena
Valaitis und Horst Jüssen,
anläßlich einer Weyerschen
Diplomaten-Party. (24)

...z Emanuel von Thurn
...Taxis mit Frau, anläßlich
...Wohltätigkeitsgala. (21)

Mit meinen Verehrerinnen und den
Los Paraguayos bei „Käfer".

...e Constantin, der
...einem ZDF-Por-
...„Gestatten, Consul
...yer", mitmachen
...fte. (22)

Vatikan-Beziehungen:
Kardinal Ottaviani
zeichnet mich und
sechzig meiner Kun-
den mit dem Groß-
kreuz im Vatikan aus.
(26)

Meine Traumwoh-
nung in Rio de Janeiro
an der Copacabana.
(27)

Wie ich den König von Burundi wieder auf seinen Thron bringen wollte. (28)

PLAYA ANDALUZA
KONSULS REDENCIA

...er'sche Vermögensverwaltung
...Andaluza Marbella km 195-196 · España

Meine Spanien-Aktivitäten.
(Geschenk an Fußball-Präsidenten).
(29)

Mit frischernann- tem Honorarkonsul im Präsidenten- palast Monrovia/ Liberia. (31)

Weyersche Italien- Aktivitäten: Meine diplomatische Ferienresidenz in Terracina bei Rom. (30)

CC
Casa Consoles
Residenca

WEYER

REPUBLICA DE BOLIVIA
EMBAJADA

Meine ersten Rit-
terschläge. Mit
zwanzig Jahren!
(32)

Beim Staatsbe
such an der
Elfenbeinküste
war ich Deleg
tionsleiter. Hi
mit dem Sohn
des Staats-
präsidenten
von Liberia. (.

Hilton Hotel München: Gründungsparteitag der Deutschen Freiheitspartei, deren eingetragener Vorsitzender ich noch heute bin. Vorstandstisch mit Michael Cromer (hinten, Mitte), MCM. (34)

Mein diplomatischer Glückskoffer mit V.I.P.-Schildern aller erstklassigen Fluglinien. (35)

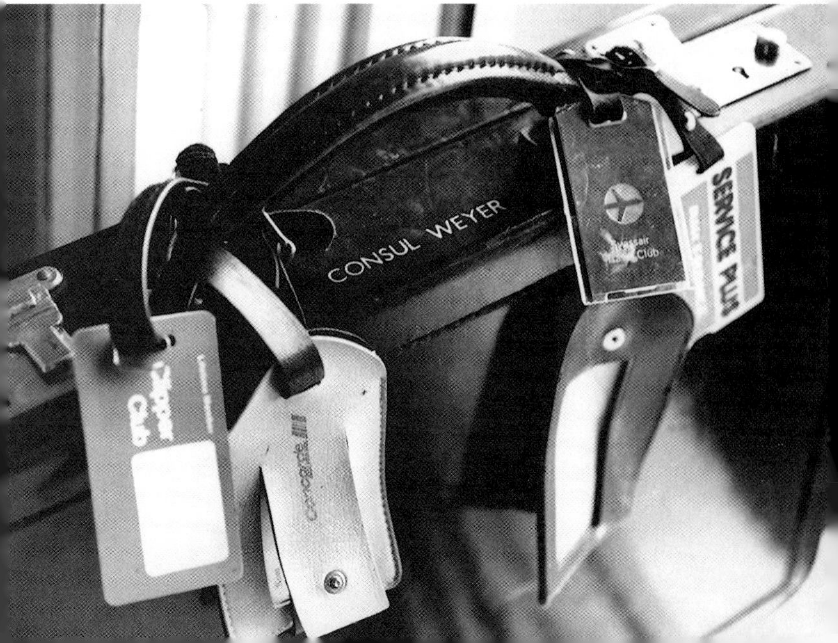

Besuch in Downing
Street Nr. 10, dem
englischen
Regierungssitz. (36)

Im Porsche 959,
den ich aus Spar-
samkeit nur einmal
im Jahr benutze.
(37)

Mit General Rem-
berto Iriarte und
einem seiner Mini-
ster in meinem
Sommerhaus in
Terracina. (38)

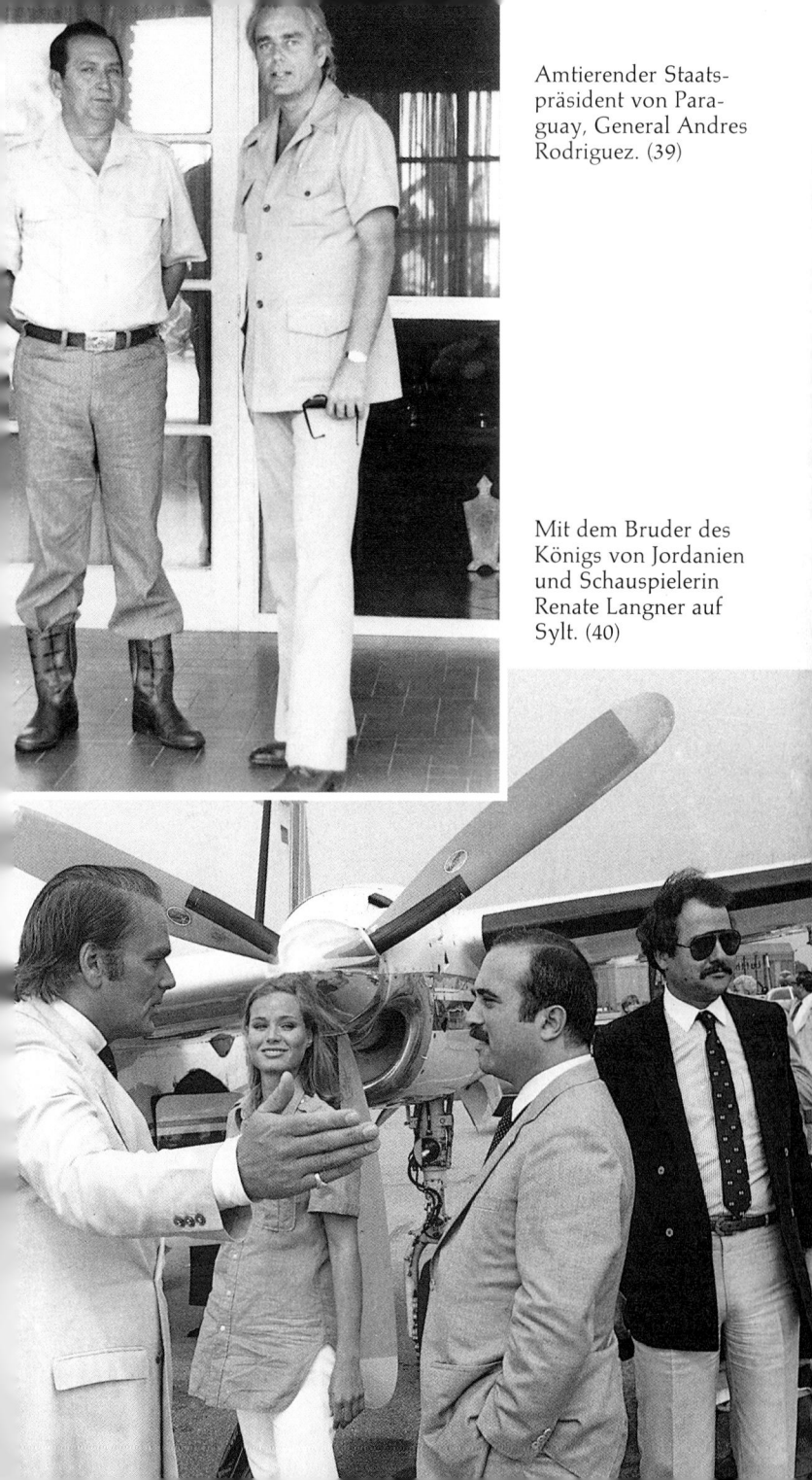

Amtierender Staats-
präsident von Para-
guay, General Andres
Rodriguez. (39)

Mit dem Bruder des
Königs von Jordanien
und Schauspielerin
Renate Langner auf
Sylt. (40)

Präsident Don Alfredo Stroessner.
(oben, 41)

Umarmung mit dem
Geheimdienstgeneral. (rechts, 43)

Präsidentenschwester Doña
Heriberta Stroessner zu Besuch in
meinem Haus. (unten, 42)

Der König von Burundi
(Mitte) und Generalkon-
sul Herbert G. Styler
(rechts) bei der Unter-
zeichnung des Vertra-
ges, der den König
wieder auf den Thron
bringen sollte. (oben, 44)

Mit dem Scheich von
Bahrain und General
Remberto Iriarte als
Ehrengäste bei den
Olympischen Spielen
in München 1972.
(Mitte, 45)

Mit Kardinal Ottaviani
(graue Eminenz von vier
Päpsten, wichtigster
Mann des Vatikans); er
war mein Geschäftspart-
ner bei der Verleihung
des Großkreuzes.
(links, 46)

Staatspräsident Jean-Claude Duvalier von Haiti...

...mit seinem Geheimdienstchef und A. B. Tolbert anläßlich meiner
Verleihung zum Großoffizier von Haiti. (47, 48)

Gönnerin Gräfin Batthyány, Schwester von Baron Heini Thyssen, bei der Ankunft vor dem Hotel Meridien in Rio de Janeiro. (49)

Admiral Albuin in der Marineakademie Rio de Janeiro bei der Übergabe von Urkunden und Dekoration an den Kunden Schiefelbein. (50)

Kunde Schiefelb
wird dem Bischo
von Petropolis
(Groß-Rio) durc
meine Vermittlu
nachts vorgestel
Ich mußte den
Bischof maßrege
weil er zum Foto
termin sein Kreu
vergessen hatte.
(51)

Mit meiner ver-
trauten Freundir
Ute auf meiner
Terrasse an der
Copacabana in
de Janeiro mit
Superköchin Eli
(52)

Ich möchte meine
„Missen" nicht missen:
Miss Österreich:
Christina. (53)

Miss Germany:
Marina Langner. (55)

Miss Haiti. (54)

Miss Jamaica. (56)

Sybil Danning. Ich zeigte ihr mich und die große Welt. (57)

Schönheitskönigin und Schachmeisterin Brigitta Cimarolli. (59)

Mit Miss Germany Dagmar Winkler als Ehrengäste bei der Eröffnung des Dortmunder Sechs-Tage-Rennens. (58

Meine loyale Rechtsanwältin Ulrike Baronin von Keyserlingk, die in meinem Auftrage meine ‚Umsiedlung' nach Südamerika organisierte. (60)

Mit Gräfin Uschi zu Dohna beim Abendmahl im Münchner Hotel Vier Jahreszeiten. (61)

Mit Schauspielerin Renate Ewert
an meinem 19. Geburtstag (bei
den Filmfestspielen in Berlin). (62)

Mit Schauspielerin Renate Langn
auf Sylt. (63)

Meine gute Freundin, Musical-
Star Dagmar Koller, einige Jahre,
bevor sie durch Heirat mit
Bürgermeister Prof. Helmut Zilk
First Lady von Wien wurde. (64)

Schauspielerin Sybille Rauch.
(65)

Schauspielerin Isa Haller.
(66)

Mit Schauspielerin und „Traumschiff-Stewardess" Heide Keller in Rio. (67)

Mit Uschi Glas im Partnerlook in Terracina. Zuhörer: Frau Antel und Filmstar Curt Jürgens. (68)

Denkwürdige Talkshow in der Münchner Lach- und Schießgesellschaft mit meinem Freund Sammy Drechsel. (69)

Mit Landwirtschaftsminister Hermann Höcherl und meinem Sohn Alexander beim Münchner Oktoberfest. (70)

Meine lieben Freunde Nadja Tiller und Walter Giller. (71)

rgreifender Mo-
ent im Maracana-
tadion von Rio de
neiro. Über Hun-
erttausend schreien
Kaiser" als Becken-
auer mit Diane
andmann und mir
ie Ehrenloge betritt.
'2)

Beckenbauer-Nachfolger
Berti Vogts zu Besuch
bei mir in
Rio de Janeiro. (73)

Mein Freund und brasi-
lianisches Nationalidol
Pelé. Wir wohnen in Rio
im gleichen Haus. (74)

Mit Österreichs Vize-
kanzler und Finanzmini-
ster Hannes Androsch
beim deutsch-österrei-
chischen Intelligenzia-
Treffen. Zwei, die etwas
von Geld verstehen. (75)

Mit Karel Gott anläßlich
der Einweihung des
Autozentrums Wels-
Budapest. (links, 76)

Moderatoren-Kollege
Dieter Thomas Heck
macht aus Freundschaft
Reklame für meine Mol-
ke vom Kurmittelhaus
Tennenbronn. (u. l., 77)

Erich Kuby, ein ganz
Linker, der Millionen
liebt und in Venedig
residiert. (u. r., 78)

Mit meinem Freund, dem Sänger Adamo (links), und Michael Schanze (2. v. l.) anläßlich der „Schrittabmessung" durch Prominentenschneider Rudolf Moshammer (rechts) persönlich. (79)

Mein Freund Curt Jürgens, den ich als Mensch und Schauspieler genial fand. (80)

Der König von Samoa (links),
Münchens Oberbürgermeister
Erich Kiesl und der deutsche
Botschafter Ekkehart Briest
anläßlich des Staatsbesuches
des Königs in Neu-Esting bei
München. (oben, 81)

Im Gespräch mit Deutschlands
Superkoch Eckhart Witzigmann
in seiner „Aubergine". (links, 82)

Mit Rechtsanwalt Rolf Bossi im
Fünf-Sterne-Hotel „Kaiserhof" in
Wuppertal. Er und Sozius Steffe
Ufer halten Traumplädoyers.
(unten links, 83)

Mit Miss Frankreich auf dem Fl
an die Elfenbeinküste per Lear J
(unten rechts, 84)

Mit Prof. Kurt Biedenkopf in „III nach Neun". Unvergessen meine Frage: „Haben Sie etwa zwei Schwiegerväter als CDU-Politiker?" (oben, 85)

Mein Freund und Ex-„Schaubuden"-Chef Carlheinz Hollmann: „Die reine Wahrheit ist so verblüffend". (oben, 88)

Denkwürdige RTLplus-Talkshow „Dall-As": „Wie kommen Sie mit diesem Kopf zum Fernsehen?" (Mitte, links, 86)

Talkshow anläßlich der Funk-Ausstellung Berlin (1989): Ich zu Thomas Gottschalk, den ich sehr mag: „Ich würde auch für 2 Millionen nicht in Hackfleisch beißen". (unten, 87)

Ritterschlag für Leo (Andreas Lukoschik): „Knien Sie nieder, Herr Leo, und empfangen Sie den Ritterschlag". (oben, 89)

Talkshow „Zeil um Zehn". U. a.
„ELLE"-Herausgeberin Beate
Wedekind, VW-Vorstand Dani
Goeudevert, und Bernhard Pau
Chef des Circus Roncalli. Goeu
vert zu mir nach der Talkshow:
„Bewundernswert, wie Sie sich
jede Situation einstellen könner
(oben, links, 90)

„Live in der alten Oper". Minis
Eva Rühmkorf und Moderator
Bekkert. Auf die Frage der Frau
Ministerin: „Können Frauen be
Ihnen auch was werden?", antw
tete ich: „Sie haben ja bereits ei
Titel". (oben, rechts, 93)

„Live am Samstag". ORF. Ich sagte
zu Karl von Habsburg zum Vergnügen vieler Österreicher: „Wenn
ich hier das Sagen hätte, würde ich
Sie zum Kaiser machen". (oben, 91)

Dr. Antje-Katrin Kühnemann, eine phantastische Ärztin und Journalistin. V
hatten uns sehr lieb; leider konnte ich Sie nicht heiraten, weil ich mich dam
zu jung fühlte. Anläßlich der „nightclub"-Sendung, in der ich innerhalb
weniger Monate zweimal zu Gast war. (unten, 92)

RTLplus-Boss Helmut Thoma – der die geniale Idee hatte, mich bei RTL plus mit einer eigenen Sendung zu betrauen – im Kreise meiner Fernseh-Mitstreiter: Elisabeth Volkmann, Julia Biedermann, Hans-Jürgen Bäumler und Christian Neureuther. Die Zeitungen kommentieren die Neueinkäufe, zu denen auch unsere Kollegen Hans-Joachim Kulenkampff und Thomas Gottschalk gehören, mit der Feststellung: RTL plus geht in die Offensive! (94, 95)

Mit Freundin Carolin
auf dem Flug nach Los
Angeles. Sie schrieb
mir mit ihrer wunder
baren roten Locke:
„Für immer Dein";
…würde mich
gerne heiraten. (96)

Mein Jungbrunnen:
Natur-Molke-Mittel aus
eigener Produktion. Ich
esse sie, trinke sie und
schmiere sie mir ins
Gesicht. (97)

»Zehn Prozent und die Spesen extra«, erwiderte ich und rechnete mir einen Reingewinn von einer Million Dollar aus.

Für eine Million Dollar ist selbst Burundi eine Reise wert. Daß der behäbige Negermonarch sich an mich wandte, kam nicht von ungefähr.

Gut, der Name Weyer bürgte für Qualität und war bekannt wie Persil. »Weiße Riesen« nannte man in Afrika auch die Truppen, rekrutiert aus deutschen Söldnern — darunter noch echte Nazi-Spezialisten —, bewährt bei halsbrecherischen Kriegsoperationen in Brest und als Paradehaudegen beim Sturm auf die griechische Insel Kreta.

Die Deutschen in Afrika genießen seit Kaisers Zeiten einen hervorragenden Ruf. Während die verhaßten Engländer als Kolonialausbeuter gelten, sah man in den Deutschen väterliche Entwicklungshelfer, arbeitsame Berater mit Spendierhosen in Übergröße. Ich kann es mit einem Beispiel aus der jüngsten Geschichte am besten belegen.

Wenn im inzwischen unabhängigen Namibia, der ehemals deutschen Kolonie Südwestafrika, der Häuptling der Hereros, Kuaima Riruako, exzellente Küche genießen will, speist er in der Windhuker »Kaiserkrone«. Dort kann er im antik möblierten Restaurant bei dezentem Kerzenlicht zwischen Perlhuhn in Honigsoße und rheinischem Sauerbraten wählen. Zwei historische Gestalten schauen ihm beim Essen zu: von rechts Kaiser Wilhelm II. und von links — obwohl das völlig unlogisch ist — der Reichskanzler Otto von Bismarck. Für Riruako gehören sie genauso zu unserer Geschichte wie die namibischen Freiheitshelden: »Wir sind nicht mehr verbittert über die Kolonialzeit«, sagt er.*

Wenn es in diesem Restaurant »Kaiserkrone« ans Zahlen geht, reist Herero-Chef Riruako nach Bonn. Zwei Milliarden Mark als Wiedergutmachung fordern die Namibier von Deutschland und machen dabei schon keinen Unterschied mehr zwischen Ost und West. Die Wieder-

* nach *Der Spiegel*, 30/1990, S. 109—110

vereinigung der Deutschen, wenn es ums Geld geht, ist in Afrika eine längst vollzogene Angelegenheit. Als Riruako bei Außenminister Genscher vorspricht, stößt er jedoch auf Unverständnis.

»Der sah mich an«, klagte Riruako, »wie ein Wesen von einem anderen Stern.«*

Anders ich, der schöne Consul. Mir liegt nichts ferner, als meine afrikanischen Freunde als Marsmenschen zu betrachten, vorausgesetzt, sie winken mit dem »GB« — Gebündeltem Barem. In solchen Fällen gebe ich ihnen sogar die Hand. Und ich darf mit Verlaub bemerken, daß ich länger im diplomatischen Dienst bin als der von mir sehr geschätzte und verehrte Herr Genscher. Uns verbinden die Würden des gleichen liberianischen Stammes, dessen Häuptlingsstäbe wir beide tragen.

Auch mit Burundi verknüpft sich eine schöne deutsche Tradition. Die Deutschen bauten dort als erste Straße eine Verbindung zwischen Bujumbura, der kleinsten Hauptstadt der Welt, und dem im Bergland gelegenen Provinznest Kigali; sie führte an den Teeplantagen eines gewissen Herrn Gütt vorbei. Dessen Bruder Dieter Gütt machte als ARD-Politkommentator Furore und stieg zum *stern*-Chef auf, bevor er freiwillig aus dem Leben schied, weil er keinen Sinn darin sah, noch weiterzuschreiben (laut eigenem Abschiedsbrief).

Der *stern* übrigens ist — und war immer schon — mein treuer Wegbegleiter und zuverlässiger Richtungsweiser. Die Illustrierte *stern* ließ ganze Generationen von Reportern an Weyer-Berichterstattungen reifen. Am berühmtesten wurde Erich Kuby als mein Burundi-Kriegsreporter. Über den Daumen gepeilt, habe ich dem *stern* an Honoraren im Lauf der Jahre etwa eine halbe Million Mark abgeluchst. Zeitweilig wurde ich vom *stern* besser bezahlt als manche Chefredakteure in Deutschland.

Der »gute Stern« war für mich auch mein Mercedes, mit dem ich nicht nur den Jet-set in dem Bermudadreieck München—Rom—Monte Carlo eroberte, sondern mich auch in schießpulverhaltiger Atmosphäre Südamerikas

* nach *Der Spiegel*, 30/1990, S. 109—110

162

immer sicher fühlte. Es ist der beste Fluchtwagen aller Klassen.

Natürlich gab es noch den »Stern des Südens«, der mich glücklich in Stroessners Arme führte, und dann noch Hans Stern, Juwelier in Rio, mit dem mich gute und freundschaftliche Geschäftsbeziehungen verbinden.

Weil also mein Leben nur aus »Stern-Stunden« besteht — wandte ich mich selbstverständlich auch mit meinem Burundi-Plan an die *stern*-Redaktion, die mir beinahe die ganze Tour vermasselte. Aber zurück zur deutschen Tradition.

Burundi war bis 1918 eine deutsche Kolonie, und das lukrativste Erbe für König Mwambutsa IV. wurde dort die größte Chininplantage Afrikas. Das Rohprodukt verarbeitete ein Werk des Industriekonzerns C. F. Boehringer und Soehne vor Ort. Durch diesen Pharmabetrieb ergaben sich auch die königlichen Konten seiner Hoheit Mwambutsa in der Schweiz.

Man mußte zur damaligen Zeit gar nicht lesen können, um den Namen Consul Weyer zu entdecken. Mein Bild zierte fast täglich irgendeine Illustrierte oder Tageszeitung. Also konnte ich König Mwambutsa nur beglückwünschen zu seiner Entscheidung, mich nach Burundi zu entsenden.

Als Nachrichtenzentrale mietete ich im Brüsseler »The Mayfair« ein Zimmer. Das Hotel liegt sehr günstig, zwischen dem Transvestiten-Strich im Bois de la Cambre und der sehenswürdigen Gallery Louise. Für beides hatte ich aber leider keine Zeit. Brüssels strategische Lage ergab sich aus der einzigen direkten Flugverbindung nach Bujumbura mit Sabena Airlines.

Es gelang mir, nach der Ankunft in Burundi einen uralten Rolls-Royce aufzutreiben. Ich setzte die bolivianische Diplomatenstandarte darauf und fuhr los. Mit meinem Chauffeur hatte ich allerdings Probleme. Offenbar war er ein verkappter Freiheitskämpfer und hatte etwas gegen die Engländer. So schaltete er im Rolls-Royce völlig verkehrt. Er fuhr mit dem vierten Gang los und legte auf der einzigen Geraden von Bujumbura bei Tempo fünfzig den ersten Gang ein. Ich flog bei dieser Fahrweise im Fond wie auf dem Schwanz eines Jagdhundes herum und wechselte deshalb meinen Platz. Ich setzte mich nach vorn. Auch ein Fehler.

Im Rolls-Royce sitzt man niemals vorn. Den Platz neben dem Chauffeur haben die Konstrukteure dem Butler zugedacht, er ist hart und unbequem. So traf ich beim neuen Ministerpräsidenten Micombero mit ziemlich zerschundenem Sitzfleisch ein.

Die Informationen des alten Königs erwiesen sich als nützlich. Als weitsichtiger, moderner Politiker war Micombero dem jungen Prinzen Ntare keineswegs wohlgesinnt. Mich empfing er überaus höflich mit den Worten:

»Ich freue mich, den Repräsentanten der Republik Bolivien begrüßen zu dürfen.«

Das ist mein Mann, dachte ich und erkannte im Micombero den Doppelspieler. Wie hoch er allerdings pokerte, überraschte mich. Er arrangierte für mich sofort ein Treffen mit dem neuen Herrscher von Burundi, Ntare V. Als er mich in seine Arbeitszimmer einführte, warf er sich sogar auf die Knie: »Mein geliebter König« — und stellte mich mit einer kühnen Behauptung vor: »Herr Consul Weyer ist einer der glühendsten Anhänger von Euer Majestät.«

In Wirklichkeit war Micombero ein Todfeind von Ntare und auch des alten geflüchteten Königs, der in Genf hockte.

Es gelang mir, Ntare in ein Gespräch über Staatsfinanzen und die Wirtschaftslage Burundis zu verwickeln. Ich ließ Namen wie Ciba-Geigy und Hoechst fallen und brabbelte zwischendurch: »Banco Credito Suizero«. Das reichte. Bei den Gipfelkonferenzen wird auch nicht wesentlich mehr gesagt, nur die protokollarische Begrüßung dauert etwas länger.

König Ntare sah gut aus, war charmant und mir vom ersten Augenblick an sympathisch. Er lud mich zu einem Staatsbesuch in den Kongo ein, das heutige Zaire. Am nächsten Tag schon sollten wir hinfliegen. Ein leichtes Kribbeln im Nacken signalisierte mir zwar, daß hier etwas nicht stimmte, aber ich bin ein Mann, der selten von seinem Ziel abrückt, es sei denn, es wird zehn Uhr abends und mein Schönheitsschlaf fällig. Dann lasse ich auch eine Sophia Loren sitzen.

Ich bedankte mich für die Einladung. Am nächsten Tag saß ich dann neben Ntare in der Regierungs-Caravelle. Ntare schwatzte, wie gut seine Beziehungen zu Kongos Präsidenten General Mobutu seien. Jetzt sollten diese Beziehungen noch vertieft werden. Ich hörte nur mit einem Ohr zu. Mich beunruhigte die lange Wartezeit. Warum starten wir nicht? Worauf warten wir noch?

Auch Micombero wirkte nervös. Auf einmal stand er auf und trollte sich in die Pilotenkanzel. Dann hob die Maschine endlich ab. Doch Micombero saß nicht auf seinem Platz.

Wir überflogen den Urwald, und meine Unruhe wuchs. »Wo ist Micombero?« fragte ich Ntare.

»Sicherlich bei den Piloten«, meinte er, aus dem Fenster blickend.

Als wir auf dem Flughafen von Kinshasa, der Hauptstadt von Kongo, landeten, schlug mein Herz schon im Hals: kein roter Teppich, keine Ehrenparade, keine Musikkapelle, nicht einmal eine Stewardeß. Auch bei Ntare läutete die Alarmglocke. Zu spät. Er verlangte nach seinem Ministerpräsidenten. Doch von Micombero war keine Spur mehr vorhanden. Er hatte sich noch in Bujumbura durch den hinteren Ausgang der Maschine weggeschlichen.

Die Caravelle rollte aus. Vom Lotsenwagen »*Follow me*« wurden wir ins Abseits dirigiert. Ein Polizeiwagen näherte sich. Die zwei Offiziere teilten dem sprachlosen Ntare knapp und höflich mit: »Angesichts der neuen Situation sieht sich Präsident Mobutu nicht mehr in der Lage, den Ex-König von Burundi zu empfangen.«

»Ex-König!« rief Ntare entsetzt.

»Ja, Exzellenz.« Die Offiziere nickten. »Seit einer Stunde sind Sie nicht mehr an der Macht. Man hat Sie abgesetzt. Der neue Staatschef in Ihrem Land heißt Micombero.«

Das Elend packte Ntare aufs grausamste. Obwohl pechschwarz, konnte man genau beobachten, daß er totenblaß wurde. Er hatte sein Gesicht verloren, krümmte sich in seinem Sessel, wurde aber sofort hochgezerrt.

»Nicht doch! Sie können nicht im Kongo bleiben«, rüffelten ihn die Abgesandten Seiner Majestät Mobutu. »Leider können wir Ihnen keine Aufenthaltsgenehmigung im Kongo erteilten. Das würde die neuen freundschaftlichen Beziehungen zu Burundi belasten.«

König Ntare schob sich entgeistert aus der Maschine. Man hatte uns zwei Stunden für den Zwischenaufenthalt in Kinshasa eingeräumt, auf das Flughafen-Restaurant beschränkt. Aus der Maschine wurde das diplomatische Gepäck ausgeladen. Es stand neben der Landebahn, und wir mußten es selbst schleppen. Ich meine beiden leichten Koffer und Seine Majestät drei Koffer und einen großen Pappkarton. Der Rest, etwa ein weiteres Dutzend Gepäckstücke, blieb im Staub liegen. Die Begleitmannschaft des Königs winkte aus den ovalen Caravelle-Fenstern, als wäre nichts geschehen. Fast Urlaubsstimmung. Ich mußte unwillkürlich lachen.

Bei einem zähen Steak erklärte ich Ntare seine Lage; inzwischen von Mobutos Geheimdienst informiert, wußte ich genau Bescheid.

Nachdem Ministerpräsident Micombero aus der Caravelle verduftet war, eilte er sofort in den Regierungspalast und rief den Putsch aus. Er griff zum Mikrofon und trompetete durch den Rundfunk die Nachricht:

»Bürger von Burundi. Der korrupte König Ntare hat das Land verlassen, geflüchtet wie sein Vater. Ihr seid von den Tyrannen befreit. Ich rufe hiermit die neue Republik Burundi aus. Die Monarchie ist tot. König Ntare für alle Ewigkeit abgesetzt. Euer neuer Staatschef bin ich, General Micombero, euer Held der Revolution. Es lebe die Freiheit!«

Die Freiheit, die er meinte. Dieser Satz hat sich bei mir eingeprägt und wurde auch für meine späteren politischen Ziele wichtig.

Bei der Frage der Freiheit kommt es immer auf den Punkt an, an dem man steht. Auch Ntare war frei, und ich hatte ein Problem: wohin mit dem abgesägten König. Er schaute mich mit großen Kulleraugen an. Er wirkte wie ein Kind, dem man sein Spielzeug weggenommen hatte. Das Zepter und die Krone. Er tat mir leid.

»Auf geht's!« Ich stupste ihn an. Ich sah keine Notwendigkeit mehr, mich weiter mit Französisch abzuquälen. Schließlich führte der einzige offene Weg nur nach München. Er soll sich allmählich an Deutsch gewöhnen, dachte ich.

Ntare weinte und jammerte. »Micombero kann mich doch nicht einfach von einer Stunde zur anderen für abgesetzt erklären.«

»Und ob er das kann!« versicherte ich ihm. »Er kann noch ganz andere Dinge tun. Sie am nächsten Baum aufknüpfen, zum Beispiel, sollten Sie auf die idiotische Idee kommen, jetzt nach Burundi zurückzukehren.«

Ntare brabbelte etwas von Volk und Königstreue. Da fuhr ich ihm ziemlich forsch übers Maul: »Hören Sie auf mit Ihrem Gequassel, und denken Sie an das, was Sie mit Ihrem eigenen Vater gemacht haben. Den haben Sie ganz sauber abserviert.«

In Krisensituationen, und dies lehrte mich meine langjährige Diplomatenerfahrung, muß man Klartext reden. Mit Süßholzraspeln kommt man nicht weit. Wenn einer ein Scheißkerl ist, muß man ihm sagen, daß er stinkt.

Ich schaute mir Ntare an und war dabei, seine Partei zu ergreifen. Ja, Micombero war ein Scheißkerl. Mit dem Staatsstreich hatte er mich empfindlich geschädigt. Meine zehn Prozent vom königlichen Vermögen des alten Mwambutsa waren durch diesen Putsch futsch. Aber so schnell gibt ein Weyer nicht auf. Mir reifte im Kopf wie im Schnellen Brüter ein neuer Plan. Dafür brauchte ich Ntare als Freund. Ich beschloß ihm zu helfen und winkte einem Gepäckträger.

Die nächste Maschine nach München ging über Paris. Ich hatte gute Kontakte zu Air France. Es gelang mir, zwei Tickets loszueisen, die man mir auf Rechnung ausstellte. Zahlbar in München. Bis dahin wußte ich, wer diese Passage bezahlen würde: der *stern*. Wer denn sonst?

In München quartierte ich Ntare im »Bayerischen Hof« ein. Auf meine Kosten vorläufig.

»Wenn ich meinen Thron zurückerobert habe«, ver-

sprach Ntare, »werde ich Ihnen Ihre Unkosten zurücker-
statten. Doppelt — nein, dreifach«, schwor der König. Er
wurde zum Mitbegründer meiner später sehr bewährten
Philosophie: Man soll auch bei der Rückwärtskarriere zu
seinen Freunden halten. Sie werden es danken, wenn sie
ein Comeback schaffen.

Es war die Weyersche logische Umkehrung einer alt-
bayerischen Weisheit: »Grüß die Leut auf dem Weg nach
oben, dann kennen sie dich wieder beim Heruntergehen«,
wie mein Freund Alfons Schuhbeck, Michelin-Sterne-
Koch vom Waginger See, zu sagen pflegte.

Ich halte dagegen mit der Erfahrung: »Hilf dene
Leut' beim Fallen, damit sie auf die Beine kommen, dann
werden sie auch für dich laufen.«

Mit Ntare begann ich mir ein außergewöhnliches
Pferd zu züchten. Auf seinem Rücken sollte ich einmal
Außenminister von Burundi werden oder Botschafter bei
der UNO; und ein sehr guter Freund von mir träumte
schon immer davon, Kultusminister eines Landes zu
werden, was man einem gebürtigen Salzburger, der mit
Festspielen aufwächst wie ein anderer Bub in einer anderen Stadt mit Fußball, auch nicht verübeln kann.

Er war der legendäre Consul Styler, der Drahtzieher
der Münchner Gesellschaft, satte zwanzig Jahre lang, im
gewissen Sinn auch einer meiner Ziehväter, der mich
»Mon cher consul« titulierte und auch ein bißchen in mich
verliebt war. Gott habe ihn selig. Ich hoffe, es geht ihm
im Himmel genauso gut wie auf Erden. Hier ging es ihm
prächtig. Und einen solchen Paradiesvogel wird München nie mehr haben (mich nicht mitgerechnet, weil ich
nicht ein lokaler, sondern ein internationaler Paradiesvogel bin).

Bevor ich mit den komplizierten Zusammenhängen
meiner Aktion Burundi fortfahre, muß ich beim Stichwort »Consul Styler« noch etwas weiter ausholen, um
dem Leser das Phänomen der Münchner Gesellschaft
und auch meines Aufstiegs verständlicher zu machen.
»Kir Royal« war ein schwacher Verschnitt im Vergleich
zu dem, wie die Münchner Szene wirklich funktionierte.

Eigentlich hieß dieser »Styler« bürgerlich »Stiehler«,

aber irgendwann tauschte Herbert G. das »ieh« mit einem Ypsilon aus. Die Weichen für eine neue Karriere wurden gestellt. Ursprünglich war er nämlich Hemdenverkäufer und Dekorateur. Eines Tages drapierte er im Schaufenster des noblen Modegeschäfts Loden-Frey, da klopfte außen eine Dame an die Scheibe und rief: »Sie da, kommen Sie mal raus!«

Die Madame mit dem Klopffinger war die Multimillionärin Ysabel Tas-Welz aus Amsterdam, Erbin einer Diamanten-Dynastie. Ihre Entscheidung verriet große Branchenkenntnis bei der Wahl zwischen Edelsteinen und Talmi.

»Wollen Sie mich heiraten?« fragte sie den verwirrten Hemdenverkäufer, wohl wissend, daß er nicht nein sagen konnte beim Anblick der schweren Klunker um Hals und Handgelenk. Da spielte auch der gravierende Altersunterschied keine Rolle. Man schätzte, daß Madame um gut fünfundzwanzig Jahre uneinholbar führte.

Jedenfalls brachte das Jawort auch den entsprechenden Aufschwung für Herbert. Eine Luxuswohnung in Harlaching und ein Büro in der Schackstraße, wo auch Fürst Johannes von Thurn & Taxis und Prinz Franz von Bayern residieren, gaben Consul Styler den richtigen Nimbus.

Ja, beinahe hätte ich's vergessen. Styler war Generalconsul von Thailand, wo sich sogar Gerichte mit seiner consularischen Einstufung beschäftigten: Ex oder ehemaliger, im Ruhestand oder a. D. Feine Unterschiede, die man juristisch präzise untersuchte. Den Münchnern war das ziemlich schnuppe: Styler als Consul in der »Hunter«-Kolumne war ein Begriff wie das Siegestor in Schwabing.

Genauso wie seine Feste. Von lustig bis makaber. Très chic. Wie alles in Consul Stylers Umgebung. Keiner schminkte sich so elegant wie er. Nicht einmal Krupp-Erbe Arndt von Bohlen und Halbach konnte so meisterhaft mit Puder und Wimperntusche umgehen wie Consul Styler. Und es war auch kein Geheimnis, daß ihn zu den Modenschauen nicht die Mannequins zogen, sondern die jungen Herren, die ebenfalls auf dem Laufsteg mittrippelten. Sie hüllte er in feine Stoffe, damit sie damenhaft aussahen. Er hatte als Consul eben einmal Thailand vertreten, wo die Kunst der Verkleidung raffinierte Formen hat.

Soviel also zu Consul Styler, der in der großen Burundi-Partie mein Partner war. Er spielte fabelhaft mit.

Im »Bayerischen Hof« buckelten die Portiers und Liftboys vor Seiner Hoheit König Ntare, weil er fürstliche Trinkgelder unters Volk streute. Aus meiner Tasche, versteht sich. Aber nicht mehr lange.

Ich führte Ntare auch in die Münchner Gesellschaft ein, aber dies schon mit einem genauen Ziel. Wir wollten bald anfangen für die Revolution in Burundi zu sammeln. Mein Freund »Hunter«, Hannes Obermaier, schrieb in seinen Memoiren voller Bewunderung: »Der schönste Farbige, der mir außer Harry Belafonte je unterkam.«

Und Hannes war fürwahr kein Liebhaber der thailändischen Seide.

Ntare, der schöne König, gehörte bald als verwöhnter Gast zu Styler-Partys. Er fühlte sich dort wie zu Hause, denn bei Styler ging auch Kongos Ministerpräsident Moise Tschombé ein und aus. Man kannte sich noch aus der Zeit, als Tschombé ein kleiner Beamter war. Aufstieg und Abstieg sind im Politgeschäft Bewegungen wie auf dem Schachbrett.

Im Januar 1968 war mein strategischer Burundi-Plan ausgereift. In München klirrte eisiger Frost, es schneite, und ich mußte dringend in die Sonne. Afrika rief. Wir trafen uns zu einer abschließenden Besprechung in Stylers Büro in der Schackstraße. Seine Repräsentationsräume verliehen der Verhandlung auch Gewicht. Ein schwerer Kronleuchter, Perserteppiche, holländische Meister an den Wänden und thailändische Buddhas in den Ecken; ein schwerer Mahagoni-Konferenztisch und Polstermöbel im Stil des Sonnenkönigs Louis XIV.

»*Voilà, mon cher consul!*« Styler umarmte mich und küßte auch Ntare. »Alles fertisch«, französelte er weiter.

»Fix und fertisch«, sagte ich. »Wir brauchen nur eine Vollmacht unseres Königs.«

Ntare zierte sich etwas, weil er unbedingt mitwollte. Aber wir machten ihm auf französisch — »c'est domage, fromage blamage« — (etwa »Das ist schade, dieser peinliche Käse«) ziemlich schnell klar, daß er bei einer solchen Aktion nur stören würde. Außerdem »Piff, paff, puff« werde dabei auch geschossen. Und ich richtete ein imaginäres Gewehr auf ihn mit dem Schreckenswort: »Bu-bu-bu, Micombero!«

Das wirkte. Ntare unterschrieb einen Wisch mit königlichem Wappen: *Monsieur H. H. Weyer est chargé du project de financier de l'Affaire que nous avons concluse le 10/1/68 ici à Munich. NOUS prions interlocuteurs à concluant d'envisager les choses en ordre de mission.*

Ich kann mich nicht mehr erinnern, wer dieses Zertifikat aufsetzte, ob Consul Styler oder Ntare selbst. Mich persönlich haben an der Universität Sorbonne mehr die Rocklängen der Studentinnen als die Grammatik interessiert.

Die Unterschrift war jedenfalls leserlich, und sinngemäß mußte es heißen: Herrn H. H. Weyer wird das Finanzierungsprojekt der »Sache« übertragen, welche wir am 10. 1. 1968 hier in München abgeschlossen haben. WIR bitten seine Gesprächspartner, diese Bescheinigung als einen Missionsauftrag zu betrachten.

Mission stammte aus meinem Wortschatz, wohlgemerkt. Nach diesem Vertrag mußte ich Ntare leider auch erklären, daß man sich in Kriegszeiten einschränken müsse. Kurzerhand habe ich ihn aus dem »Bayerischen Hof« in das Schwabinger Hinterhofhotel »Bosch« umquartiert. Zuerst in drei Zimmer, dann zwei und schließlich ein Zimmer, bis wir ein noch kleineres fanden.

Ich belehrte ihn, daß es mit den Trinkgeldern nun vorbei sei. Das schmerzte Ntare am meisten, weil ohne Bakschisch hatte nicht einmal die türkische Putzfrau zu ihm Königliche Hoheit gesagt. Auch die Portiers grüßten ihn nicht mehr. Ja, Krieg ist immer schlimm.

Zu allem Überdruß kam noch die Beschwerde, daß der König um sieben Uhr früh schon gegen die Wand hämmerte und die persischen Scheich-Stipendiaten störte, die sich nach dem anstrengenden Studium und nächtlichen Pauken nicht ausschlafen könnten. Ich schaute nach. Zum Schreien. Seine Majestät spannten quer durch sein Zimmer Wäscheleinen und hängten seine Socken und Unterhosen auf. Mein Blick fiel auch auf einen grauen Karton: »Was haben Sie überhaupt da drin?« herrschte ich den eingeschüchterten König an. Ich weiß. Ntare war von den Partys in Consul Stylers Hochleite-Villa einen anderen Ton gewöhnt. Dort warfen ihm Filmsternchen Birgit Bergen, die Industriellen-Löwin Lo Sachs und sogar Prinzessin Soraya bewundernde Blicke zu, die aber eigentlich mir galten, weil ich auf Ntare aufpaßte, damit er seinen Teller am Buffet nicht zu voll lud; daher stand ich meistens hinter ihm.

Aber jetzt war eben Schluß mit *dolce vita*. »Ein König, der von seinem Volk Opfer verlangt, muß selbst mit gutem Beispiel vorangehen«, erklärte ich.

»Und in diesem Pappkarton, verdammt noch mal, was ist da drin?« wiederholte ich.

»Nichts von Bedeutung«, nuschelte Ntare. »Nur Pässe und Orden aus Burundi. Ich wollte sie der Regierung von Mobutu schenken.«

Ich dachte, mich knutscht ein Elch. Pässe und Orden! Hörte ich richtig? Und diese himmlische Botschaft erfuhr ich so spät! »Her damit, du glücklicher König aller Hottentotten!« jubelte ich.

Ntare wehrte sich, die Pässe und Orden seien seit seiner Absetzung so gut wie nichts mehr wert.

Ich brauste auf: »Nichts mehr wert? Gold wert sind die! Wir brauchen diese Pässe und Orden, um Majestät Ihre Rückkehr auf Ihren Thron zu finanzieren.«

Da ging auch Ntare ein Licht auf. Ich rief in heller Begeisterung Consul Styler an und raste sofort mit dem Karton zu ihm. Der Ausverkauf Burundis konnte beginnen. Ein wunderbarer Winterschlußverkauf in München. Auch Consul Stylerchen jauchzte und kniff mir sogar in den strammen Popo. Aus lauter Freude packte er Ntare unterm Arm und tanzte mit ihm und sang: »Neun kleine Negerlein, die gingen durch die Nacht, das eine fraß ein Krokodil, da waren's nur noch acht...«

Ich kannte Stylers schwarzen Humor und seinen

Lieblingswitz: »Da fliegt ein Häuptling mit der Air France nach Paris. Die Stewardeß fragt ihn, was er zum Lunch zu sich nehmen will. Sagt der Häuptling: ›Bringen Sie mir bitte die Passagierliste...‹«

Nun, im Ernst. Ich war wirklich entschlossen, König Ntare zu zu helfen. Er hatte zweifelsohne einen Anspruch auf den Thron und ich ein Recht auf einen UNO-Sessel. Ich beschloß zu handeln.

Ich wandte mich an meinen guten Geschäftspartner, die Firma *stern*-Magazin, Deutschlands waches Gewissen, den Fackelträger, der im Zwielicht nach der verborgenen Wahrheit forschte. Man war dort eben dabei, meine Funktion als »Dekorateur der deutschen Gesellschaft« zu durchleuchten. Die Serie »Ich, Weyer« lief an. Weyer auf der Titelseite! Um so was zu schaffen, mußte Nikita Chruschtschow sterben und Albert Speer als Reichsminister zwanzig Jahre eingesperrt gewesen sein. Ich versuchte aus dem Titel noch mehr Kapital zu schlagen und dem *stern* nun einen echten Knüller zu liefern. Einen Staatsstreich in Afrika.

Um herauszufinden, ob das Zusammenwirken zwischen König Ntare V., Ex-Consul Styler und Consul Weyer tatsächlich zu einem Krieg in Afrika führen konnte, lud mich die *stern*-Redaktion sofort nach Hamburg ein. Mit Lufthansa 1. Klasse.

»Dringlichkeitsstufe eins«, erklärte ich. Auf die Frage, welche Motive ich hätte, mich in Burundi zu engagieren, sagte ich nur: »Ich möchte Äquivalente haben.«

Man hat mich richtig verstanden: Landerechte für internationale Fluglinien, Lizenzen für Fabriken und die Vollmacht zur Ernennung von Consuln in der ganzen Welt. Es war schon immer mein Traum, ein Land zu beherrschen, Macht zu haben. Deshalb startete ich das Experiment mit der englischen Insel Lundy, deshalb hat es mich später auch nach Paraguay verschlagen. In Burundi schätzte ich damals meine Chancen sehr realistisch ein.

Zum damaligen Zeitpunkt saß in einem Camp im Nachbarstaat der Söldner-Oberst Jean Schramm, deutsch-belgischer Abstammung, interniert mit seinen hundertdreißig Mannen. Eine kampferprobte Truppe, die für Geld jeden Auftrag übernahm. Die Truppe wartete auf eine Lösung, um aus Afrika ausgeflogen zu werden.

Ich hatte vor, diese Söldner mit entsprechenden finanziellen Mitteln zu mobilisieren und in Burundi einzusetzen. Ich kannte die Lage und wußte, daß hundertdreißig Profis reichten, um Burundi unter Kontrolle zu bekommen. Unblutig. Sollte mein Plan richtig funktionieren, waren keine Menschenopfer notwendig. Ich wollte die Aktion selbst durchführen und General Micombero zur Flucht bewegen. Auch dafür waren entsprechende finanzielle Reserven vorgesehen.

Wenn alles gelang, rechnete ich mit einem Doppelschlag. Zwei Fliegen auf einmal: Ich würde den jungen König Ntare wieder auf den Thron setzen und für seinen Vater Mwambutsa das Geld in der Schweiz lockermachen. Dann war immer noch genug Zeit, sich erneut an den Verhandlungstisch zu setzen, um die nächste Runde auszuknobeln.

Der *stern* spürte die Last der historischen Stunde. Es wurden mir die beiden besten Kräfte des Verlags beigestellt. Star-Autor Erich Kuby und der Rechercheur des Teufels, Gerd Heidemann, ein Fotograf. Der gleiche Heidemann hat knapp fünfzehn Jahre später die Krise des *stern* eingeläutet: Heidemann spürte die angeblichen Hitler-Tagebücher auf. Jene Kladden, die sich als Fälschung erwiesen. Heidemann mußte viereinhalb Jahre in Haft verbüßen. Der Verbleib etlicher *stern*-Millionen war bis zum Redaktionsschluß meines Buches ungeklärt. Der *stern* hat sich von diesem Desaster nie mehr erholt. Henri Nannen warf das Handtuch, neun Chefredakteure wurden verschlissen, und während ich in Kampen im piekfeinen *old British Hotel* »Hinchley Wood« diktiere, schuftet bereits Chefredakteur Nummer 10, um aus dem *stern* wieder einen ›star‹ zu machen. Im Gegensatz zu mir, der nun bequem auf einer Sonnenmatratze liegt, sich seinen wunderbaren Körper einölt und dessen bezaubernde Sekretärin es kaum erwarten kann, daß er mit dieser spannenden Geschichte über Burundi fortfährt.

Nochmals aber zu Gerd Heidemann. Phantastisch, wie er Details aufspüren konnte. In der Dokumentation war er unschlagbar. Jahrelang forschte er nach dem geheimnisvollen Bestsellerautor B. Traven. Niemand wußte, wer hinter diesem Pseudonym steckte. Nicht einmal der Verleger. Die Manuskripte kamen ohne Absender per Post. Auch Heidemann war, nachdem er sich auf Travens Spuren begeben hatte, verschollen, bis ihn die Redaktion mühsam fand. Henri Nannen pfiff ihn nach drei Monaten aus Mexiko zurück.

Heidemann rollte das Ergebnis von gigantischen Spesen triumphierend in die Redaktion: sage und schreibe vierundsechzig Leitz-Ordner. Alles pingelig gesammelt und aufgezeichnet. Es fehlte nur die letzte Lösung: Wer ist Boris B. Traven? Da wurde Nannen zum erstenmal auf seinen Star-Reporter wütend und warf ihn aus dem Zimmer.

Heidemann schien auch von Nazi-Größen fasziniert gewesen zu sein. Er kaufte für zwei Millionen Mark die ehemalige Yacht meines Taufpaten, Reichsmarschall Hermann Göring, die »Karinhall II«. Dort hortete er die wohl größte Nazi-Sammlung Deutschlands. SS-Standarten, Säbel, ein Silberbesteck von Großadmiral Dönitz und Orden. Von den Orden war es nur ein kleiner Schritt zu Weyer. Heidemann entwickelte sich auch zum Weyer-Experten und Afrika-Kenner.

Wäre der *stern* bloß bei der Weyer-Berichterstattung geblieben. Dann wäre er nicht mit seiner Auflage an die Schmerzgrenze gesunken. Denn Weyer bedeutete im Gegenteil immer Auflage. Man bestätigte in meiner Serie, mit welchem Interesse mein Schicksal in Deutschland verfolgt wurde.

Als Trio infernal flogen wir also nach Burundi. Wieder aus Brüssel. Heidemann hatte sich vorher schon längere Zeit in diesem Krisengebiet aufgehalten und kannte sich mit den Gegebenheiten bestens aus. Ich konnte allerdings auf seine Hilfe nicht zählen. Man wollte mich in die Pfanne hauen. Das wußte ich und ging dennoch das Risiko ein. Ich dachte an meine Kunden und rechnete insgeheim mit einer massiven Werbung für mein Burundi-Projekt. Daß ich scheitern könnte, kam mir nicht einmal im Traum in den Sinn. Weyer ist der geborene Sieger.

Kuby und Heidemann verfielen während der Reise hoffnungslos der Schachmanie. Sie waren süchtig und versäumten beinahe alle wichtigen Ereignisse, weil sie ständig nur: »Schach! Matt! Patt!« riefen. Zum Schreien.

Ich wußte auch, daß Heidemann von Nannen die Anordnung bekommen hatte: »Sollte dem Weyer etwas zustoßen, haltet euch raus und die Kamera drauf.«

Ich mußte allein durch. Aber ein Consul Weyer ist niemals allein. Ich bin dabei. Und wo ich bin, bin ich mir selbst die beste Gesellschaft. Ich brauche nicht einmal einen Spiegel. Ich schaue in mich hinein und betrachte mich selbst. Ich bin mein bester Freund, und ich weiß, daß ich es mit mir gut meine. Ich kann mir selbst vertrauen, ich bin von mir selbst auch nie enttäuscht worden.

Den ersten Krach bekam ich mit Kuby auf dem Flughafen Bujumbura. Es ging um den einzigen Volkswagen am Ort, den ich organisieren konnte. Kuby wollte unbedingt vorn sitzen. Ich erklärte ihm: »Das ist kein ostfriesisches Auto.«

»Was ist ein ostfriesisches Auto?« fragte Kuby irritiert.

»Ein Wagen, der vier Meter breit ist und nur einen Meter lang, weil alle Ostfriesen vorn sitzen wollen.«

Kuby war beleidigt. Er benutzte die Burundi-Reportage zu einer persönlichen Abrechnung.

Die Lage in Burundi war komplizierter, als ich gedacht hatte. Ich beschloß, die Gastfreundschaft des örtlichen (echten) deutschen Consuls, Herrn Schneiders, in Anspruch zu nehmen. Sein Haus am Kivu-See am Hügel von Bukavu war geräumig genug für uns alle drei.

Consul Schneider genoß in Zentralafrika hohes Ansehen, leitete eine Chininplantage und rettete vielen Europäern während der Kämpfe an der Grenze zwischen Ruanda und Burundi das Leben. Man nannte ihn den Helden von Bukavu.

Von hier aus wollte ich Verbindung mit Söldner-Oberst Schramm aufnehmen. Wir fuhren hin; ich in meinem Safari-Maßhemd, das Kuby und Heidemann sichtlich provozierte; meinen Hut zierte ein Leopardenband, ich glaube, man hätte gleich anfangen können, mit mir *Out of Africa* zu drehen. Ich war viel schöner in meinem Aufzug als später Robert Redford. Wir kamen an mehreren Wachtposten vorbei, die uns ungehindert passieren ließen. Kurz vor dem Internierungslager der Söldner begleitete uns ein burundischer Regierungssoldat zu einem Leutnant. Er prüfte unsere Papiere, wir gaben an, einen deutschen Landsmann besuchen zu wollen, den Teezüchter Gütt. Doch der Leutnant mißtraute uns.

»Drei Journalisten«, sagte er. »Ihr seid nur scharf auf ein Interview mit Söldner-Oberst Schramm.«

Er hatte unsere Absicht durchschaut, ließ uns aber ungehindert zur Gütt-Farm weiterfahren. Die nützte mir kaum. Ich mußte mich für die erste Runde geschlagen geben. Kuby erfaßte die Lage und schrieb darüber den einzigen korrekten Absatz in seiner 12 600 Zeilen umfassenden Reportage. Ich erlaube mir, jene acht Zeilen zu zitieren, denn als blendenden Formulierer und Satztüftler habe ich Kuby selbstverständlich sehr geschätzt. Wenn einmal jemand in diesem Stil meine Memoiren schreiben würde, müßte es ein Bestseller werden, dachte ich schon damals.

Ich zitiere also Kuby in dem Augenblick, in dem der Leutnant uns die Weiterfahrt zum Söldnerlager verweigert:

Dieser wackere, pflichteifrige Soldat hat uns (gemeint sind Kuby und Heidemann) *der Notwendigkeit enthoben, Weyers Pläne zu durchkreuzen. Es ist zwar schade, daß wir kein Interview mit Schramm machen können, aber dieser Nachteil steht in keinem Verhältnis zu der Tatsache, daß Weyer Schramm nicht sprechen wird und damit alle Staatsstreichpläne, soweit die Söldner dabei eine Rolle spielen sollen, begraben sind.*

Da haben wir den Salat. Zwei Reporter, die meine Pläne durchkreuzen wollten. Trotzdem nahm ich in einer finsteren Nacht noch einen zweiten Anlauf. Das Gestrüpp vor dem Söldnerlager war aber undurchdringlich. Dennoch gefiel mir die Landschaft ausgezeichnet, und ich wollte mir dort auch einige Grundstücke kaufen für ein künftiges Ferienparadies am Kivu-See. Wie ernst mir dieses Projekt war, dokumentierte ich für den Fotografen Heidemann. Ich zählte vor aller Augen und vor einer Kamera zwanzig Tausender auf die Motorhaube eines weißen Land Rover.

Danach steckte ich das gebündelte Bare in die Brusttasche meines Buschhemds. Abends war das Geld weg. Gestohlen?

Diese erste Vermutung war falsch. Eine ganz dumme Sache ist mir passiert. Ich habe unterwegs einer alten Negermami drei gebrauchte Hemden geschenkt. In einem steckte das Geld. Es war zu spät, es zu suchen. Die Alte im Busch zu finden war aussichtslos. Als Trostpflaster linderte diesen schmerzlichen Verlust die Tatsache, daß es nicht mein eigenes Geld war, sondern ein Teil von den 50 000 Mark, die ich vom *stern* kassierte.

Angesichts der starken Präsenz der Regierungstruppen hielt es mich nicht mehr lange in Burundi. Kuby bedrängte mich: »Wir müssen stürmen, wir brauchen Fotos, Nannen will was sehen!«

Mir war es zu brenzlich, noch mehr Zeit zu verlieren. Immerhin hätte es bei meiner internationalen Popularität sein können, daß ein Zeitungsfoto von König Ntare und mir inzwischen auch schon in Bujumbura kreiste. Micombero, der mich von einem ersten Besuch im Lande gut kannte, hätte sicherlich ganz Burundi durchkämmt, um mich aufzutreiben und an die Wand zu stellen. Das wäre noch ein sanfter Tod gewesen. Denn gewöhnlich fanden in Burundi die Hinrichtungen durch Vierteilen statt.

Nichts wie weg! Ab in die Sonne. Ich setzte mich ins benachbarte Uganda ab, legte mich im »Apollo« an den Pool, um mir Schicht für Schicht eine unverfälschte Consul-Weyersche Bräune zuzulegen. Es war Winter in Deutschland, und ich wollte in blendender Form zurückkehren. Mein heimlicher Bewunderer Gerd Heidemann verfaßte den zweiten korrekten Absatz dieser Reisereportage: *Consul Weyers Afrikakrieg ertrank im Sonnenöl.*

Ich posierte noch zum Abschied mit Pygmäen-Tänzern und einem baumlangen Dorfmädchen. Hätte ich sie mitgenommen, wäre sie glatt zum Star-Mannequin bei Dior aufgestiegen. Aber ich hätte sie noch etwas bei mir verstecken müssen: Schwarze Perlen lagen in der Modebranche noch nicht im Trend. Man schätzte die Kongo-Girls allenfalls als Köchinnen. Von denen hatte ich trotz des großen Verschleißes genug. Denn immer, wenn meine Taille um einige Millimeter über meinen Krokogürtel schwappte, habe ich meine Köchin fristlos gefeuert.

Von Kuby und Heidemann trennte ich mich im Zorn. Man wollte mir anhängen, ich sei ein Kriegszündler. Die beiden Schreibtischtäter hatten die Genialität meines Plans nicht erkannt. Er glich fast aufs Haar der Eroberung des Uganda-Flughafens Entebbe viele Jahre später, von den Israelis durchgeführt.

Nach einer Woche in Kampala kehrte ich wie ein Sonnengott nach München zurück. Trotz später Stunde eilte ich sofort zu Consul Styler.

»Leise bitte«, begrüßte er mich, »Madame hat sich schon hingelegt.«

»Hoffentlich nicht für immer«, antwortete ich. Die Bemerkung war durchaus kein Anflug von Zynismus. Wir alle lebten in tiefer Sorge, daß die charmante »Diamanten-Wally«, Spitzname von Stylers reicher Gattin, uns wegen ihres hohen Alters — sie hatte schon die Achtzig überschritten — bald verlassen würde.

Ich berichtete Consul Styler von meiner Mission. »Wo ist der König?« erkundigte ich mich zwischendurch. Styler wurde kreidebleich. »Mon dieu! Er hat München von einigen Tagen verlassen. Mit einer Blondine! Sie soll die Nichte von Charles de Gaulle sein.« Ich bekam einen Schweißausbruch, was bei mir selten der Fall ist. Das Leben des Königs war in Gefahr!

Mit der ersten Maschine flog ich am nächsten Morgen nach Brüssel. Der letzte und einzige europäische Flughafen auf dem Trip nach Burundi. Ich hoffte, den König Ntare noch dort zu erreichen, vermutete ihn in meiner Nachrichtenzentrale im Hotel »Mayfair«. Zu spät.

Der Portier bedauerte, Seine Majestät seien schon abgereist. Mich packte das pure Entsetzen:

Alle strategischen Pläne, Unterlagen, Dokumente

und Briefe weg. Der König Ntare hatte alles mitgenommen und flog nach Burundi. Ich wußte, was passieren würde, und ging in die Brüsseler Kathedrale, um für den König zu beten.

Denn es vergeht kein Tag, an dem ich nicht bete. Mag sein, lieber Leser, daß ich schon dick auftrage, meine Erfolge gern zur Schau stelle, mich ironisch heiter bis zynisch bewölkt gebe. Aber das ist nur meine Rolle, die mir von oben zugeteilt wurde. Ich muß den schönen Consul in einer göttlichen Komödie spielen.

Einmal träumte ich, daß ich in den Himmel kam und vor dem Jüngsten Gericht stand. Der liebe Herrgott musterte mein Register und meinte: »Tja, lieber Hans Hermann, du mußt wieder auf die Erde zurück und machst alles noch einmal von vorn durch. Du wirst zur Strafe auch in deinem nächsten Leben der schöne Consul sein.«

Das entsetzliche Ende des schönen Königs Ntare V. tickerte die Agentur Reuter in die ganze Welt: Er wurde bei der Landung in Bujumbura festgenommen und sofort wegen Landesverrat verurteilt. Die rebellische Armee und seine Untertanen haben ihn nicht erschossen, sondern auf die landesübliche Art gevierteilt. Ein grausames Schicksal einer schillernden Figur, die in Münchens Schickeria ein kurzes Gastspiel gab.

Eine Gedenkfeier mit Hummer und Langusten, sie hätte eigentlich in das »Kir Royal«-Konzept gepaßt, fand nicht mehr statt. Ich ging für einige Zeit auf Tauchstation, weil es begründete Befürchtungen gab, General Micombero könnte mir einige Killer auf den Hals hetzen. Er hatte ja sämtliche Unterlagen meiner Tätigkeit in der Hand.

Aber ich tauchte nicht weit weg. In der Mozart-Stadt Salzburg fand ich eine Kulturoase mit vielen schönen und noch schöneren Frauen. Ich begann mich langsam von meinem Afrika-Schock zu erholen.

Ich nistete mich im Hotel »Bristol« ein und genoß die schönste Aussicht, die Salzburg damals zu bieten hatte: Ich betrachtete mich selbst im Spiegel an der Bar. Ich war auch fast täglicher Gast im Nobelrestaurant »Goldener Hirsch« und freundete mich mit dem Besitzer Graf Waldersdorff auf Lebenszeit an. Ein echter Graf mit Humor und Ohr für meine Abenteuergeschichten, die ihn stets köstlich amüsieren.

Im Café »Mozart«, wo der exzentrische Pianist Friedrich Gulda im Winter Schach spielt und auch meine spätere Miss-Bekannte Brigitte Cimarolli sich als Brettmeisterin ihre Schachsporen verdiente (Verzeihung, aber seit Kuby und Heidemann ist mir dieses angeblich königliche Spiel zuwider), las ich in einer Meldung, was mit der Truppe von Söldner-Oberst Schramm passiert war: Das Rote Kreuz holte alle nach Europa zurück. In einem monatelangen Tauziehen forderte der Kongo bis zuletzt die Auslieferung. Erfolglos.

Die *stern*-Serie beschäftigte den Bundestag. Die Regierung prüfte, welche Möglichkeiten sie hatte, den Handel mit Consultiteln zu unterbinden. Ergebnis: Alle meine Geschäfte waren bis dato legitim gewesen. Die Frage, ob solche Consulvermittlungen dem Ansehen der Bundesrepublik bei den Regierungen der befreundeten Staaten schaden könnten, erwies sich als geradezu absurd.

Nach meinem Sommer-Exil in Salzburg kehrte ich nach Hamburg zurück. Auf dem Flughafen wurde ich mit einem Rosenstrauß von der Lufthansa begrüßt! Das Foto ging durch die Tagespresse. Man freute sich, einen so guten Kunden wie mich zurückgewonnen zu haben. Und selbstverständlich wurde ich trotz parlamentarischer Debatte um mein Handwerk von allen als »Exzellenz« angeredet. Kuby und Heidemann verstanden die Welt nicht mehr.

Heute kann ich nur sagen: »Lieber Herr Heidemann, es freut mich sehr, daß Sie wieder die Freiheit genießen, die Sie genauso lieben wie ich. Mir klingt aber unvergeßlich in den Ohren Ihr genialer Spruch: ›Jeder Reporter ist nur soviel wert wie seine letzte Geschichte.‹ Hätten Sie sich bitte daran gehalten, könnten Sie heute mit Consul Weyer ein sagenhaftes Comeback feiern.«

Lady Ysabel, die großartigste Gönnerin, die es je auf Münchens gesellschaftlichem Parkett gab, verließ ihren genauso großartigen Verschwender Consul Styler im Frühjahr 1971. Auch der Ex-Thaikonsul weilt nicht mehr unter uns. Alle hielten ihn zu Lebzeiten für reich. Aber ich weiß, daß ihm seine Madame nur fünfzig Mark Taschengeld pro Woche (!) genehmigte.

Als Gerücht hält sich in eingeweihten Kreisen hartnäckig, daß Herbert G. Styler den Tod seiner Frau Ysabel lange Zeit verheimlichte, weil er ihr Testament nicht finden konnte. Ich selbst glaube es nicht. Für Consul Styler lebte seine fabelhafte Lady Ysabel bis ans Ende seines eigenen schönen Lebens weiter.

Einmal war ich Zeuge eines seltsamen Abendessens. Consul Styler lud mich ein. Wir waren nur zu zweit, aber es war für drei Personen gedeckt. Ich wunderte mich anfangs, weil auch für die dritte, nicht anwesende Person serviert wurde. Auf einmal hob Consul Styler sein Glas und wandte sich an den Geisterplatz am Tisch. Er prostete ins Leere:

»Die Seezunge war wirklich super, *n'est-ce pas, Madame?*«

Meine Präsidenten

Ich bin rechtslastig, weil ich der Meinung bin, daß die Rechten auf mein schwerverdientes Geld besser aufpassen können als die Linken.

Für mein Handwerk als diplomatischer Unterhändler und späterer Staatssekretär im Rang eines persönlichen Beraters des Präsidenten William Tolbert von Liberia war der Umgang mit Staatsoberhäuptern das Wichtigste, was ich brauchte. Hierfür entwickelte ich eine Anatomie der Präsidentenbehandlung. Und es gelang mir tatsächlich, bei jedem einzelnen, seinen ganz persönlichen G-Punkt zu entdecken.

1) Gesang. Singende Präsidenten sind mir am liebsten. Erstens, weil ich mit ihnen bei Tisch mein Lieblingslied *Oh Happy Day* anstimmen kann; zweitens halte ich es mit der Volksweisheit: »Wo man singt, da laß dich nieder, böse Menschen haben keine Lieder.« Einem singenden Präsidenten kann ich auch eine eigene Schallplattenproduktion schenken, was sein Ansehen im Volke hebt, seinem Stolz schmeichelt und Einnahmen in die Privatschatulle bringt. Denn ich suche mir gern musische Länder aus, wo der Kauf einer Präsidenten-Platte per Gesetz beschlossen wird.

2) Gesundheitsbild. Ich erkundige mich sehr genau nach den Krankheiten des Präsidenten. Über meinen Leibarzt kann ich sowohl helfen als auch Einfluß gewinnen. Der Präsident wird zu meinem Patienten. Eine genaue Diagnose zu beschaffen lohnt sich schon deshalb,

damit ich meine Zeit nicht mit einem todkranken Staatschef vergeude.

3) Garderobe. Meine Präsidenten ziehe ich am liebsten selbst an, deshalb empfehle ich immer meinen Schneider. Ich muß an die vielen Fotos denken, die mit Consul Weyer und dem jeweiligen Staatschef um die Welt gehen. Da möchte ich nicht neben einer Witzfigur stehen. Mit meinem sprichwörtlich guten Geschmack könnte ich auch der jetzigen Bundesregierung sicherlich mit Bekleidungsratschlägen dienen.

4) Geschenke sind eine heikle Sache. Im Lauf meiner langjährigen diplomatischen Tätigkeit haben sich bestens bewährt: Edelsteine des Landes, verarbeitet als Gürtelschnalle. Natürlich stürze ich mich nicht gleich in Unkosten, sondern schlage dieses Geschenk dem Präsidenten erst einmal vor und versuche hierfür einen Staatsauftrag zu bekommen. Er soll so ausfallen, daß ich gleich zwei Edelsteinschnallen beschaffen kann. Eine für den Präsidenten als Geschenk, die zweite für mich als Bestätigung der Freundschaft.

5) Statussymbole. Ich achte darauf, daß sich meine Tätigkeit sofort in sichtbaren Ergebnissen niederschlägt. So gelang es mir zum Beispiel seinerzeit, den liberianischen Präsidenten schnell zu überreden, daß er von seinem alten Mercedes-Modell auf einen Jaguar umsteigen soll. Mit der neuen Karosse konnte der Mann auf der Straße sofort erkennen, seit Consul Weyer den Präsidenten William Tolbert berät, weht ein frischer Wind im Land. Es fuhren auch jeweils zwei Jaguars im Konvoi: der Jaguar des Präsidenten und dahinter der meine. Mit der Einführung der richtigen Automarke (nur Jaguar, Rolls-Royce oder Bentley) lassen sich einige einschneidende Reformen zu meinen Gunsten im Land einführen.

6) Genüsse. Ich weise die Präsidenten in andere Vergnügungsarten als nur Arbeit ein. Dabei gehe ich mit gutem Beispiel voran, erscheine bei meinen Staatsbesuchen vorzugsweise mit langhaarigen Blondinen, wie Misses Germany oder schönen Pfarrerstöchtern. Dabei muß man freilich sehr darauf achten, daß eine Frau, die der Präsident durch mich kennenlernt, keinen größeren Ein-

fluß gewinnt als ich selbst. Das ist keine Sache für Stümper. Versuchen Sie mich bitte in diesem Punkt nicht nachzuahmen. Sollten Sie sich ebenfalls um eine Beraterkarriere bei einem Präsidenten bemühen, bringen Sie ihm keine Frauen. Sondern nehmen Sie Consul Weyer mit. Sie schlafen ruhiger.

7) Kosmetika können Wunder wirken. Wenn der Präsident mal heimlich nach meinem Schönheitsrezept fragt, schenke ich ihm eine eigens für mich entwickelte Kosmetikserie. Und ein Siebenkilopaket mit »Consul Weyers Molke« samt Gebrauchsanweisung und meiner Empfehlung: »Ich esse sie, ich trinke sie, ich schmiere sie mir ins Gesicht.« Mit schönen Grüßen vom Kurhaus Tennenbronn im Schwarzwald, an dem ich beteiligt bin.

8) Biographie schreiben (lassen) gehört zum nächsten Beraterpunkt. Der Präsident im eigenen Wunschbild, wie er sich sehen möchte. Er kann sämtliche Angriffe gegen sich weglassen. Als Muster stelle ich Maos Bibel hin. Wie gut das funktioniert — und das kann ich vorweg schon erwähnen —, bewies der Fall Nicolae Ceauçescu. Zu meinem Leidwesen konnte ich natürlich nicht ahnen, zu welchem absonderlichen Ungeheuer er sich entwickeln würde. Als ich ihn im Sommer 1969 an der Côte d'Azur traf, machte er den besten Eindruck. Kurz nach unserem Gespräch ist auch tatsächlich seine Biographie erschienen und wurde als Pflichtlektüre an allen rumänischen Schulen eingeführt. Eines weiteren Kommentars möchte ich mich enthalten.

9) Tageskalender. Ich schenke dem Präsidenten ein persönliches Notizbuch, in das ich vorher wichtige Hinweise eingetragen habe. Zum Beispiel, daß er seine Untergebenen an Geburtstagen nicht mit einem Geschenk überraschen, sondern ihnen einen Lobrede halten soll. Mit Worten kann man viel mehr erreichen als mit Sachen. Es hat bei meinem besten Lehrbuben William Tolbert auch bestens funktioniert, nur muß er etwas in meinem Kalender übersehen haben. Ausgerechnet bei einem Feldwebel, einem gewissen Samuel Doe, der damals die Palastwache befehligte, machte er einen Fehler. Dieser Doe hat seine Position nämlich schändlich miß-

braucht; er drang in Tolberts Schlafzimmer ein und erschoß den liberianischen Präsidenten im Bett. Unter dem Kopfkissen muß er mein Notizbuch gefunden haben. Denn alles, was Samuel Doe als neuer Präsident von Liberia unternahm, stammte Buchstabe für Buchstabe aus Consul Weyers Leitfaden *Wie benehme ich mich mit Würde als Staatspräsident?* Denn:

Samuel Doe, kaum des Lesens und Schreibens mächtig, besorgte sich einen Ehrendoktortitel von der Universität in Seoul. Er kaufte drei Jaguars und ein Rolls-Royce-Cabrio, ließ in Paris bei meinem Schneider Maß nehmen und bestellte Edelsteine bei Bulgari, dem Juwelier, den auch ich bevorzuge.

Auch seine Verwandtschaft beherzigte einen Weyer-Kodex: möglichst großen Immobilienbesitz im In- und Ausland zu erwerben. Wäre Samuel Doe nicht der Mörder meines Stammesbruders William Tolbert gewesen, hätte er mit seinem Putsch nicht versagt und nicht weitergemordet, könnte ich mit Stolz verkünden: Er war ein guter Weyer-Schüler. Nach seinen Schandtaten ist mir dieser Samuel Doe aber zuwider.

10) Beraterverträge. Trotz aller Freundschaft lege ich auch schriftlich fest, daß ich für alle Bereiche der Staatspolitik innen wie außen, einschließlich des Geheimdienstes, zuständig bin. Ich muß doch schließlich darüber informiert sein, was ein Präsident vorhat, damit ich weiß, wann ich meine Koffer packen muß. Apropos, die Höhe des Honorars für meine Beratertätigkeit ist unwichtig.

Nun zu Beispielen, wie sich meine Theorie über den Umgang mit Staatspräsidenten auch in der Praxis bewährte.

Côte d'Azur, Herbst 1964. Ich unternahm einmal eine kurze Spritztour nach Monte Carlo. Mit meinem neuen Mercedes 600, von dem in Deutschland gerade erst vier Stück ausgeliefert worden waren. Klar, daß ich den Wagen nicht in der Garage verstauben ließ. So ein Auto muß man vorzeigen, und der beste Platz dafür war damals Monaco. Ich drehte einige Runden vor dem Casino und setzte meine Fahrt nach dem etwa acht Kilometer entfernten Beaulieu-sur-Mer fort. Damals wie heute ein ungeheuer fashionabler Seeort mit »dem« Geheimtip schlechthin — dem kleinen Familienhotel »La Réserve de Beaulieu«.

Nur fünfzig Zimmer, aber die besten Gäste. Fiat-Boß Agnelli, Pierre Cardin, Sir Laurence Olivier, Frank Sinatra hatten dort ständig ein Appartement reserviert. Ich setzte mich auf die Terrasse, um das diskrete Treiben der feinen Gesellschaft zu beobachten. Mein Auto hatte ich so geschickt geparkt, daß jeder dran vorbeigehen mußte.

Ich trank einen Kaffee. Es tat sich eine Zeitlang nichts. Entweder saßen hier ältere Herren mit jüngeren Frauen oder ältere Damen mit jüngeren Männern, die Karten schienen verteilt zu sein, und ich wollte schon wieder gehen. Da sprach mich jemand in gebrochenem Französisch an. Ein Mann, etwa Vierzig, gutaussehend, fragte mich ohne Umschweife, ob ich ihm für eine halbe Stunde meinen Wagen leihen könne.

Ich muß gestehen, daß ich ziemlich verblüfft war, aber irgendwie sagte mein Instinkt: Tu's, du wirst es nicht bereuen!

Weiß der Teufel, vielleicht hielt ich den Mann für Marcello Mastroianni oder Gregory Peck, ich spürte, daß mich die Gäste auf der Terrasse alle beobachteten, ich wollte den Grande spielen und gab lässig dem Fremden die Schlüssel.

Er brauste davon, und ich wartete. Eine halbe Stunde, eine Stunde, zwei, drei. Bis es langsam dunkel und mir doch mulmig wurde. Ausgerechnet an diesem Wochenende war ich etwas pleite und immer schon geizig genug, um nicht hundertfünfzig Mark — damals ein Vermögen — für die Übernachtung in einem Hotel hinauszuwerfen.

Ich wußte aber, daß sich hinter dem »La Réserve de Beaulieu« eine kleine Absteige befindet, für die Butler und Chauffeure der feinen Gäste. Also ging ich an die Rezeption und erklärte, daß ich der Chauffeur der schwarzen Mercedes-Limousine sei und auf meinen Herren warte. Man zeigte volles Verständnis und gab mir ein Bett, wo ich sofort einschlief.

Kurz nach Mitternacht wurde ich geweckt. Der Por-

187

tier brachte mir die Autoschlüssel zurück und eine Visitenkarte. Ich muß sagen, es hat mich beinahe umgehauen, als ich die goldene Schrift las:

Nicolae Ceauçescu — Chef der KP und Präsident der Republica Socialista Romania.

Donnerwetter. Diesem Mann hatte ich das Auto geliehen. Er lud mich am nächsten Tag zum Mittagessen ein. Wir bestellten ein vorzügliches *Carré d'agneau des Alpilles aux petits farcis niçois* und ich wußte sofort, warum das Restaurant dieses Hotels auch einen Michelin-Stern trägt.

Wir plauderten gemischt englisch und französisch, und ich ging nach meiner Anatomie zur Präsidentenbehandlung systematisch vor. Ich fing mit Punkt 9 an: »Was halten Sie davon, Monsieur, Pardon, Genosse Ceauçescu, Ihre Biographie schreiben zu lassen?«

Er wurde nachdenklich, trank einen Schluck Rotwein und sagte dann ganz vertraulich: »Sie können mir behilflich sein, ich brauche für meine Securitate Unterhosen und Unterhemden. Sie wissen ja, unser Land hat Öl und Dollars genug.«

Ja, Ceauçescu benahm sich an der Côte D'Azur wie ein Scheich und zahlte bar. Selbstverständlich habe ich ihm die Unterhosen und Unterhemden für seine Geheimpolizei besorgt. War auch zweimal in Bukarest, aber es gelang mir nie mehr, Geschäfte mit Ceauçescu zu machen, was ich nach den Entwicklungen in Rumänien auch nicht bedaure.

Aber ich muß noch oft daran denken, wie ich meine Urlaubskasse aufbesserte, nur weil ich kurzfristig mein Auto verliehen habe. Die Provision für die Unterwäsche betrug genau 312 000 Mark. Natürlich lieferte ich wie immer beste Qualität, und die hat bekanntlich ihren Preis.

Wäre ich nicht Diplomat und Präsidentenberater geworden, hätte ich auch das Zeug zum Wunderheiler gehabt. Mein uneingeschränkter Gönner und Förderer Prinz Mohammed Ibn Talal hielt mich jedenfalls für den Köhnlechner des Nahen Ostens. Er litt unter schwerem Asthma. Ich ließ seine Koffer packen und verfrachtete ihn für vier Tage an die Nordsee, wo die *Westerländer Zeitung* über die ganze Seite titelte: *Consul Weyer flog den Bruder des Königs von Jordanien persönlich auf die Insel.* Der Bürgermeister von Westerland und der Bürgervorsteher von Campen waren durch mich über Flugfunk als Empfangskomitee auf den Flugplatz gebeten worden und gaben uns im schönen Hotel »Stadt Hamburg« einen Empfang. Dort machte der Prinz schon am ersten Abend die Bekanntschaft der frischgekürten »Miss Nordsee«, einer Blondine vom Typ Brigitte Nielsen, die ich als Juror in den Sattel der Schönheitskönigin hob. Am nächsten Morgen glaubte ich eine deutliche Besserung im Gesundheitszustand des Prinzen feststellen zu können. Er atmete, als wäre sein Asthma wie weggeblasen.

Bei nächster Gelegenheit schleuste ich Prinz Talal in die sagenhafte Verjüngungsklinik meines Freundes Helmut Wiedemann nach Ambach am Starnberger See. Die Expreßkur wirkte Wunder. Der Prinz ernannte mich zum königlichen Sonderbotschafter für Tourismus in Jordanien und wollte schon wieder an die Nordsee.

Ich mußte ihm leider meine Ernennungsurkunde nach zwei Wochen Probezeit zurückgeben. Wenn meinem Ruf jemals etwas schadete, dann war es der Versuch, Urlauber nach Amman zu locken. Ein renommiertes Schweizer Reisebüro teilte mir empört mit: Dann können Sie die Leute gleich nach Vietnam schicken.

Ein multinationales Hotelunternehmen hielt mein Angebot, am Golf von Akaba ein Ferienzentrum zu bauen, für einen üblen Scherz. Es sollte nämlich an der israelisch-jordanischen Grenze liegen. Da konnte ich mir die Ausführungen über die Taucherparadiese am Roten Meer sofort sparen. Sogar meine abgebrühtesten Freunde, die von diversen Safaris schon mal mit einer Schrotladung im Gesäß heimkehrten, erklärten mich für völlig verrückt, als ich sie nach Jordanien eingeladen habe.

Während der Irak-Krise erwies sich die strategische Lage als fatal. Akaba wurde zum einzigen Schlupfloch für die Versorgungstransporte in das Land des Diktators

Mohammed Bin Talal

Ref. No. ......Tourism / G......

Date ......23. Juni 1980

THE ROYAL PALACE
Amman

To whom it may concern

I hereby exclusively appoint Special Ambassador
Hans Hermann Weyer to establish an Jordanian
Tourist Board in Germany.

I kindly ask all private persons and all authorities
to give any possible assistance to Special Ambassador Hans Hermann Weyer that he needs in order to
set up this Tourist Board.

Mahammed Bin Ialal

Beglaubigt

Rechtsan:··

Bruder des jordanischen Königs ernennt mich zum Sonderbotschafte
für Tourismus. Ich nehme nur für 14 Tage an.

Saddam Hussein. Und auf diesem Pulverfaß wollte ich bauen!

Die schnelle Einsicht überzeugte mich, daß es wirklich vergnüglichere Dinge gab, die man tun konnte. Ich verzichtete auf meinen weiteren Ruf als Wunderheiler, trennte mich von Prinz Talal mit einem Bruderkuß und flog mit meinem anderen (Häuptlings)-Bruder Albert R. Tolbert nach Washington. Wir wurden im durch die Nixon-Affäre berühmten Hotel »Watergate« untergebracht, »Aebi« wechselte vor Ärger seine edle braune Gesichtsfarbe und wurde grün und blau, weil die Einladung vom US-Präsidenten Jimmy Carter stammte; empfangen hatte uns jedoch seine Gattin Rosalyn. Wir tranken Tee. Dabei wollte »Aebi« lieber Dollars.

Ich hätte damals meine besten Unterhosen darauf verwettet, daß Liberia die Entwicklungshilfe verdiente. Ich war noch immer in uneingeschränkter Euphorie für dieses freiheitliche Land entflammt.

Ich habe das schreckliche Ende meiner Freunde, des Vaters William und seines Sohnes Albert Tolbert in Liberia bereits geschildert, weil die jüngsten blutigen Ereignisse mich dazu zwangen. Das schreckliche Blutbad schien, während ich im Sommer '90 ungewöhnlich intensiv acht Stunden täglich an meinem Buch arbeitete, kein Ende zu nehmen. Ich war erschüttert über den nationalen Selbstmord dieses einst so herrlichen Landes, das mir zu meiner schönsten Diplomatenstandarte verhalf. Sie war genauso rot-weiß gestreift wie die US-Fahne, der einzige Unterschied: auf dem blauen Feld strahlte nur ein Stern.

Ich hätte nie gedacht, daß dieses Land einmal in eine totale Anarchie schlittern könnte. Die Meldung über zweihundert Tote — Frauen und Kinder in der Kirche umgebracht — machte mich tief betroffen. Es muß furchtbar gewesen sein.

Soldaten seien nachts um zwei Uhr in die Kirche eingedrungen, während die meisten Flüchtlinge dort schliefen. Nach dem Massaker lagen Frauen und Kinder mit eingeschlagenen Schädeln auf dem Boden. Andere Leichen hingen aus dem Fenster, erschossen bei dem Versuch zu fliehen. Es war die grausame Rache des neuen Präsidenten Samuel Doe an den Stämmen der Gio und Mano. Sie unterstützten die Rebellen gegen seine Regierung.

Und dieses Massaker fand in der gleichen Kirche statt, in der einst Präsidentensohn Albert Tolbert den baptistischen Prediger zur Seite schob und für mich und meine beiden Kunden aus Augsburg eine ergreifende Bibelstunde hielt. Anschließend sangen wir: »*Oh happy day*«.

Welch paradiesische Verhältnisse einst in Liberia herrschten, wieviel Spaß und wie viele Freunde ich dort hatte, habe ich in einem späteren Kapitel geschildert. Ich möchte nur vorwegnehmen, daß ich als liberianischer Staatssekretär auch Haiti eroberte. Ich wurde ein Freund von »Baby Doc«, einem aufgeklärten Diktator, den ich wahlweise als Jean-Claude duzen oder schlicht Bruder nennen durfte.

Er war neunzehn, als sein Vater »Papa Doc« 1971 starb. Kein Mensch außer mir gab ihm länger als drei Monate als Regierungschef. »Die Presse wartet nur darauf, den Sarg zu fotografieren, in dem man mich aus dem Palast trägt«, sagte er einmal zu mir und stöhnte. »Aber ich hab's geschafft. Nur seine Jugend, die verliert man bei solchem Leben schnell. Ich habe überhaupt keine Freunde.«

Was er sagte, sagte er leise. Ich mußte mein Ohr fast an seine Lippen legen, um alles zu verstehen und im richtigen Augenblick zu nicken. Das war wichtig. Er mochte es nicht besonders, wenn ihm jemand widersprach. Da konnte er sogar die Beherrschung verlieren und zu einem Baseball-Schläger greifen. Darauf war er nämlich stolz:

»In keinem Land der Welt werden mehr Baseballs hergestellt als in Haiti. Ihre Qualität ist einzigartig.«

Die Fabrik gehörte als Zweigwerk einem US-Konzern und zahlte die besten Löhne.

Als die Negersklaven 1804 Napoleons Armee endgültig schlugen und den ersten freien Staat der Schwarzen gründeten, war Aiti, so von den Arawak-Indianern als Land der hohen Berge genannt, eine blühende Insel. Die einst reichste Kolonie Frankreichs, »Perle der Antillen«, verkümmerte aber zur ärmsten Ecke der amerikanischen Globusteils.

Das interessierte den Maschinenfabrikanten von der schwäbisch-bayerischen Grenze nicht die Bohne. Eigentlich war er ein waschechter Bayer und wünschte sich nichts sehnlicher als: »Einmal als Staatsgast irgendwo empfangen zu werden. So richtig mit allem Drum und Dran, mit Tschingderassassa, rotem Teppich, knatternder Polizei-Eskorte und einem echten Staatspräsidenten, dem ich ein Geschenk überreichen kann.«

Träume eines Erfolgsmenschen, dem Deutschland viel für sein Wirtschaftswunder zu verdanken hat; ein Industrieller, der die Basis schuf, um bei der deutschen Wiedervereinigung flott Milliarden flüssigmachen zu können.

Infolgedessen hatte er das gebündelte Bare in größeren Mengen bei der Hand. Ich schlug ihm Haiti für den Staatsbesuch vor. Er war einverstanden, ohne nachzufragen, wo es liegt. Ich mußte sowieso dienstlich hin, im Auftrag von Alfred Tolbert mit einer diplomatischen Note, um die liberianisch-haitianische Freundschaft voranzutreiben, also konnte ich einen Begleiter mit Reisekasse gut brauchen.

Außerdem machte ich dem Maschinenfritzen klar, daß so ein Staatsbesuch mit einer beträchtlichen Spende für wohltätige Zwecke verbunden ist. Auch dagegen hatte er nichts einzuwenden. Um seine Großzügigkeit noch mehr zu kitzeln, stellte ich ihm zusätzlich ein Vizeconsulat in Aussicht. Da geriet er vor Begeisterung völlig aus dem Häuschen.

Mit Lufthansa erster Klasse — meiner Lieblingsgesellschaft, bei der ich bereits durch den Vorstand Hans Süssenguth zum »Hon«, zum »Ehrenfluggast« ernannt worden war — hoben wir ab nach New York. Nach einigen Gläschen Champagner nickte ich, zufrieden mit meinen Vorbereitungen, ein. Als ich aufwachte, fuhr mir ein Schock in die Knochen. Ein Löwe saß neben mir! Und was für einer! Aus Porzellan, bunt bemalt, von der staatlichen Nymphenburger Manufaktur.

Der Maschinenfabrikant hatte ihn aus der mitgeschleppten Kiste in der Kabine ausgepackt, während ich schlief. Der Porzellan-Löwe grinste mich gutmütig deppert an. Ich war für eine Schimpfkanonade richtig geladen, aber der Maschinenfabrikant war verschwunden. Ich ging ihn in der Lufthansa-Maschine suchen.

Als ob er sich über den Wolken in Luft aufgelöst hätte, ich fand ihn nicht. Plötzlich trat jemand aus der Toilette. Im feierlichen Stresemann mit Zylinder in der Hand. Was ist das für ein komischer Vogel? dachte ich und traute meinen Augen nicht: Mein Kunde stand vor mir.

Daß der Staatsbesuch noch nicht in New York stattfand, sondern ein paar Flugstunden weiter, trübte seine hochgemute Stimmung nicht im geringsten. Er nahm seinen Porzellan-Löwen auf den Schoß. Er war ja auch zerbrechlich.

So landeten wir in Port-au-Prince auf dem Flughafen. Es klappte alles wie am Schnürchen. Empfangskomitee mit Militärkapelle. Der Fabrikant schritt die Ehrengarde mit seinem Bayern-Porzellan-Löwen unterm Arm ab. Von Polizei auf schweren Motorrädern eskortiert, jagten wir zum Präsidentenpalast, wo die Wachen salutierten.

Die Schreie der Kampftruppe hallten gellend über den Platz, die Perlhühner gackerten aufgeregt, im Hof schlug ein Soldat Purzelbäume in rosa Pyjamahosen.

»Baby Doc« ließ sein gesamtes Kabinett antreten. Der Porzellan-Löwe fand seinen Gefallen. Seine Laune besserte sich spürbar. Denn zu seinem großen Kummer kam noch kein bedeutender Staatschef zu Besuch, obwohl er mit dem Erbe der Schreckensherrschaft seines Vaters, »Papa Doc«, aufgeräumt zu haben glaubte.

»Meinen Vater haben die Leute gehaßt«, sagte er, »aber mich lieben sie. Im ganzen Land gibt es nicht mehr als hundert politische Gefangene. Ich habe praktisch keine politische Opposition.«

Lag es daran, daß sein Vater sie schon ausgerottet hatte?

»Baby Doc« bemühte sich mit allen Kräften, die Spuren seines Vater auszulöschen. An »Papa Doc«, Landarzt, bevor er sich selbst zum Präsidenten auf Lebenszeit ernannte, erinnerten nur ein Dreispitz und einige seiner Utensilien, die im »Pantheon der Revolution« in Pétion-ville in einer Vitrine ausgestellt sind. Seine dunkle Horn-brille, sein Spazierstock und die goldene Uhrkette, lauter Voodoo-Symbole, wiesen ihn eindeutig als Inkarnation von Baron Samedi aus, dem Herrn der Friedhöfe.

Die bajuwarische Plumpheit, mit der mein Kunde auftrat, stimmte »Baby Doc« sogar etwas fröhlich. Ich sag-te freilich, daß mein Kunde bereit sei, eine größere Sum-me zum Wohle von Haiti zu investieren. »Baby Doc« huschte ein heller Schatten der Zufriedenheit über das finstere Gesicht. »Endlich einer, der was bringt! Wenig-stens einen Porzellan-Löwen.«

Und Jean-Claude Duvalier schüttelte sich bei der Er-innerung an den letzten Staatsbesuch des Präsidenten von Nicaragua Anastasio Somoza vor knapp einer Wo-che.

»Die haben schon am ersten Abend alles weggefres-sen, was wir für drei Tage hatten herrichten lassen. So-moza brachte auch seine Frau und seine Geliebte mit, was im Protokoll gar nicht vorgesehen war. Dann hat er sich mit Rum so besoffen, daß er nicht einmal aus dem of-fenen Wagen der Menge zuwinken konnte.«

Hoffentlich säuft mein Maschinenfabrikant weniger, dachte ich und drückte die Daumen. Es kam viel schlim-mer.

Abends beim Empfang stand mein Kunde plötzlich auf und begann an die Minister am Tisch blaue Hunder-ter zu verteilen. Nicht, daß die Herren das Geld nicht ge-braucht hätten, aber der Fabrikant hatte gegen die ober-ste diplomatische Regel verstoßen: Schmiergeld schiebt man grundsätzlich unter dem Tisch rüber. Niemals über dem Tisch! Das ist höchst unfein und gilt als Beleidigung.

Ich rettete die Situation, indem ich aufsprang und das Geld von den Ministern sofort wieder einsammelte. Ich erklärte, es wäre von meinem Wohltäter nur symbo-lisch gemeint gewesen, er beabsichtige dieses Geld für die Waisenkinder zu spenden.

Da klatschte »Baby Doc«, und die anderen machten es ihm mit sauren Gesichtern nach. Der Fabrikant erhielt das kleine Verdienstkreuz des Landes, das er auf dem langen Heimflug mindestens jede halbe Stunde aus der Schachtel nahm und ganz verliebt betrachtete.

Für den nächsten Staatsbesuch ließ ich mir einige neue Anzüge bei Max Dietl anfertigen. Münchens feinste Adresse, wenn es um Garn geht. Die Kunden machten ihn berühmt: Ich, der schöne Consul, Fürst Rainier von Monaco, Ex-Bundeskanzler Walter Scheel, Curd Jürgens, Horst Tappert, F. K. Flick, Hermann Prey.

Ivan Rebroff erschien nach einer Dietl-Schneider-Kur wie fünf Sechstel seiner selbst, der Ex-Landwirtschaftsminister Josef Ertl wie Henkell Trocken, und bei Münchens Oberbürgermeister Georg Kronawitter konnte man in einem Anzug der »D«-Klasse sein Gewicht nicht einmal schätzen.

Ich ließ mir bei Max Dietl den Schritt ausmessen und flog in Consul Weyers neuer Hose nach Bangui. Mit einem privaten Lear-Jet. Vorher ließ ich auf den Vogel in goldenen Lettern »Consul H. H. Weyer« (Bangui war französisch) aufsprühen.

15. Dezember 1977. Es war ein großes Ereignis: Der ehemalige Offizier Jean Bedel Bokassa ließ sich zum Kaiser des Zentralafrikanischen Reiches ausrufen. Eine pompöse Krönung nach napoleonischem Vorbild. Kosten: sechsundsechzig Millionen Mark.

Der damalige Bundespräsident Walter Scheel konnte der Einladung nicht folgen. Der Sonderbotschafter Graf von Posadowsky-Wehner hat ihn vertreten. Ich repräsentierte Deutschland. Ich war der richtige Mann zur richtigen Zeit am richtigen Ort.

Papst Paul VI. ließ sich durch Kardinal Nuntius Domenico Enricci vertreten. Die Krönungsmesse zelebrierte Erzbischof Joachim Nduyen in einer neuen Kathedrale, nach dem Vorbild der Pariser Notre-Dame erbaut. Innen war sie mit sechstausend Metern grünem Samt ausgeschlagen. Kaiser Bokassa erschien im roten Samtmantel, mit sechshundert Hermelinpelzen und 740 000 Perlen besetzt. Die dreizehn Meter lange Schleppe wurde von zehn Kammerdienern getragen.

Nach der Krönung schritt Bokassa ein Ehrenspalier

aus jungen Frauen in roten Husarenmänteln ab, die sowjetische Kalaschnikow-Maschinengewehre geschultert hatten. Bokassas Lieblingsfrau Catherina mußte vor dreitausendfünfhundert Ehrengästen in der Sporthalle von Bangui niederknien. Die schwarze Majestät von eigenen Gnaden krönte sie dann mit einem prunkvollen Diadem.

Zum Festschmaus gab es Warzenschweine und Antilopen am Spieß, Büffelbraten, dazu 24 000 Flaschen Champagner, kiloweise Kaviar und einen drei Meter hohen Kaiserkuchen mit Bokassas Konterfei aus Zuckerguß.

Es wurde bis zum Morgengrauen gefeiert. Ich war der erste, der sich verabschiedete. Es gehörte zu meiner eisernen Faustregel: Consul Weyer kommt als letzter und geht als erster. Das fällt auf. Die Nacht verbrachte ich damals auf dem Flughafen von Bangui. Ich schlief unter meinem Lear-Jet in der Hängematte. Mein Qualitätsanzug von Max Dietl mit eingenähten goldenen »D« im Hosenboden sah am nächsten Morgen wie frisch gebügelt aus. Einmalig.

Obwohl ich in meinem Buch einige meiner Millionen-Tricks verrate, habe ich vor Nachahmern, die meine Geschäftsmethoden abgucken könnten, keine Angst. Consul Weyer ist unnachahmlich. Zudem ich meinen goldenen Grundstein in einer Zeit legte, die sich nicht wiederholen kann.

Zu Consul Weyer gehörten Diktatoren und von Parlamenten unabhängige Präsidenten, die schwarzen Könige und der Kaiser Bokassa. Trotz aller *stern*-Kritik sorgten die Potentaten für historische Ereignisse mit Glanz und auch für meine Gloria. Ich stand mit den Mächtigen auf du und du, Könige und Staatsfürsten ließen mich kommen, um meinen Rat zu hören. Heute ist die westliche Welt ohne die letzten Diktatoren leider ärmer geworden. Es wird im Staatsgeschäft mit den vielen unscheinbaren Präsidenten langsam langweilig. Ich entdecke aber neue Gebiete. Der Consul Weyer marschiert gen Osten.

Bei der Eröffnung des Spielcasinos in Marienbad (Mariánské Lázně) wurde mein Bentley beklatscht. Ich wohnte dem Kesseleinwurf der ersten Roulettekugel bei, flankiert vom Champagner-Fürsten Metternich und seiner Gemahlin Fürstin Tatjana. Ich sagte: »Hätte ich Sie vor vierzig Jahren getroffen, wären wir ein Traumpaar.«

Fürstin Tatjana strahlte mich an. »Neben Ihnen, Herr Consul, fühle ich mich wieder jung.«

Die Nacht verbrachte ich im Sanatorium »Royal«. Von der Terrasse blickte ich wie ein Vogel über ganz Marienbad. Ich lag im Bett von Honecker und sortierte meine Post. Hocherfreut entdeckte ich einen Brief von Noriega, schlicht an Consul H. H. Weyer adressiert, Munich, West-Germany. Ich schleppte schon seit Tagen meine gesamte Post ungeöffnet mit herum.

Marienbad, insbesondere im Bett von Honecker, erschien mir als der richtige Ort, um Noriegas Brief in Ruhe zu lesen. Er schrieb mir als Gefangener Nr. 41 586 aus dem Miami Federal Prison auf seinem Originalpapier: General Manuel Antonio Noriega, Comandante Jefe Fuernas de Defenso Panama:

> *Exzelentisimo Señor Consul, Como tengo las mejores referencias de su persona, con sumo respeto me dirijo ant Ud.*
>
> *Como Ud, ya sabe, me encuento actualmente en un situación summamente desagradable. En mi conciencia está que yo no tengo culpa alguna de todo esto.*
>
> *Como miembro diplomático qu Ud, es y conocedor de casos semejantes, le pido encarecidamente, distiguidísimo Sr. Consul, que me ayude a encontrar o que me recomiende a um abogado que tenga esperiencia en casos legales internacionales. Le asegura hacerle legar una generosa provisión de mi parte.*
>
> *Saludos cariñosos para al excelentísimo, Sr. Weyer! Tal vez vuelva a ser panamá, el paraíso que fué hasta have hace posos meses.*
>
> *Me despido con la certeza de que yo nuncia lo olvidaré, Antentamente, Manuel A. Noriega, Miami 3/17/90.*

Euer Exzellenz Herr Consul!
Nachdem ich die besten Referenzen habe, was Ihre Person betrifft, wende ich mich mit höchstem Respekt an Sie. Wie Sie schon wissen, befinde ich mich augenblicklich in einer höchst unangenehmen Situa-

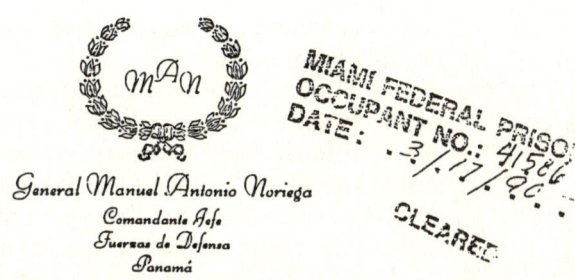

General Manuel Antonio Noriega
Comandante Jefe
Fuerzas de Defensa
Panamá

Excelentísimo Señor Cónsul

Como tengo las mejores referencias de su persona, con sumo respeto me dirijo ante Ud. Como Ud, ya sabe, me encuentro actualmente en una situación sumamente desagradable. En mi conciencia está que yo no tengo culpa alguna de todo esto.

Como miembro diplomático que Ud. es y conocedor de casos semejantes, le pido encarecidamente, distinguidísimo Sr. Cónsul, que me ayude a encontrar o que me recomiende a un abogado que tenga experiencia en casos legales internacionales. Le asegura hacerle llegar una generosa provisión de mi parte.

Saludos cariñosos para el excelentísimo Sr. Weyer!

Tal vez vuelva a ser panamá, el paraíso que fué hasta hace pocos meses.

Me despido con la certeza de que yo nunca lo olvidaré.

Atentamente,

Manuel A. Noriega

...atspräsident Noriega von Panama sendet mir Hilferuf aus dem
...fängnis.

tion. Mein Gewissen sagt mir aber, daß ich an alldem keine Schuld trage.

Als Angehöriger des Diplomatischen Corps und als Kenner ähnlicher Fälle bitte ich Sie aufs dringendste, hochverehrter Herr Consul, einen Rechtsanwalt für mich zu suchen, der Erfahrung in internationalen Rechtsfällen hat. Ich versichere, Ihnen eine großzügige Provision zukommen zu lassen.

Liebevolle Grüße für Eure Exzellenz Herr Weyer!

Vielleicht wird Panama wieder zu dem Paradies, das es bis vor wenigen Monaten noch war.

Ich verabschiede mich in der Gewißheit, daß ich es nie vergessen werde.

Hochachtungsvoll
Manuel A. Noriega

Don't cry Liberia

Oh, Happy Day — **auch Schwarze können Glück bringen.**

Man hat mir öfter vorgehalten, daß ich eine Vorliebe für Diktatoren habe. Meine Kontakte zu Baby Doc und insbesondere zu Alfredo Stroessner wirkten wie Reizpulver; alle Welt begann verlegen zu hüsteln, wenn diese Namen fielen. Nun möchte ich eins gern klarstellen — ich habe mir diese Diktatoren nicht freiwillig ausgesucht, das Schicksal hat sie mir zugespielt.

Jean-Claude Duvalier alias Baby Doc verlieh mir seinerzeit den höchsten Staatsorden von Haiti. Er ernannte mich zum Großoffizier seines Landes. Ich habe im Auftrag von Präsident William Tolbert die Kontakte zu Baby Doc aufgenommen. Es ging auch um Wirtschaftshilfe von Liberia für Haiti, einem der ärmsten Länder der Welt.

Don Alfredo Stroessner hat mich wie ein Vater aufgenommen und behandelt. Nach einem meiner vielen Besuche reichte er mir die Hand und stieß einen tiefen Seufzer aus: »Wissen Sie, Herr Consul, einen Sohn wie Sie habe ich mir immer gewünscht.«

Das muß man sich vorstellen; ein General, der vierzig Jahre ein Land wie eine Ranch verwaltet und vor dem selbst die höchsten Offiziere seiner Armee zittern, hat zwei Söhne gehabt, die — gelinde gesagt — etwas unterbelichtet waren. Dann lernt er mich kennen, der die bestgeschnittene Uniform Südamerikas trägt, weiß wie

Schnee und mit goldenen Abzeichen. Da kann ich es dem alten Herrn doch nicht verübeln, daß er väterliche Liebe für mich zu empfinden begann. Zudem seine ebenfalls schon betagte Schwester Heriberta endlich im ganzen Land Paraguay jemanden gefunden hatte, mit dem sie reden konnte. Sie kam fast jeden Abend, nachdem in Asunción das einzige Kaufhaus schloß, das Dona Heriberta gehörte, und fragte: »Na, *sua excelencia*, wie haben Sie den Tag verbracht?«

Dann tranken wir zusammen Tee, und ich erzählte Witze, bis Dona Heriberta sich vor Lachen bog. Natürlich hat die Familie Stroessner zu mir gehalten und mir geholfen, auch Geld zu verdienen. Man darf nicht vergessen, ich kam nicht nach Paraguay, um dort die SPD zu gründen, diese Partei habe ich nie gewählt, und ich wüßte auch nicht, was ich Stroessner vorzuwerfen hätte. Paraguay ist kein zivilisiertes Land, dort geht es noch zu wie im Wilden Westen. Wer schneller schießt, überlebt.

Soviel zu Diktatoren, die ich sonst persönlich hasse. Meine besten Beziehungen während meiner ganzen diplomatischen Karriere hatte ich zu Liberia. Und ich bin richtig stolz, daß ich für dieses Land, die älteste Republik Afrikas, tätig sein konnte. Es fing alles wie im Märchen an.

Es war einmal in Afrika — schon in den zwanziger Jahren des vorigen Jahrhunderts —, wo aus einem menschheitsfreundlichen Traum ein neuer Staat entstand: Liberia, was auf deutsch etwa Freiheitsland bedeutet. Weiße Gegner der Sklaverei organisierten damals die Rückkehr freigelassener oder geflohener Sklaven nach Afrika. Unterstützt wurde die Aktion vom damaligen US-Präsidenten James Monroe. Aus Dankbarkeit nannten die Neu-Afrikaner ihre Hauptstadt nach ihm: Monrovia.

Die Verfassung des Landes lehnt sich stark an das amerikanische Vorbild an. Der Präsidentenpalast ist ein Geschenk der USA. Bis Ende der siebziger Jahre war Liberia das stabilste Land Afrikas und gewiß eines der interessantesten. Als mich Präsident William Tolbert zu seinem persönlichen Staatssekretär ernannte, fielen die gewichtigen Worte: »Liberia ist die Schweiz Afrikas. Sie sollen, lieber Herr Consul Weyer, dies der Welt verkünden und europäische Investoren für die Entwicklung von Landwirtschaft, Bergbau und Industrie ins Land holen.«

Ich versprach mein Bestes zu tun. Man schrieb zufällig den 1. April 1976, aber zum Glück kennt man in Afrika keine Aprilscherze. Wie ich in dieses gesegnete Land Liberia kam? Durch Zufall, wie immer in meinem Leben.

Ich flog einmal nach New York. In der ersten Klasse saßen außer mir noch zwei schwarze Passagiere. Man kam beim Champagner ins Gespräch, und bald stellte es sich heraus, daß einer der beiden Mitfliegenden der Sohn des liberianischen Staatspräsidenten war. Alfons Benedict Tolbert, kurz »Aebi« genannt. Wir schlossen Freundschaft.

Zuerst habe ich dieser Begegnung keine große Bedeutung beigemessen. Es floß bis dahin noch viel Wasser den Niger hinunter, und an der Donau wurde man ungeduldig. »Wann liefern Sie, Consul Weyer?« riefen einige Immobilien-Könige aus Augsburg an.

Ausgerechnet die Fuggerstadt tat sich mit einem schier unstillbaren Hunger nach Titeln und Ehren hervor. Es blieb mir nichts anderes übrig, als wieder einige schwarzafrikanische Länder abzuklappern. Ich jettete nach Kenia, um nach Wahlconsulaten zu forschen, klopfte persönlich beim Regierungschef Kenyatta an. Ohne Erfolg. Da fiel mir Liberia ein. Ich setzte meine Reise fort.

Monrovia. »Aebi« erinnerte sich sehr wohl an mich, stellte mich unverzüglich seinem Vater vor. Aus dem flüchtigen Besuch wurde eine Woche, ich wohnte in einem nachgebauten französischen Schlößchen, dem Hotel für Staatsgäste, und wurde Trauzeuge bei »Aebis« Hochzeit. Das verbindet.

Wieder in Deutschland, konnte ich meinem ungeduldigen Kunden, dem millionenschweren Baulöwen Johann Hartmann, und seiner Lebensgefährtin Maria Kerpf mit der freudigen Nachricht aufwarten: »Ich habe ein Ehrenconsulat von Liberia für Sie, nach Panama das Land mit den meisten Schiffsflaggen auf den Weltmeeren. Ist doch eine respektable Sache, für eine solche Schiffsmacht ehrenamtlich tätig zu sein.«

Ich nannte den Preis: eine halbe Million Mark war an die Staatskasse von Liberia zu entrichten, gegen Quittung natürlich. »Der Diplomatenpaß ist gültig für die ganze Welt«, fügte ich hinzu. Wir wurden handelseinig, und es kam eine denkwürdige Reise zustande.

Oktober 1976. Nach Weyerscher Art wurde nicht gekleckert, sondern geklotzt.

Mein Kunde Herr Hartmann freute sich außerordentlich, daß er die Kosten für einen privaten Lear-Jet übernehmen durfte, es war ein Klacks für ihn, 80 000 Mark. Um seine Ernennung und den Beginn seiner Diplomatenkarriere festzuhalten, flog ein ARD-Fernsehteam mit. Der *dpa*-Fotograf István Bajzát und meine langjährige Freundin, Miss Germany, zugleich Miss Europa und zweite bei den Miss-World-Wahlen, Marina Langner, waren mit an Bord.

Auf den Lear-Jet, gemietet bei »Holstenflug«, wurde noch schnell »Consul Weyer« gepinselt. Der Augsburger Baulöwe schleppte einen schweren Koffer mit 2,3 Millionen Mark in bar mit. Der Traum seines Lebens, endlich ein bedeutender Mensch zu sein, stand kurz vor seiner Erfüllung. Denn was bedeutet schon der Besitz von 1200 Eigentumswohnungen im Vergleich zu einem Diplomatenpaß?

In Monrovia heulten die Sirenen bei unserem Anflug. Standesgemäß ließ ich über Funk dem Staatspräsidenten William Richard Tolbert unsere Ankunft mitteilen.

Der rote Teppich wurde ausgerollt, zwanzig Pygmäen hielten ein Transparent hoch: *Welcome Consul Weyer*. Eine imposante Wagenkolonne fuhr am Flughafen vor. Der Präsidentensohn »Aebi« leitete persönlich das Empfangskomitee und meisterte seinen Auftritt als oberster Zeremonienmeister blendend.

Wir fuhren vom Flughafen einen kleinen Umweg, damit unsere Gäste gleich einen Eindruck von Liberias Schönheit bekamen. An einer Orangenplantage stoppten wir. »Aebi« hielt die Begrüßungsrede: »Ich freue mich sehr, daß Sie es sind, Herr Hartmann. Wie Sie sehen, ist dies ein Land des Glücks, ein Land des Lächelns.«

PRC/DM-2/209/'80   June 13, 1980

Dear Mr. Weyer:

I thank you very much for your letter of 30 April 1980, concerning unwholesome acts by the Tolbert Family, particularly A. B. Tolbert, whom you indicated took Seven Hundred Thousand ($700,000.00) Dollars from you for a piece of land in the interest of some German investors. Such actions by this group and other government officials led us to move from power that most corrupt administration.

I am very pleased to note however, that you are interested as before, to encourage investors to come to Liberia. We welcome this idea.

Meanwhile, I invite you to visit Liberia with the documents and films in your possession which I am sure, will be useful in this period of house-cleaning.

IN THE CAUSE OF THE PEOPLE, THE STRUGGLE CONTINUES!

Faithfully yours,

M/Sgt. Samuel K. Doe
CHAIRMAN, PEOPLE'S REDEMPTION COUNCIL
AND HEAD OF STATE

Mr. Hans Herman Weyer
Financial Consultant
DFP, Freiheit, die Sie meinen
Der Vorsitzende
8000 Monchen 81
Denningerstrabe 106
Germany

...atspräsident Samuel K. Doe von Liberia lädt mich ein zum
...roßreinemachen".

Zum Beweis zupfte der Häuptlingssohn ein dürres Grasbüschel aus dem kargen Boden, betrachtete es sinnend und philosophierte: »Gott hat den Menschen aus Erde geschaffen, Gott hauchte der Erde Leben ein und schuf Adam. Aber der Mann war einsam, und Gott beschloß, ihm Eva zur Seite zu stellen. Und seit dieser Zeit werden wir immer mehr und mehr.«

Den letzten Satz fand »Aebi« besonders gelungen, und er lachte dröhnend. Herr Hartmann und Frau Maria hätten gern mitgelacht, aber sie verstanden kein Englisch.

»Aebi« bedankte sich noch bei mir, »seinem Bruder«, daß ich ihm so großartige Leute brachte. Es war nicht aus der Luft gegriffen, wenn er mich »Bruder« nannte. Nach einem Ritual mit dem Messer hatte »Aebi« mir bei meinem letzten Besuch die Handfläche aufgeritzt, dann einen gleichen leichten Schnitt durch seinen Handteller gezogen. Daraufhin hatte er gewartet, bis ein Blutstropfen gerann, und hatte als Höhepunkt des Rituals unsere Hände kräftig zusammengepreßt. Wir wurden nicht nur verwandt, sondern echte Blutsbrüder. Heute im Zeitalter von AIDS würde ich mich allerdings solcher Prozedur nicht einmal für alle Ehrenconsulate der Welt unterziehen. Damals aber war die Welt noch in Ordnung und die Liberianer ein gottesfürchtiges Volk.

Wir fuhren in eine baptistische Gemeinde weiter, wo mein Bruder »Aebi« Herrn Hartmann und seiner Frau Maria in Demut die Füße wusch. Die Frömmigkeit dieser Menschen war nicht gespielt, auch die singenden Schulklassen drückten Freude über die exotischen Besucher aus Augsburg aus. »Aebi« strahlte und zeigte uns seine Hauskatze. Auf die war ich wütend. Immer, wenn es zu einem Abschluß kommen sollte, hinterließ sie ihre Duftmarke auf »Aebis« Leopardenrobe. Katzen können im Diplomatengeschäft ganz erhebliche Schäden anrichten, stellte ich fest.

Am Abend wurde stets bei Tisch gesungen, der Gospel-Song *Oh, Happy Day*, auf daß der Geist Gottes über dem Tod schwebe und über dem Wasser. Am Wasser, genauer am St.-Pauls-Fluß, durften die deutschen Kapitalanleger dann einen Eingeborenen besichtigen, der eine Schürfpfanne schwenkte. Gold! »Aebi« meinte dazu:

»Wir nehmen an, daß ein Projekt dieser Art durchschnittlich 50 000 Dollar pro Tag einbringen wird. Wenn man es richtig anfängt und die bestmöglichen Geräte einsetzt, vielleicht sogar 100 000 Dollar. Außer Gold sind auch Diamanten zu finden«, versprach der Präsidentensohn. Ich habe Herrn Hartmann gleich darauf eine Goldwäscherausrüstung verkauft; ich glaube sogar eine gebrauchte, für den günstigen Preis von 110 000 Mark.

Selbst das Fernsehteam, das von Auslandsberichten einiges gewöhnt war, staunte, als uns ein Medizinmann vorführte, wie man einen komplizierten Beinbruch mit Kräutern heilen kann. Nur einmal passierte uns beinahe eine Panne, als nämlich Herr Hartmann den Eintrag ins Grundbuch verlangte; für eine Ananasplantage, für die er immerhin eine Million Mark hinblätterte. Da wurde »Aebi« zornig und stieß mit seinem Häuptlingsstab dreimal auf den Boden. »Das Grundbuchamt«, verkündete er mit seiner voluminösen Stimme, »bin ich!«

Nein, diese Menschen haben niemanden düpiert. »Aebi« handelte aus tiefer religiöser Überzeugung. Ich hatte das Gefühl, daß er offenbar auch innere Eingebungen vom lieben Gott hatte. Er sagte mir oft Dinge voraus, die Monate später tatsächlich eingetreten sind.

In aller Bescheidenheit kann ich behaupten, daß ich Herrn Hartmann und seiner Frau Maria die schönsten Stunden ihres Lebens geschenkt habe. Sie hielten zu mir, als die Presse versuchte, diese Geschichte ins Lächerliche zu ziehen. Frau Maria kanzelte einen Reporter mit dem Weyerschen Spruch ab: »Wir Diplomaten reden nicht über alles, was wir wissen . . .«

Dem weisen Präsidenten William R. Tolbert gelang die Lösung einer heiklen diplomatischen Frage; es ging um unsere Akkreditierung in Bonn. Er wollte unser Auswärtiges Amt nicht unnötig irritieren. Nachdem ich schon den Status des persönlichen Finanzberaters des Präsidenten bekleidete, wurden die Diplomatenpässe der beiden Augsburger Ehrenconsuln mit dem Zusatz *financial consultant* versehen.

Einige Wochen nach unserem fulminanten Auftritt in Liberia flog auch Hans-Dietrich Genscher zum Staatsbesuch dorthin. Seither müßte ich eigentlich mit ihm Küsse tauschen, wenn ich ihm begegne. Es geschah nämlich in Liberia, daß dem Vizekanzler und Außenminister der Bundesrepublik die gleichen Ehren zuteil wurden wie mir. Präsident Tolbert ernannte ihn in seiner Geburtsstadt Cabuka ebenfalls persönlich zum Ehrenhäuptling.

Nach den festgelegten Statuten dieser Würden sind die Häuptlinge dazu verpflichtet, sich gegenseitig jede Unterstützung zu gewähren. Als Beweis der gegenseitigen Achtung haben sich die Häuptlinge auch mit einem Schmatz in die Arme zu sinken, wenn sie sich treffen. Ich, Consul Weyer, genauso wie Ehrenhäuptling Hans-Dietrich Genscher.

Ich habe schon öfter darüber nachgedacht, was passieren würde, wenn wir uns auf dem Flugplatz oder bei einem Ball begegnen sollten. Vorläufig bin ich zu dem Entschluß gekommen, daß ich Herrn Genscher als dem älteren den Vortritt lasse, mich als erster zu umarmen.

Die Vermutung, es wäre meine Idee gewesen, unseren Außenminister mit dem Titel des Ehrenhäuptlings zu schmücken, habe ich bereits dem *Spiegel* gegenüber ausdrücklich dementiert. Ich kann nur wiederholen und mich auch dafür verbürgen: Herr Genscher hat seine Häuptlingswürde völlig unentgeltlich bekommen:

Präsident und Sohn Tolbert, leider beide bei einem Staatsputsch erschossen, erinnerten sich zeit ihres Lebens sehr vergnügt an die Verleihungszeremonie. Der Vizekanzler bekam, genau wie ich, den bunten Umhang und die bestickte Mütze. Es gab nur eine geringfügige Schwierigkeit: Die Kopfbedeckung war in der Größe etwas reichlich ausgefallen. Aber Genschers Ohren hielten das gute Stück zuverlässig im korrekten Sitz.

Liberia wurde zu meiner zweiten Heimat. Man lud mich zu den verschiedensten Anlässen in den Präsidentenpalast, ich flog etwa zweiundzwanzigmal nach Monrovia, und die Ehrungen rissen nicht ab. Einmal verlieh mir auch der Kultusminister Daniel Richardson aus Anhänglichkeit eine hohe Auszeichnung und würdigte mich mit einer langen Rede als »großen Deutschen«.

Ziemlich forsch fuhr ich ihm übers Maul: »Herr Kollege, sollten Sie es noch nicht wissen, ich bin nicht als Deutscher hier, sondern als Ihr Vorgesetzter, der Staatssekretär Ihres Präsidenten. Wenn Sie infolge Überarbeitung darüber nicht informiert sind, könnten Sie sofort bei mir um Urlaub ansuchen.«

Wenn wir mit einer Polizei-Eskorte über Land jagten, hatten die Einheimischen auf der Stelle stehenzubleiben, ihre Lasten vom Kopf fallen zu lassen und mit den Händen an der Hosennaht dem Präsidenten Ehre zu erweisen. Ab und zu half man mit dem Knüppel nach, wenn jemand sein gutes Benehmen gegen mich und den Präsidenten vergessen haben sollte. Es herrschten wirklich geordnete Zustände im Land. Und ich konnte mit meiner Freundin Marina ruhig meine Badespiele in Luxussuiten genießen.

Nur einmal störte mich der Präsident William R. Tolbert. Plötzlich war ihm noch ein Orden eingefallen, den ich noch nicht hatte. Ich mußte innerhalb einer halben Stunde zur Verleihung erscheinen. Es hat mir schon gestunken, weil ich mit Marina gerade eine sehr aufregende Position gefunden hatte, die nicht einmal im Kamasutra beschrieben steht. Ich nannte sie »Consul Weyers Morgenappell«: nackt mit einer Schärpe über der Brust.

Zu meinem außerordentlichen Bedauern endeten meine Beziehungen zu Liberia unter einem Unglücksstern. Ich hätte wirklich große Taten in diesem freiheitlich demokratischen Land vollbringen können. Ich schickte zwei meiner treuergebenen Mitarbeiter, den Sondersekretär Peter Capeller und meine Anwältin Baronin von Keyserlingk nach Monrovia. Es ging um die Gründung einer Hotelkette und um die Entwicklung des Tourismus. Als die beiden in dem Hotel eintrafen, war die Rezeption von bewaffnetem Militär besetzt. Mit forschen Kommandos wurden meine Mitarbeiter in ihre Zimmer vertrieben und durften sie drei Tage lang nicht verlassen. Für diesen Hausarrest hat sich der Nachfolger des ermordeten Präsidenten William R. Tolbert, sein ehemaliger Feldwebel der Palastwache Samuel Doe entschuldigt.

Der Nachlaß von Tolbert bringt mir eine angenehme Rente ein, denn nach wie vor bin ich zuständig für die Beflaggung vieler Schiffe mit liberianischer Fahne. Ich vergebe sie bevorzugt an Kähne, die keiner strengen Wartung unterliegen. Wofür in Hamburg eine ganze Behörde eine Woche braucht, erledigen im Hafen von Monrovia zwei Beamte in einer Stunde. Der TÜV ist dort weniger pingelig.

Der Preis für die Billigflagge von Liberia richtet sich nach den Bruttoregistertonnen. Es kommt darauf an, was befördert wird, Zement, Container, Öl oder Personen. Generell beträgt aber die Tonnagensteuer in Liberia nur ein Drittel von dem, was Länder wie Deutschland, Frankreich oder England erheben.

Sollte es jemand vergessen haben, ich bin weiterhin als Schiffsagent tätig. Mein Büro befindet sich in Rio de Janeiro. Am Ende jeden zweiten Monats habe ich dort regelmäßige Sprechstunden. In Deutschland führe ich aus verständlichen Gründen keine Geschäfte mehr.

Als Gast in meiner alten Heimat, für die ich uneingeschränkte Liebe empfinde, widme ich mich mit Begeisterung meiner Fernsehzukunft bei RTL Luxemburg. Das Land, in dem meine hoffnungsvolle Karriere als Diplomat begann, wird mich nicht enttäuschen. Ich traf einen Mann von ungewöhnlichem Geist und Verstand, der auch meinen IQ aufweisen kann, Dr. Helmut Thoma. Er fing mit einem Programmetat von fünfundzwanzig Millionen an und verfügte zu dem Zeitpunkt, als er mich verpflichtete, bereits über eine Milliarde Mark. Wie immer, wenn ich von Millionen höre, erweckt es meine Bewunderung.

Da ich nun samt Haut und Haaren, Leib und Seele dem RTL zur Verfügung stehe, bleibt mir nur wenig Zeit für meine Caroline. Süße einundzwanzig Jahre. Sie hält mich jung, dieses langbeinige rothaarige Wuppertaler Mädchen, und auch ihr Vater, obwohl mit mir gleichaltrig, bewundert mich. Wir verstehen uns prächtig, und Mutter Anne kocht vorzüglich.

Mein Rom

»Ora pro nobis weyeribus. Der Herr sei mit dir, du kommst mit mir«, flüsterte Kardinal Ottaviani und steckte das Geld in die Tasche.

»Du bist die sensibelste Sau, die ich kenne«, quiekte »Mopsi«, die mir um den Hals hing, schrill ins Ohr.

»Ja, sensibel bin ich, das andere will ich überhört haben«, brummte ich zurück. Das Fest hatte seinen Höhepunkt erreicht. Die italienischen Bauarbeiter sangen: *O sole mio*, der Rotwein tränkte die weiße Tischdecke, und »Mopsi« war sternhagelvoll; Erika Kunz, die Frau eines Berliner Modearztes, der seinen Patienten Schlafkuren verpaßte und damit Millionen machte; »Mopsi« war eine meiner besten Kundinnen. Sie hätte sogar Luftschlösser gekauft, aber die Bungalows, die ich zum Stückpreis von 158 000 Mark anzubieten hatte, standen auf festem Grund. Wir feierten Richtfest auf der Mittelmeerinsel Lampedusa, nur fünfunddreißig Flugminuten von meiner früheren Heimat Libyen entfernt. Der Bürgermeister und der Polizeichef stießen auf meinen Erfolg an. Die Lampedusa-Fischer nahmen es gelassen: Geht's gut, sind wir aus dem Schneider. Wenn nicht, war's ein unterhaltsames Intermezzo.

Ich glänzte beinahe schon zwei Jahrzehnte mit Erfolgen in Diplomatie und Gesellschaft. Nun wollte ich mein Glück als Bauunternehmer mit einem Ferienparadies versuchen. Auf jener 20 Quadratkilometer großen italienischen Vulkaninsel Lampedusa, westlich von Malta, 14 Kilometer lang und 3,8 Kilometer breit. Ich nannte dieses Eiland den »letzten Garten Eden«. Mir schwebten Goldfische und Rupfhühner vor, die ich in diesem Jagdrevier einzusetzen beabsichtigte.

Gekommen war das alles so: Damals war ich als Amtsträger consularischer Aufgaben für Bolivien in Rom tätig und in geheimer Mission von München nach Tripolis im Miet-Jet unterwegs. Ich wurde zu Oberst Muammar Gaddafi eingeladen. Er war noch auf der Militärakademie, als ich schon Consul war, daher schätzte er auch meinen Rat sehr. Es handelte sich um Idi Amin, den Diktator von Uganda. Er ließ während seiner Amtszeit rund 200 000 Regimegegner töten, bis er die vielen Aufstände nicht mehr kontrollieren konnte und kurz vor dem Sturz stand.

Libyen bot ihm Asyl an, schickte auch die Fluchtmaschine, und die islamischen Gönner verschafften ihm in der Hafenstadt Dschidda eine luxuriöse Villa. Nun ging es darum, wie man seine Millionen auf den Geheimkonten in der Schweiz und in England herauslocken konnte.

Ich war dem gefürchteten Herrscher einmal kurz vorgestellt worden, und zwar anläßlich seiner dritten Hochzeit mit der schwarzen Jazz-Sängerin Sarah aus den Elendsvierteln Kampalas, die eine märchenhafte Karriere machte. Angeblich arbeitete sie als Spionin für den ugandischen Geheimdienst »State Research Center«. Weil sie mit ihrer Band im Armeekasino sang, hatte sie auch die Möglichkeit, hohe Offiziere auszuhorchen. So erfuhr Idi rechtzeitig von den Putschplänen. Er beschloß, Sarah als seine Lieblingsfrau zu seinen beiden anderen Frauen aufzunehmen.

Die junge Braut mit den Rasta-Zöpfchen strahlte bei ihrer Hochzeit unter ihrem weißen Schleier. Präsident Amin erschien in Phantasieuniform, auf der Brust einen Blechladen voller Orden (leider war keiner darunter, der von mir gekauft gewesen wäre). Im Garten seiner Residenz schnitt er eine mehrstöckige Hochzeitstorte auf ungewöhnliche Weise an — mit seinem Degen.

Champagner floß in Strömen. 3000 Gäste umlagerten die Büfetts voller Langusten, Antilopensteaks und Gänseleberpasteten aus Straßburg, mit Militärtransportern eingeflogen. Mindestens zwanzig Millionen Mark verschluckte diese gigantische Hochzeit.

Als Knalleffekt ließ Idi Amin ein Feuerwerk besonderer Art für seine Braut abbrennen: Russische Jagdbomber seiner Luftwaffe vom Typ MIG 17 bombardierten riesige Pappkulissen. Die Attrappen sollten Kapstadt, den Parlamentssitz des ihm verhaßten Südafrika, darstellen.

Die drei Ehefrauen schenkten Idi Amin insgesamt zweiundzwanzig Kinder. Sarah wurde fünfmal von ihm schwanger. Doch meine ganze Erfahrung im Umgang mit flüchtenden Diktatoren nutzten mir im Augenblick nichts. Ich mußte notlanden. Auf Lampedusa. Der Sprit war alle.

Schon wieder der Zufall. Aus der Luft witterte ich bereits, daß ich auf goldenem Boden landete. Unter mir breiteten sich Bauruinen aus — brüchige Säulen für ein Panorama-Restaurant und die verwitterten Mauern einer künftigen Bar über einer Traumbucht mit weißen Felsen an azurblauem Wasser.

Mir ging beim Tanken sofort ein Licht auf: In Libyen herrschten Alkoholverbot und strenge Sitten. Lampedusa, nur einen Katzensprung vor Khaddafis Küste liegend, könnte ein Sündenparadies werden. Vor meinen entzückten Augen flimmerte schon ein lampedusisches Las Vegas mit Girls, Bars, Spielkasinos, eine Schnaps- und Sex-Oase für Ölscheichs unter Zwangsaskese.

Gleich nach meiner Rückkehr aus Tripolis begann ich in Rom nach den Hintergründen für das geplatzte Bauvorhaben zu forschen. Ich fand heraus: Ein römischer Apotheker hatte das Projekt als »Zurück zur Natur«-Programm geplant, für Leute, die schon alles haben. Eine Clubanlage mit Bungalows ohne Licht und Wasser, mit winzigen Fenstern und rohen Betonböden. Kloster-Illusion für Snobs.

Das Klösterliche stieß im katholischen Italien jedoch auf wenig Nächstenliebe. Die Askese schreckte die Schickeria ab. Der Pillenmann ging pleite. Der Rohbau kam unter den Hammer. Ich schlug zu.

Mit drei Millionen Mark zur Versteigerung ange-
setzt, erhielt ich den Zuschlag schon bei zwei Millionen
Mark. Freilich pumpte ich kein eigenes Geld in dieses
Projekt. Ich begeisterte einen sehr symphatischen baju-
warischen Bauunternehmer, Gerhard Schwegmann, dafür. Für ihn war es kein Problem, diese Summe locker-
zumachen.

Habe ich jahrelang in Tripolis gewohnt? Hat mir
mein Stiefvater Clifford als Finanzberater des Königs keine harten Lektionen erteilt?

Jawohl, ich fühlte mich auf Lampedusa wie zu Hause
und war mir der Unterstützung von Gaddafi fast sicher,
zudem jetzt die Idi-Amin-Millionen winkten.

Flugs gründete ich eine Firma mit dem klangvollen
Namen »Il Triangelo S.p.A. Consul Weyer«, und schon
rückte das Heer der Bauarbeiter an — sechsunddreißig
fleißige Insulaner.

Solche Bauherrn wie das Duo Weyer-Schwegmann
hat es südlich von Sizilien noch nie gegeben. Wir sorgten
sogar für die provisorischen Unterkünfte in Baracken und
schenkten in der Kantine einen kräftigen Vino Albana di
Romagno aus, damit die Poliere nicht ihr Geld, bei uns
verdient, in andere Wirtshäuser trugen.

Schwegmann kaufte einige Baumaschinen, aber mir
war klar, daß man ohne staatliche Subventionen nicht
bauen kann. Ich machte mich auf die Socken, um einiges
Bares einzutreiben. In Rom fand ich Gehör, das Parla-
ment war der Meinung: »Wenn schon Gaddafi, dann lieber über Weyer« — und bewilligte als Entwicklungshilfe
und zur Schaffung von Arbeitsplätzen runde zwei Millionen Mark.

Weyer als Unternehmer im Mezzogiorno, wurde ich
in römischen Zeitungen gefeiert. Mit dem staatlichen
Geld hätte ich bauen können. Aber mir schien der Verkauf wichtiger. Also verschob ich den Aushub für Stra-
ßenbau und Kanalisation und öffnete die Bühne für ein
Weyer-Spektakel. Die Hauptrollen wurden mit Frauen
besetzt. Ich konnte auf eine gut geführte Kartei zurück-
greifen und teilte meine Kundschaft in folgende Katego-
rien ein:

— wer zu verbindlicher Besichtigung kam, mußte auf eigene Kosten mit der Linienmaschine einfliegen, ziemlich umständlich mit zweifachem Umsteigen in Rom und Palermo, durfte ein Haus kaufen und wieder heimfliegen;

— erwarb jemand unbesehen einen Bungalow, mietete ich auf seine Kosten einen Lear-Jet, Flugstunde 2500 Mark, und gab in seiner Abwesenheit (aber in seinem Namen) ein Richtfest.

Den großen Bahnhof auf dem kleinen Flugplatz kostete freilich nur ich selbst aus. Da standen an der Spitze des Empfangskomitees der Oberbürgermeister von Lampedusa, hinter ihm sein erster und zweiter Stellvertreter, der Stadtkämmerer, der Herr Pfarrer sowie der Comandante der Carabinieri samt fünfköpfiger Familie.

In einigem Abstand, um seine Sonderstellung zu unterstreichen, wippte auf den Zehenspitzen ein gepflegter Herr, der Generaltouristikdirektor von Sizilien, Dottore Bonnacorsa. Er hat seinen akademischen Grad ordnungsgemäß an der Münchner Universität erworben.

Es folgten Umarmungen und eine Besichtigungsfahrt über die Baustelle. Um bei diesen Touren dabeizusein, kaufte »Mopsi« einen unfertigen Bungalow nach dem anderen und wußte gar nicht, was sie damit anfangen sollte. Mir war schleierhaft, wie ich die geplanten hundertvierzig Objekte jemals schlüsselfertig hinkriegen sollte, von denen siebenundzwanzig schon ohne Dach und Treppe verkauft waren.

Doch »Mopsi« fühlte sich keineswegs betrogen. Sie freute sich, jedesmal mitfeiern zu dürfen. Schon damals bot ich willkommene Abwechslung zu den Festen bei Kempinski oder im Schloßhotel Gehrhus. Bei Weyer auf Lampedusa wurde in einer Baubaracke gefeiert. Der rote Landwein floß in Strömen, und der »schwarze« Bürgermeister sang dazu wie Caruso. Einmal dauerte das Fest schon zu lange, und so rüffelte ich »Mopsi«: »Wo bleibt der Scheck!«

»Mopsi« machte auf kleines Mädchen. »Könnte ich dir meinen Scheck heute nacht in dein Schlafzimmer bringen?«

Ich mußte deutlicher werden, für den Fall, daß jemand mithörte: »Gnädige Frau«, wechselte ich das vertrauliche Du, damit wieder Respekt herrschte, »die Zeiten, in denen man für ein Haus noch ins Bett ging, sind doch längst vorbei.«

Solcher Widerstand focht »Mopsi« nicht an. Sie schmuggelte mir mit dem hohen Scheck auch ihr Foto in die Tasche, für den Fall, daß ich anderen Sinnes werden sollte.

Außer solchen Späßen mit »Mopsi« bereitete mir aber das Ferienparadies Lampedusa ziemliche Sorgen. Statt in Schönheit zu wachsen, verrottete die Anlage immer mehr. Von Woche zu Woche fand ich bei meinen Besuchen weniger Häuser vor. Es blieben nur noch kaputte Kanalisationsrohre, leere Benzinfässer und verrostete Maschinenwracks auf der Baustelle. Dafür begannen die Häuser von Lampedusa zu strahlen.

Nach einer Krisensitzung, bei der ich wieder einige fehlende Summen aus meiner Kasse suchte, änderte sich das Bild. Aber ich kam dahinter: die Arbeiter bauten ihre Häuser jetzt nach außen ganz unauffällig. Innen montierten sie sich goldene Wasserhähne aus meinen Beständen.

Ich mußte den Bauleiter Clemens feuern, auf niemanden mehr war Verlaß. Ich deckte die Mißstände auf der Insel auf. Mit ungewöhnlichem Echo. Man wollte mich in den Wahlkampf um den Bürgermeisterstuhl schicken. Die Sache hatte nur einen Haken: Ich sollte der Kandidat für die Linken sein! Mit der Korruption aufräumen, das Ferienparadies Lampedusa endlich fertigstellen.

Für das Geschäft wäre es gar nicht schlecht gewesen. Aber als Bürgermeister von Lampedusa hätte ich den langgehegten Traum begraben müssen, einmal UNO-Botschafter zu werden.

Ich hatte auch Ambitionen, in die Deutschlandpolitik einzugreifen. Und im Vatikan gab es noch einige Orden zu verkaufen. Nein, Lampedusa war ein schöner Traum und Idi Amin im saudiarabischen Dschidda ein Alptraum.

Ich trennte mich von beiden. Ich stieß das »Il Triangelo«-Projekt gewinnbringend ab, unterbrach die Kontakte zu Gaddafi. Das Schicksal von Idi Amins Ehefrau endete übrigens vorläufig in Deutschland.

Wie mir im August 1987 in Rio berichtet wurde, floh die schöne Sarah nach Bonn und bekam überraschend schnell mit Töchterchen Daisy politisches Asyl. Angeblich wohnt sie in einer Sozialwohnung, Idis Rache fürchtend. Sarah hat die Scheidung beantragt. Für die deutschen Familienrichter eine harte Nuß. Idi Amins simples »Ich verstoße dich« hat nach deutschem Recht keine ehetrennende Wirkung. An Seine Exzellenz Alhaji General-Feldmarschall a. D. Idi Amin Dada, ehemaligen Präsidenten von Uganda, ist eine Vorladung ergangen. Er soll sich im Bonner Justizgebäude in der Wilhelmstraße einfinden.

Meine Zeit vor dem Lampedusa-Projekt widmete ich höchst ehrenvollen christlichen Aufgaben. Als Sonderbotschafter von Bolivien wohnte ich Anfang der siebziger Jahre hochherrschaftlich in der Viale Bruno Buozzi 107 in Rom. Mein Bitter-Sportcoupé, eine Sonderanfertigung, von der es nur sechs Stück gab, war in Rom als diebessicher bekannt.

Auch der Kofferinhalt war berühmt: eine luftverschweißte neue Klobürste im durchsichtigem Plastiksack. Immer, wenn ich ins »Hilton Cavalieri« einkehrte, ließ ich sie vom Hotelpagen hinter mir her durch die Halle tragen. Ich mahnte ihn nachdrücklich: »Bitte vorsichtig, die Bürste ist sehr kostbar.«

Außerdem lag noch im Koffer eine Zweiliterflasche Herrenparfüm »Aramis« für den Fall, daß ich keine Zeit zum Duschen fand. Was dem Sonnenkönig Louis XIV. teuer, war auch Consul Weyer recht. Meine persönliche Duftnote war bei den Starlets von Rom sehr begehrt. Und das deutsche Fräuleinwunder war in Rom angesagt.

Der goldene Aschenbecher in meinem Bitter-Coupé war wieder einmal voll, obwohl ich Nichtraucher bin. Nur gelegentlich nach einem vorzüglichen Essen zünde ich mir als besonderen Genuß eine Davidoff an. Das Armaturenbrett aus Walnußholz hatte Kratzer von Stöckelschuhen, und die Dachbespannung war angerissen. Mario Adorf meinte: »Hör mal, dein Auto ist ja total verhurt.«

Ich fuhr zum Petersplatz. Ich hatte einen Termin bei Kardinal Ottaviani. Mit fünfundzwanzig Dienstjahren hatte er schon etliche Päpste überlebt und galt als einer der einflußreichsten Würdenträger in der katholischen Kirchenhierarchie. Als Sprachgenie beherrschte er auch Deutsch mit einem ähnlichen Akzent wie Wojtyla.

»Sssagen Sssie mirr, wasss Sssie wollen«, begrüßte er mich stets. Den Kontakt zu ihm hat seine Schwester, Domina eines klösterlichen Waisenhauses in Rom, hergestellt. Ich habe sie aufgesucht, um ihr meine Sorgen mitzuteilen.

»Schwester Oberin, ich habe in Deutschland ein paar Schäfchen, die bereit sind, Ihrem Haus und Ihren Schwestern großzügige Spenden zukommen zu lassen, falls Sie eine Verwendung für das Geld haben. Als Gegenleistung erwarten meine Schäfchen nur eine kleine Dekoration.«

Die Schwester Oberin war nicht schwer von Begriff. Ihr Kardinalsbruder entpuppte sich als ein ausgesprochenes Heißohr. Da wegen seines fortgeschrittenen Alters die Sichtweite seiner Augen nur zirka vierzig Zentimeter betrug, konnte er nur noch nach dem Geräusch Perlon von Papier unterscheiden.

Anmerkung: Die Fünfhunderter und Tausender enthalten Kunststoffasern und knistern daher elektrostatisch geladen.

Kardinal Ottaviani war ein blendender Geschäftsmann. Wir schmückten deutsche Wunderkinder am laufenden Band mit kirchlichen Orden. Zum Schluß der Zeremonie sammelte der Kardinal mit einem Silbertablett von meinen knienden Schäfchen das Bare ein. Es mußte sich in der Größenordnung zwischen 20000 und 50000 Mark bewegen. Der Kardinal murmelte dazu ein Gebet. Einmal hörte ich sehr deutlich seine Worte: »*Ora pro nobis viribus weyeribus sancti* — der Herr sei mit dir, du kommst mit mir« —, und dabei zählte er die Scheine. Ich paßte in Lauerstellung höllisch auf, damit Ottaviani mir mit dem Geld nicht entwischte. Er versuchte mich mit seinem Segen auszutricksen, aber ich packte ihn am Ärmel und flüsterte: »Bleiben Sie noch hier, wir müssen teilen!«

Ich nahm das Bargeld von seinem geweihten Silbertablett und ließ ihm die Schecks. Schließlich konnte er sie in der vatikanischen »Banco Ambrosiani« gut waschen lassen.

Er mochte mich sehr, und die Tür zu seinem Audienzbüro stand mir stets offen. An diesem besagten Tag wollte ich ihm eine kleine Freude machen, wollte ihm zeigen, wie bibelfest ich bin. Nach der obligaten Begrüßung sagte ich: »Monsignore, wollt Ihr mit mir ein kleines Spielchen machen?«

Er tippte kurz mit der Fußspitze auf den Boden, was sein Einverständnis signalisierte. Ich blätterte auf seinen reich mit Intarsien verzierten Tisch rund 10 000 Mark in neuen Scheinen hin.

»Das gehört Ihnen, wenn Sie mir aus dem Stegreif alle Propheten des alten Testaments aufsagen können.«

Dem Kardinal perlte Schweiß von der Stirn. Er begann die Namen stotternd aufzuzählen, verhedderte sich und fing von vorn an.

»Darf ich Ihnen helfen?« machte ich die Sache spannend.

Ottaviani zitterte am ganzen Körper, als stehe er vor der Inquisition. Er mußte passen. Ich machte mir die Lippen feucht, holte tief Luft und ratterte herunter:

»Jesajajeremiabaruchezechieldanielhoseajoelamosobadjajonamichanahumhabakukzephanjahaggaisacharjamaleachi.«

Es hat ihm völlig alle sieben Sprachen verschlagen. Leise knurrte er: »Können Sie das bitte langsam wiederholen?«

»Und ob ich es kann, Monsignore«, jubelte ich, stimmte meine schönste Tonlage an und sang fast wie Pavarotti:

»Jesaja, Jeremia, Baruch, Ezechiel, Daniel, Hosea, Joel, Amos, Obadja, Jona, Micha, Nahum, Habakuk, Zephanja, Haggai, Sacharja uuund Maleachiii . . .«

Den Kardinal hat fast der Schlag getroffen. Das Perlonrascheln hat ihm sichtlich Schmerz verursacht, als ich die zehn Mille vom Tisch wieder zusammenkehrte und in die Tasche steckte.

Zum Schreien. Mit meiner Propheten-Wette habe ich bisher immer das Bodenpersonal des lieben Herrgotts matt gesetzt. Kein Pfaffe, kein Bischof kann sie so schnell aufzählen wie ich.

Rom freilich setzte mir auch Filmflausen in den Kopf. Ich mußte unbedingt Produzent werden. In München. Ich suchte mir für eine fünfstellige Summe einen Erfolgsautor, der »Kaiser Franz« eine Rolle auf den Leib schreiben sollte.

Franz Beckenbauer sollte meine »Supernase« und der Kino-Gottschalk der siebziger Jahre werden. Die Story gefiel mir gut: Nach der schweren Verletzung eines Vereinskameraden verliert Franzl die Form und die Lust am Kicken. Er wird ausgepfiffen, verletzt sich selbst am Bein und an der Nase und beschließt, dem runden Leder adieu zu sagen. Doch ein uneigennütziger Freund (gespielt von Harald Leipnitz) lädt ihn zu einem Urlaub nach Israel ein, wo der Kickerstar kraft seiner Persönlichkeit über Angst und menschliches Versagen triumphiert.

Der Versager kam in Person des Regisseurs Wigbert Wicker. Mit seiner rötlichen Knollennase reiste er wochenlang samt Team durch die halbe Welt: nach Moskau, Israel und wegen einer Filmminute auch zu dem Spiel Ajax gegen den FC Bayern nach Amsterdam. Als Beckenbauers Vereinskameraden später Gebündeltes verlangten (runde 70 000 Mark), herrschte Ebbe in der Kasse. Nichts ging mehr.

Franz Beckenbauer drohte das Schicksal, auf Filmruhm verzichten zu müssen. Ich gab noch einmal ein zinsloses Darlehen von 100 000 Mark und erhielt eine Gewinnbeteiligung in Höhe von zehn Prozent. Somit war ich ein echter Filmproduzent. Nur wurde der Film ein Reinfall. Zum Trost teilte mir Rechtsanwalt Josef Heindl mit:

»Herr Direktor Robert Schwan hat uns ermächtigt, Ihnen zu bestätigen, daß Sie für sämtliche Spiele des

FC Bayern, die in München stattfinden, auf Wunsch zwei Ehrenkarten erhalten werden.«

Und die Lehre aus meinen Carlo-Ponti-Ambitionen?

Die Leute lieben »Kaiser Franz«. Aber nur auf dem Fußballplatz und nicht im Kino. Daß Franz mit seiner fabelhaften Elf zum Weltmeistermacher wurde, hat mich sehr begeistert. Herzlichen Glückwunsch.

Damit ich es nicht vergesse, es gibt im aktuellen Angebot folgende Adoptionsofferten, Stand Sommer '90:

Ursula Gräfin von York (gute Adresse, wohnt am Graf-Stauffenberg-Ring); Maria Freifrau von Flondor (der Name wird im Gotha seit 1870 geführt); Marianne Freifrau von Metternich (wahlweise Adoption oder Heirat mit Tochter Madeleine oder beides).

Gerd Graf Bernadotte af Wisborg (wünscht Geschäftsbeziehung). Sybille Baronin von Schellersheim (legte einen Verrechnungsscheck über DM 200,— und ihren Lebenslauf bei).

Simone Prinzessin von Anhalt (mit Referenzen ihrer guten Herkunft, Vater Jürgen von Anhalt, Mutter Heidi Richter-Reis, schickte ihr Adoptionsangebot an Consul Weyer c/o Generalconsulat der Bundesrepublik Deutschland, Rio de Janeiro).

Nikolaus Graf Hendrikoff (Titelvermittlung durch Heirat oder Adoption). Emanuel J. Prinz von Hohenzollern (Betreff: Ausbau des Hausordens Hohenzollern C.A.R. in Amerika, Heirat der Prinzessin von Hohenzollern, Alter zwanzig Jahre, Gründung einer gemeinsamen Vermarktungsfirma Weyer-Hohenzollern).

Agnes Heinen von Thalherr-Freyenthal mahnt ungeduldig: »Was ist los?«

Charlotte Baronin von Schuckmann schreibt: *Ich erwarb den Titel durch Heirat, die Ehe wurde geschieden, Baron von Schuckmann verstarb 1985. Bin interessiert, den Titel zu viel Geld zu machen — sei es durch Adoption oder durch Pro-forma-Heirat. Aus einer anderen Verbindung stammen drei Kinder, die mir in dieser causa keinerlei Schwierigkeiten menschlicher Art bereiten.*

Fotokopien der Geburts- und Heiratsurkunde, des

Scheidungsurteils sowie Gotha-Auszug und Wappen-Nachweis lagen bei.

Daß ich mich für diese Kunden bei absoluter Diskretion bestmöglich einsetze, ist selbstverständlich. Schon nach Redaktionsschluß meines Buches schrieb ich folgenden Nachtrag:

Maria Freifrau von Flondor möchte noch einmal darauf hinweisen, daß ihre Familie im Gotha unter »Freiherren« geführt wird:

Alexander Baron von Flondor, Gutsherr auf Slobozia-Comaresti (Buchland) sowie auf Hiliza (Moldau) und

Daisy Baronin von Flondor, geborene Reichsgräfin von Lazansky auf Zaharesti.

In dieser letzten Sekunde erreichte mich auch die Nachricht, daß einige Mitglieder des Wirtschaftsförderungsvereins der Selbständigen e. V. in Bielefeld interessiert an Dr. h. c. und Adelstiteln sind.

Auf diesem Weg möchte ich darauf hinweisen, daß es bei Consul Weyer grundsätzlich keine günstigen Gruppentarife gibt.

Meine Deutsche Freiheitspartei

Ich bin nicht links,
ich bin nicht rechts,
ich bin immer oben.

Lautlos glitt der weiße Rolls-Royce an der Alster entlang.
Zufrieden betrachtete ich, braungebrannt und ganz ent-
spannt, das Armaturenbrett aus poliertem Walnußholz.
Es fasziniert mich ebenso wie der Gedanke: Die Frauen
werden mich wählen.

Und wer weiß, sinnierte ich weiter, vielleicht bekomme ich sechs Prozent bei der Bundestagswahl und
werde Vizekanzler.

Ich habe eine Partei gegründet, nachdem ich etwas
mit den Steuergesetzen in Deutschland kollidierte. Ich
war fest entschlossen, diesen Umstand zu ändern.
Deutschlands Zukunft lag mir sehr am Herzen. Ich war
schon seit einem halben Jahr in keiner Bar, weil ich dafür
keine Zeit fand.

Meine wichtigsten Ziele waren der Schutz der persönlichen Freiheit und eine Steuerreform. Wer weniger
als 5000 Mark verdient, sollte überhaupt keine Steuern
zahlen. Mir schwebte das ganze Programm schon sehr
genau vor. Ich wollte mich sogar — damals revolutionär!
— für Nacktbaden in öffentlichen Badeanstalten einset-
zen und für gemischte Toiletten. Ich fand diese Trennung diskriminierend; ein Unding, daß man nicht gemeinsam mit seiner Lebensgefährtin oder Gespielin das
stille Örtchen betreten darf.

zugleich Postwurfsendung von meiner Partei.

W 2275226 B

FP DFP DFP DFP DFP DFP D

Der Vorsitzende H. H. Weyer

DFP

Deutsche Freiheits Partei

Die Freiheit, die *Sie* meinen!

Denninger Straße 106 · 8000 München 81

)FP DFP DFP DFP DFP DFP DFP DFP

P DFP DFP DFP DFP DFP DFP

Aber im Ernst, ich rollte in meinem weißen Rolls, Markenzeichen unserer Partei, zu unseren frisch etablierten Geschäftsstelle am Volksdorfer Weg in Hamburg. Peter Krafzyk, Sohn eines pensionierten Polizisten, war mein Statthalter an der Elbe, wo wir bereits 1000 Mitglieder und etwa 6000 im gesamten Bundesgebiet hatten. Ich formulierte bereits das erste Informationsblatt, das ich dann aus dem Gedächtnis druckreif diktieren wollte.

Die Deutsche Freiheitspartei — *die Freiheit, die Sie meinen!* lautete unser Wahlslogan. Ich erkannte die Zeichen der Zeit, lange bevor die »Grünen« aufwachten, war Schönhubers REP-Epoche epochal voraus und war wohl eine Mischung aus allem; angefangen bei *Stoppt die Atomkraftwerke!* bis *Ausländer raus*. Antikommunistisch, antiautoritär (nur ich, der Vorsitzende habe recht) und anspruchsvoll, eine absolute Ja-Sagerpartei.

Ich erkannte die Chancen der Kleinen, ich wußte, daß sie als Zünglein an der Waage entscheidend den Fortbestand der Großen beeinflussen werden. Ich ahnte, daß die Kleinen mit ihren Argumenten die verlorenen Stimmen bei den Großen einsammeln würden. Und schließlich, wer möchte nicht Minister in Bonn werden? In unserem Partei-Info brachten wir klar zum Ausdruck:

»CDU/CSU und die SPD haben abgewirtschaftet. Helmut Schmidt ist der größte deutsche Schuldenmacher aller Zeiten. Noch nie hat der deutsche Bundesbürger so viele Schulden gehabt wie heute. Ein Kanzlerkandidat Strauß, der nicht einmal die notwendigsten Benehmensregeln beachten kann, wird gerade in der heutigen Zeit kein Aushängeschild für diesen Staat sein. Die FDP weiß bis heute immer noch nicht, was sie will, und läuft am Gängelband der SPD. Damit muß endlich Schluß gemacht werden. Geben Sie der DFP Ihre Stimme, damit den großen Parteien endlich einmal ein Riegel vor ihr haltloses Treiben geschoben wird. Eine starke DFP kann jede große Partei bremsen und die Mißstände ganz öffentlich im Bundestag anprangern.«

Man schrieb das Jahr 1980, und unsere nächsten Programmpunkte waren so treffend, daß sie die Existenz der

»Grünen« völlig überflüssig machten. Ich betonte es mit Nachdruck:

»Die DFP stellt sich ganz klar auf die Seite des Umweltschutzes. Denn wir meinen, daß auch künftige Generationen das Recht haben, in einer gesunden und sauberen Umwelt zu leben.«

Ich dachte dabei an meine wunderschöne Villa in Feldafing, an meinen Garten und die Spazierwege am See. Nur wer selbst Besitz hat, kann auch fremden Besitz schützen. Nur wer in einer feudalen Umgebung lebt, kann sich vorstellen, wie schrecklich es ist, wenn plötzlich hinter dem Rosengarten ein Atommeiler entsteht. Nur wer einen Rolls-Royce fährt, weiß, wie gräßlich ein Trabbi stinkt, nur wer geräuschlos in seiner Karosse durch die Wälder gleitet, Beethovens »Schicksals-Symphonie« aus der Hifi-Anlage lauschend, begreift, welche Bedeutung ein gemischter Laub- und Fichtenwald für unsere innere Harmonie hat.

Ich liebe die Natur und bin ein überzeugter Umweltschützer, weil ich selbst ein Genießer der wunderbaren Weyer-Welt bin. Und die muß für künftige Generationen, auch für meinen Sohn Alexander und seine Kinder, erhalten bleiben.

So klangen auch meine Worte flammend, als ich sagte: »Atomkraftwerke müssen sicherer oder gar nicht erst gebaut werden. Katastrophen der letzten Zeit zeigen uns nur zu deutlich, wie gefährlich der Atomstrom ist. Die Gefahr für die Bürger steht in keinem Verhältnis zum Nutzen.«

DFP — die Freiheit, die SIE meinen. Unser Programm war bis aufs I-Pünktchen ausgetüftelt. Steuern sollte nur derjenige in angemessenem Umfang bezahlen, der es sich wirklich leisten kann.

Die Altersversorgung sollte nicht durch Gesetze geregelt sein, sondern jeder Bürger sollte selbst entscheiden, wie er sich für die Zeit seines Ruhestandes absichert.

Das Ehe- und Scheidungsrecht mußte dringendst geändert werden. Die Betroffenen sollten ohne Einmischung des Staates über ihr weiteres Leben entscheiden können. Ich war der Auffassung und bin es bis heute, daß die Ehe in den privaten Bereich jedes Bürgers gehört. Dort hat der Staat nichts zu suchen.

Ich muß nicht extra betonen, daß ich als Finanzexperte berufen wäre, in Deutschland ein Sparprogramm durchzusetzen und die Staatsausgaben auf ein Minimum einzuschränken. In diesem Sinne war auch die Mitgliedschaft in der DFP für jedermann erschwinglich. Nur sieben Mark im Monat.

Unsere Parteizentrale residierte in München. Es war die Hauptstadt der Bewegung, als Parteilokal wählten wir das »Canale Grande« in Nymphenburg. Italienische Lokale hatten für Führer in der deutschen Politik schon immer eine wichtige Rolle gespielt. In der »Osteria Italiana« in der Schwabinger Schellingstraße erinnert man sich noch gut an Hitler, im »Ristaurante Tivoli« soupierte und süffelte seinen Rosé mit Vorliebe Franz Josef Strauß.

In meinem Münchner Generalsekretär Klaus Stölting fand ich eine tüchtige rechte Hand. Als Herausgeber und Chefredakteur der »Münchner Freiheit« machte er aus dieser Hochglanzillustrierten unser Parteiorgan. Denn wir gaben den Schönen und Reichen auch die Möglichkeit, sich in unserem Licht zu sonnen. Eines der ersten Mitglieder mit einer gewaltigen Parteispende war Kofferfabrikant Michael Cromer. Seine MCM-Marke samt seiner Philosophie verhalf ihm zu der ungewöhnlichsten Karriere unter den Münchner Machern.

München hat keinen Lagerfeld, keinen JOOP — aber einen Cromer Michi. Und der zeigt, wo's langgeht. Von null auf hundert. Er fing als Schallplattenverkäufer im Schwabinger »Drugstore« an. Bei einer Stippvisite in Rom vom Pomp der Kaiser tief beeindruckt, fiel ihm das MCM-Logo ein. Es sind seine Initialen, und zugleich bedeuten sie das Jahr 1900 in römischen Ziffern. Das zeitgemäße Gepäck unseres Jahrhunderts. Und ich staune auf meinen Reisen, wo ich überall eine »MCM«-Dependance entdeckte. Am Rodeo Drive, der teuersten Einkaufsmeile von Los Angeles, in Miami, in Nassau auf den Bahamas; in San Francisco und New York, in Paris, und selbstverständlich gibt es ein Palais in München; er ist ein Napoleon des Koffers, nur ein bißchen größer.

Unlängst ist dieser Cromer Michi in den exclusiven Kreis der Tai Pane aufgenommen worden. Genau wie in dem Bestseller »Noble House« von James Clavell. Er schaffte den Einstieg zu dem Multi-Milliarden-Unternehmen »Jardine Matheson K.K« mit Sitz in Hongkong.

Mit Tochterunternehmen in zweiundzwanzig Ländern der Welt wurde noch eine Firma zusammen mit Michael Cromer gegründet, »Jardine Pacific«, Stammkapital des gesamten James-Matheson-Imperiums 1,3 Milliarden Dollar. Das sind 1300 Millionen Dollar, der Gegenwert von 26 000 Luxuslimousinen in der Preisklasse eines Mercedes 500.

Auf diesem Mutterschiff werden nun in der »Luggage and Leather Goods Division« die guten, stabilen MCM-Koffer und die Drei-Buchstaben-Accessoires vertrieben. Meine Lieblingsmarke, wenn es um Gepäck geht. Und bei mir müssen die Taschen mit dem *Gebündelten* einiges aushalten. Dieser Cromer begeisterte sich für meine Deutsche Freiheitspartei, für meine Ideen! »Und dieser Cromer«, das sagt man sogar in der Schickeria-Hochburg »St. Emmeramsmühle« — wo mehr Luxusautos vor dem Biergarten stehen als bei der Frankfurter Automobilmesse — »dieser Cromer is koa Depp!« Was eine hohe Anerkennung ist.

Zu meiner Stärke zählt, daß ich eine gute Hand habe, um mir richtige Leute zu greifen. Mein Team ist immer auf der Höhe. Auch Klaus Stölting war ein Tausendsassa, beherrschte sieben Sprachen, als Kriegsberichterstatter in Vietnam lieferte er nicht nur gute Reportagen, sondern machte mit GIs auch gute Geschäfte. Er lebte in Japan und trieb sich in Paris herum, weltgewandt verfaßte er einen Gourmet-Führer. Ich glaube, er hatte die Kragenweite eines Regierungssprechers wie Hans »Johnny« Klein. Aber natürlich hatte er bei Consul Weyer einen besseren Posten als bei Kanzler Kohl — und meines Wissens hat er es auch nie bereut, bei mir Parteikarriere gemacht zu haben.

Nach den letzten Informationen aus der Südsee mischt dieser Klaus Stölting jetzt in Staatsangelegenheiten von Neukaledonien mit. Als in der Hauptstadt Noumea bei Straßenschlachten die Steine flogen, saß Stölting als Berater des noch amtierenden Präsidenten im Regierungspalast. Bravo! Wieder ein Weyer-Lehrling in der Welt, der sein Handwerk beherrscht. Wenn gerade keine Revolution tobt, ist Neukaledonien eine angenehme französischsprachige Insel.

Zwischen elf und vierzehn Uhr ist so ziemlich alles geschlossen. Ich wäre auch damit einverstanden, daß die Einwohner eine dreistündige Siesta machen, aber es bedeutet gleichzeitig: früh aufstehen! Also nichts für mich. Ich überlasse diesen Südzipfel im Pazifik meinem Ex-Sekretär Stölting. Viel Glück!

Da sich derart hervorragende Geister wie Cromer und Stölting zu Weyer gesellten, gab es im Gegensatz zu dem Polit-Stümper Franz Schönhuber keine Skandale! Jawohl, die Weyersche DFP wurde zu keinem Zeitpunkt von irgendeiner Enthüllung erschüttert. Ich war nicht dabei, und meine Sekretäre griffen nicht in die Parteikasse, es gab keine Austritte aus Protest, es gab keine innere Querelen, es gab nur Erfolgsmeldungen. Wie immer, wenn ich etwas anpacke!

Die Gründung der DFP hat nicht nur in Deutschland, sondern in der ganzen Welt starkes Interesse und postwendende Anerkennung gefunden, so daß sich neue diplomatische und wirtschaftliche Beziehungen ergaben.

Franz Josef Strauß reiste zum damaligen Zeitpunkt wieder einmal nach Albanien, dem wohl kuriosesten Land der Welt, wo sogar die Strände am Meer um sieben Uhr schließen. Diese Polizeistunde wird streng kontrolliert. Wer in Albanien nach neunzehn Uhr noch in der Badehose erwischt wird, wandert ins Gefängnis.

Ich, Consul Weyer, wurde in Sachen Energiekrise tätig. Ich sandte die ersten drei Plastikkanister nach Bahrein, um bei der Spritversorgung meiner Partei-Limousinen unabhängig zu sein. Der Vertrag kam folgendermaßen zustande.

Nachdem Hassan II., König von Marokko, trotz eines rechtskräftig abgeschlossenen Mietvertrags, den Einzug in die zweiundzwanzig Zimmer meiner Feldafinger

Villa absagte, vermietete ich meine feudale Residenz standesgemäß an Scheich Mohammed von Bahrein. Als er mir nach einigen Wochen bestbezahlten Ge-&-Mißbrauch des Hauses die Schlüssel zurückgab, küßte er mich mit orientalischer Begeisterung und feuchtarabischem Redeschwall und versicherte mir glaubhaft, daß ich für den Rest unseres Lebens sein geschätzter Freund bliebe und in jeder Lebenslage mit seiner Hilfe rechnen könne.

Auf diese Weise sicherte ich die erforderliche Energie für die Hoch-PS-Karossen unseres Zentralkomitees und gab die Parole aus: Man soll Freunde aus der Dritten Welt und andere Ministaatler, Bananen- und Kaffeerepublikaner trotz ihrer manchmal eigenwilligen unästhetischen Erscheinung nie vor den Kopf stoßen! Man weiß nie, wie schnell man diese Herrschaften noch brauchen kann.

Ein Bonner Botschafter zum Beispiel, dem ich für die Überreichung seines Beglaubigungsschreibens beim Bundespräsidenten seine erste schwarze Hose von Valentino gekauft habe, rief noch vor kurzem an und erbat sich über einen Münzfernsprecher, der nach Minuten versiegte, die telegrafische Geldanweisung von De-Em einhundert an eine Tankstelle, um weiterfahren zu können.

Ich erfüllte die Bitte ohne Vorbehalt, und jetzt ist dieser Freund Außenminister eines südamerikanischen Staates geworden.

Aufgrund anderer kleiner Hilfeleistungen für Freunde konnte ich damals auch ein Abkommen mit einem Andenstaat abschließen, das der Bundesrepublik im Falle des DFP-Sieges die Zinnversorgung bis ins Jahr 2000 gesichert hätte. Zu Konditionen, unabhängig von den Weltmarktpreisen.

In unserer Parteizentrale klingelte das Telefon unentwegt. Meistens handelte es sich um Glückwünsche. Auch »Baby Doc« war persönlich am Apparat. Schon vor Jahren erkannte er meine staatsmännischen Fähigkeiten und dekorierte mich mit dem Großoffiziersorden seiner Republik.

Begründung: mein hervorragendes Verhandlungsgeschick beim Zustandekommen eines Nichtangriffspaktes und Wirtschaftsabkommens zwischen Haiti und der von mir vertretenen Republik Liberia. Ich hatte seinerzeit die liberianische Delegation angeführt und für den Sohn des liberianischen Staatspräsidenten A. B. Tolbert und unseren Gastgeber »Baby Doc« ein rundes Dutzend »Special Secretaries« aus München einfliegen lassen.

Dieser Freundschaftsdienst brachte mir auch unerwartete Schwierigkeiten. Meine Unkosten wurden von den deutschen Finanzbehörden moniert, denn nicht jede der vornehmen Damen der Münchner Gesellschaft — auch öfter namentlich in Graeters Spalte genannt —, die sich ein Zubrot bei den Diplomaten und Staatschefs verdiente, war bereit, mir einen entsprechenden Beleg zu quittieren.

Mit solch hochkarätigen Gesandtschaften gelang es mir häufig, die anfangs schwierig verlaufenden strategischen Verhandlungen auf das rechte Gleis zu schieben.

Geschoben wurde zu meiner politisch aktiven Zeit viel in Nigeria, mit dessen ehemaligem Commissioner für Agrarwirtschaft ich gute Beziehungen unterhielt. Trotz großer Erfahrungen konnten allerdings Pannen passieren. Als ich einmal eine Delegation nach Lagos sandte, hatte die Verspätung der Maschine von Nigeria Airways — die kostengünstiger ist als Air France — zur Folge, daß nach der Landung die politische Karriere meines Günstlings bereits beendet war.

Ich muß zugeben, daß ich trotz aller Seriosität und allen Qualitätsbewußtseins schon mal für Länder tätig war, die man nur mit einer Sonnenbrille vertreten konnte.

Die positiven Erlebnisse überwogen jedoch. Der Besuch des Königs von Samoa in München unterbrach wohltuend meinen politischen Alltag mit dem doch lästigen Behördenkram und ärgerlichen Amtsinhabern.

Seine Hoheit Malietoa Tanumafili II. kam öfter. Einmal offiziell als Staatsgast vom Flughafen Riem mit Blaulicht eskortiert, mußte er nach Protokoll ein festgelegtes Programm absolvieren. Ein andermal kam der König in die Stadt — und kaum ein Münchner merkte es.

Der gemütliche Inselherrscher unternahm seine lange Reisen aus zweierlei Gründen. Einmal ging es um Geld für sein Inselreich, ein andermal wollte er es wieder ausgeben und dabei seine guten Freunde erfreuen.

Für mich auch eine Gelegenheit zu politischen Studien.

Die Südseeinsel West-Samoa hat eine fast musterhafte Staatsform. Eine halbe Demokratie, in der die fünfundvierzig Mitglieder des Parlaments von den 10 000 Matai-Häuptlingen gewählt werden. Sie haben aber wenig zu bestimmen, denn das Land regieren die Häuptlinge. Es gibt keine Parteien, jeder Abgeordnete geht seinen Weg. West-Samoa hat keine Armee und nur wenig Polizei.

Die größte Verantwortung liegt auf den Schultern der Matai, aber auch der Einfluß der Kirchen ist groß. Viele der Schulen werden von der Kirche geleitet. Schulgeld muß man aber sowohl für die staatlichen Unterrichtsstellen wie auch für die kirchlichen Internate zahlen. Sogar die Grundschulen sind kostenpflichtig. Wer kein Geld hat oder einfach sparsam ist wie Consul Weyer, bekommt keine Probleme. Es besteht keine Schulpflicht.

Die hervorragenden Beziehungen zu dieser Insel mit dem klangvollen Ritterorden von Samoa entstanden durch meinen langjährigen, treuen und mich in allen Lebenslagen bewundernden Lampedusa-Partner Gerhard Schwegmann. Dieser gemütliche Bajuware, der zweimal die Woche bei meinem alten Weggefährten Gerd Käfer speist, flog beruflich schon im Apo-Jahr 1968 häufig nach Fernost. In Bangkok lernte er einen Studenten kennen, der sich sehr für die Bewegung an der Münchner Uni interessierte: Laupepa Malietoa.

Die beiden machten einen Trip mit einem Sportflugzeug und wären beinahe abgestürzt. Gerade noch konnten sie auf einer Lichtung mitten im thailändischen Urwald notlanden.

Was wäre das für ein Bayer, wenn er vom Fliegen keine Ahnung hätte! Freilich wußte Schwegmann gleich, wo der Kolben klemmt, und half bei der Reparatur der

Maschine. Und so kehrten sie gesund und frohen Mutes nach Bangkok zurück, der Pepa Melietoa und der Schwegmann Gerd, und wurden Freunde fürs Leben.

Die asiatischen Märchen sind auch am schönsten, denn dieser Pepa war kein gewöhnlicher Stipendiat, sondern der älteste Sohn des Königs von Samoa. Als der Vater hörte, wer seinem Pepa das Leben gerettet hatte, fackelte er nicht lange, beriet sich nicht einmal mit seinen Matais, adoptierte den Schwegmann aus München kurzerhand als seinen Sohn und heftete ihm den samoanischen Haupttitel eines Papalii Tele an die Brust. Somit gehörte Schwegmann zur königlichen Familie von Sa, Malietoamoa und der König bedankte sich bei einer großen Versammlung nicht nur für die Verdienste gegen die Malietoa-Familie, sondern auch gegen die Regierung und die Einwohner von West-Samoa.

Nun, wenn ein Glückspilz wie Schwegmann auch noch Freunde wie Consul Weyer hat, entstehen diplomatische Beziehungen, von denen das Auswärtige Amt in Bonn nur träumen kann. Ich habe schon ein paarmal versucht, diesem Gremium klarzumachen, daß es wohl kaum einen besseren Diplomaten als mich in Deutschland gibt. Und ich wünschte, Deutschland hätte viele solcher Diplomaten wie mich.

Aber die Herren in der Koblenzer Straße wollten nicht, und es ist ihr gutes, legitimes Recht, daß ihr consularisches Corps, in Jahrzehnten als repräsentative Vorzeige-Gesellschaft aufgebaut, in seinem Ansehen herabgesetzt wird.

Früher habe ich mich drüber geärgert. Heute bin ich der Meinung, daß Hans-Dietrich Genscher als Außenminister und ich, Consul Weyer — daß wir beide, jeder auf seine Art, gute Repräsentanten unseres Landes sind, ohne uns gegenseitig Konkurrenz zu machen.

Das bestätigte mir auch König Tanumafili II. Seine Affinität für die Deutschen ist historischen Ursprungs. Schon im Jahr 1889 sank ein deutsches Schiff namens »Adler« während des großen Taifuns vor der Küste West-Samoas. Zweihundert Menschen mußten sterben. Die West-Samoaner betrachteten es als Gottesurteil, und die Reste des »Adler«-Wracks sind in der Hauptstadt Apia heute noch zu sehen.

Die Deutschen galten zur damaligen Zeit als die guten Kolonisatoren, und schließlich wurde die Insel auch zwischen dem Deutschen Reich und den USA aufgeteilt und 1900 die deutsche Fahne auf West-Samoa gehißt.

Den beiden Samoanern, dem König und seinem Sohn, schmeckte vor allem die Schweinshax'n. Sie begeisterten sich auch für den »Obatzd'n« (kremig geriebener Camembert). Gute Küche erhält die Freundschaft. Solchen ungewöhnlichen Wiedersehensfeiern wohnten auch Staatsekretär Erich Kiesl und Ekkehard Briest vom Auswärtigen Amt bei. Einmal war seine Hoheit Malietoa in Bonn bei unserem Bundespräsidenten Walter Scheel angemeldet. Der wartete und wartete, bis er ganz gegen seine feine Art doch aus der Haut fuhr.

»Wo bleibt er denn?« regte er sich in der Villa Hammerschmidt auf. Die Sicherungstruppe Bonn I ermittelte. Die Telefone liefen heiß. Die Sicherungstruppe Bonn II meldete aus München: »Alles in Ordnung, der Samoa-König ist gelandet, sitzt mit Consul Weyer im ›Bayerischen Hof‹, im Spiegelsaal.«

Wo denn sonst, schließlich will ich mich auch sehen, wenn ich schon mit Majestäten zusammensitze.

Die Wahlkampagne lief auf vollen Touren. Zwischen Timmendorfer Strand, dem Luxusbad des kleinen Mannes, und dem »Canale Grande« in München hetzte ich von einem Termin zum anderen. Pressekonferenzen jagten sich. Am liebsten gab ich Erklärungen aus einem Strandkorb auf Sylt ab. Buhne 16, bis heute der »in«-Treff. Dort beginnt der FKK-Strand. Ein herrlicher Anblick, wenn der Generalbevollmächtigte eines Stahlkonzerns nackt daliegt wie Gott ihn schuf, und sein Chauffeur ihm den Aktenkoffer bringt. Vorher muß er sich aber die Hosen ausziehen. Es schickt sich nicht, daß nackte Chefs bekleidete Untergebene empfangen. Das wäre ein Verstoß gegen die guten Sitten. Auf die legt man auf Sylt großen Wert.

Ich kann jedem deutschen Politiker nur raten, möglichst viele Arbeitsstunden auf Sylt zu verbringen. Insbesondere in Kampen, in jenem ostfriesisch-britischen Haus, bestgeführt von einem ehemaligen Offizier des Secret Service, Samuel Smith. Er hißt jeden Morgen den Union Jack auf dem Dach von »Hinchley Wood« und zieht sich danach auf die Terrasse zurück. Er darf nicht gestört werden, er malt Blumen. Ein ewiges Thema, weil es immer frische Gewächse gibt. Ich halte es in gleicher Weise mit den Frauen und verstehe mich mit Samuel prächtig. Er ist mein Vorbild für meine alten Tage: auf der Terrasse sitzend, ein Frauenregiment kommandierend, Sprechstunden mit Anwälten haltend, denn Adoptionskinder werden nicht so schnell aussterben. Solange ich lebe, wird es jedenfalls genügend Kandidaten für Namenskosmetik geben, Klienten, die Consul Weyers Beauty-Salon benötigen. Ein wunderbarer Salon: Da kommt einer als Hans Ochse herein und geht als Baron Hans Rolf Friedrich von Oheim wieder hinaus, womöglich noch als Dr. h. c. der Universidade Patagonia S.J.B. Comodoro Rivadavia, wobei ich ausdrücklich betonen muß:

Alle von mir vermittelten akademischen Titel werden in Deutschland anerkannt, weil ich nur Universitäten vertrete, die dem internationalen Hochschulverband angeschlossen sind.

In puncto Adoptionen kommt die Anerkennung in Form von großer Empörung! Ich kann mich noch genau erinnern, wie sich Silvia Königin von Schweden aufregte, als die Tante von König Carl Gustaf einen amerikanischen Metzger adoptierte, gegen 680 000 Mark Entgelt. Prinzessin Calma, leibhaftige Schwester von Sibylla, der Mutter von König Carl XIV. Gustaf, mit vollständigem Namen Caroline Mathilde von Sachsen-Coburg-Gotha, lebte in Coburg von 3 000 Mark im Monat, gezahlt aus der Kasse der Familienstiftung.

Sie hatte es nicht so elegant zu Hause, wie sich's für eine Prinzessin gehört, sie wünschte sich auch mehr Personal. Für solche Wünsche habe ich immer Verständnis, also habe ich der Prinzessin durch meine Adoptions-Vermittlung geholfen. Der neue Metzgermeister-Prinz aus Denver hat dann seine Wurst mit der Marke »Sachsen-

Coburg-Gotha« versehen. Die gesamte Summe für die Adoption konnte er als Werbungskosten von der Steuer absetzen.

Die Prinzessin Calma erfüllte sich ihren Traum vom hochherrschaftlichen Leben. Sie zog in eine Vierzimmerwohnung nach Schweinfurt. Der Streit mit dem schwedischen Königshof juckte sie kaum. Die Familie kehrte ihr schon lange den Rücken und blieb auch unversöhnlich, als Prinzessin Calma sich von ihrem Parkettleger Gunther Heinzmann scheiden ließ.

Jawohl, auf dem Parkett fängt so mancher Ärger an! Auch politisch. Mit meinen Reden handelte ich mir abwechselnd Buh und Beifall ein. Sylt war für mich wie Sonthofen für Franz Josef Strauß. Aus dem Strandkorb, braungebrannt, erklärte ich vor den Fotografen unter anderem: »Im Vergleich zu mir hat Herbert Wehner doch keine Chancen; sein Gesicht ist ja nur für den Hörfunk geeignet.«

Mein wichtigster Slogan lautete: »Ich baue auf die deutschen Frauen, die schönsten der Welt.«

Nach dem Vorbild von Franz Josef Strauß, den ich außerordentlich schätze und mit Helmut Kohl auch für Deutschlands fähigsten Politiker hielt, begann ich, mein gutes Aussehen in der Außenpolitik einzusetzen. Ich schickte Herrn Breschnew, weil er kein Deutsch lesen konnte, statt eines Briefes mein Bild, damit er mich später bei Verhandlungen wiedererkennt.

Mein Konterfei mit Widmung sandte ich auch nach Washington, zu Händen von Rosalyn Carter. Für sie hegte ich besondere Sympathien, weil auch Rosalyn als First Lady Politik in Amerika machte, ohne eine blasse Ahnung davon zu haben.

In die Downing Street Number 10 flatterte mein Foto mit der Versicherung an Frau Thatcher: *Liebe Maggie, wir halten zusammen.* Und auch Frankreichs Präsident Giscard d'Estaing wußte bereits von einer Bildstory in *Paris Match*, wer der schöne Consul ist.

Meine früheren Fehlschläge als seriöser Getränkehändler und tapferer Burundi-Befreier hatte ich längst weggesteckt. Mir klangen die ermutigenden Worte meines Häuptlingbruders »Aebi« Tolbert in den Ohren: »Ein Jammer, daß du noch nicht Minister bist.«

Daß mich das Schicksal der afrikanischen Polit-Brüder ereilen, daß ich jemals scheitern könnte, befürchtete ich nicht. Denn »Aebi« hat mir auch immer wieder versichert: »Einen Mann wie dich bringt man nicht um. Dich muß man lieben.«

Liebe! Fast so wichtig wie Geld. Und damit es keinen Tag um mich ruhig wird, inszenierte ich einen Skandal. Denn ein Politiker ohne Skandal ist wie ein Himmel ohne Sterne. Auch dabei schielte ich auf weibliche Wählerinnen, getreu meiner Parteilinie: »Mit schönen Frauen auf dem Weg nach Bonn.«

Ein Eifersuchtsdrama! Das schien mir guten Zündstoff für *BILD*-schöne Schlagzeilen zu geben. Pulver dafür hatte ich genug.

Während einer der häufigen kurzweiligen Trennungen von meiner Schönheitskönigin Marina zog sie verschnupft in die Sozialwohnung des *QUICK*-Starreporters Armin Zipzer. Wie mir Zeugen berichteten, stand er in einer Nacht vor Marinas Tür, wahrscheinlich, um seine »Miete« zu kassieren. Daraufhin rief Marina die Polizei, die mit acht Mann anrückte! Sie versuchten Marina zu beruhigen, die immer nur rief: »Ich will zu meinem Süßi!«

Die Polizei: »Sie können jetzt nicht zu ihrem Süßi!«

Ich war zu diesem Zeitpunkt in Berchtesgaden, um in der Abgeschiedenheit des Obersalzbergs meine nächste Rede vorzubereiten. Wie mir mein Patenonkel Hermann Göring im zarten Alter von vier Jahren erzählt hatte (ich war schon damals so aufgeweckt, daß man mit mir über die Politik des Dritten Reiches sprechen konnte), hatte Hitler genau hier, auf der Terrasse seines Berghofs auf dem Obersalzberg, eines Abends jene verhängnisvolle Vision: »Es ziehen blutrote Wolken von Osten auf, der Krieg wird unausweichlich sein.«

Am nächsten Tag folgte die Kriegserklärung des Führers gegen Polen.

Der Stoff, aus dem Eifersucht explodiert, mehrte sich. Der schönen Uschi Gräfin zu Dohna schenkte ich zum Abschied eine Uhr von Cartier (laut *stern* die Erst-ausstattung der Weyerschen Ex-Geliebten).

Auch die zauberhafte, durch ihre Intelligenz beste-chende TV-Ärztin Dr. Antje Kühnemann bekam, ob-wohl ich eigentlich sehr sparsam bin, ein breites Gold-armband von Cartier (ich habe dort Mengenrabatt).

Bei der »Dalli-Dalli«-Sendung des unvergeßlichen Hänschen Rosenthal machte ich zwei Exis von mir mit-einander bekannt: Dagmar Koller und Dagmar Winkler. Sie tauschten giftend einige Nettigkeiten aus und einig-ten sich schließlich in einem Punkt: daß Dagmar ein sehr schöner Vorname sei.

5300 Liebesbriefe in fünf Monaten, darunter 400 Hei-ratsanträge. Meiner Lebensgefährtin Angela ging das über die Hutschnur. Was ich irgendwie auch verstand. Leider mußte ich ihr auch den liberianischen Diploma-tenpaß abnehmen, weil sie nicht mehr so viel mit mir rei-ste. Wir haben uns aber versöhnt. Angela hat mich spä-ter in Südamerika besucht, blieb die vorbildliche, liebe-voll verantwortungsvolle Mutter meines Sohnes, wofür ich ihr aufrichtig und aus vollem Herzen danke. Eines wird man ihr auch nie nehmen können, daß sie einen Sohn von Weyer hat.

In jener Nacht der schmerzlichen Trennung von An-gela fuhr ich anschließend zu Marina. Ihre Brust war hart, so hart, sie hätte damit glatt eine Bartheke durch-schlagen können. Und sie war noch ein bißchen ange-schwollen. Ich spürte, das ist meine Stunde.

Die Ereignisse überstürzten sich. Am *BILD*-Stamm-tisch gestand mir Deutschlands schönste Chefreporterin Ingrid Gallmeister: »Du bist der einzige, Cliff, mit dem ich mich zur Ruhe setzen könnte.«

Das haben mir auch schon Julie Christie, Heidi Stroh und Doris Day gesagt. Ganz anders Elke Sommer. Sie wollte von meinem Freund Dieter Thomas Heck am *BILD*-Stammtisch wissen, wer denn ihr schöner Nachbar sei, worauf ich Thomas fragte: »Sag mal, liest die Elke nur den Wachtturm?«

Mitnichten. Ich las mit großem Vergnügen ihre Me-moiren *Unter uns Pfarrerstöchtern*. An ihren 300 Seiten setzte ich meine Meßlatte an, als ich die letzten Seiten meiner fabelhaften Erinnerungen schrieb, für die ein anderer siebenmal auf die Welt kommen müßte, um so viel zu erleben, wie ich in knappen fünfzig gesunden Jahren.

Halbzeit! Sehr intensiv arbeiten an diesem Buch konnte ich im Relais du Silence »Waldhotel Ohlenbach«, traumhaft im Schoß des Hochsauerlandes ruhend. Was vor achtundzwanzig Jahren noch eine karge Jagdhütte war, kletterte auf Rang 28 der besten Hotels von Deutschland und gehört auch zu den führenden »Hotels im Grünen« — eine Sonderkategorie. Die Küche trägt einen Michelin-Stern. Ich habe dort am liebsten Waffeln gegessen. Besser als im Münchner »Tantris«.

Meinen Wahlkampf säumte damals eine unheimliche Weyer-Serie in allen Talk-Kanälen. Im Bremer Talk *III nach neun* erschien ich, flankiert von der singenden Bäuerin Carla Lodders und dem Spökenkieker Fidelio Köberle, der Stimmen aus dem Jenseits hörte.

Als Moderatoren alternierten Marianne Koch und Wolfgang Menge. »Schneiden Sie manchmal aus beruflichen Gründen auf?« bohrte er nach.

»Die reine Wahrheit ist schon verblüffend genug«, wischte ich seine Bedenken weg.

Der langjährige London-Korrespondent Karlheinz Wocker sorgte sich mit typisch englischem Humor um meine Zukunft: »Wenn Sie die fünf Prozent nicht schaffen, würden Sie auch wie Franz Josef Strauß nach Alaska gehen und dort Ananas züchten?« — ein geflügeltes Strauß-Zitat für den Fall einer Wahlniederlage, der ja eingetreten ist; aber FJS machte seine Drohung nicht wahr.

Aus Wocker sprach fast ein Prophet. Nur konnte ich schlecht antworten: »Wenn ich scheitere, kann ich immer noch nach Paraguay gehen und Millionen bei Stroessner machen.«

In der nächsten Runde — insgesamt trat ich dreimal in *III nach neun* auf — stieß ich auf Professor Kurt Biedenkopf. Der CDU-Politiker war über den amerikanischen Stil verblüfft, mit dem ich meinen Wahlkampf führte. Zwei Millionen Plakate und 150 000 Autoaufkleber, nur für Wagen ab 100 PS zugelassen.

Ich sagte zu Professor Biedenkopf: »Schönheit ist im Wahlkampf ein sehr wirksames Mittel.«

Zugleich verriet ich ein Geheimnis: »Einem sonnengebräunten Menschen gibt man eher Kredit, das habe ich von Onassis gelernt.«

Nach diesem durchschlagenden Erfolg liefen in Gütersloh die Offsetmaschinen an. 100 000 Flugblätter. Der DFP-Vorsitzende H. H. Weyer informierte:

Abschaffung der Arbeitslosigkeit!

Jeder Arbeitslose sollte bei einer der 800 000 Firmen in Deutschland für 20% des normalen Verdienstes eingestellt werden und sich dann Volontär nennen. Den Rest zahlt der Staat, wie schon jetzt das Arbeitslosengeld. Nach einem Jahr Übernahme in den Betrieb, oder der Rhythmus beginnt neu.

Mit einem Knaller wartete ich bei dem Parteitag der DFP in München auf. Reform des Strafvollzugs! Ich plädierte für die Aufhebung der Geschlechtertrennung in Haftanstalten. »Schluß mit dem sexuellen Notstand!« wetterte ich vom Rednerpult und dachte dabei an die Prominenz in Stadelheim, wo zur Zeit einige Filmproduzenten, ein Kinoverleiher, ein Consul, mehrere Unternehmer und ein Bordell-König einsaßen. Als Ferrari- und Rolls-Royce-Fahrer zählte ich auch auf diese Stimmen. Denn statistisch gerechnet, besitzt jeder hundertachtzigste Bundesbürger schon Hafterfahrung.

Das Finale zur Bundestagswahl '80 fiel für mich sportlich aus. Ich schied aus dem Rennen. Doch wir blieben frohen Mutes. Drei Tage vorher meldete mein Generalsekretär Klaus Stölting hocherfreut: »Auch ein Prinz von Thurn & Taxis ist der DFP beigetreten.«

Es war einer aus der weitverzweigten T-&-T-Familie, auf den der Spitzname »Tut & Taugt nichts« zutraf. Den Druck der neuen Plakate *Consul Weyer für Deutschland — Prinz Thurn & Taxis nach Bonn* konnte ich noch rechtzeitig abblasen. Dennoch verkündete Generalsekretär Stölting zuversichtlich: »Bei der nächsten Bundestagswahl sind wir wieder dabei.«

Wir waren damals auch die einzige Partei, die ein bürgernahes Programm präsentieren konnte:

— höheres Kindergeld
— Einführung der Gesamtschule
— Abschaffung des Berufsbeamtentums
— Reform des Scheidungsrechts. Keine Richter mehr, sondern die Einführung einer Art Schiedsstelle, wo die Parteien alle Streitigkeiten untereinander regeln. Dieser Vorschlag stieß allerdings auf massiven Widerstand der deutschen Anwaltskammer, die eine ernsthafte Existenzbedrohung des gesamten anwaltschaftlichen Standes befürchtete.

Meine revolutionärste Forderung aber lautete:
— Privatfernsehen.

Daran war ich persönlich interessiert. Denn die Lizenz für eine private Fernsehanstalt gleicht der Genehmigung zum Gelddrucken.

Nach Schampus drei Kreuzchen für den Consul lautete unsere Abschiedsformel. Ich ging wegen dringender Geschäfte nach Südamerika. Inzwischen bin ich von meinen politischen Berufszielen abgerückt. Ich vertraue Kanzler Helmut Kohl. Ich wähle ihn. Ich stimme mit *Spiegel*-Herausgeber Rudolf Augstein überein, dessen Team ich durch Vermittlung eines Ehrendoktortitels für einen seiner Redakteure verstärkte:

»Kohl ist das Prädikat ›Vereinigungskanzler‹ sicher. Den Staatsmann Kohl wird man nicht mehr von der Landkarte tilgen können. Glückwunsch, Kanzler!«

Alles über Frederic von Anhalt

Der Adel ist tot! Es lebe der Adel! Er verpflichtet zu nichts. Eduard von Anhalt ist raus, ich — Consul Weyer — bin drin.

Im Jahr 1919 wurde mit § 109 der Weimarer Verfassung endgültig jene gottgewollte Kaste der automatisch zu Höherem Geborenen politisch und rechtlich abgeschafft. Von der Herrlichkeit früherer Zeiten blieben nur seltsam hochtrabend klingende Namen. Für mich klingen sie jedoch weniger hochtrabend und mehr nach barer Münze. Die Sehnsucht nach schönen Prinzen und Königen wächst, je perfekter und menschenfeindlicher sich unsere Umwelt gestaltet. Ich bin nicht sentimental, für mich waren und sind Adelsadoptionen ein gutes Geschäft.

Gott sei Dank.

Schicksalsbegegnungen und Ironie des Schicksals. Wohl beides. Paradoxerweise ist der Mann, der für mich beste Werbung war und den Beweis einer Weyerschen Superleistung erbrachte, kein Freund von mir. Ich war damals wohl etwas zu sehr in Eile mit meiner steuerlich bedingten Übersiedlung nach Südamerika, so daß mir dieser Fehler unterlaufen konnte. Aber ich habe es nicht bereut, weil einem Weyer auch niemals etwas leid tut.

Er klingelte zweimal, stand ganz aufgeregt vor meiner Tür und machte einen miserablen Eindruck.

»Robert Lichtenberg, guten Tag, ich komme zur

Sprechstunde«, sagte er hastig. Bereits telefonisch angemeldet, deutete er an, daß Geld bei ihm keine Rolle spiele. Also empfing ich ihn auch, anständig wie ich bin. Nur
schickte ich ihn erst einmal nach Hause; er sollte sich ordentlich anziehen.

Wenn ich nämlich etwas nicht ausstehen kann, dann
sind es morgens um zehn Uhr Männer in Jogginganzü-
gen aus Plastik. Die dunkelblaue Farbe gehörte zu der
Sorte, die Bundesbahnschaffner an ihren Uniformen tragen, und ich hatte noch nicht gefrühstückt.

Hoffentlich kommt der Kerl nicht vor Mittag zurück,
dachte ich.

Aber wie der Teufel will, war er in einer Viertelstun-
de wieder da. Diesmal trug er einen dunkelgrünen Jog-
ginganzug und eine schwarze Lederjacke.

»Sie müssen bei mir um die Ecke wohnen, daß Sie so
schnell sind«, sagte ich. Seine Antwort hat mich verblüfft, und das will schon was heißen.

»Ich habe noch keine feste Bude in München, ich
wohne zur Zeit als Privatpatient erster Klasse im Kran-
kenhaus. Ich bin gut versichert.«

Mein Gott, was für ein Jargon. Der Mann redete von
einer Bude und wollte Prinz werden. Er bewarb sich bei
mir um eine Adelsadoption und quasselte etwas von erstem Haus: einen Namen wollte er, der im Gotha ganz
vorn steht, damit er nicht lange nachschlagen mußte.

Da gab es eigentlich nichts zu überlegen. A wie Anhalt, ein Griff in meine Kartei genügte, und schon hatte
ich etwas Passendes. Aber zuerst nahm ich diesen Jogger
in die Mangel. Geld ist nicht alles, mir müssen meine Geschäfte auch Spaß machen. Vor allem müssen meine
Kunden merken, mit wem sie es zu tun haben. Sie können sich ihre Prinzentitel meinetwegen dutzendweise besorgen, aber ein Weyer ist nicht käuflich. Bei mir muß
man notfalls auch leiden, um ans Ziel zu kommen. Wie
bei einem Marathon.

Ich erklärte dem Mann also, bevor er überhaupt sei-
ne Dokumente für die Adoption und das Geld auf den
Tisch lege, müsse er einen Schnellkurs in weyerschem
Benehmen absolvieren. »Fangen Sie mit Ihrem Lebens-

Amtsgericht Wolfratshausen
- Vormundschaftsgericht -

XVI 18/79

8190 Wolfratshausen, 16.1.1980

Dieser Beschluß ist durch Zustellung
an den Bevollmächtigten der Annehmer
den und des Anzunehmenden am 4.2.198
rechtswirksam geworden.

(Siegel)

Wo.......
Gesch..............:
Der Urkundsbeamte.......: 7.2.8

Adoption des Herrn Robert Lichtenberg, geb. am 18.6.1943

gez. Engel
Justizangestellt

B e s c h l u s s :
=====================

Auf Antrag der Annehmenden und des Anzunehmenden vom
20. August 1979 wird die Annahme des

Herrn Robert **L i c h t e n b e r g**, geb. am 18. Juni 1943
in Vaihhausen (Standesamt Vaihhausen Nr. 12)

als Kind der

Frau Marie Auguste Antoinette Friederike Alexandra Hilde
Luise Prinzessin von **A n h a l t**, wohnhaft in Unter-
leiten 41k, Gemeinde 8157 Dietramszell, Landkreis Bad Tölz,

ausgesprochen.

Die Annehmende ist am 10. Juni 1898 in Ballenstedt geboren (Geburtsurkunde des Standesamtes Dessau Nr. 4/98).

Gemäß § 1768 in Verbindung mit § 1757Abs. 2 BGB entfällt
bei dem Annehmenden der Vorname Hans, den bleibenden
Vornamen Robert wird der Vorname "**F r é d é r i c**" vor-
gesetzt, so daß der vollständige Name des Anzunehmenden
nach Rechtskraft der Adoption

" Frédéric Robert Prinz von Anhalt"

lautet.

Die Annahme als Kind gründet sich im übrigen auf die §§
1767, 1768 Abs. 1, 1741 Abs. 1, 1752, 1770 BGB.

Schrödter
Richter am Amtsgericht

Für den Gleichlaut der Ausfertigung
mit der Urschift.
Wolfratshausen, d..3 0 1 80
A....geobts Wolfrath.schl (?)
als Urkundsbeamter der Geschäftsstelle

*Aus Robert Lichtenberg wird durch mich Prinz
von Anhalt.*

- 2 -

lauf an«, forderte ich ihn auf und lehnte mich genüßlich in meinem goldenen Thron hinter meinem Mahagoni-Schreibtisch zurück. »Aber langweilen Sie mich nicht zu sehr mit Details.«

Robert begann über seine schwere Jugend zu erzählen: Er war der ungeliebte Sohn württembergischer Kleinbürger, der eine Banklehre machen sollte, das freie Leben aber dem Schalterdasein vorzog. Im Verlauf unseres Gesprächs prägten sich mir drei Begriffe ein: Komparse, Steakbrater und Masseur in einer Herrensauna war dieses Robertle schon gewesen, und die letzte Sauna, in der er die Geschäfte führte, wurde »heiß renoviert«.

Ich ließ mir den Satz erklären. »Heiß renoviert, bedeutet im Milieujargon abgebrannt. Und die Versicherung hat gezahlt«, betonte Robert stolz.

Über den Preis der Adoption haben wir uns schnell geeinigt. 280 000 Mark, zahlbar bei der Abwicklung der »Neugeburt«. Als künftige Mutter für den Ex-Steakbrater hatte ich ein Prachtexemplar von königlicher Hoheit im Auge: Marie Auguste Antoinette Friederike Alexandra Hilde Luise Prinzessin von Anhalt. Nach eigenen Angaben bereits zweiundachtzig Jahre alt und nicht aus eigenem Verschulden in finanzielle Not geraten. Denn die Baronin Rothschild, die bisher die Prinzessin Anhalt mit einer monatlichen Rente von siebenhundertneunzig Mark unterstützte, hatte überraschend das Zeitliche gesegnet.

Deshalb wandte sich die königliche Dame auch hilfesuchend an mich. Nun wußte sie trotz ihres hohen Alters, daß Consul Weyer keine Stiftung für alleingebliebene Märchenprinzessinnen unterhält. Doch direkt über eine Adoption zu reden war ihr auch wieder peinlich. Sie berief sich auf gewisse Praktiken aus dem Hause Sayn-Wittgenstein. Ich war im Bilde und setzte »Tante Magussi« — so ihr Spitzname im eigenen Haus der Askanier — auf die Warteliste.

Den Pommes-frites-Künstler Robert betrachtend, wußte ich, daß ich einen richtigen Zuwachs für die Anhalts gefunden hatte. Und ich war mir auch der neuen Gefühle absolut sicher, die unsere Prinzessin bewegen würden, wenn sie ihr Spätgeborenes in der Wiege entdeckte. In seinen Laufschuhen wirkte Robert richtig dynamisch, nur benutzte er für meine empfindliche Nase das falsche Parfüm.

Ich griff zum Telefon. Es war der 6. August 1979, und an Schicksalstage erinnere ich mich immer genau. Um mir die vielen Fragen von vornherein zu ersparen, sagte ich kurz angebunden: »Hören Sie, Prinzessin, vor mir sitzt ein sechsunddreißigjähriger Mann, der in seinem Leben noch nie gearbeitet hat. Hinter ihm steht jedoch viel Geld. Machen Sie sich fertig zur Adoption.«

Alles andere war Routine, die für mich meine Anwältin Baronin von Keyserlingk erledigte, ohne meine kostbare Zeit zu beanspruchen. Meine Arbeit bestand in solchen Fällen nur in der Zusammenführung von zwei sich für immer und ewig liebenden und achtenden Menschen — reichen Kindern mit billigen Namen und armen Eltern, mit Namen kostbar wie venezianische Wandteppiche. Was Weyer zusammenführt, pflegte ich zu betonen, soll nur der Tod scheiden.

»Wissen Sie schon, was Sie als frischgebackener Prinz mit Ihrem Namen anfangen werden?« fragte ich den Wunschsohn Robert.

»Eine reiche Frau heiraten«, antwortete er. Diese Lebenseinstellung habe ich noch nie geteilt. Ich gab Robert trotzdem noch einige Ratschläge mit auf seinen Lebensweg.

»Als Adelsmann haben Sie Pferde zu lieben, sich die Tür Ihres Wagens immer vom Chauffeur öffnen zu lassen, ans Buffet nicht selbst zu gehen, sondern sich immer einen Teller bringen zu lassen. Und sinken Sie niemals so tief, daß Sie Müsli frühstücken. Merken Sie sich: Ein Prinz ißt kein Müsli. Das hat's vor hundert Jahren auch nicht gegeben.«

Er murmelte etwas von Dankbarkeit; so ehrlich habe es mit ihm noch niemand gemeint, er war richtig gerührt und wollte schon am nächsten Tag wieder kommen, um weiteren Prinzenunterricht bei mir zu nehmen.

Ich gab ihm noch einen Rat, kostenlos: »Gehen Sie nicht zu weit, München ist ein gefährliches Pflaster, früher oder später landen viele Prinzen und Erlauchte in

Konsul ließ 10 000 springen

Weyer lieferte sie cash in der tz-Redaktion ab

Wer sagt's denn: Der schöne Konsul macht sein Versprechen wahr! Mit zehn Tausendern kam Hans Hermann Weyer gestern zur tz. „Ich habe selbst sieben Jahre in Brasilien gelebt und gesehen, wie dreckig es den Kindern dort geht. Ich will mit meiner kleinen Spende dem UNICEF-Projekt dort helfen."

10 000 Mark sind erste Einnahmen vom Lied „Weyer Condios" (in „Leo's" am 26.12. zu hören). Weyer: „Ich habe in Brasilien wie Robin Hood den Reichen Geld abgenommen, über eine Million an die Armen verteilt." Thyssen-Arzt Dr. Jürgen Schiefelbein rät der Konsul: „Seine Verbindung zu Thyssen habe ich hergestellt. Jetzt erbt er 88 Millionen. Da könnte er auch zehn Millionen spenden ..."

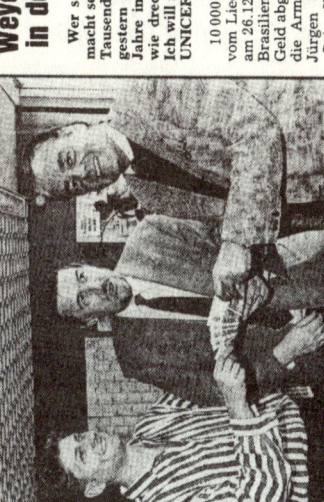

10 000 Mark für UNICEF in Brasilien: Konsul Weyer, tz-Chefredakteur Hans Riehl und Aktions-Leiter Gunther Schnatmann (v. r.) Foto: Jürgen Schwarz

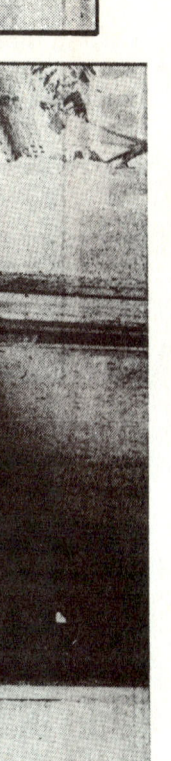

Ein schönes Gefühl, Armen zu helfen.

Die Spendenkonten

Stadtsparkasse München
Konto 263 525

Dresdner-Bank München
Konto 326 900 000

Postgiroamt München
Konto 521 501—803

Dankeschön

Absmein Franz, Achtzehn Heribert, Penberg, Almeider Ludwig, München 21, Amann Leo, München 70, Ama Magdalena, Angermeier R., Forstinning, Arendt Ralf, Wolfratshausen, Arneit W., Attenberger Georg, Pfaffenhofen, Angaschoen, Germering, Audi AG, Ingolstadt, Aumüller Gerda, Augsburg 21, Ayten Yildiz, München 19, Böhm Karl, Böttcher, Vaterstetten, Babl Ludwig, München 19, Bachmeier Gerda, Bahr Emma, Forsten, Bäckl Claudia, Bartl Gertrude, München 82, Bauer Jochen, Regensburg, Bauer Joh., Bauer Josef, Bauer Siglinde, Baumgartner, München 45, Bayerl, Becher Elisabeth, Wolfratshausen, Becker Inge, München 83, Beckstein, München 90, Bengl Ernst, München 45, Berger, München 83, Bergmann L. u. E., Unterschleißheim, Bernbeck, Baidham, Bernhard Max, Baidham, Bernhard Roland, Baidham, Bertl, Beste Maria, Biberach, Bichler, München 60, Blätterlein, Leberzorn, München 21, Überacker, Binder D., Starnberg, Brünner Herzog, Kulmbach, Bonulz Olaf, Brünner Josefs, Planegg, Braml, Brand Maria, München 90, Brandl Friederike, München 90, Breunig, Murnau, Brandl, München 90, Breinl Hermann, Brigimaier Therese, Brummer H. u. P., Butscheider Luzie, München 90, Carl Wilhelm, München 21, Chamotte Werke, Marburg, Craig Marie, München 83, Czech H., Gärtner, Dorfler Rudolf, München 90, Demel Rosa, Hohenbrunn, Dambock Hermann, Dettnello Raimund, Ramsberg, Deny Kurt, Daundl Bernhard, De Girolimo, Feldkirchen/Westerham, Dengosch, Buchheim, Deuter K., München 19, Diemand H., München, Diehl Helmut, Dieter, München 21, Dietrich G., Kempten, Dirsch Johann, Pollenfeld, Dittel R., Lohhof, Dobmeier Jos...

›St. Adelheim‹.« (Szenename der ortsansässigen Strafanstalt.)

Ich wußte, wovon ich sprach, und ich sah meinen Kunden Robert Lichtenberg bisher auch nur noch ein einziges Mal. Am 22. November 1979 beim Amtsgericht Wolfratshausen. Auch für Prinzessin Anhalt war es ihre erste Begegnung mit ihrem Adoptivsohn Robert. Die Zeremonie war kurz, aber rührend. Vorbereitete Akten, zwei Unterschriften, und danach sagte der Familienrichter: »Nun küssen Sie sich zum Zeichen der neuen familiären Bindung.«

Mit meinem früheren Großadopteur Prinz zu Reuss habe ich schon ergreifende Augenblicke erlebt. Einer seiner Adoptivsöhne war um etliche Jährchen älter: ein französischer Bankier, der seine Filialen mit dem Zusatz »zu Reuss« aufmöbeln wollte, um ähnlich wie Rothschild zu klingen und damit neue Sparkunden zu ködern. Dieser Bankier hatte sogar Tränen in den Augen, als er seinen gut zehn Jahre jüngeren Vater in die Arme nahm, ihm einen Zungenkuß verpaßte und flüsterte: »*Mon père.*«

Der Prinz zu Reuss verlor seine Fassung nicht, sah seinen greisen Sohn an und streichelte ihm zärtlich über das schüttere Haar. »*Mon fils!*«

Im Falle Anhalt küßte Robert seine neue Mutter alias »Tante Magussi« sehr kühl; herzlos, würde ich sagen; dabei hatte die betagte Prinzessin ihr am besten erhaltenes Kleid angezogen, um dem adoptionswilligen jungen Mann zu imponieren. Ich konnte in ihre Seele nicht hineinschauen, aber vielleicht hatte sie sich wirklich vorgestellt, ihre letzten Tage würden nunmehr vergoldet. Denn zu anderen Familienmitgliedern der Anhalts, wie sie bei einer Besprechung meinte, bestanden kaum Kontakte. Auch mit ihrer Schwägerin, der Herzogin von Anhalt, sprach sie seit fünfunddreißig Jahren nicht mehr, seit Ende des Zweiten Weltkriegs.

Mit der Adoption war auch die gesamte Vergangenheit des Robert Lichtenberg erloschen.

Der neue Paß lautete einwandfrei auf den Namen Frederic Prinz von Anhalt. Bei der Berufsangabe zögerte der neue Prinz etwas, bis ihm das richtige Wort einfiel: Schauspieler.

Spuren seiner früheren Tätigkeiten finden sich nur streng gehütet in Geheimarchiven der Zeitungen. Da ist von Vorstrafen die Rede, aber solche Behauptungen sind prozeßträchtig, und Frederic versteht es, inzwischen bestens aus juristisch umstrittenen Behauptungen schnell Kapital zu schlagen.

Jedenfalls wurde mit dem Erscheinen des Frederic von Anhalt auf der bundesdeutschen gesellschaftlichen *BILD*-Fläche auch ein großes Kapitel der deutschen Geschichte geschlossen. Denn die Prinzessin Marie Auguste war keine gewöhnliche Prinzessin auf der Erbse.

Sie war die Schwiegertochter Kaiser Wilhelms II. Sie war mit seinem jüngsten Sohn, Joachim Prinz von Preußen, verheiratet. Ihr leiblicher Sohn aus dieser Ehe Franz Joseph Prinz von Preußen starb 1975 in Chile, ohne seiner Mutter ein Vermögen hinterlassen zu haben. In der Verwandtschaft wird gemunkelt, Marie Auguste habe sich über die schiefgegangene Adoption zu Tode gegrämt. Sie entschlief mit vierundachtzig Jahren sanft in ihrem Bett. Sie lebte zurückgezogen hinter der braunen Fassade eines Essener Mehrfamilienhauses. Hin und wieder kamen Freundinnen, denen sie gestand: »Ich will den ganzen Rummel nicht.« Den löste Frederic nach der Adoption mit Trommelwirbel und Trompeten aus.

Leider konnte ich der alten Dame nicht helfen. Und wie gern ich diesem Lumpazius Fredericus sein Handwerk legen würde, denn bei diesem Trauerspiel gehörte ich ebenfalls zu den Geschädigten. Ich hatte bereits erwähnt, daß ich überstürzt meine Abreise nach Südamerika betreiben mußte, dort erreichte mich auch eine sehr unangenehme Nachricht:

Meine Provision von Frederic von Anhalt, ein Wechsel über 180 000 Mark, war geplatzt. Der erste und bisher letzte meines Lebens. Aber noch ist nicht aller Tage Abend. So wahr ich Consul Weyer heiße, so wahr ich Consul Weyer bin, ich versichere: Frederic von Anhalt wird seine Schulden bezahlen, samt Zinseszinsen. Denn jetzt gibt es bei ihm doch etwas zu holen.

Das Glück, das er mir verdankt, das Glück, das er gar nicht verdient und das zu ertragen er nicht geschaffen ist, bescherte ihm eine Hollywood-Diva — Zsa Zsa Gabor. Ihr neunter Ehemann zu sein ist eine Auszeichnung, die noch keinem Masseur der Welt zuteil wurde. Aber in Amerika rückte diese Sensationshochzeit bereits aus dem Licht in den Schatten.

Als ich neulich im Hotel »Fontainebleau Hilton« in Miami abstieg, sah ich in der V.I.P.-Lounge die Fotos von Zsa Zsa. Der blasse Frederic stand neben ihr mit säuerlichem Gesicht und wurde nicht einmal namentlich erwähnt.

Das gleiche Phänomen wiederholt sich in San Diego. Im eindrucksvollen Hotel »Del Coronado«. Hier wurde die Komödie *Manche mögen's heiß* mit Marylin Monroe gedreht. In der Lobby hängen seltene Fotos der Stars, und da staunt der Besucher nicht schlecht. Auch Zsa Zsa Gabor gehört zu der Galerie. Neben ihr ein Deutscher aus Dortmund, der Adoptiv-Prinz Frederic als Ehemann. Nur sein Name fehlt. Adel verpflichtet — zu nichts.

Aber zurück zu meiner offenen Rechnung.

Wie meine amerikanischen Anwälte bereits prüfen, kann ich Zsa Zsa Gabor verklagen. Ich kann die 180 000 Mark Provision für die Adoptionsvermittlung fordern, weil ich im Auftrag ihres Ehemannes handelte. Ein neuer Skandal ist vorprogrammiert, diesmal nach meinem Geschmack. Ich freue mich auf das Gesicht von Zsa Zsa Gabor. Womöglich greift sie zur Pferdepeitsche, um ihren Frederic in ungarischer Rittmeisterart zu züchtigen. Hoi, Paprika.

Der Arme pflegt auch schon darüber zu klagen, daß er von der Gattin hart rangenommen wird. Und so kommen auch pikante Anekdoten aus der Villa von Gabor-Anhalt in Beverly Hills an den Tag, wie mir neulich ein guter Freund im Café »Trump« an der Melrose Avenue in L.A. erzählte.

Vor einiger Zeit erschien Frederic auf dem Reitplatz mit verbundener linker Hand. Nicht, daß er viele Bekannte in Beverly Hills hätte, aber ein Stallbursche empfand Mitleid mit Seiner Hoheit. »Es ist nicht einfach, mit Zsa

Zsa verheiratet zu sein, glauben Sie mir«, jammerte Frederic. »Da macht man was mit.«

»Ja, das glaube ich gern«, antwortete der Stallbursche. »Wenn Sie schon Verkehrspolizisten als Hurensöhne beschimpft, dürfte sie mit dem Ehemann kaum zimperlich umgehen. Sicherlich hat die bandagierte Hand auch etwas damit zu tun.« Der Stallbursche irrte nicht.

Frederic hat sich ihm anvertraut. In Eile, weil er von Zsa Zsa immer gehetzt wird, wollte er sich noch ein Stück Wurst abschneiden, bevor er Zsa Zsas Pferde bürsten ging. Aber wie es in der Eile meistens passiert, die Wurstscheibe rutschte weg, kullerte über den Küchentisch und purzelte auf den Boden. Frederic bückte sich, um die Wurst aufzuheben, da durchfuhr ihn ein unsäglicher Schmerz.

Zsa Zsas Lieblingshund griff an und biß »Prince Frederic von Anhalt, the Duke of Saxony«, so läßt er sich in Beverly Hills titulieren, in die geadelte linke Hand. Zu allem Pech stand auch Zsa Zsa hinter Frederic und schimpfte wüst: »Du weißt doch, daß alles, was auf den Boden fällt, unserem Liebling gehört.«

Ob sie ihm auch eins mit der Peitsche übergebraten hat, wollen wir aus Diskretion verschweigen. Eine Freundin, die Zsa Zsa aber bestens kennt — Nancy Reagan — sagte: »Bei ihrem Temperament ist alles möglich.«

Während ich im Hotel »Beverly Hills« diese Zeilen für mein Buch schreibe, warten draußen schon Journalisten. Gut, ich nehme die Herausforderung mit Vergnügen an, gegen Zsa Zsa zu klagen. Ich werde es bei einer Pressekonferenz auch verkünden.

Was diese Adoption für Dinge ins Rollen brachte, hat mich allerdings amüsiert. Als erster fuhr der echte Prinz Eduard Julius Ernst August Erdmann von Anhalt, Herzog zu Sachsen Engern und Westfalen sowie Graf zu Askanien, ob seines neuen seltsamen Vetters aus der Haut. Am meisten ärgerte ihn der Name. Hätte sich der Neue Carl Gustav oder Fritz Otto genannt, wäre es halb so schmerzlich. Aber er nahm ausgerechnet den Namen von Eduards Bruder Frederic an, der 1963 bei einem Motorradunfall bei London tödlich verunglückte.

Freilich war es Absicht, denn Frederic legte es von vornherein auf eine Familienfehde an. Nach zehn Jahren eskalierte der Zwist geradezu grotesk, aber darauf komme ich noch zu sprechen.

Schon als ein Bekannter, der die *BILD*-Schlagzeile *Na, so was! Kaiser-Schwiegertochter bekam einen Sohn — mit 82* gelesen hatte, bei Edi anrief und sagte: »Grüß dich, Edi, wie geht's deinem neuen Bruder?«, konnte er über diesen Witz nicht mehr lachen. Aber bald traf es ihn knüppeldick. Auskunfteien erkundigten sich, ob Edi für das Adoptivkind hafte, Schneider schickten ihm Rechnungen für neue Anzüge, die Frederic sich nach Maß anfertigen ließ, Banken erkundigten sich nach Frederics Bonität.

Echt sauer wurde Edi, als die Nachricht eintraf, der neue Vetter sei nach Florida abgedampft, wo Edi seit Jahren gute Beziehungen zu Grundstücksfirmen pflegte. Dort klopfte Frederic an, ließ sich in Houston bei den Millionären auf Partys herumreichen, und als Eduard einmal in Los Angeles eintrudelte, wartete schon der Manager an der Hotelrezeption: »Der Name ist doch richtig, Prinz von Anhalt?« fragte er und präsentierte eine unbezahlte Hotelrechnung.

Es bedurfte einer langen, umständlichen Erklärung, daß es sich hierbei um ein Mißverständnis handelte. Und kaum war die Sache geschlichtet, überreichte der Portier dem gequälten Gast einen Brief, der für ihn abgegeben worden war: *Lieber Eduard, es ist etwas ruhiger geworden in der Presse um Dich. Dafür liest man um so erstaunlichere Dinge über Deinen Vetter Frederic. Der Mann ist clever, solche Leute haben in Amerika eine gute Zukunft. Vielleicht wäre es nicht schlecht, wenn Du Dich mit Frederic zusammentun und gemeinsam mit ihm Geschäfte machen würdest. Du könntest auch Geld brauchen. Mit herzlichen Grüßen . . .*

Ein Hellseher? Nein, Frederic selbst hatte diesen Brief geschrieben. Ganz clever.

Der bedauernswerte Eduard mag wohl der legitime Chef des Hauses der Askanier sein, doch das beeindruckt höchstens Lieschen Müller aus der Provinz. Dem ausgefuchsten Frederic war Eduard in der Tat nicht gewachsen. Er ließ sich von ihm regelrecht ins Bockshorn jagen. Das ging sogar soweit, daß er sich mit einem Brief an die Generalconsulin der Republik Irland Liselotte Linnebach in München wandte:

»Exzellenz«, schrieb Eduard und bedankte sich für den köstlichen Irish Coffee und die tröstenden Worte zum Tode seiner Mutter Herzogin Edda-Charlotte von Anhalt, dann kam er sofort zur Sache:

Das Geld, um seinen dubiosen Aktivitäten nachzugehen, erhält der von meiner damals zweiundachtzigjährigen Tante adoptierte Robert Lichtenberg zum Teil in den Vereinigten Staaten, wo er nach eigenen Aussagen auch mehrmals geheiratet hat. Meine Bitte an Sie, verehrte Exzellenz, ist es, Seine Exzellenz den Generalconsul der Vereinigten Staaten auf dieses Problem aufmerksam zu machen. Meinen Informationen nach besteht die Möglichkeit, einem mehrfach Vorbestraften das Einreisevisum zu entziehen ... Mit herzlichem Dank für Ihre Hilfe und in Freundschaft ... Unterzeichnet: *Eduard von Anhalt*

Aber, aber, lieber Edi, warum so umständlich. Dein Vetter Frederic macht doch keinen Hehl aus seinen Schein-Ehen, die er gegen ein Honorar von jeweils 100 000 Mark geschlossen hat. Im Hochzeitsparadies Las Vegas fabrizierte er Ehen am laufenden Band, fünfmal stand er dort in einer Weddingchapel, tauschte Trauringe und hinterließ danach geschiedene Prinzessinnen von Anhalt. Die Kosten der Scheidung zahlte selbstverständlich die Braut. Damit prahlte er sogar in einer Fernsehsendung. Und eine Hochzeitsnacht war im Preis nicht inbegriffen.

Apropos Fernsehen: Ich konnte auch nicht verhindern, daß mein Freund Thomas Gottschalk, in dessen Nachbarschaft ich mir demnächst in Los Angeles ein Haus kaufe, diesen Frederic in seine Sendung *Na sowas!* einlädt. Thommy kniete sogar nieder, ließ sich von Frederic einen roten Mantel umhängen und mit dem Schwert zum Ritter schlagen.

»Sei ein Ritter und kein Knecht, ertrage diesen Schlag und sonst keinen.«

Was für eine Pfuscherei! Aber nun gut, *the show must go on*. Es war ein guter Gag. Es hat Botho Prinz zu Sayn-Wittgenstein, Chef des deutschen Roten Kreuzes, zu einem Protestbrief an die ZDF-Intendanz veranlaßt und in der damaligen DDR Verwunderung ausgelöst.

»Frederic?« beschwerten sich die Bürger von Ballenstedt, dem früheren Sitz der Anhalts. »Ist denn nicht mehr Eduard der Chef des Hauses Anhalt? Exzellenz, jeder fragt jeden, und niemand kann Auskunft geben! Wer verbirgt sich dahinter, wer ist Frederic?«

Und weil Eduard keine Auskunft geben konnte, wandten sich die Ballenstedter sogar an mich in Paraguay um Information. Damals gab's noch die Ost-Mark, und Länder ohne harte Währung standen auf meiner Landkarte nicht verzeichnet. Also ließ ich diesen Brief ohne Antwort.

Seltsam übrigens, ich erhielt unzählige Beschwerden über Frederics Benehmen. Manchmal kam ich mir wirklich vor wie Frankensteins Schöpfer, der mit ansehen muß, was seine Monsterkreatur anstellt. Ein führendes Kaufhaus in Dortmund reklamierte bei mir, daß »mein« Frederic einen Mantel gestohlen habe. Pariser Modell. Das Verfahren gegen ihn wurde mit 10 000 Mark Bußgeld eingestellt.

Ein anderes Mal versuchte Frederic auf einem »Weyer-Klavier« zu klimpern, aber es kam nur jämmerliches Gejaule wie aus einem Leierkasten heraus: Bei der Holstein Brauerei AG in Hamburg trudelte die Anfrage der Souveränen Ritterschaft Herzogtum Anhalt Orden »Albrecht der Baer« im Namen des Großmeisters Seiner Königlichen Hoheit Frederic Prinz von Anhalt ein. Es ging um das Problem:

»Welches g u t e Bier soll im Konvent und bei den Veranstaltungen der Ritterschaft serviert werden und worin?«

Dreist bat Frederic um: ... *Proben Ihrer Biere sowie Muster der Steinkrüge. Nach Prüfung und Entscheidung durch die Herzogliche Regierung hören Sie alles weitere ... Mit ritterlichen Grüßen ...*

254

Zum Totlachen. Zum Weinen, wie schäbig sich Frederic gegen seine Adoptivmutter Marie Auguste verhalten hat. Sie hat die versprochenen 100 000 Mark von ihrem adoptierten Sohn nicht bekommen. Laut schriftlichem Aktenvermerk bei dem Münchner Rechtsanwalt Dr. Wolfgang Seybold: *Herr Lichtenberg hat der Prinzessin Anhalt mit Ausnahme von zwei Zuwendungen in Höhe von fünfhundert und dreihundert Mark — also insgesamt achthundert Mark — bis heute keinen Pfennig bezahlt.*

Aber 5000 Mark, die legte der frischgebackene Prinz Frederic ohne mit der Wimper zu zucken hin. In fünf neuen Scheinen auf den Tisch von Klaus Stölting, meinem Parteisekretär! Mit Stölting und meiner Deutschen Freiheitspartei wollte ich Bonn erobern. Ich war meiner Zeit etwas voraus, die Idee »Weyer zum Bundeskanzler« kam zu früh. Doch Klaus Stölting war ein Mann, der die Gunst jeder Stunde nutzte: Also steckte er als Herausgeber des damals erscheinenden Monatsmagazins *Münchner Freiheit* die fünf Mille in die Tasche, ließ sich zu einem Gourmetmenü in »Kay's Bistro« einladen und hievte Frederic von Anhalt auf die Titelseite seines Magazins.

So wird's in München gemacht. Der Prinz aus der Retorte. Eigentlich kann ich verstehen, warum jeder zweite Bundesbürger in München leben möchte. Nur hier gibt es Karrieren, die nicht zu erklären sind. Mehr Schein als Sein wird zur Existenzgrundlage, ich kann's bestätigen: In München gibt es mehr Blender als in New York.

Die Prinzessin von Anhalt bemühte sich inzwischen, die Adoption rückgängig zu machen. Da kann aber der Papst in Rom eher eine Ehe annullieren, aber nie wird ein deutsches Gericht eine rechtskräftige Adoption für nichtig erklären. Weil es den Begriff Adoption gegen Geld gar nicht gibt. Es gibt nur Adoptionen aus Liebe. Und die ist im folgenden Schriftsatz beim Vormundschaftsgericht in Wolfratshausen niedergelegt:

Herr Lichtenberg hat bei der Prinzessin von Anhalt die Stelle ihres verlorenen Sohnes eingenommen. Auch hat Prinzessin von Anhalt bei Herrn Lichtenberg seit langem Mutterstelle vertreten, und dies um so mehr, als Herr Lichtenberg nie wirklich

eine eigene Familie hatte, zu der er eine auf Wärme und Ver-
trauen basierende Beziehung hätte aufbauen können. Prinzes-
sin von Anhalt ist der einzige Mensch, der ihn liebevoll und
mütterlich an sich gebunden hat.

Nach allem ergibt sich, daß die Beziehung zwischen den
Parteien den Vorstellungen des Gesetzgebers in bezug auf die
Voraussetzungen bei einer Erwachsenenadoption entspricht
und in vollem Umfang sittlich gerechtfertigt ist.

Punkt. Unterschrieben und besiegelt. Daran war nicht
mehr zu rütteln. Egal wie sehr die betagte Prinzessin ihren Schritt später bereute. Und Lichtenberg war schlau
genug, nach der Adoption zu behaupten, er zahle der
Prinzessin eine monatliche Apanage von 2000 Mark, damit es seiner Adoptivmutter fürstlich gehe. Auch ins
Theater will er sie mitgenommen haben, in Essen. Das
Stück habe *Schinderhannes* geheißen, meinte er.

Tja, lieber Eduard, damit muß man leben. Hättest du
dir bei mir Rat eingeholt, hätte ich dir viel Geld ersparen
können. Das ganze Bemühen, mit Anwälten gegen Frederic von Anhalt vorzugehen, war für die Katz. Angeblich hat es 30 000 Mark gekostet, den ganzen Papierkram
erstellen zu lassen. Der echte Wille war da, das glaube
ich sogar, bis zum Verfassungsgericht zu marschieren,
um das geltende Adoptionsgesetz in Deutschland zu ändern. Aber bei diesem Unterfangen hätte nicht einmal
ein Flick mit seinen Millionen Erfolg gehabt.

Nicht ich, Consul Weyer, habe den Ruf der Anhalts
ruiniert, sondern Eduards Schwester, die fidele Alexandra, das schwarze Schaf der Familie, hat zugeschlagen
und den Adelsstaub der letzten tausend Jahre aufgewirbelt.

Sie hatte keinen Beruf erlernt und konnte natürlich allein von ihrer Liebe zu Pferden nicht leben, zumal sie,
den Lipizzanern immer ähnlicher, keinen Bräutigam mit
Konto fand. Zum Entsetzen der alten Dessauer versuchte sich Alexandra als Sängerin und tingelte durch Super-
märkte mit einer eigenen Schallplatte. Erfolglos, versteht
sich.

Und was für glorreiche Ahnen es in diesem Geschlecht gibt: Leopold I., Fürst von Anhalt-Dessau (1676 bis 1747), wurde als »Der Alte Dessauer« ein großer Feldherr unter den Preußenkönigen. Die aparte Prinzessin Sophie Auguste von Anhalt-Zerbst (1729 bis 1776), wurde durch Heirat mit Zar Peter III. Zarin Katharina die Große. Eine Frau von hoher Bildung, zügelloser Sinnlichkeit und politischem Weitblick, berichten die Annalen.

Daß solch ein stolzer Adelsstamm zum Schluß über ein Gebiß stolpert und fast daran zugrunde geht, ist für mich faszinierender als Napoleons Niederlage bei Waterloo.

Am 18. Februar 1990 sendete der Bayerische Rundfunk ein Hörbildfeature. Titel: *Frisch geadelt — oder die Kunst, sich einen Namen zu machen.* Ich wirkte selbstverständlich mit, ließ für mich auch eine Bandkopie ziehen, die ich anschließend im Tresor der Raiffeisenbank von Traunstein deponierte.

Im Rahmen dieser Sendung jammerte Eduard von Anhalt. Originalton: »Meine Schwester Alexandra hatte, als sie volljährig wurde, eine sehr schöne, große Summe — vor allem für damalige Verhältnisse — in Millionenhöhe bekommen. Sie konnte damit nicht umgehen. Das ist in solchen Familien sehr oft der Fall, zumal meine Schwester, noch in Glanz und Gloria aufgewachsen, schon fünfzehn war, als wir vor den Russen flohen, während ich als Knirps überhaupt nichts davon mitkriegte, also auch nicht so belastet war.

Nun, sie dachte also, das Geld geht nie aus, hat alles auf den Kopf gehauen, und eines Tages saß sie halt ohne Geld da, machte Schulden und nochmals Schulden. Meine Mutter zahlte und zahlte. Doch eines Tages sagte sie zu Alexandra: ›So, Mädchen, das ist die letzte Schuld, die ich für dich bezahlt habe. Aus, Schluß.‹ Drei Tage später kam eine Rechnung, Alexandra hatte zehn Rennpferde gekauft. Und da hat meine Mutter gesagt: ›So, jetzt ist es endgültig aus, jetzt haben wir nichts mehr damit zu tun. Und du schaust — du bist jung genug —, wie du dich selber durchs Leben bringst.‹ Na ja, und auf diese Weise entstand eine gewisse Spannung zwischen meiner Mutter und meiner Schwester, und das führte so weit, daß Alexandra eben total runtergekommen ist und sich eines Tages nicht einmal mehr neue Zähne leisten konnte. Da sprang eine gewisse Familie Thurnhuber ein und finanzierte ihr das Gebiß. Alexandra war ihnen so dankbar, daß Schwester und Bruder Thurnhuber in den Prinzenstand erhoben wurden. Sie hießen und heißen heute Prinz und Prinzessin von Anhalt. Alles wegen einem Gebiß.«

Auf die Zähne, so eine alte Weisheit von Consul Weyer, kommt es an. Mein Kieferpfleger ist der beste seiner Zunft: Prof. Dr. med. dent. Guido W. Riess in München — Dept. of Oral and Maxillo-Facial Surgery, Boston University. Der Titel ist nicht von mir gekauft. Ich habe so eine echte Riess-Krone acht Jahre lang nach allen Kriterien der Stiftung Warentest in Südamerika den härtesten Prüfungen unterzogen. Das Ergebnis ist Note 1: kau-, biß-, kratz-, wackel- und reißfest. Und der Zahn sitzt auch perfekt wie ein Anzug von Max Dietl.

Die wundersame Vermehrung der Anhalts ging wie bei der Kaninchenzucht weiter, denn die Thurnhuberin, frischgebackene Prinzessin Anhalt, heiratete einen gewissen Michael Hipp aus Düsseldorf in dem Irrglauben, er sei der Erbe der bekannten Babynahrungs-Dynastie.

Hipp-hipp-hurra! freute sich auch der Michael, eine echte Prinzessin erwischt zu haben, geangelt am Tresen der Münchner Prominentendisco »P 1«, geführt vom Sohn meines lieben Weggefährten Gerd Käfer, dem Ex-Faschingsprinzen Michael.

Nach der Hochzeit fielen allerdings die Hosen, es kam heraus, daß weder Beatrix eine erbberechtigte Prinzessin noch Michael ein flüssiger Baby-Konserven-Erbe ist, also löste man die sinnlos gewordene Ehe wieder auf. Im guten Einvernehmen, wie bei den Münchner Ehe-Kammerspielen üblich.

Nun muß ich als Chronist der Adelsereignisse ernsthaft vermerken: Während es den echten Anhalts an der wichtigsten Lebensvoraussetzung fehlt, nämlich am

Geld, schafft es die Spezies mit der AA-Blutgruppe (Adoptiv-Anhalt) ziemlich leicht, sich Knete zu beschaffen. Mit dem Titel in der Tasche liegt das Geld auf der Straße (meine heimliche Weyer-Werbung):

— Die Adoptiv-Prinzessin Beatrix angelte sich Münchens begehrtesten Junggesellen, den Heckl Karli, Gott habe ihn selig, den großen Baulöwen, der Bea ein Vermögen von hundert Millionen Mark hinterließ.

— Der Adoptiv-Prinz Frederic angelte sich Zsa Zsa Gabor und damit den Schlüssel zur US-High-Society. So in diese Kreise eingeführt — oder sollte man sagen hineingestolpert —, gelang es ihm, das letzte Häschen von *Playboy*-Chef Hugh Hefner abzuschießen.

Das kniende Playmate wurde bei einem Zeremoniell von Frederic mit einem Schwert zur Prinzessin Kimberley Conrad of Saxony geschlagen. Eine halbe Million Dollar für zwei Minuten Arbeit steckte Frederic ein. Fast eine Weyersche Leistung, man muß es anerkennen. Und weil Kimberley früher so oft nackt herumgehüpft war, kaufte ihr der verliebte Hefner den Orden von Albrecht dem Baeren, damit sie künftig besser angezogen ist und sich bedeckter hält. Zum Kreis von 400 Gästen gehörten auch meine Freunde Sammy Davis jr., Kirk Douglas und Liza Minnelli und wunderten sich, daß ich nicht anwesend war.

Nun, ich pflege nicht an drittklassigen Schmierenkomödien teilzunehmen, schon gar nicht als Zaungast. Soweit ich mich erinnere, verbrachte ich zu diesem Zeitpunkt herrliche Tage in Wien, verkaufte zwischen Heurigem und Gänsebrust vierzehn panamesische Consulate und fuhr nach Sterzing zu Renate Marie Seeber, der zauberhaften Wirtin eines der schönsten Alpenhotels »Krone«, einem Landsitz aus dem 14. Jahrhundert.

Dort müßte *Playboy*-Chef Hefner mit seinem geadelten Häschen Kimberley etwa fünfhundert Dollar für die Präsidenten-Suite bezahlen, vorausgesetzt, ich wäre nicht da und die Suite also frei. Ich wohne im Hotel »Krone« auf Lebzeiten umsonst, was ich bei der phantastischen Küche auch sehr zu schätzen weiß.

Eigentlich widert mich die ganze Anhalt-Story an.

Nur aus reiner Chronistenpflicht will ich sie in meinem Buch erwähnen.

Es gibt nichts als Ärger im Fürstenhaus. Eduard beschwert sich, daß es auf jeder Party zwischen Alaska und Feuerland einen adoptierten Anhalt gibt. Ihm seien siebenunddreißig Stück namentlich bekannt. Gut, wenn er diesen Partys fernbleibt, wird es einen Anhalt-Namen weniger geben.

Mein Ex-Kunde Frederic glaubt noch fest im Sattel zu sitzen. Auf — bildlich gesprochen — hohem Roß zog er vor das Landgericht München I, um Eduard den Mund zu verbieten. Er sollte nicht behaupten dürfen, der Name Anhalt werde »wie eine Wurstmarke« vermarktet. Unter Androhung einer Strafe von 500 000 Mark oder gar bis zu zwei Jahre Haft sollte der leibliche Anhalt-Fürst seine angeblichen Schmähungen gegen Frederic von Anhalt unterlassen. Außerdem forderte Frederic noch 10 000 Mark Schmerzensgeld, weil er sich in seiner Privat- und Individualsphäre erheblich beeinträchtigt fühlte. In der ersten Instanz fiel er mit Pauken und Trompeten durch.

Die letzte Anhalt-Hoffnung: Durch die Umwandlung der DDR flackerte bei den echten Anhalts, sowohl bei Eduard als auch bei seiner Schwester Alexandra, die irrwitzige Illusion auf, sie könnten das Familienschloß Ballenstedt zurückbekommen. Alexandra fühlte sich bereits als Schloßherrin und posaunte in Vorfreude hinaus, ihre Adoptivtochter Alexandra zu enterben, weil sie als Adoptivmutter keinen Unterhalt von ihr erhielt bzw. herauspressen konnte.

In den Startlöchern für das Schloßrennen steht auch Frederic. Und seine Chancen könnten sogar um einen Deut besser sein als die von Eduard und Alexandra, denn seine Adoptivmutter soll in der Erbfolge um das anhaltische Gesamtvermögen höher gestanden haben als die Mutter von Eduard. Sagten mir meine Adelsexperten. Ich halte mich da mit meinem Urteil heraus, könnte mir aber die Turbulenzen gut vorstellen, wenn alle Anhalts in »ihr« Schloß Ballenstedt einziehen würden:

— Frederic von Anhalt mit seiner exzentrischen Zsa Zsa Gabor;

— Eduard von Anhalt mit Frau Corinna und ihren zwei putzigen Kinderchen, »leider« nur Mädchen. Also ist auch diese letzte Linie des Hauses Anhalt vom Aussterben bedroht;

— Alexandra von Anhalt, die versucht hat, Eduard entmündigen zu lassen. Erfolglos. Die putzmuntere Alexandra dürfte sicherlich aufs Schloß auch ihre Freundin, eine Frau Müller, mitnehmen. Sie gewährte ihr lange Zeit Obdach und Winterkleidung. Und natürlich dürfte jene Single aus Alexandras Supermarktperiode nicht fehlen. Die erste quiekend geträllerte Strophe lautet:

»Wir waren vorher reich und edel/doch heut' drückt überall der Schuh/das Geld ist weg, vertan, versoffen/ und schuld daran bist du/Adel ehrt und Adel verpflichtet/Adel ist alle Zeit akut/Gut und Geld bedeuten gar nichts/im Vergleich zum Blut.«

Dieses Lied, könnte ich mir vorstellen, würde die hundertsechzig Zimmer des Ballenstedter Schlosses mit Leben füllen. Nur warne ich vor verfrühter Freude. Auch ich habe meine Beziehungen zu Gebieten in der Noch-DDR. Im Rahmen der Vereinigung habe ich schon erwogen, aufgrund meiner langjährigen Erfahrungen im Umgang mit dem Adel, die verantwortungsvolle Aufgabe der Allgemeinen Schloßverwaltung im Osten zu übernehmen. Mein Modell, das sich in England sehr bewährt hat, zum Beispiel Adelsschlösser in steuerbegünstigte öffentliche Parks zu verwandeln, könnte auch zwischen Elbe und Oder funktionieren. Ich habe bereits die ersten Gespräche in Magdeburg, Gera und Erfurt geführt. Man hat mir, muß ich sagen, interessiert zugehört.

Auch mit Ballenstedt hätte ich Pläne: Von der SED weiland enteignet und in eine Forstakademie verwandelt, könnte man aus dem Schloß eine Fürstliche Großreinigung machen. Ich würde dann die Anhalts dorthin schicken, wohin sie gehören: Abteilung schmutzige Wäsche.

Es erreichte mich ebenfalls eine geradezu lächerliche Nachricht, daß Frederic von Anhalt sich durch den Rechtsanwalt und Notar Ülo Salm um eine Fata Morgana bemüht: um das Schloß »Bellevue« in Berlin.

Es erging in dieser Sache, am 26. Juni 1989, ein Brief an Herrn Bundespräsidenten Dr. Richard Freiherr von Weizsäcker. Ich zitiere:

Hochzuverehrender Herr Bundespräsident! Gestatten Sie mir bitte, Ihnen folgendes Anliegen vorzutragen: Frederic Prinz von Anhalt, Beverly Hills, Kalifornien/USA, hat mich ersucht, ihn wegen seiner Interessen an Schloß »Bellevue«, Ihrem Berliner Amtssitz, zu vertreten.

Sie wissen sicherlich, daß mein Mandant der Adoptivsohn der Prinzessin Marie Auguste von Anhalt ist, die den jüngsten Sohn des letzten Deutschen Kaisers geheiratet hatte.

Aus Anlaß dieser Hochzeit wurde der neugegründeten Familie vom Kaiser auf »Bellevue« ein dauerndes Wohnrecht zugesprochen. Dieses Recht macht mein Mandant geltend — unbeschadet der jetzigen Funktion des Schlosses. Darüber hinaus beansprucht Prinz von Anhalt die der Anhaltschen Familie gehörenden und sich noch im Schloß befindlichen Gemälde.

Bevor diesseits auftragsgemäß weitere Schritte unternommen werden, bitte ich Sie, hochzuverehrender Herr Bundespräsident, die Rechtslage auch in Ihrem Hause prüfen zu lassen.

Sehr zu Dank verpflichtet wäre ich, ließe sich bis zum Ablauf des Monats eine Antwort ermöglichen. Genehmigen Sie mir bitte den Ausdruck meiner vorzüglichen Hochachtung.

Ihr Ihnen ganz ergebener...

In Schloß »Bellevue« schläft der Bundespräsident, wenn er im Sommer Berlin besucht. Über den neuen Zweck entflammten während des deutschen Vereinigungsprozesses hitzige Diskussionen. Man erwog, das Schloß zum Sitz des Präsidialamtes umzuwandeln. Ich möchte natürlich der historischen Entwicklung nicht vorgreifen, aber ein kleiner Weyerscher Nachhilfeunterricht sei erlaubt: Ansprüche auf einen Besitz, auf den man seit fünfundvierzig Jahren kein Wohnrecht anmeldete, sind verwirkt. Aus diesem Grund kann das Bundespräsidialamt nur die Sache prüfen und später mit dem Vermerk *Anliegen nicht abwegig, aber juristisch unrealistisch* ad acta legen.

Wie ich auch Robert Lichtenberg längst im Aktenkeller verscharrt habe. Gut, ich habe ihm die Weichen fürs

Leben gestellt, ohne die von mir vermittelte Adoption würde er heute nicht in Los Angeles bei seiner Zsa Zsa sitzen, und letzendlich bin ich auch nicht nachtragend. Er schuldet mir 180 000 Mark, wenn er mir das Geld gibt, werde ich es an ein SOS-Kinderdorf überweisen. Und er kann noch einmal bei mir einen Schnellkurs in Weyerscher Benimmschule absolvieren, den er dringend benötigt.

Wie der Zufall so spielt. Ich sonnte mich am Pool des Hotels »Beverly Hills« mit meiner Jugendfreundin Sybil Danning: sie sieht übrigens immer noch fabelhaft aus. Wir schlürften den ersten Banana-Daiquiri des Tages, und der Bellboy brachte mir die Zeitung. *Beverly Hills Courier*, January 6, 1989. Die Schlagzeile machte mir meinen Cocktail schal: *Zsa Zsa's Hubby Injured In Fight With Hold-up Trio* — Zsa Zsas Männchen verletzt im Kampf mit Schlägertrio.

Au Backe! Die rechte Hand in Gips. Die Szene muß filmreif gewesen sein. Frederic rollte mit seinem Rolli am Bankomaten vor. Zog mit seiner Kreditkarte zweihundert Dollar in bar heraus, und schon schlugen drei Neger zu. Mit Raufereien, muß ich sagen, hatte Frederic ausreichende Erfahrung. Doch diesmal mußte er passen. Nach einem ersten Fausthieb von einem dreihundert Pfund schweren Neger dachte Frederic, er sei mit Mike Tyson aneinandergeraten, er flog wie ein Gummizwerg durch die Luft und landete platt auf dem Asphalt. Die verärgerten Jungs wollten ihn mit seinem Rolli überfahren, aber Frederic robbte in den Rinnstein. Es ist noch einmal gutgegangen.

Tja, das kommt davon, wenn man Weyersche Verhaltensregeln mißachtet: Einen Rolls-Royce fährt man in L. A. nur mit Chauffeur, der zugleich ein Bodyguard ist. Mich kutschiert freilich durch Hollywood mein Freund Arno, sie wissen ja, der Schwarzenegger.

Trotzdem warf ich die Zeitung in den Abfallkorb. Man möchte schließlich in L. A. über andere Dinge lesen als über irgendeinen *German hubby of Zsa Zsa*.

Ich ließ mir deshalb den *Miami Herald* bringen und brauchte das Blatt gar nicht aufzuschlagen. Auf der letzten Seite: *Zsa Zsa Gabor: Prügelei in Flugzeug. Notlandung.*

Was war da passiert? Madame flog nach Palm Beach. Mit ihren Hunden in der ersten Klasse. Einer von diesen Kläffern hat die Stewardeß gebissen. Danach machte Zsa Zsa Zoff. Nachdem sie zuerst nur mit dem Käpt'n gestritten hatte, schlug sie später auf ihn ein. Zwischenlandung in Orlando. Fünf Polizisten warteten auf der Piste und holten die tobende Zsa Zsa aus der Maschine. Alle Airlines weigerten sich, sie weiterzubefördern. Sie mußte sich eine Privatmaschine mieten.

Ätzend. Ich warf auch den *Miami Herald* weg, schaltete das Fernsehen ein: Frederic gab ein Interview zum jüngsten Skandal seiner Frau. Ich schalte die Kiste sofort aus. Da lobe ich mir Rio, dort gibt's keine Zsa Zsas und keine Frederics. Hätte ich bloß den Kerl damals aus meiner Tür in der Delphstraße rausgeschmissen. Aber da bin ich zu anständig. Wenn ich mich mit jemandem in meiner Sprechstunde verabrede, halte ich den Termin ein. Ich habe tatsächlich schon schlaflose Nächte gehabt, wenn ich nicht ganz sicher war, daß eine Sache hundertprozentig klappt, genau auf die Minute. Ich bin ein Pünktlichkeitsfanatiker: Wenn ich mich um zehn Minuten verspäte, habe ich den ganzen Tag ein schlechtes Gewissen.

Wegen Edi mache ich mir keine Vorwürfe. Er ist mit seinem Hofbericht über den Adel beim RTL raus. Und ich — Consul Weyer — bin beim RTL drin. Ich glaube, das Schicksal wollte es so.

Es sind lauter sympathische Leute beim RTL. Auch Karl Dall. Ich war Studiogast in seiner Sendung *Dall-As*. Er begrüßte mich schulterklopfend: »Sie verarschen die Leute ganz schön.«

Ich sagte: »Hören Sie mal, wenn Sie in diesem Jargon reden, müssen Sie ihn mir erst einmal übersetzen. Ich bin Diplomat.«

Es war die *Dall-As*-Talk-Show mit einer der höchsten Einschaltquoten.

Alles über Möbel

Kaschoggi wollte mir ein paar Tips geben. »Ach, hören Sie auf«, sagte ich, »oder wollen Sie einem alten Affen wie mir das Klettern beibringen?«

Manchmal schlafe ich unruhig. Dann habe ich ein schlechtes Gewissen. Aber das kommt selten vor. Nur wenn draußen auf der Straße etwas knallt, wache ich sofort auf. Geht sie schon wieder los, die Kristallnacht? Bin ich wieder in Asunción? Manchmal ist es wie ein Alptraum.

Ich habe in Paraguay Millionen verdient, aber fast vor meiner Haustür wurde General Somoza erschossen. Man mußte schon auf der Hut sein. In diesem Land halfen nur Instinkte, wenn man überleben wollte.

Wer hat Somoza erschossen? Eine aus Sandinisten und Tupamaros zusammengewürfelte Gruppe habe Somoza, auf den ein Kopfgeld ausgesetzt gewesen sein soll, umgelegt — hieß es. Ein vornehmer Literat, Bodo Kirchhoff aus Frankfurt, schrieb mir einen Brief nach Asunción. Ich habe ihn empfangen, und er hat unter anderem auch den Fall Somoza recherchiert.

Ich habe Kirchhoff meinen feinen Cerruti-Mantel geliehen, weil es in jenen Augusttagen in Paraguay feuchtkühl aus allen Ritzen zog. Kirchhoff deckte sich mit dem edlen Zwirn zu, schrieb darüber ein Essay *Der Mantel des schönen Consuls* und wurde berühmt. Jetzt wird alles gedruckt, egal, was er schreibt, sagten mir die Literaturexperten, deren Meinung ich schätze.

In dem Kirchhoffschen Pamphlet erfährt man wirklich Wissenswertes. Es heißt da:

Somoza und Stroessner waren befreundet. Als sich Somoza im Miami langweilte, ließ Stroessner ihn abholen und stellte ihm ein Haus in der Avenida España (unweit von meiner Villa Hammerschmidt) zur Verfügung. Tag und Nacht mit Polizeischutz.

Denn Somoza hatte über hundert Millionen Dollar in seinem Gepäck und wollte hier Geschäfte machen. Mit einem Teil des Geldes kaufte er im Chaco nahe der bolivianischen Grenze große Mengen Land und ließ dort Rauschgift pflanzen. In der Nähe befand und befindet sich jedoch ein riesiges, militärisch bewachtes Gebiet, auf dem der Polizeichef von Asunción Pastor Colonel — sowie ein General Mendez das gleiche betrieben. Kurz und gut, Somoza wurde zu einem Gespräch eingeladen und gebeten, doch lieber Soja anzubauen. Er dachte aber nicht daran, im Gegenteil, Anastasio Somoza wurde pampig, berief sich auf die Freundschaft zu Stroessner und sagte: »Leckt mich am Arsch, ihr schwulen Hunde!«

Das sagte er wirklich, und genau damit hatte Pastor Colonel gerechnet und Vorbereitungen getroffen. Als Somoza nach Hause fuhr, wurde sein Wagen von einer Panzerfaust beschossen und in Stücke gerissen. Gleichzeitig wurde viel geballert, aber niemand verletzt. Somozas Begleitpolizisten regelten den Verkehr, Pastor Colonel kam fünf Minuten nach dem Anschlag und überzeugte sich vom Erfolg.

Damit freilich war die Sache nicht aus der Welt geschafft. Es wurde erst richtig spannend, nachdem Stroessner von der Sache erfuhr. Ihn reizten Somozas Dollars, und deshalb war er über die Eigenmächtigkeit des Polizeichefs äußerst erbost. Er ließ ihn kommen, ohrfeigte ihn — in meinem Beisein — und versetzte den Colonel auf einen anderen Posten. Dem General indessen passierte gar nichts, und durch den Einfluß von Mendez bekam Colonel seinen Stuhl zurück — die Jagd auf Terroristen begann. Angeblich wurde der Anführer, ein Argentinier namens »Mela«, erschossen. In Wirklichkeit hatte man einen kleinen paraguayischen Ganoven umgelegt — das war der van der Lubbe in der Affäre.

Und was war die Kristallnacht von Asunción?
Es war der Höhepunkt der Fahndung. Blockweise wur-
de die Stadt durchkämmt. Ganze Familien wurde auf die
Straße getrieben und ihre Wohnungen geplündert. Es konn-
te jeden treffen, der keine Verbindungen hatte.

Soweit Bodo Kirchhoff.

Nun, ich hatte Verbindungen. Bei mir in der Küche trafen sich die Polizeioffiziere zum Kaffee und besprachen, wie man sich die Beute aufteilen sollte. Währenddessen schaukelte ich im Garten in meiner Hängematte und las ein sehr interessantes Buch von Jean Améry, *Hand an sich legen.* Neben mir schnurrten meine zwei Perserkatzen Lilly, weiß und weiblich, und Puschel, schwarz und ehemals männlich. Sollten mich ihre Duftmarken stören, hielt ich eine Parfümflasche mit Zerstäuber aus dem Hause Guerlain bereit. So voller Gegensätze war das Leben in Paraguay.

Neulich wachte ich in München auf. MG-Garben und Schläge, als hätte eine Panzerfaust die Straße aufgerissen. Eine Schrecksekunde: Wo bin ich? Ich blickte durch den Spion meiner Zimmertür im Hotel »Residence« hinaus und beruhigte mich. Es war nur die Bundespost, die schon morgens um sieben Uhr mit Preßlufthämmern im Asphalt bohrte, um Kabelleitungen zu verlegen. Ich griff zum Telefon, um mich beim Postminister Schwarz-Schilling zu beschweren. Das tue ich grundsätzlich: Niemals zum Schmiedchen zu gehen, sondern zum Schmied, ist meine Devise.

Dann drehte ich mich im Bett um, vergrub den Kopf zwischen den Kissen und träumte weiter. Von meinen großen Taten, Frauen mit Plastikbusen, einem Möbelkönig und großen Männern.

Große Männer. Nach meinem Vater Hans, meinem Stiefvater Cliff, trat noch ein Ziehvater in mein Leben: Heinz van Nouhuys. Er war damals Chefredakteur der *BZ* und hat später die deutsche Journalisten entscheidend geprägt mit der *QUICK.*

Jener *QUICK,* die den *stern* erschreckte. Nouhuys galt als Sensenmann der Branche, feuerte faule Redakteure mit den Worten: »Ich muß Sie aus gesundheitlichen Gründen entlassen. Sie machen mich krank.«

Es fällt auch sehr, sehr schwer, an irgendeiner Theke einen Mann zu treffen, der bessere Sprüche draufhat als er. Seine Spur markiert der schottische Malt-Whisky, eine derart seltene Marke, daß man sofort weiß: Das kann nur Heinz gewesen sein, der diese Flasche Glenmorangie hier stehenließ.

Ich wollte damals, beeindruckt von Nouhuys, ebenfalls eine journalistische Laufbahn einschlagen. Es hat mir gefallen, was man als Journalist alles zusammenschnorren kann. Bei Nouhuys im Hof parkten ständig fünf neue Ford-Karossen, der Schlüssel steckte, und jeder konnte sich bedienen. Zwischendurch mußte man tanken, aber das ging auf Redaktionsetat.

Den Anfang unserer Beziehung machte Nouhuys, indem er unsere Villa in Dahlem mietete. Natürlich auf *BZ*-Spesen. Eines Tages schlug er mir vor: »Sag deinem Vater, wir sind ausgezogen aus der Villa, und wir geben dir die halbe Miete.«

Ich wiederum fragte nach einem Volontariat bei der *BZ*, aber Heinz winkte ab: »Du kannst bei uns nichts lernen.«

Er führte ein lustiges Haus. Einmal feierte er Geburtstag und bestellte eine Bluesband von der US-Army, die irrtümlich in der Nachbarschaft klingelte und sofort losschmetterte: »St. Louis Blues...«

Die schrillen Trompetentöne gingen daneben, denn in der Nachbarschaft gab's gerade einen Todesfall, und die trauernde Witwe hielt es für eine ungeheure Geschmacklosigkeit, auf diese Weise gestört zu werden.

Doch solche Vorfälle nährten die Legende Nouhuys in Berlin. Er war ein Inbegriff für Lebenskunst, und störte mal der Gerichtsvollzieher, dann übergoß ihn Heinz mit zwei Kübeln Wasser, draußen auf der Freitreppe der Weyer-Villa.

Den unverwechselbaren Nouhuys-Stil machten die Nächte aus. Man feierte sie durch, was in Berlin, der Stadt ohne Polizeistunde, nicht schwerfiel. Die hartgesottene Clique bestand meist aus Rolf Gillhausen, später stellvertretender Chefredakteur des *stern*, einem total verrückten Fotografen, der, soweit ich mich erinnere, Bornslawski hieß; gelegentlich zog auch Will Tremper *Deutschland, deine Sternchen* mit, berühmt dafür, daß er immer schneller Vorschüsse kassierte, als er seine Manuskripte lieferte.

Die Sause ging natürlich immer auf *BZ*-Spesen, und ich entwickelte außerordentliches Stehvermögen, weil ich vorher überall in die Whisky-Flaschen kalten Tee einfüllen ließ, damit ich saufen konnte, ohne betrunken zu werden. Ein Brauch, den ich später zum eigenen Kult erhob, und alle wunderten sich, daß der Consul Weyer zwei Flaschen Whisky wegputzen kann, und man merkt es ihm nicht einmal an.

Wir zogen lärmend durch die Nächte, hielten unseren Stammtisch in der Galerie »Brenner«, wo tagsüber Bilder hingen und man nachts Drinks ausschenkte. Hildegard Knef, Atze Brauner, Romy Schneider, der Regisseur Harry Meyen, Karin Baal und Horst Buchholz zählten fast allabendlich zu unserer Runde.

Wie herzlich die Beziehung meines Ziehvaters Nouhuys zu mir war, bewies seine Aufmerksamkeit, als die Illustrierte *Jasmin*, bei der Heinz das Chefredakteur-Triumvirat anführte, kurz vor der Auflösung stand. Heinz rief mich an und sagte: »Wir machen den Laden dicht, hol dir noch schnell heute nachmittag 60 000 Mark für deine Lebensgeschichte an der Kasse ab.«

So hoch stand ich schon im Kurs in den *roaring sixties*, den stürmischen sechziger Jahren.

Von Heinz Nouhuys lernte ich, was Lifestyle heißt, bevor das Wort erfunden wurde. Wir zechten einmal die ganze Nacht durch, gegen fünf Uhr früh kam dann die Durchhalteparole: »Jetzt warten wir noch drei Stunden und gehen uns dann neu einkleiden.«

Den frischesten Eindruck machten wir nimmer, als wir bei Selbach am Ku'damm eintrudelten. Leicht angeschlagen und nach hundert griechischen Gewürzen stinkend, mit einer Fahne und leicht rülpsend, fragte Nouhuys, der als *BZ*-Chefredakteur gehörigen Respekt genoß:

269

»Haben sie einen Sack? Aber einen sehr großen Sack bitte.«

Genauso hätte er dem Verkäufer etwas von einem Loch sagen können. Die Wirkung war die gleiche, aber der Geschäftsführer rettete die explosionsgefährdete Lage: »Selbstverständlich haben wir Säcke, darf ich wissen, zu welchem Zweck?«

»Wir wollen unsere alte Garderobe abgeben«, antwortete Nouhuys trocken. Wir haben tatsächlich alles ausgezogen und uns von Hemd, Krawatte, Sakko, Hose bis zu den Socken komplett neu eingekleidet. Die Rechnung ging selbstverständlich an die *BZ*.

Wenn es um den Aufriß von potentiellen Kunden ging, war van Nouhuys für mich ebenfalls ein Vorbild. Er tat's nonchalant und traf den Nagel immer auf den Kopf. Einmal bekam ich einen Anruf von ihm. »Schnell, Hans Hermann, komm heute abend zum Humplmayer, es gibt 250000 Mark im Handumdrehen zu verdienen, aber es ist eine Wette...«

Ich verspätete mich absichtlich ein bißchen, damit ich eine komplette Tischrunde vorfand. Mein Ansprechpartner war gebührend vorgewarnt.

»Behandeln Sie bitte den Consul Weyer wie ein rohes Ei. Bei einem falschen Wort steht er auf und geht.«

Man machte also artig einen Diener. Der Abend schien mir tatsächlich eine gutes Geschäft zu versprechen. Mir gegenüber saß Günter Arzberger, Deutschlands Möbel-König, mit einem Jahresumsatz von damals schon zwanzig Millionen Mark.

Es kam nicht von ungefähr. Arzberger machte sich viel Mühe, arbeitete rund um die Uhr und organisierte sogar schon Schulungen für seine Verkaufsleiter. Zu seinem Leidwesen hatte Arzberger einen unverschämten Konkurrenten im Norden, der ihm sein hochqualifiziertes Personal buchstäblich vom Hof wegengagierte, es mit doppelten Löhnen weglockte. Arzberger war über derlei Geschäftspraktiken sehr verärgert. Ich konnte das verstehen.

Nun machte ihm Nouhuys einen Vorschlag, wie er seinen Konkurrenten lächerlich machen könnte. Es ging um einen Artikel in den Illustrierten, der beweisen sollte, wie dumm und einfältig Arzbergers Erzfeind war, ebenfalls ein Möbel-Versandhändler, Heinz Becker aus dem westfälischen Steinheim. Ich wurde beauftragt, ihn mit einer Aktion in der Branche völlig unmöglich zu machen, so daß er nirgends mehr aufkreuzen konnte, um Fachkräfte abzuwerben.

In Anlehnung an meine Praxis schwebte Arzberger folgender Plan vor, den ihm Nouhuys einflüsterte. Becker sollte zum Ritter geschlagen werden! Und so lauteten die Bedingungen: ein Foto, auf dem gut sichtbar folgende Personen stehen: ein Kirchenfürst, orthodox, vor ihm kniend der Möbelhändler Becker mit einem Ritterumhang und im Hintergrund seine Ehefrau. Dazu natürlich meine Wenigkeit als oberster Zeremonienmeister.

Weil wir die Spielregeln sofort festlegen wollten, wurde noch in der Nacht der Notar Hermann Luitpold aus dem Bett geholt, um einen druckreifen Vertrag auszufertigen. Natürlich war nur ich in der Lage, das zu formulieren, was gewünscht wurde.

»Können sie Steno, Notärchen?« fragte Arzberger. Und als sich der Notar etwas zierte, drückte ihm Arzberger runde 30 000 Mark in die Hand. So flott hatte das Notärchen noch nie stenographiert. Die wichtigste Klausel war mein Honorar: zahlbar bei Ablieferung der Fotos in bar, wie üblich. Als alles unterschrieben und notariell besiegelt war, quirlte ich den »Dom Perignon« in meinem Lotusglas, was ein absoluter Stilbruch war, aber alle am Tisch machten es mir nach, um mich nicht etwa zu verärgern. Ich sah noch das verzweifelte Gesicht von Frau Franzen, der »Humplmayer«-Chefin. Denn ein gequirltes Domchen ohne Kohlensäure schmeckt nach Fußabwaschwasser.

Am nächsten Tag rief ich entgegen allen meinen Gepflogenheiten bereits um halb neun Uhr bei der für Detmold-Hannover zuständigen Handelskammer an. Ich schilderte mein Anliegen so eindeutig, daß nur eine richtige Antwort in Frage kam.

Der Erzbischof Makarios, trug ich vor, möchte in seine Ritterschaft von Zypern noch einen hervorragenden

Deutschen aufnehmen. Es müsse ein außergewöhnlicher Mann sein, gut für zwanzig Millionen Jahresumsatz, am besten aus der Möbelbranche. Seine Exzellenz gedenken auch, demnächst die Kathedrale in Nikosia neu zu bestuhlen, und schwüren auf deutsche Eiche. »Jetzt wissen Sie«, erklärte ich mein Anliegen, »warum ich gerade einen Möbelhersteller suche.«

Aber ich brauchte gar nicht so lange zu reden. Da komme eigentlich nur einer in Betracht, sagte mir der Direktor der Handelskammer. »Und das ist unser Herr Becker.«

Ich konnte es mir leisten, in Makarios' Namen zu bluffen, weil ich über diesen Kirchenfürsten ein Buch verfaßt hatte, herausgegeben von meinem Freund James Graser, der, glaube ich, einen empfindlichen Verlust durch den schreibenden Consul Weyer hatte. Damals noch, wohlgemerkt. Jetzt als RTL-Star kann eigentlich kaum mehr etwas schiefgehen, zumal ich solch einen Schutzpatron wie Dr. Helmut Thoma habe, der ganz in meinem Sinne solche Bonmots zum besten gibt wie: »Wenn ein Geschäftsmann wirklich das ZDF kaufen wollte, dann wohl nur, um auf dem Sendegelände ein Altenheim oder eine Rehabilitationsklinik einzurichten.«

Das nenne ich weyersche Wellenlänge. Wenn man so will, hätte auch Arzberger hervorragend zu dem Duo Weyer-Thoma gepaßt, aber er hatte es ein bißchen — Gott habe ihn selig — sehr eilig, um hinter das Geheimnis aller Dinge zu kommen, und begab sich als kein Kind von Traurigkeit vorzeitig in den Parnaß.

Nach dem ersten Telefonat mit der Handelskammer konnte ich fast schon meine Hände in den Schoß legen, weil der Rest wie von allein lief. Aufgeregt ob der ungewöhnlichen Ehren, rief der Handelskammerchef bei Möbel-Becker an. Er wußte schon Bescheid, als ich mich meldete. Er war Feuer und Flamme und auch bereit, den Ritterschlag anzunehmen.

Ich hätte zu diesem Akt auch Erzbischof Makarios bestellen können. Er wäre aus alter Buch-Verbundenheit, immerhin schrieb er das Vorwort, angereist, aber ich rechnete die Spesen durch und setzte den Rotstift an. Ein

272

Schauspieler tut's auch, überlegte ich und griff sogar auf Drittbesetzung zurück. Auf einen Ungarn aus Wien, Komparse am Burgtheater, dreitausend Mark Stargage. »Für so viel Geld«, gluckste er am Telefon, »spiele ich Ihnen auch den Othello und würge eigenhändig die Desdemona ab.«

»Nicht nötig«, bremste ich seinen Eifer und ließ für ihn ein Zimmer im »Interconti« von Hannover reservieren. Zuvor belehrte ich den Hoteldirektor, daß ein hoher Würdenträger der griechisch-orthodoxen Kirche anreisen werde. »Keinen Alkohol, bitte, in der Mini-Bar«, instruierte ich ihn, die Spesenrechnung kalkulierend.

Es kam natürlich alles anders. Der Ungar erschien an der Rezeption in kurzer Hose und polterte, weil er keinen Sprit in der Mini-Bar vorfand, nur »Hohes C«, Orangensaft. Er fragte auch nach mir: »Ist der Weyer schon da? Wir haben hier ein Ding vor.«

Und die Berufskleidung der Eminenz? Vergessen hatte er sie. Ich mußte einen Kostümverleih aus Hamburg bemühen, um eine orthodoxe Makarios-Robe herzuzaubern, dann stand auch schon Becker ganz aufgeregt vor der Tür, und der Ungar gestand mir, daß er seit drei Stunden nichts mehr getrunken habe — als Vollalkoholiker.

Jetzt zitterte er am ganzen Körper, und ich mußte erst einmal eine ganze Flasche Champagner in ihn hineinpumpen, damit er das Schwert halten konnte. Das hat man schließlich davon, wenn einem der echte Makarios zu teuer ist. Nichts als Ärger. Den Schampus für das Bischof-Double habe ich sofort von der Gage des Ungarn abgezogen.

Der Akt des Ritterschlags ging in einem dafür hergerichteten Hotelsalon mit entsprechender Würde über die Bühne. Es war zufällig das Jägerstüberl mit Jagdtrophäen und Geweihen an den Wänden. Dem Becker gefiel es großartig. Er schwärmte davon, was für ein fabelhafter Nimrod er sei, und merkte gar nicht, daß ich ihn für den Fotografen so plazierte, daß ihm das Geweih eines kapitalen Hirsches aus dem Kopf sproß.

Jedenfalls kniete Becker von Andacht ergriffen dem

Erzbischof zu Füßen, der Ungar murmelte etwas in seiner Muttersprache.

Ich rief gleich Nouhuys an, um ihm von meinem genialen Regieeinfall zu berichten, und er lobte mich begeistert. »Hans Hermann, das ist ein Geschenk des Himmels, dafür gibt es 50 000 Mark extra.«

Auch Beckers Gattin paßte hervorragend in die Inszenierung. Sie küßte dem falschen Popen die Hand, und er segnete sie mit einem falschen Kreuz.

Anschließend gab's noch einen kleinen Empfang. Danach fuhr ich bester Laune nach München, um Arzberger die Erfolgsstory zu präsentieren und das Geld abzuholen. Die Wette war gewonnen!

Ich träumte noch süß, als am nächsten Morgen jemand an meiner Tür Sturm läutete. Der Fotograf! Er war kreidebleich und ich ungehalten, weil er mich vor zehn Uhr störte. Aber dann merkte ich, daß wirklich etwas Ernstes passiert war, da der Fotograf sich ans Herz griff und beinahe umkippte, als er sagte: »Herr Consul, die Bilder! Es sind alle nichts geworden.«

»Kein einziges Foto von der ganzen Zeremonie?« wiederholte ich. Er schüttete den Kopf, und ich begriff, warum er so billig war. Schon wieder am falschen Ende gespart, ärgerte ich mich, und es blieb mir nichts anderes übrig, als Becker noch einmal in Steinheim anzurufen. Ich redete mich glatt auf die internationale Presse aus: Angeblich wollten die Zeitungen in Zypern die Bilder unbedingt drucken.

Becker zeigte Verständnis. Wir haben die ganze Zeremonie mit dem Ritterschlag wiederholt. Nur für den Fotografen, diesmal einen Profi. Ich habe auch diesmal darauf geachtet, daß Becker richtig unterm Geweih stand, und er hat wieder nichts gemerkt. Endlich hatten wir die Bilder im Kasten. Ich lieferte sie bei Arzberger ab; seine Zufriedenheit war grenzenlos. Er ließ mit dieser Geschichte sofort 200 000 Stück seiner Hauszeitschrift drucken, alles schön ausführlich über den »Ritter Becker«, und enthüllte den gesamten Hintergrund. Die Arzbergsche Hauszeitung wurde direkt auf dem Hof bei Becker verkauft, außerdem brachten alle Illustrierten dieses Husarenstück — vom *stern* bis *QUICK*, und ganz Deutschland lachte sich kaputt. Arzberger hatte sein Ziel erreicht, aus Becker einen Trottel zu machen.

Es hatte ein gerichtliches Nachspiel. Ich sollte wegen Verächtlichmachung der Konkurrenz 50 000 Mark an das Rote Kreuz bezahlen, was ich gleich im Gerichtssaal erledigen wollte. Ich griff in die Tasche und legte dem Richter fünfzig glattgebügelte Tausender auf den Tisch. Er schob das Geld mit dem Ausdruck tiefster Verachtung zurück. Mit der Bemerkung: »Wir sind hier nicht im Supermarkt, warten Sie gefälligst auf die rechtskräftige Zustellung des Urteils, und überweisen Sie das Geld an die angegebene Kontonummer.«

Das erledigte Arzberger für mich. Der Spaß war ihm, alles in allem, samt Hauszeitung, meinem Honorar und den Spesen, gut eine viertel Million Mark wert. Es blieb ihm noch genug übrig. Als er ein paar Jahre später starb, stürzte sich seine Familie auf die Erbschaft. Plötzlich fehlten ein paar Milliönchen, und es entstand die Fama, Arzberger habe in seinem Garten einen Schatz verscharrt. Also bestellte man einen Bagger und pflügte den Garten seines Hauses am Ammersee samt der Rosenbeete um, fällte einige Tannen, um unter den Wurzeln nachzuschauen. Nichts. Von dem Arzberger-Schatz fehlte jede Spur. Es blieb bei einem Rätsel.

In einem ellenlangen Brief an den *stern*-Chefredakteur Henri Nannen schrieb Arzberger, um es auch für die Nachwelt festzuhalten:

Ich bin der Meinung, daß die Weyer-Becker-Story genauso wiedergegeben werden sollte, wie sie sich zugetragen hat. Es fällt mir aber schwer zu begreifen, daß ein Außenstehender nicht glauben kann, daß das Ganze nichts anderes als ein reiner Spaß war. Hätte ich geahnt, daß es Leute gibt, die meine Reaktion auf permanenten Ärger mit Becker völlig humorlos betrachten und darin eine gigantische Wettbewerbsauseinandersetzung sehen, hätte ich die Ausführung des Weyer-Streiches nicht unterstützt.

Vielleicht verstehen Sie mich besser, wenn ich Ihnen den Sachverhalt in Stichworten schildere:

Der Anteil des gesamten Möbelversandhandels auf dem Möbelmarkt beträgt nur vier Prozent gegen sechsundneunzig Prozent Einzelhandels-Umsatz. Der Wettbewerb der Versandhäuser richtet sich darum nicht gegen andere Versandhäuser, sondern gegen andere Vertriebsformen.

Becker ist darum für mich kein Konkurrent im Sinne einer Größenordnung. Dennoch verstand er es, sich bei uns immer wieder in unfairer Weise in Erinnerung zu bringen. Zum Beispiel durch kontinuierliche Abwerbung ausgebildeter Kräfte.

Als mir Weyer vorgestellt wurde, kam bei einer ziemlich feuchten Runde die Idee auf, Becker zum Ritter schlagen zu lassen. In der damaligen alkoholisierten Stimmung sagte ich Weyer zu, die Kosten für Ritterschlag und Consulwürde zu übernehmen. Wenige Tage später rief Weyer bei mir an und stellte die Frage, ob ich noch zu meinem Wort stünde. Zusagen halte ich immer ein, auch wenn sie in fortgeschrittener Stimmung gegeben werden. Ich konnte dieses im Alkoholzustand gegebene Versprechen deswegen ohne Bedenken bestätigen, weil ich bei nüchterner Überlegung sicher war, daß es Weyer nicht gelingen würde, Becker zum Ritter zu schlagen. Es wollte mir nicht einleuchten, daß sich im 20. Jahrhundert ein erwachsener Unternehmer ausgerechnet von Weyer mit Schwert, Popen und anderen Operettenutensilien zum Ritter schlagen lassen könnte. Daher konnte ich auch auf Weyers Forderungen, gleich in welcher Höhe, unbedenklich eingehen.

Drei Wochen hörte ich dann nichts, schließlich rief Weyer an und erklärte mir, er habe Becker zum Ritter geschlagen und verlange sein Honorar. Ein Film, der seine Behauptung verifizieren sollte, war »leider unterbelichtet«. Das nahm ich einem Mann wie Weyer nicht ab. Deswegen wiederholte Weyer vier Tage später die Zeremonie in den Beckerschen Geschäftsräumen. Weyer präsentierte mir sodann ein Bild, auf dem Becker unter Hörnern eingesegnet wird.

Ich gebe offen zu, daß ich beim Anblick dieses Bildes nicht die Willenskraft aufbrachte, mir eine Veröffentlichung in meinen Hausmitteilungen zu verkneifen. Wenn Becker nun einfältig genug war, die Gerichte anzurufen, Millio-

nen-Streitwerte anzugeben und dann noch den Wortlaut der einstweiligen Verfügung in drei überregionalen Tageszeitungen zu veröffentlichen, so ist das eine Sache, die er vertreten muß.

Nachdem Becker weder Ritter noch Consul von Zypern wurde, verlange er Schmerzensgeld. Ich habe ihm den Vorschlag gemacht, einen größeren Betrag für wohltätige Zwecke zu stiften. Becker aber möchte ein persönliches Schmerzensgeld, weil er offenbar der Ansicht ist, nur mit Geld in der eigenen Tasche rehabilitiert werden zu können.

So und nicht anders hat sich die ganze Angelegenheit zugetragen. Ich weiß, daß es viele ernsthafte und sehr vernünftige Menschen gibt, die hinter dieser Geschichte mehr sehen und nicht verstehen können, daß ich als Chef einer großen Firma immer noch Sinn für Späße, Streiche oder wie man es sonst nennen mag, habe.

Mit freundlichen Grüßen, Günter Arzberger,
26. März 1968

Der Spaßvogel und Millionär vom Ammersee diktierte diesen Brief, nachdem er ein zauberhaftes Mädchen, das ihm schöne Augen machte, mit folgender Begründung weggeschickt hatte.

»Ich bin kein Junge für eine Nacht.« Der *stern* druckte dieses fabelhafte Schriftstück mit der Bemerkung ab:

Daß Arzberger sich nun den Anschein gibt, als sei ihm nicht von vornherein klar gewesen, was er sich für Hunderttausende von Mark einhandeln konnte und wollte, ist verständlich. Doch wir würden seine Intelligenz beleidigen, wenn wir ihm das glaubten — abgesehen davon, daß wir es besser wissen.

Diese Becker-Komödie gehörte zu meinen spektakulärsten Fällen und hielt sich jahrelang frisch in der Presse. Meine Leistung würdigte der *stern* auf eine seinem Image entsprechende Weise:

Bezahlen ist dem Consul zuwider. Erstens ist er geizig, und zweitens muß er einfach immer versuchen, ob er sich rausdrehen kann. Wenn er darauf verzichtete, wäre er wie ein Medizinmann, der seinem Zauber nicht mehr traut. Er verkaufte Titel und Würden wie andere Schnürsenkel, nur et-

was teurer. Er brachte es zu einer feinen Villa im bayerischen Feldafing und zu einem Haus im italienischen Prominentenbadeort Terracina ...

Tja, das war mal. Heute bin ich noch klüger. Warum soll ich eine Villa in Feldafing unterhalten, wenn ich in folgenden erstklassigen Hotels umsonst als bevorzugter Gast mit zuvorkommendem Service wohnen kann:

— im Golfhotel »Juliana« in Wuppertal;

— Im Hotel »Kaiserhof« hängt ein Messingschild mit der Gravur »Consul-Weyer-Suite«;

— im Hotel »Intermar« in Glücksburg erhalte ich bei Gratisübernachtung auch einen Dankesbrief von der Direktion;

— im »Domhotel« in Köln und bei »Jacobs« in Blankenese zahle ich nur die Mehrwertsteuer und Extras;

— im Hotel »Residence« in München, Mitglied der Golden Tulip Hotels, eine Adresse der ganz besonderen Art; es ist ein echtes historisches Weyer-Hotel, wo die Wände bereits mein Leben und meine Geschichte atmen. Hier war zeitweilig meine Parteizentrale untergebracht, hier ließ ich auch den burundischen König Ntare V. einige Tage nächtigen, mit einer schlanken Blondine, die von sich behauptete, die Nichte von Charles de Gaulle zu sein — und mir dabei wie Jeanne d'Arc ihren nackten Busen zeigte.

In meiner Zimmernachbarschaft wohnte einmal auch der geniale Schwabing-Regisseur Klaus Lemke *(Ein komischer Heiliger)*, der Entdecker des Busenwunders Dolly Dollar. Ich hätte ihn damals gern in meine Partei als Propaganda-Führer integriert, aber er hielt nichts von Parteispenden. Und wir waren eine zeitgemäße Organisation und konnten uns mit der Tradition eines Prinzen von Nassau nicht belasten.

Nach dem Hotel »Residence« warf ich aus Südamerika wieder meinen Enterhaken aus. Denn diese gepflegten Häuser haben den gleichen Mitbesitzer auch in ganz fabelhaften Lagen; zum Beispiel das »El Conquistador« in Santiago, wo ich während meiner Besuche bei Pinochet abzusteigen pflegte. Weitere Verbindungen führen

278

zum Hotel »O'Higgins« und Hotel »Miramar« in Vina del Mar und erst jüngst eröffnet: Hotel y Casino »Ita Enramada« und Hotel »Chaco« in Asunción.

Ich wußte also schon, daß ich mich im Hotel »Residence« am Schwabinger Artur-Kutscher-Platz mindestens so wohl fühlen würde wie in den Erholungsgebieten in Paraguay. Es wurde mein zeitweiliges Domizil. Von meinem Eckzimmer im Erdgeschoß habe ich einen fabelhaften Ausblick auf meinen schwarzen Porsche Carrera im Hof. Je länger ich ihn betrachte, um so besser gefällt er mir. Wogegen die Zwillingstürme der Frauenkirche als Standardblick aus dem »Bayerischen Hof« etwas »abgeguckt« sind.

Als neulich ein Verleger meine Junggesellenbude im Hotel »Residence« betrat, wunderte er sich etwas über die spartanischen Verhältnisse. Nun, zuviel Komfort macht träge. Auch fand jener Verleger das Zimmer etwas zu dunkel. Ich gab daraufhin dem Hotelpagen die Order, meinen Bentley-Turbo »Mulsanne«, vor meinen Fenstern geparkt, wegzufahren. Plötzlich durchflutete Sonne mein Zimmer, es wurde heller, freundlicher, geräumiger. Und es wurde sichtbar, daß neben meiner französischen Luxusschlafwiese noch ein zusammenklappbares Feldbett steht. Ich erklärte dem erstaunten Besucher, daß diese Notlösung ausschließlich für meine Gäste bestimmt ist. Wenn jemand bleibt, möchte ich nicht, daß sie sich allzu gemütlich fühlen. Womöglich kann ich sie dann nicht mehr so schnell loswerden. Es ist immer angenehmer, wenn ich die letzte Schlafrunde allein auf meiner Matratze einlegen kann.

Denn Schlaf ist für mich überaus wichtig. Ich behaupte, man muß sogar lange schlafen, wenn man viel Geld verdienen will. Und wenn mir jemand mit dem Quatsch von Morgenstund' und Gold im Mund kommt, werfe ich ihn mit einem Merkblatt über Consul Weyers Schlafgewohnheiten hinaus.

Die Regeln der »Goldenen 10« heißen:

1) Nur ausgeschlafene Menschen sind gute Menschen. Zu den anderen und vor allem zu sich selbst. Unausgeschlafen ist man gereizt und wird leicht auch zu

den Mitmenschen ungerecht. Für mich entscheidend: Schlafen ist preiswerter als Kosmetik. Also gönne ich mir lieber drei Tuben Schönheitsschlaf als eine Cremedose.

2) Schlaf ist die beste Gelegenheit, über ein gelungenes Leben nachzudenken. Träumend zieht man Resümee, und solche Traumbilanzen spornen zu neuen Taten an. Durch eine Arztgattin, die schöne Fifi in Berlin, bin ich auch ausgiebig in die Schlafmaterie eingedrungen. Ihr Mann verdient Millionen mit Schlafkuren. Auch ich verdiene mein Geld wie im Traum. Ich nenne es mein »zusammengeschlafenes Vermögen«.

Wäre ich Arzt geworden, hätte ich mich ebenfalls auf Schlafkuren spezialisiert. Denn ein Patient, der schläft, beschwert sich nicht. Und die Kassen zahlen den vollen Satz ohne angewandte Behandlung und trotz eingesparter Verpflegung.

3) Das schönste Möbelstück ist das Bett. Deshalb leitete ich dieses Kapitel mit Möbel-König Günter Arzberger ein. Eigentlich aber wollte ich über Schlafen reden. Ich bin zu folgender Erkenntnis gekommen: Wer schläft, der sündigt nicht. Man kann sich beim Schlafen weder sexuell verausgaben noch krumme Geschäfte machen. Zwei Grundsätze in meinem Leben, an denen ich festhalte.

4) Nur im Schlaf sieht jeder aus wie ein Engel. Wenn man aufwacht, zeigt sich das wahre Gesicht. Um das Schlafen drehen sich auch viele Binsenweisheiten. Von Consul Weyer stammt: »Man muß ausgeschlafen sein, um nicht wie eine Schlafmütze durchs Leben zu wandern.«

5) Wenn man etwas Anstrengendes getan hat, hält man in besseren Kreisen Mittagsschläfchen. Es ist ein Privileg. Denn Proletarier können es sich morgens und mittags nicht leisten, sich hinzulegen. Wer sich den Luxus eines Mittagsschlaf erlauben kann, hat auch die Chance, eine Langschläferin wieder im Bett anzutreffen.

6) Schlaflosigkeit ist ein Zeichen von Sorgen, ein Barometer des Gewissens und der Gesundheit. Wer nicht schlafen kann, ist mit sich selbst unzufrieden oder hat Verdauungsprobleme — und die sollte man als Gourmet

nie haben. Ich darf hinzufügen: als Stammgast bei meinem Freund Alfons Schuhbeck, vom »Gault Milhaud« zum Koch des Jahres '88 gewählt, habe ich nie Probleme mit meiner Magensäure, weil »Schubi« seine Salate aus dem Eigenanbau bezieht. Dieser Meister der neuen bayerischen Küche machte den Waginger See weltberühmt. Aha, sagt man sogar auf Samoa, dort kocht Schuhbeck im »Kurhausstüberl«. Er ist auch Traunsteiner wie mein Anwalt, der Tschofen Mani. Daraus ergibt sich für mich: Hast du Freunde in Traunstein, schläfst du besser.

7) Mit Schlaf verhält sich's wie mit Beischlaf. Der *coitus interruptus* zählt nicht. Man muß acht Stunden durchschlafen. Wenn jemand sich zehnmal am Tag hinlegt, bedeutet es nicht etwa zehn Stunden Schlaf. Nur daß er den ganzen Tag verpennt hat.

8) Wer behauptet, daß ihm vier Stunden Schlaf reichen, betrügt sich selbst. Das rächt sich im Alter. Manche sehen schon mit vierzig so alt aus, wie sie es niemals werden. Ich dagegen erhalte mir mit kontinuierlichem Schlaf meine Jugend. Schlaf konserviert, imprägniert, präpariert.

9) Einen Wecker brauche ich nicht. Wenn ich ausgeruht bin und es etwas zu verdienen gibt, wache ich automatisch auf. Von dem Geld, das andere für kaputte Wecker ausgeben, habe ich mir einmal eine besondere »Flying Emily« gekauft, die berühmte Kühlerfigur des Rolls-Royce; aus Gold. Sie hat mich 25 000 ausgeschlafene Weyer-Wecker-Mark gekostet.

10) Verschlafene Typen sind mir ein Greuel. Wer mich vor zehn Uhr weckt, kann nie mein Geschäftspartner werden. Und wer mir als Schlaffie kommt, aus dem mache ich ein Sahnetörtchen.

Auf Spesen der diversen öffentlich-rechtlichen oder auch privaten Fernsehanstalten schlafe ich am liebsten im Münchner Hotel »Palace«. Ich kann dort jederzeit die Tina-Turner-Suite beziehen, aber das Zimmer 106 ist mir lieber. Es liegt im ersten Stock direkt über dem Eingang. Ich nenne es meine Spionageloge. Aus den Fenstern habe ich den besten Überblick, wer kommt und geht.

In diesem Zimmer empfange ich meine Geschäftspartner. Natürlich setze ich die Hotelspesen auf deren Rechnung. Denn Consul Weyer zufällig zu treffen ist Glücksache; sich mit mir zu verabreden ist dagegen eine Geldfrage. Ich nehme pro Stunde tausend Mark plus Anfahrtkosten, immer aus Monte Carlo, meinem Zweitwohnsitz nach Rio, berechnet. Ein Termin mit sachlicher Beratung nach Vereinbarung kostet viertausend Mark.

Und was mache in diesem Zimmer 106, wenn es heißt: »Consul Weyer darf nicht gestört werden?«

Ich lasse mir von »Käfer« gegenüber vier Paprika und einen Apfel bringen. Besonders an Golden Delicius knabbere ich gern. Über das, was von einem solchen Apfel übrigbleibt, erschien im *Journal München* ein langer Artikel. Fazit: *Consul Weyer wirft ein Kerngehäuse weg, bei dem auch die hungrigsten Ameisen unverrichteter Dinge abziehen müssen. Was ein Consul Weyer aus den Händen fallen läßt, daran gibt's nichts mehr zu beißen.*

Nur mit derlei Gründlichkeit kann man es im Leben zu etwas bringen. Im Glücksburger Hotel »Intermar« halte ich hof für unterbetitelte Großverdiener. Standesgemäß in der Fürstensuite mit Standleitung nach Stockholm. Denn Skandinavien hat noch einen erheblichen Nachholbedarf in Sachen Honorarconsularien. Auch deshalb meine Sprechstunden in Glücksburg. Meine diplomatischen Kontakte haben sich in jüngster Zeit auch zur Elfenbeinküste, Uruguay und Ungarn sehr positiv entwickelt.

Ich kokettiere sogar mit dem Gedanken, mir in Glücksburg einen fünften Alterssitz zuzulegen. Für das Jahr 1993 wird hier ein Festival vorbereitet, auch mit Gästen aus dem texanischen Fredericksburg. Es ist der letzte große Wunsch des dortigen Männerchors mit Jungs im strammen Altknabenalter von durchschnittlich siebzig Jahren, noch einmal in der alten Heimat aufzutreten, die die meisten gar nicht mehr kennen.

Das örtliche *Fredericksburger Volksblatt* kündigte, wie mir *Abenteuer & Reisen*-Autor Thomas Jeier berichtete, das große Ereignis schon im voraus, mit der Headline: *»In Glücksburg stirbt die deutsche Kultur von Texas«*, an.

Überhaupt hat der Norden auch so seine Reize. Der

beliebte Fernsehmoderator Carlheinz Hollmann, bei dem ich häufiger Studiogast bin, bestätigte mir kürzlich in einem Brief:

Gerti und ich haben uns sehr über Deinen Kartengruß aus München gefreut — noch mehr aber, daß eine alte Freundschaft wiederauflebte und wir in Dir einen wirklich sympathischen, fröhlichen Menschen entdeckt haben. Im übrigen sind wir Tag und Nacht bemüht, mit Fahrrad und Tretroller die Lüneburger Heide abzugrasen, um ein Domizil für Dich zu finden! Wann eröffnet eigentlich Dein Generalconsulat in Hannover? Wenn es irgendwie geht, wären wir gern dabei.

Ich bedanke mich, Carlheinz, auf diesem Wege für deine Aufmerksamkeit und Mühe. Die Lüneburger Heide ist eine gute Alternative zu Monte Carlo. Es gibt dort ein gutes Bier, das ich viel lieber trinke als Champagner, und Kopfsülze, die ich dem ewigen Kaviar vorziehe.

Von einer Stuttgarter Tuningfirma erhielt ich den Auftrag, für die schnellen Porsche-Fahrer einen »Consul-Weyer-Gourmet-Guide« zu erstellen. Für das nächste Kalenderjahr '91 werden alle meine Freßrechnungen erstattet, was mich in gewisse Verlegenheit bringt, denn bisher war ich meistens eingeladen. Restaurants, in denen mir der Kellner unaufgefordert eine Rechnung an den Tisch bringt, betrete ich nie mehr.

Nach solch einem Fauxpas eines mangelhaft ausgebildeten Obers, der Consul Weyers international berühmte Gewohnheiten nicht kannte, ist es schon vorgekommen, daß der Unglücksrabe gefeuert wurde. Ich pflege in solchen Fällen den Lokalbesitzer zu seiner Personalpolitik zu beglückwünschen.

Auch von den Kochkünsten jenes überbewerteten Paul Bocuse bin ich nicht sonderlich angetan. Er hat mich bei meinem letzten Besuch in Lyon nicht persönlich bedient. Da ist es in Augsburg ganz anders. In dem unscheinbaren Hotel »Gregor« befindet sich ein Geheimtip für Gourmets. Das »Cheval blanc«. Es rangiert unter den fünfzig besten Restaurants Deutschlands; ein Miche-

lin-Stern und Aufsteiger des Jahres im Wirtschaftsmaga-
zin *DM*. Auf Platz sechsundneunzig in die Wertung aufgenommen, schoß das »Cheval blanc« innerhalb eines
Jahres auf die zweiundvierzigste Stelle vor. Der Maître
Zaïm aus Marokko, mit bester internationaler Schule,
kennt meine feine Zunge. Ich muß mich nicht mit langen
Speisekarten abquälen, sondern es wird mir aus dem Eff-
eff vorgebetet, was Küchenchef Franz Fuchs auf der
Pfanne hat. Auch die Weinkarte bleibt geschlossen.

Ein kleiner Wink für Maître Zaïm reicht. »Bringen Sie
mir bitte den gleichen Wein wie neulich, als es uns nicht
schlecht wurde.«

Meist sitzt neben mir mein alter Freund Helmut Alt-
hammer, ein Industrie-Immobilien-Multi aus Augsburg
mit seiner zauberhaften Gattin Luise, die mich fatal an
Hollywood-Star Kim Novak erinnert. Mein lieber Alt-
hammer brachte mir schon viele gute Kunden. Einem
Baulöwen aus dieser Klientel verkaufte ich sogar in Liberia eine Goldwaschmaschine zum Weyerschen Schleu-
derpreis von 110 000 Mark.

In der Tischrunde sitzt noch der Hotelbesitzer Wilhelm Gregor, ist Eddie Constantine wie aus dem Gesicht
geschnitten. Mit Eddie drehte ich mal meine Fernseh-
show *Gestatten, Consul Weyer*. Meinem Augsburger Clan
sage ich oft im »Cheval blanc«: »Jetzt zieht mal die Hosen
aus, denn sonst pinkelt ihr euch voll bei dem, was ich er-
zähle.«

Die alten Geschichten sind die besten. Rom, Kardinal Ottaviani und Ute Levka: Münchens erstes Sternchen mit gespritztem Busen.

»Mei, Ute«, die mußten wir alle anfassen, diese Pla-
stikdinger, standen Schlange, um einmal deine zweihundert Gramm Silikon zu grapschen. Es fühlte sich an
wie die rechte Hand von Steffi Graf. Busen hart wie ein
Tennisarm. Ich weiß gar nicht, was »Rambo« an der Brigitte Nielsen fand. Ich bin ein Naturmensch. Ein Plastikbusen kann mich nicht begeistern.

Ute Levka hatte einmal eine Freundin, die Rosy Vali-
sik. Sie mischte bei Edith Schmidt im ersten »Why Not«
mit, einer Disco in München, in die man zu den heißen

Festen sogar aus New York einflog. Rosy war die Beicht-
mutter des unter einer Schneelawine verunglückten
Ernst-Wilhelm Sachs, weil sie immer hübsche, junge
Dinger mitbrachte.

Jaja, die guten alten Zeiten. Was ist in München davon noch übriggeblieben . . . Ein ödes Dorf im Vergleich
zur Augsburger Gemütlichkeit. Und von Diridari wird in
München nur geredet, in Augsburg hat man Kohle. Und
damit Rosy mit ihrer »Arames Bar« in München nicht un-
tergeht, feiert sie Geburtstage. Dreimal im Jahr, damit's
voll wird. Aber dann lohnt es sich auch, hinzugehen.
Jungerben und frischgeschiedene Fabrikantenfrauen,
Ex-Fußballerfrauen und Top-Models der siebziger Jahre
von Dior.

Zum Jargon an der Theke braucht man ein Wörterbuch, um ihn zu verstehen. Man hört unentwegt die Kür-
zel AE und OE. AE bedeutet Alkohol und Ehescheidung.
OE sind die zwei ominösen Buchstaben für Offenba-
rungseid.

Als klassischer Vertreter von AE wird das Beispiel des
ehemaligen Star-Anwalts Hans Christian Kopf genannt.
Seine Münchner Flughafen-II-Prozesse kosteten den
Steuerzahler Millionen. Seine Verzögerungstaktik gegen
den Rangierbahnhof in München-Allach bezeichnete die
Branche als dicken Hund. Ich hörte von Kopf einiges in
Afrika. Er war mal Ex-Consul von Idi Amin, und auch in
Kampala erzählte man sich auf Regierungspartys, daß sei-
ne schwarze Frau aus Uganda den Consul Kopf schlägt.
Dabei war er ein feinnerviger Liebhaber des Jazz. Stan
Getz und Nat King Cole waren seine Favoriten.

Manchmal belauscht man heiße Gespräche an der
»Arames«-Theke. Man muß keine Namen nennen, um
Bescheid zu wissen. Einmal tauchte eine Dame der
Münchner Gesellschaft mit bandagierten Handgelenken
auf. »Was ist passiert«, fragte man neugierig.

»Ich habe eine Allergie von Cartier bekommen. Links
von der Uhr, rechts vom Armband«, antwortete sie.

Eingeweihte schmunzelten: »Das kommt davon,
wenn man sich fesseln läßt und die Uhr und das Armband anbehält. Dafür kann Cartier wirklich nix . . .«

Es gibt hier Anwälte, deren Ehefrauen als Zeuginnen zu Callgirl-Prozessen geladen werden, und einen Mann mit buschigen Augenbrauen, dem früheren Sowjetchef Breschnew ähnlich wie sein Zwillingsbruder. Es ist ein Theologe, der bei ihren Auftritten auf seine Frau aufpaßte — jedenfalls bis zu der inzwischen (warum wohl?) erfolgten Scheidung: Auf die Bauchtänzerin Ulaya Gadalla, eine waschechte Münchnerin, das fröhliche Kind einer katholischen Mutter aus Regensburg und eines ägyptischen Sprachforschers. Neulich bauchtänzelte sie in New York bei einer Party der UNO-Diplomaten, wohin ich einige Kollegen aus einem Land begleitete, das ich gelegentlich mit Sonnenbrille und Perücke vertrete.

Die Ulaya schwenkte ihre Hüften, und Pakistans Staatschefin Benazir Bhutto jauchzte vor Begeisterung. Man will sich demnächst in ihrer Privatresidenz in Islamabad treffen.

Auch Salami-Könige machen von sich reden. Der neueste Trend: Feste im Schlachthof zu feiern. Mit Damen in schwarzen Strapsen zwischen den Schweinehälften am Haken. Und die Juweliere tragen in ihren Köfferchen für ihre Kunden das neueste Präsent im Angebot: Intimschmuck. Es hilft bei gepflegter Unterhaltung sehr, wenn es um die Identifizierung einer gemeinsamen Bekannten geht:

»Und wo trägt sie ihre Ringe?« ... »Durch die Schamlippen durchgesteckt?« ... »Dann weiß ich schon Bescheid!«

Bei Rosy laufen noch so einige Drähte zusammen. Und wenn sie wieder ihren Geburtstag arrangiert, ruft sie auch bei Walter Staudinger an. Ihm gehört in München die Goldgrube »Las Vegas«, wo selbst an heißesten Sommertagen das Publikum mit Markstücken die Spielautomaten stopft. Mark zur Mark, so klimpern sich in München die Millionen zusammen. Ich halte es mit dem Sprichwort meiner jüdischen Anwälte in New York: »Reibst dich am Kleingeld, bleibt Kleingeld hängen — also reibe ich mich lieber an Millionen.«

Gelegentlich überhole ich diesen tüchtigen Walter auf dem Prinzregenten-Boulevard stadtauswärts. In seinem kaffeebraunen Rolls-Royce Corniche fährt er offen und konferiert via Autotelefon mit Los Angeles. So was hätte Paul Getty nie getan. Also lasse ich Überseetelefonate aus meinem Auto auch bleiben. Ich rufe höchstens bei »Käfer« an, aber erst oben in der Kurve beim Friedensengel, damit es kein Ferngespräch wird.

Ich bestelle einen Tisch und bin in drei Minuten da. Da staunt Maître Schmidtchen, übrigens der prominenteste Maître Deutschlands mit ungleichem Bruder. Sein Bruder hat sich nämlich ein Holz mit Bindestrich angehängt und gilt als Spezialist für schlechte Nachrichten. Er ist Herausgeber und Chefredakteur des *stern*, während der Schmidt Joachim immer strahlt, wenn er mich begrüßt. Und weil ich meist noch drei Minuten vorher mit ihm telefoniert habe, staunt er: »Fliegen Sie mit Propeller, Herr Consul?«

»Nein, ich falle von Himmel!«

Meine »Käfer«-Besuche verlaufen jedesmal nach dem gleichen Ritual. Ich drehe mich langsam um hundertachtzig Grad, mit scharfem Visierblick die Lage peilend. Wenn Gunter Sachs da ist, weiß ich, schon wieder habe ich ihm den Appetit verdorben. Gleich bleibt ihm das Carpaccio im Hals stecken, besonders, wenn ich einen Tisch ganz in seiner Nähe bekomme. Rein zufällig, versteht sich. Wir sind uns seit einer uralten Geschichte nicht mehr ganz grün.

Dafür freute sich Kaschoggi früher immer, wenn er mich bei »Käfer« traf. Wir kannten uns aus Marbella, meinem Tätigkeitsfeld aus den Zeiten meines Wohltäters, des Freiheitshelden Iriate. Hier wie da, in Marbella oder in München, Kaschoggi ging mit glänzenden Augen auf mich zu und schwadronierte: »Ich möchte so gern so aussehen wie Sie!«

»Well«, antwortete ich in meinem Diplomatenenglisch, das ich je nach Bedarf mit afrikanischer oder arabischer Aussprache färbte, »da sehen Sie, daß doch alles auf der Welt gerecht verteilt ist.«

Er stöhnte, aber ich konnte ihm nicht helfen. Geschäftlich kamen keine Verbindungen zustande, weil wir in zwei verschiedenen Branchen tätig waren. Deshalb konnte ich auch lässig abwinken, als mir Kaschoggi ein paar Tips geben wollte. »Ach, hören Sie doch auf, Mr. Kaschoggi«, sagte ich ihm. »Oder wollen sie einem alten Affen wie mir das Klettern beibringen?«

Er lachte, ich schmunzelte, Gunter Sachs schmollte. Und jeder wußte, was er vom anderen zu halten hatte. Und dann gingen wir mit Kaschoggi zu seinem Lieblingsthema über: Frauen.

Er blickte sich bei »Käfer« um. Die Models und erfolgreichen Managerinnen, Boutique-Besitzerinnen und PR-Chefinnen der Gruppe Dornier, Deutsche Aerospace und Medizintechnik GmbH, die mit Weltkapazitäten zwischen Houston und Hongkong umherjetten und von Zertrümmerung der Nierensteine jede Menge verstehen — auch sie verbringen ihre Mittagspausen bei »Käfer«.

Damals schon fiel es Kaschoggi auf, daß Käfer eine ganze besondere Sorte von Frauen anzieht. Er packte mich an der Schulter und flüsterte mir ins Ohr: »Sagen Sie, lieber Herr Consul, Sie wissen es besser: Was steckt in diesen Frauen drin?«

Ich antwortete nach bestem Wissen und Gewissen: »Im Moment noch gar nichts, aber warten Sie, bis ich aufstehe . . .«

Alles über Schickeria in München

Ich halte mich nicht für eitel. Ich lege Wert auf natürlichen Abstand. Ich bin für Großes geschaffen.

Reden tu' ich gern. Manches, was ich gesagt habe, gehört längst in den großen Brockhaus, weil es Zeitdokumente und Aussagen über die Entwicklung im Deutschland der letzten dreißig Jahre sind.

Ich habe die Marktlücke Wohlstandsgesellschaft erkannt. Ich wurde Chefdekorateur der deutschen Gesellschaft, Nimbusverkäufer und der letzte Paradiesvogel. Und die Reichen und Erfolgreichen kamen mir entgegen, mit glänzenden Augen und Schwarzgeld im Pappkarton.

Meine Berufe waren: Getränkehändler (ich rechnete mir aus, daß jeder von meinen Ausfahrern die Getränke von mir kauft, und stellte gleich hundertzwölf Mitarbeiter ein), ich war Immobilienmakler, Berufsdiplomat, Staatssekretär, Finanzberater, Finanzier und natürlich ein unvergessener Liebhaber mit Dutzenden von Kosenamen. Man schrieb mir Liebesbriefe und nannte mich »Lieber Heiachen«, »Lieber Süßi«, »Lieber Schnufie« und »Lieber Knutschie«; so dürfen mich allerdings nur österreichische Maskenbildnerinnen nennen.

Als ehemaliger Jugendmeister in der Flying-Dutchman-Klasse liebe ich Tennis und Golf. Obwohl ich Ehrenpräsident der Skilehrer vom Roßkopf bin, dem höchsten Berg von Sterzing, hasse ich das Skifahren. Mein Flugschein ist im Moment mangels Flugstunden abgelaufen. Mein Fuhrpark hingegen befindet sich stets auf dem letzten Stand der Automobiltechnik. Ich fahre das beste, bequemste und teuerste Auto und bekomme dafür noch Geld.

Autos waren unmittelbar mit meinem Schicksal verknüpft. Ich glaube, daß auch mein Glück auf Rädern fährt. Autos gehören zu meinem Werkzeug, und ich habe alle meine Autos geliebt.

Man mußte nicht unbedingt Staatspräsident sein, um einen 600er Mercedes zu fahren. Aber es half ungemein. Image und Prestige fügten sich bei mir unzertrennlich zusammen. Man müßte sich nur vorstellen, ein Consul Weyer zur damaligen Zeit in einem DKW! Nicht einmal der Opel Admiral oder eine Borgward Isabella hätten mir zu Gesicht gestanden. Aber im 600 Pullman Landaulet von Mercedes saß ich richtig. Es war die bevorzugte Kutsche des Oberhauptes der katholischen Kirche, und im Vatikan standesgemäß vorzufahren war für meine Unterhandlungen unabdingbar.

An zweiter Stelle rangierte in meiner Gunst der Rolls-Royce »Silver Cloud III«. Kastenrahmen mit einer Einzelradaufhängung vorn und einer Starrachse hinten. Dank seines 6,3-Liter-Achtzylinders erreichte der Wagen 180 km/h. Man pflegte jedoch in einem »Silver Cloud« langsamer zu reisen. Dem Triebwerk zuliebe.

Die Tücke dieses Modells war, daß sich der Fußboden, unter dem Fahrersitz unzureichend vom Motorraum isoliert, zu stark aufheizte. Man mußte unbedingt einen Chauffeur haben, um sich die eigenen Sohlen nicht zu verbrennen.

Einen Rolls-Royce fährt man nur, solange man Geld braucht. Wenn man schon Geld hat, steigt man auf einen Bentley um. *Understatement* und ein wunderbares Fahrzeug. Die Sitze aus feinstem Handschuhleder, das Armaturenbrett aus Mahagoni. Ein winziger Konstruktionsfehler steckt nur in den Scheibenwischern. Diese Panne passiert mir jedesmal auf der Strecke zwischen Traunstein und Ruhpolding bei Regen. Vielleicht hat es etwas mit Erdmagnetismus zu tun, auf einmal streiken hier die Wischer, die Intervallschaltung fällt aus.

Man muß jedesmal den Schalterknopf betätigen, um einmal mit den Wischblättern über die Frontscheibe zu fahren. Dann sacken die Wischerarme wieder unter die Motorhaube, und nichts rührt sich bis zum nächsten Schaltvorgang. Und das bei einem Preis von 330 000 Mark. Zum Glück ist aber die Servolenkung ohne Aufpreis inbegriffen, so daß man eine Hand frei hat. Für die Bedienung der Scheibenwischerschaltung. Man könnte links neben sich auch einen schmalen Filipino postieren, als Wischerknaben sozusagen.

Der Fahrersitz ist auch für zwei Personen breit genug, nur ein Beifahrer links wirkt etwas ungewöhnlich. Man könnte vermuten, jetzt ist der Consul Weyer doch schwul geworden. Wenn er fährt, sitzt links neben ihm ein »Knopfdrücker«.

Das Problem aller Autos, egal wieviel sie kosten, sind die Tankstellen. Ich hasse sie mit ihrer Selbstbedienung. Neulich mußte ich kurz vor Rosenheim meinen Porsche Carrera 2 volltanken. Ich glaube, es war wie in einem Film mit Dick & Doof. Erst klemmte der Tankverschluß, dann verhedderte sich der Schlauch. Ich weiß nicht, wieviel Liter Sprit in einen Porsche hineinfließen kann, aber nach siebzehn Litern stockte der Benzinstrom, und aus dem Einfüllstutzen schwappten drei Liter stinkender Treibstoff über meine teure Lederjacke von Armani. Ich wollte den Porsche sofort ans Werk zurückgeben, aber am Telefon meldete sich um die Uhrzeit nur die Werkswache.

Ich liebe Autos, besonders den Ferrari Testarossa, er wirkt auf mich erotisch. Rot mit schwarzem Leder wie eine Domina aus der Herbertstraße in Hamburg. Der Zwölfzylinder knallt wie eine Peitsche, die Fünfliter-Maschine hämmert wie ein Rap-Song, und in die Räder treten 390 Pferde.

Nur anhalten soll man lieber nicht. Bei der ersten Vollbremsung qualmen die Bremsklötze wie eine Hose unter einem heißen Bügeleisen.

Um die achtundvierzig Ventile richtig einzustellen, braucht man keinen Mechaniker mehr, sondern einen Klavierstimmer. Und den findet man nur in Modena. So

ein wunderbarer Ferrari ist also der ideale Drittwagen.
Als erster Unternehmer in Deutschland beriet ich vier
Freunde, die in Odelzhausen bei Augsburg eine Fer-
rari-Vermietung »Cavallo« gründeten. Die Vermietung
eines Testarossa bringt übers Wochenende etwa zweitausend Mark. Die Reparatur der kaputten Kupplung kostet viertausend, und doch ist es ein Geschäft! Denn
Ferrari-Sammlerwerke als Kapitalanlage steigen und
halten sich besser als Gold. Über die kleinen Zwischen-
verluste tröstete ich mich hinweg: »Es war schon immer so, daß Ärzte besser operieren als Auto fahren können.«

Dennoch betrachte ich es nicht als Geschäft, einen
Ferrari zu fahren, es ist einfach ein traumhaftes Gefühl.
Der Alain Prost wird in einem wach, und man kann fah-
rerisches Können ausleben. Wer's beherrscht, dem ge-
horcht so ein Ferrari wie ein Uhrwerk. Ein wunderbares
Liebhaberstück für Weltmeister.

Gelegentlich gehe ich mit einem Porsche fremd. Und
es ist kaum auszuhalten. Andere zahlen jeden Preis, um
diese Kiste zu fahren. Mir wird Geld aufgedrängt, damit
ich mal einsteige.

Die Firma RIAL-Leasing schickte mir einen Vertrag
mit folgendem Anliegen. Weil Deutschlands größtes Lea-
singunternehmen nicht an den begehrten Porsche 959
herankommt, der nur an Prominente geliefert wird, will
man mich als V.I.P.-Käufer vorschieben. Es klappt. Porsche liefert in kürzester Frist. Ich hole den Wagen vom
Werk in Stuttgart ab, unternehme eine kleine Spritztour
nach Monaco. Mein Honorar für diese Dienstleistung beträgt 50 000 Mark. An der Grenze in Ventimiglia klat-
schen die Zöllner Beifall: »*Que bella machina.*«

Auch mit dem ADAC habe ich die besten Erfahrungen gemacht, obwohl ich kein Mitglied bin. In der Jahres-
edition *Amerika, von Alaska bis Feuerland* wurde ich im Zu-
sammenhang mit Paraguay wenig schmeichelhaft erwähnt. Man zog meine Seriosität und den guten Ruf des
Landes in Zweifel. Ich schickte dem Gelben Engel unverzüglich eine Klage ins Haus, wegen Verletzung der Per-
sönlichkeitsrechte, und forderte Schadenersatz in Höhe

von 40 000 Mark. Außerdem verlangte ich als religiöser Mensch vom Gelben Engel auch, daß er Buße tat.

Der Pannenhelfer wollte billig davonflattern. Mit einer gesamtschuldnerischen Anerkennung wollten die ADAC-Anwälte die anfallenden Kosten bei einem Streitwert von 10 000 Mark übernehmen und 5000 Mark an die Erdbebenopfer in Armenien überweisen.

Man machte die Rechnung ohne mich. Zitat aus dem Schriftverkehr mit meinem Rechtsanwalt Hermann Garlipp: *Wir gehen hierbei davon aus, daß es Ihrem Mandanten nicht um die persönliche Bereicherung, sondern um die Genugtuung geht.*

Beides. Mir geht es grundsätzlich um beide Aspekte, wobei mir die persönliche Bereicherung jeweils große Genugtuung verschafft. Bei einem Buch mit einer Auflage von 300 000 Stück und einem Vorwort von Außenminister Hans-Dietrich Genscher, mit dem ich in der gleichen Branche tätig bin, kann ich auf mein Doppelrecht Geld und Genugtuung nicht verzichten. Die Gegenpartei hat das auch alsbald eingesehen, und der ADAC schickte mir einen Scheck über 40 000 Mark.

Eine angemessene Summe für eine Beleidigung, die mich persönlich nicht trifft, wenn sie gut bezahlt wird. Nur muß ich meine Geschäftsinteressen wahren. Paraguay gehört nach wie vor zu meinem Interessengebiet.

Genau wie München. Auch hier konnte ich eine Behauptung *Terrain für betrügerische Tätigkeiten*, etwa im Sinne von: *In München verkauft Consul Weyer den Friedensengel dreimal* nicht gelten lassen. Im Gegenteil. München kommt mir schon wie Lourdes vor. Es geschehen hier wahre Wunder. Ich bin stolz, den legendären Ruf von München mitbegründet zu haben.

Die Geschichten, die man hier über mich erzählt, sind die schönsten. Zum Beispiel bei Rudolph Moshammer. In seinem fashionablen Modeshop »Carnaval de Venise« hatte ich mich früher öfter eingekleidet, bis ich erkannte, daß nicht Kleider Leute machen, sondern die Marke. Seitdem zahle ich für meine Garderobe keinen Pfennig, sondern verlange von Markenherstellern, daß sie an mich zahlen, wenn ich ihre Produkte trage.

Meine Preisliste deckt sich etwa mit den Tarifen von Boris Becker. Die schwarzen
»Litrico«-Anzüge bringen mir etwa 10 000 Dollar im Jahr, die
»Treval«-Hemden 5000 Dollar, und für das Tragen der luftig-leichten
»Testoni«-Slipper kassiere ich 20 000 Dollar.

Moshammer gehört nicht zu meinen Markenartikeln. Aber ich machte ihm einmal eine große Freude. Ich ging in seinen Laden und fing an die Regale auszuräumen. Hemden, Pullis, Sakkos, Hosen. Bald standen die Tüten in immer längeren Reihen, und »Mosi« freute sich. Sogar Leute auf der Straße blieben stehen, guckten in seinen Laden hinein und staunten: Wer kauft denn da ein? Wer kann sich das leisten?

Natürlich ich! Als ich nichts Passendes mehr fand, zog ich aus meiner Brusttasche das gebündelte Bare, wie üblich lauter Tausender und Fünfhunderter. Ich sah das schöne Geld, überlegte eine Weile, bis sich meine Einkaufsgeilheit legte. Dann sagte ich zu »Mosi«: »Ach, wissen Sie, ich gebe so ungern Bargeld aus, ich zahle doch lieber mit Scheck, den ich Ihnen heute nachmittag mit meinem Chauffeur vorbeischicke. Bitte, senden Sie mir auch die Ware erst mit meinem Wagen ins Haus. Aber das Parfüm nehme ich gleich mit. Was kostet es bitte?«

Der Moshammer Rudi machte eine Armbewegung wie Karajan, wenn er »Fidelio« dirigierte, blähte die Backen auf wie ein Hornist kurz vor dem dreigestrichenen »Es« und bläffte mir feucht ins Gesicht: »Bahhh, das Parfüm kostet siebzig Mark, aber es geht auf unser Haus. Es war uns eine große Freude, bitte beehren Sie uns wieder.«

Auch ich bedankte mich; nur fürchte ich, daß ich aus lauter Begeisterung doch vergessen habe, die Tüten abholen zu lassen. Tut mir leid, falls »Mosi« all die Hemden und Pullis, von mir sorgfältig ausgewählt, wieder selbst in die Regale einschichten mußte. Aber auch das wäre nicht tragisch. Wie sagt er doch immer, der Moshammer-Rudi: »Ich bediene so gern die Leute mit Geld.« Da kann er bei mir schon morgen anfangen.

Die wunderbare Weyer-Welt besteht aus lauter fabelhaften Weyer-Fans. Mit anderen Leuten verkehre ich nicht. Gegner, Feinde, Neidhammel, gar Besserwisser, die sich anmaßen, mich zu kritisieren, oder versuchen, hinter das Phänomen Weyer zu kommen, diese Spezies ist für mich Luft. Ich lehne es ab, mit Unsympathen zu verkehren. Einer Malerin, einer gewissen Gisela Gawlik, die von mir penetrant die Rückgabe ihrer Bilder forderte, ließ ich ausrichten: »Mit einer so häßlichen Tante verhandle ich nicht.« Und schon hatte ich meine Ruhe.

Manchmal kann ich es Elvis Presley nachempfinden, was es für ihn bedeutete, überall kleine Doubles, maßlose Bewunderer, Kopien und Duplikate zu treffen, die ihrem Idol nacheifern. Mir geht es ähnlich. Ich treffe unentwegt Leute, die wie Consul Weyer sein wollen. Die sich mit meiner Person derart identifizieren, daß sie am Stammtisch meine Geschichten als ihre eigenen erzählen.

Es gibt unendlich viele kleine, fleißige, ehrliche, biedere Leute, deren sehnlichster Wunsch es ist, einmal in meine Nähe zu kommen, mich einmal anzufassen und von diesem Erlebnis jahrelang zu zehren.

Ich, der schöne Consul, bin der wahr gewordene Traum bürgerlicher Existenzen, der König eines grauen Ameisenvolkes, das mir ein langes glückliches Leben wünscht. Solange es Consul Weyer gutgeht, lebt auch die schillernde Legende vom Paradiesvogel, der wie ein Märchenprinz auf einem fliegenden Teppich schwebt, während die anderen das hohe Lied der Arbeit singen.

Weil ich ein ordnungsliebender Mensch bin, habe ich mir eine Rangliste der Weyer-Kopien zugelegt, um mich in der Gesellschaft besser orientieren zu können. Ganz unten steht Michael Graeter: einer, der immer schon versuchte, mich zu kopieren, aber nie mein Format erreichte.

Ich traf ihn zum erstenmal an der Tagesbar im »Bayerischen Hof«. Hannes Obermaier, der geistreich spritzige »Hunter« der *Abendzeitung,* und meine Freundin, die damalige Miss Germany Lilian Atterer waren dabei, als Michael Graeter stöhnte: »Ich hätte so gern einmal Urlaub gemacht, aber ich habe kein Geld.«

»Sie sehen wirklich sehr mitgenommen aus«, sagte

ich zu ihm. »Bei welcher Zeitung machen Sie Ihr Volontariat?«

Etwas verschnupft antwortete er: »Ich bin der neue Kolumnist der *Abendzeitung*, der Nachfolger von Hunter...«

»Da haben Sie sich viel vorgenommen«, sagte ich, bekam Mitleid mit ihm, griff in meine Brusttasche, in der ich damals ständig zwischen 10 000 und 15 000 Mark stecken hatte, und warf Michael Graeter, ohne das Geld nachzuzählen, 8000 Mark über die Theke. Er bedankte sich artig. Ich gab ihm den Tip, nach Sylt zu fahren, dort sei immer was los, dort finde auch ein blindes Huhn ein Korn.

Es verging einige Zeit, und Graeter meldete sich nicht. Meine Anfragen, wann er mir wohl mein zinsloses Darlehen zurückzuzahlen gedenke, ignorierte er. Ich schickte ihm einen diplomatischen Brief, den er offenbar nicht verstand.

Lieber Herr Weyer, lautete seine zweizeilige Antwort vom 20. August 1970, *was mach' ich mit Ihrem Bankkonto? Drücken Sie sich doch bitte etwas deutlicher aus! In Eile, Ihr Michael Graeter*

Auf diesen Brief hin habe ich mir eidesstattliche Erklärungen von denen besorgt, die Zeugen meines großzügigen Darlehens waren, und die Angelegenheit meinem Anwalt Octavian Krauss übergeben. Nach einem Zahlungsbefehl hat sich Graeters Vater, ein biederer Postschaffender, soweit ich mich erinnern kann, bemüht, die Schulden seines Sohnes zu begleichen. Die Quittung Nr. 23 25 0970 der Deutschen Bank über die Überweisung von 8000 Mark habe ich als Kuriosum bis heute aufgehoben.

Graeter ist über den Verlust meiner Zuneigung nie mehr hinweggekommen. Sechs Jahre später berichtete er in seiner Kolumne, ich wäre uneingeladen auf einer CSU-Party erschienen. Graeter wörtlich: *Consul Weyer gab an, von Staatssekretär Erich Kiesl eingeladen zu sein. Das war so falsch wie viele seiner Auszeichnungen...*

Ich zwang die *Abendzeitung* zu einer saftigen Gegendarstellung und bekam eine Flut von Zuschriften. Daran konnte ich meinen Beliebtheitsgrad im Volk messen.

Hans Peter Wöhr, Polizeiobermeister, PP München ZV 2, teilte mir vertraulich mit:

> *»Da ich Sie persönlich sehr schätze und bewundere, schloß ich mit meinen Kollegen folgende Wette ab:*
> *— daß Sie in der Lage sind, für mich einen anerkannten (bei der Bayerischen Staatskanzlei und deren unteren Behörden) Titel Dr. h. c. jur. durchzusetzen, damit mein direkter Vorgesetzter Herr Polizeipräsident Dr. Manfred Schreiber vor Neid platzt;*
> *— als Honorar von mir, dem kleinen Beamten, nur eine Einladung zum Mittag- oder Abendessen annehmen, um meine Kollegen von Ihrer Redlichkeit zu überzeugen.*
> *P. S. Mit Ihrer Diskretion darf ich hoffentlich rechnen. Auch wenn Sie nicht auf meine unwahrscheinlichen Wünsche eingehen, werde ich Sie weiterhin bewundern. Denn Sie verwirklichen zwei große Slogans: leben und leben lassen; und Frechheit siegt.«*

Ich wette, solche Briefe hat Graeter nie erhalten. Neulich traf ich ihn bei einer Chanel-Modenschau in München wieder. Er hat mich stark an seinen Vater erinnert, der damals sehr zerknirscht über die 8000-Mark-Schuld seines Sohnes war. Für einen anständigen, ein Leben lang hart arbeitenden Menschen wie ihn war das sehr, sehr viel Geld.

Mein eigentliches Gesellschaftsrevier lag damals in Monte Carlo. Aber einen Sommer lang brachte ich Glanz nach Terracina, dem Stück München am Mittelmeer. Jeder, der etwas auf sich hielt, zog in dieses Dorf, tüchtig von Hunter promoted. Ich kaufte meine »Casa Consules« nur einen Steinwurf von seinem Bungalow »La Moresca« entfernt und wurde Nachbar des Filmproduzenten Peter Bamberger, der seine Großmannssucht auch auf dem Namensschild heraushängen ließ: »Residenza Bamberger«.

Nach Terracina zu fahren war Pflicht. Die Burdas, Franz Josef Strauß, sein Busenfreund Luggi Waldleitner, Curd Jürgens und Uschi Glas tummelten sich hier auf Partys. Gerd Käfer lieferte das Buffet. Zu Hunters fünfzigstem Geburtstag baute er am Strand eine Zeltstadt auf, die über hundert Meter lang war. Das Fest dauerte von zwölf Uhr mittags bis sechs Uhr früh. Ich ließ Angela mit dem offenen Mercedes-Cabrio 300 SL kommen und lieferte damit Hunter ein paar schöne Zeilen:

Ganz Terracina sperrte Mund und Augen auf ob dieser blonden Anschie, die in wallenden Gewändern, immer einen gewickelten Turban auf dem hübschen Kopf und knallhart geschminkt, auf den Märkten zum Einkaufen ging. Ihr Consul daneben, braungebrannt, dazu die weiß-schwarze Dogge Maharani mit rotgelackten Nägeln. Das gab's ja nicht einmal in alten indischen Ufa-Filmen.

Nostalgie. Und weil sich die halbe Kinowelt damals in Terracina herumtrieb, wurde ich auch vom Filmfieber angesteckt. Ich beauftragte Karsten Peters, den späteren AZ-Feuilletonchef, mir ein Drehbuch à la Hollywood zu schreiben. Mit Hermann Göring und allen Nazi-Größen, weil ich auf den amerikanischen Markt schielte. Ich zahlte auch ein Hollywood-Honorar: 30 000 Mark.

Da liefen Karsten Peters und sein Freund, der Schauspieler Michael Tietz, in großen Schlapphüten umher wie zwei männliche Greta Garbos und brachten meinem Sohn Alexander kleine Körbchen mit Weintrauben. Die Trauben stammten aus dem Weinberg des AZ-Herausgebers Werner Friedmann. Man lebte hier wie in einer großen Familie, nur vermißte ich nach einer gewissen Zeit meine Klientel, die Zahnärzte und Baulöwen, die mich ständig mit Frischgeld versorgten.

Das Drehbuch wurde leider Mist, »völliger Schmarrn«, meinte Luggi Waldleitner. Als Simmel-Produzent muß er vom Kino sicherlich eine Ahnung haben, während Karsten Peters, Künstlername Peter Karstens, sich nach seinem gescheiterten Skript als Filmkritiker ein Zubrot verdiente. Sein Freund Michael Tietz, wie Hunter recherchierte, *gab den größten Teil des Weyerschen Honorars in Roms Via Condotti für enge Hosen aus. Verständlich.*

Nach diesem Sommer zog ich mich aus Terracina zurück, verkaufte mein Haus an Gerd Käfer. Leider konnte ich das große Unwetter nicht verhindern, das den Strand von Terracina — ähnlich wie im mexikanischen Cancun — etwas dezimierte. Daß es ausgerechnet bei Gerd Käfer den feinen Sand wegriß, tut mir außerordentlich leid. Es war höhere Gewalt und keine Weyer-Absicht. Doch wie mir berichtet wurde, ist Terracina immer noch ein Stück Paradies mit klarstem Wasser an Italiens Küste. Ich freue mich für Hannes, der mir als Kolumnist viel Glück und auch Kunden brachte.

Es waren unvergeßliche Zeiten, als ich, der schöne Consul, zwischen Rom, Terracina und München — damals meine Achse — meine Feste feierte. Als Hannes Obermaier seinen Einstand in der *BILD-Zeitung* gab und Münchner Prominenz in die Käfer-Küche zum Brutzeln einlud, habe ich auch sein Weyer-Format aufrichtig bewundert.

Münchens Schickeria der 90er Jahre ödet mich dagegen an. Die Domestiken tanzen auf dem Tisch. Bei Partys und Premieren lassen sich die sogenannten Prominentenwirte hochjubeln. Statt wie gute Diener im Hintergrund zu bleiben, drängeln sie sich ins Rampenlicht. Wer hat schon gesehen, daß die Herren mit ihren Lakaien tanzen?

Das ist schlimmer als Sozialismus. Friseure bei Vernissagen. Die Scherenkünstler von Locke und alten Zöpfen verdrängen in München die echten kreativen Geister. Und immer wieder die unsäglichen Prominentenwirte, die sich unter V.I.P.'s mischen, um hemmungslos für ihre Schicki-Micki-Kneipen zu werben. Ich kann mich über vieles unterhalten, nicht aber über die Pachtpreise für Lokale und wo man in der Großmarkthalle am günstigsten Löwenzahn und Perlzwiebeln einkauft — diesem Thema kann ich keinerlei Reize abgewinnen.

Eine der wenigen Ausnahmen ist Eckhardt Witzigmann, Deutschlands bester Koch vom »Aubergine« in München; er hängt nicht auf Partys herum, er zaubert in seiner Küche. Man muß schon in seinen Tempel pilgern, um ihn dort als Hohepriester des Gourmetkults anzutreffen. Sollte es wahr sein, daß er demnächst für viele Yen seinen Kochlöffel in Japan schwingt, muß ich halt nach Tokio, um auf seine hervorragenden Bratkartoffeln und vorher Räucherlachsröllchen gefüllt mit Roguette-Mousse nicht verzichten zu müssen.

München droht an Kleinkariertheit zu ersticken. Wo bleiben die echten Künstler, Lebenskünstler, Originale und Leute, die ihr Geld mit Ideen verprassen? Und vor allem: Wo ist der Nachwuchs? Die neuen Schönheiten, wo versteckt man sie?

Dies mag wohl daran liegen, daß seit dreißig Jahren die gleichen Partygeberinnen ihre Einladungen aus verstaubten Kästchen verschicken. So kamen auf manchem Juwelierfest leicht 1000 Jahre München zusammen. Und ein achtzig Jahre alter Metaxa ist der jüngste Jahrgang, der erscheint.

Was waren das für Zeiten, als die Partylöwinnen noch ihre echten Zähne hatten! Ich erinnere mich an Birgit Bergen, ein Wonne-Weib mit Hollywood-Flausen im Kopf. Auf einer Party drückte ich ihr die Schlüssel in die Hand und sagte: »Setz dich bitte in mein Auto und warte auf mich.«

Sie muß wohl die halbe Nacht auf den Ledersitzen meines Mercedes-Cabrios ausgeharrt haben, denn ich hatte inzwischen vergessen, daß Birgit in meinem Auto saß. Im Morgengrauen fuhren wir zu ihr, in eine Dachwohnung mit schrägen Wänden in der Säbener Straße — sie wohnt immer noch dort —, und sie flüsterte: »Ich liebe dich so sehr, daß ich mich für dich frisch machen will.«

Es dauerte fast eine Stunde. Ich dachte schon, sie hat Teer im Schritt kleben. Da kam sie raus aus dem Bad, aber nicht gewaschen, sondern von oben bis unten eingepudert. Ich gab ihr einen Klaps auf den Po. Sie staubte durch das Zimmer. Zum Knuddeln kam's nicht, weil Birgit mir unbedingt ihr Gästebuch zeigen wollte. Ich betrachtete meine Freunde auf den Fotos. Alle blickten etwas beschämt.

Als ich Birgit neulich traf, mußte ich ihr ein Kompliment aussprechen. Ihre Löwenmähne ist ein biologisches Wunder. Ich fragte, ob sie auch das Shampoo von »Draculena & Co.« benutzt.

Von alten Freunden ließ ich mir berichten, daß mangels frischer Mädchen neuerdings auffallend viele Callgirls als Partybegleiterinnen auftauchen.

Zum Schreien. Ich hatte noch niemals eine Hure, noch nie habe ich mir ein Callgirl geleistet. Ich genieße es viel mehr, wenn man scharf auf mich ist. Und dafür habe ich so meine Plätze. Ich gehe nicht zur Eröffnung des neuen »Cartier«-Ladens, ich gehe zu »Georgios« in Schwabing. Dort sitzen die Leute mit dem Herzen am rechten Fleck. Bei Busukimusik wird Sirtaki getanzt, und alle schauen zu einem Tisch in der Ecke. »Dort sitzt er!« tuscheln die Gäste, und ich sage: »Ich bin es wirklich, der schöne Consul, Sie dürfen mich anfassen.«

Neulich gesellte sich eine feurige Griechin zu mir. Sie hätte Zorbas Tochter sein können: scharfgeschnittenes Gesicht, lange schwarze Haare, wetzte sie die schmalen Lippen wie Messer: »Ich wollte immer schon fragen, warum sind Sie so unwiderstehlich, Herr Consul?«

Mich amüsierte diese Neugier, und ich antwortete wahrheitsgemäß: »Weil ich das B immer so herausplatzen lasse, wenn ich spreche. Ein B fast wie ein P, und dazu meine blauen Augen, meine tausend Geschichten, und ich rieche gut. Ich rieche nach Bargeld. Das G e b ü n d e l t e ! Wie gesagt: Ich habe Format.«

Und schon wanderte eine Runde Ouzo nach der der anderen über den Tisch. Ich trank den Ouzo nicht, ich goß ihn in den Stiefel meiner Tischdame. Als der Stiefel voll war, sagte ich: »Jetzt muß ich gehen. Ich gehe immer um zehn Uhr ins Bett, ich brauche meinen Schönheitsschlaf. Wer mich daran hindert, den zeige ich wegen Körperverletzung an.«

Im »Georgios« bin ich in bester Gesellschaft. Kürzlich traf ich dort Kriminaldirektor Alois Schönberger. Zu komisch.

Er war der Einsatzleiter bei der Durchsuchung meiner Feldafinger Villa. Meine Haushälterin, die gute Frieda, hat beinahe einen Herzinfarkt bekommen und die Tür mit einem Schrank verrammelt, als die mit Maschinengewehren bewaffnete Hundertschaft zum Sturm läutete. Aber die Bullen haben sich wie Herren benommen, das muß man ihnen lassen. Und Einsatzleiter Schönberger traute seinen Ohren nicht. Ich sagte: »Sie können alles beschlagnahmen und mitnehmen, nur lassen Sie mir mein Schwert. Das brauche ich für den Ritterschlag.«

Consul Weyer dieses wichtige Werkzeug wegzunehmen gliche dem Versuch, einen Samurai zu entwaffnen. Die Polizei hat's begriffen. Mein Schwert hab' ich sogar nach Paraguay mitgenommen.

Wiedersehen macht Freude. Ich und der ehemalige Einsatzleiter bei der Weyer-Razzia. Solche Kunden wie mich gibt es in der Karriere eines Kriminalinspektors nur einmal. Und dann hat man ein schönes ausgefülltes Leben.

Ich, der schöne Consul, gehöre nicht zur Schickeria. Ich gehöre unters Volk, zwischen meine Fans. Wenn ich manchmal nachts über die Schwabinger Occamstraße schlendere, klopfen die Pizzabäcker an ihre Fensterscheiben, laufen vor die Tür und rufen voller Entzücken: »Ist nicht möglich, Sie sind's, Herr Consul! Was können wir für Sie tun? Wollen Sie eine Pizza, ein Glas Wein?«

»Nein, nur Wasser bitte.« Und dabei fällt mir ein *stern*-Zitat ein: *Consul Weyer braucht keinen Champagner. Er ist von sich selbst besoffen.*

Berauscht, müßte es heißen. Aber der *stern* ist auch nicht mehr das, was er einmal war. Herrliche Zeiten waren es, als mich der Gründer des *stern*, Henri Nannen, noch persönlich anrief:

»Wann stürmen Sie, Herr Consul?«

Ich saß im »Apollo« in Kampala, unter der Regierung von Präsident Obote eines der bestgeführten Hotels in Afrika. In Europa tobte der eisige Winter, und ich sollte mit einer Söldnertruppe einen Staatsstreich anzetteln. Beinahe mußte ich in den Krieg ziehen. Aber die Fotos waren schon vorher im Kasten. Wir schossen sie mit einem *stern*-Fotografen in Hamburgs botanischem Garten »Planten und Blomen«, in dem auch allerlei exotische Gewächse wuchern.

Dort posierte ich mit einem Stahlhelm und einer Original-Söldneruniform aus dem Kostümfundus des Hamburger Schauspielhauses. Ich als tapferer Kämpfer in Afrika...

Nein, die Geschichte war nicht getürkt. Sie nahm sogar ein trauriges Ende. Hätte damals der junge König Ntare bloß auf mich gehört, er wäre noch heute am Leben.

Ente gut, alles gut

**Ente gut, alles gut. Wenn auf der Speisekarte Wach-
telbrüstchen, Sauerampfersuppe mit Lachsklöß-
chen, Lammrückchen und frische Böhnchen stehen, dann weiß ich: Vorsicht, Weyerchen, saftige
Preis-chen!**

Erfolg ist der Sex des Mannes. Deshalb gründete ich in
Rio mit meinem Freund, dem Fußball-Idol Pelé, eine gemeinsame Firma für den weltweiten Vertrieb des Gua-
raná-Präparats. Es wird aus einer Wurzel gewonnen, die
nur in Amazonien wächst. Die Indianer halten sie für ein
göttliches Geschenk wegen der potenzfördernden Kräfte. Man kann Guaraná in Pulverform oder als Pille
schlucken.

Die Zeiten ändern sich. Früher ließ ich drei oder vier
Schneider in Deutschland für mich arbeiten, ließ mir jähr-
lich fünfzehn schwarze Anzüge, fünf oder sechs blaue
und ein paar sportliche Sachen nach Maß anfertigen.
Zuweilen habe ich meine Couturiers auch bezahlt, wenn
sie nicht aufdringlich waren. Alle Leute haben immer ihr
Geld bekommen; wenn sie anständig waren und nicht
mahnten, erreichten sie mehr. Da fühlte ich mich an meiner Ehre gepackt.

Ich habe hohen PR-Wert und lasse mich beschenken.
Deswegen teste ich von führenden Firmen alle Modelle.
Eine sehr aufmerksame Lieferantin ist die zauberhafte
Renate Weinberger, ein Geheimtip in München. Ich fah-
re sehr gern zu ihr, weil sie mich »Mister Goldfinger«
nennt und weil mich die Wasserburger Landstraße an
Los Angeles erinnert. McDonald's Drive In und Italo-Re-

staurants (hervorragend »Passatore«); seit ich Parteiführer war, bevorzuge ich italienische Osterias.

Den Wasserburger Santa-Renate-Boulevard säumen Banken und Tankstellen, und plötzlich stößt man auf Renate Weinberger's Exklusivmoden, ein Stück Rodeo Drive, denn alle Marken von Iceberg bis Armani, Windsor bis JOOP sind bei ihr im Regal vorhanden. Renate entlastet meine Koffer. Neulich versorgte sie mich mit dreiunddreißig Pullis, die ich zwischen meinen drei Wohnsitzen Rio, Marbella und Monte Carlo verteilte, um mich überall kuschelig und wohlig warm bestrickt zu fühlen.

Sagte ich Wohnsitze? Natürlich bevorzuge ich Hotels, wo ich statt Vollzahlung nur die Mehrwertsteuer entrichte. Auch behaupte ich, daß Besitz belastet. Aber nicht Eigentum! Zum Eigentum habe ich ein ganz anderes Verhältnis. Es gehört mir, und es belastet nicht. Ich schone es nur, wie meine zwei Häuser auf dem Land, die ich nur zeitweilig benutze, damit die Wasser- und Stromrechnungen mir nicht allzusehr ans Ge(ld)bündelte gehen.

In Hotels dagegen lasse ich das Licht im Badezimmer die ganze Nacht brennen. Und wenn ich mit der *BILD-Zeitung* telefoniere, betätige ich unentwegt die Wasserspülung auf der Toilette. Dann fragen mich führende Kolumnisten Deutschlands ganz verblüfft: »Wo sind Sie, Herr Consul?«

Ich antworte: »In Foz de Iquaçu, schon wieder in Brasilien an den größten Wasserfällen der Welt.«

»Unglaublich! Gestern waren Sie noch in Wuppertal«, höre ich meist die Star-Kolumnisten stottern, und ich fühle mich wie in Afrika unter den Hottentotten: in den ehemaligen holländischen Kolonien die alte Bezeichnung für Stotterer.

Ja, das hätte von mir keiner erwartet, daß ich so bin! Aber ich bin anders. Ein guter, halbjüdischer Menschenkenner sagte einmal über mich: »Wenn Consul Weyer seinen Cerruti-Mantel auszieht, strahlt er richtig menschliche Wärme aus.«

Calor humano, heißt es auf brasilianisch. Zu diesem Land fühle ich mich schon deshalb hingezogen, denn:

»Gott ist Brasilianer«, sagen die Brasilianer. Nur ist er als solcher in Brasilien ständig pleite. Also muß ich mich zeitweilig in Westeuropa aufhalten. In Deutschland habe ich folgende Beobachtungen für Consul Weyers ultimativ letzte TOP-TEN gemacht:

SIEGER:

Ich, der schöne Consul, Hans Hermann Weyer! *Ich* habe es geschafft, den schwersten Gegner in Deutschland zu schlagen: das Finanzamt. *Ich* und das Recht haben gewonnen, und wenn sich der Münchner SPD-Abgeordnete Max von Heckel auf den Kopf stellt und dümmlich im Landtag fragt: »Wie kommt das Finanzamt München dazu, fast 1,1 Millionen Mark zurückzuzahlen?« Einfach: Weil Weyer nie krumme Geschäfte gemacht und niemanden aufs Kreuz gelegt hat; sich immer mit einer bescheidenen Provision zufriedengab und das große Geld als Vermittler ordnungsgemäß an die jeweiligen Staatspräsidenten und förderungswürdigen Universitäten abführte. Dafür Steuern zu verlangen ist hirnrissig und war ein blindwütiger Irrtum einiger Schalterbeamten, die ihre Lektion noch einmal lernen müssen: die sogenannte Weyer-Klausel im neuen Steuergesetz.

Helmut Kohl, für mich der nächste Wahlsieger. Nur wenige Bundesbürger besitzen so eine schöne Danksagung von Kohl wie ich: *Für Ihre Glückwünsche zu meinem 60. Geburtstag danke ich Ihnen herzlich. Ich habe mich sehr darüber gefreut. In diesen politisch so bewegten Zeiten schöpfe ich aus diesem Zuspruch Kraft, auch künftig meine Pflicht zu tun.*

Dr. Helmut Thoma, RTL-Fernsehboß mit Antenne für die neunziger Jahre, sendet auf meiner Wellenlänge. Schon seine Idee, die Pressekonferenz zum Auftakt meiner Sendung im Kölner *Bio's Bahnhof* zu veranstalten, wo ICH und ER auf zwei goldenen Thronen sitzen, halte ich für die Idee des Jahres. Bei ARD und ZDF langweilt man sich in erster Reihe, bei RTL tanzt man mit, den Weyer-Tango.

Hans Hermann Tiedje, meinungsbildender *BILD*-Chef. Der ungewöhnliche Vorname verbindet. Ich denke, er ist ein guter Mensch — wie ich. Außerdem kannte ich noch einen Hans Hermann: Münchmaier, das legendäre Bankhaus und größte Privatgeldinstitut in Hamburg. Noch hält Hans Hermann Tiedje mich für das größte Show-Talent Europas. Ein Weyer hat auch noch nie enttäuscht.

SYMPATHISCHE SPARER:

Heinrich Bauer, Deutschlands erfolgreichster Großverleger, der seine Erfolge auch durch kolossale Sparsamkeit erzielte. Abends nach Redaktionsschluß traf ich ihn einmal in der Hamburger Burchardstraße. Er inspizierte die Waschräume, öffnete eine Tür und rief laut: »Ist hier jemand?« — »Ja«, antwortete ich, worauf der alte Bauer meinte: »Dann brennt das Licht überflüssig, Sie strahlen ja genug«, und machte das Licht aus.

Rüdiger Czakert, als »Auto-König« und Rolls-Royce-Vertreter in München ein unzertrennlicher Begriff, entdeckte ich ihn als Landmaschinenhändler in Geisenhausen bei Vilsbiburg. Ich fuhr mit meinem »Silver Shadow« an der bayerischen Straße der Residenzen vorbei. Die Mechanikerlehre absolvierte Rüdiger beim örtlichen VW-Händler. Dort merkte er, wieviel ein Pfennig wert ist. Meine Hochachtung. Um meinen neuen Bentley feilschte ich mit ihm bis tief in die Nacht. Seine Firmenwerbung könnte eigentlich heißen: »Auto-König — Sparsam wie Weyer.«

Erika Jäger, charmante Frau eines sagenhaften Zahnarztes in Berlin, die schon etliche Weyer-Projekte unterstützte. Idealistisch, uneigennützig und vor allem effektiv im Weyerschen Sinne, auch zur völligen Zufriedenheit ihres Mannes Dr. Armin Jäger, dessen Praxis ich gern besuche wegen des Wiedersehens mit Erika — in allen Ehren. Die Familie Jäger sparte bei mir und war damit immer gut beraten. In besten Berliner Kreisen heißt es: Sei klug, geh zu Weyer. Eine Immobilie von Erika, durch Weyers Vermittlung in München erworben, hat sich innerhalb kürzester Zeit im Wert verdoppelt. Es war eine echte Weyer-Immobilie.

WOHLTÄTER:

Hermann Gundendorfer, Mitteleuropas weit vorausblickender Jaguar-Händler mit »Autozentrum« im oberösterreichischen Wels. Seit Jahren ein kluger Gönner, der mich stets mit Fünft- und Sechst-Wagen verwöhnt. Rechtzeitig zur Buchpremiere erfüllte er mir einen alten Jugendtraum: ein schwarzes Jaguar-Cabrio mit kirschroten Ledersitzen. Auf einem Goldschild eingraviert: »Für Consul Weyer«. Die Limousine wurde in Budapest zugelassen, wo Direktor Gundendorfer in Vorausahnung meiner künftigen diplomatischen Tätigkeit die erste Jaguar-Nissan-Toyota-Mercedes-Porsche-Ford-Niederlassung gründete, um auf alle Weyer-Wünsche vorbereitet zu sein.

Franz Georg Strauß, umsichtiger Vorstandsvorsitzender der »Marianne-Strauß-Stiftung«. Ich freute mich sehr über seinen persönlichen Brief: *Sehr geehrter Herr Consul Weyer, durch Ihre Spende haben Sie uns in unserem Bemühen, direkte Hilfe ohne Bürokratie und hohe Verwaltungskosten zu leisten, unterstützt. Ihre Spende wird es ermöglichen, daß irgendwo in unserem Land in einem konkreten Einzelfall gezielt geholfen werden kann. Dafür danken wir Ihnen sehr herzlich!*

Anneliese Friedmann, großzügige *AZ*-Herausgeberin, die mit ihrer »AZ-Wohltätigkeitsgala« im Zirkus Krone einmal im Jahr einen Hauch von Monaco nach München zaubert. Einmal wurde ich zu ihrem Geburtstag am 30. Mai eingeladen. Ich habe mir sagen lassen: »Das zählt in München wie ein Ritterschlag!«

Wilhelm Vorwerk, ungewöhnlicher Erfolgs-Industrieller aus Wuppertal mit Paarung Elektrik & Teppich. Daraus entstand auch eine Staubsaugerfabrik. Mein Prototyp ist ein Adels-Modell in Sonderausführung: Staubbeutel mit Wappen. Mein Freund Vorwerk tut mir wohl, wenn er in meiner Runde mitfeiert. Seine bezaubernde Frau Hannelore war eine Schulfreundin meiner Lebensgefährtin Angela. Wilhelm Vorwerk gehört eigentlich zu den Siegern. Er fand eine Frau, von der er glaubt: »Ich muß auf Hannelore achtundzwanzig Stunden am Tag aufpassen.«

VERLIERER:

Etzel von Bayern, Schlußlicht unter den Apanage-Empfängern der Wittelsbacher. Ich gewährte ihm einmal ein größeres Darlehen, damit er den damaligen »St. James Club« in München kaufen konnte. Ich hatte mich mit Etzel eng angefreundet, bevor ich wußte, um wessen Geistes Kind es sich handelt. Aus seiner Pleite macht Etzel das Beste: Er zog nach Bali. Mich ließ er in dem Glauben zurück, daß er im ältesten Auto der Welt gezeugt wurde: In einem Ford Etzel. Es heißt doch: »Schon Adam und Eva sündigten in einem Ford.«

Lothar Günther Buchheim, das »Monster von Feldafing«, hat mich zur Zeit der Ölkrise angezeigt, weil ich während des Sonntagsfahrverbots meinen Rolls-Royce bewegte. Im Namen des Volkes wurde seine Klage abgewiesen, der Kläger Buchheim hatte die Kosten des Verfahrens zu tragen. Selbstverständlich, daß man dem Diplomaten Consul Weyer eine Sondergenehmigung gewährte, die verkehrsfreien Straßen und Autobahnen zu benutzen. Für Dienstfahrten.

Prinz Bernhard von Niederlande, weil er nicht die Gottesgabe und die schnelle Zunge hatte, sich aus den Korruptionsbeschimpfungen seiner Landsleute herauszureden. Dieser Oranier-Monarch hatte nicht einmal so gute Anwälte wie ich, Hans Hermann Weyer.

»*Rheinhotel Dreesen*«, Gästehaus der Bonner Regierung, wurde für 130 Millionen Mark renoviert und verlor jeden Charme von einst, als es der »4711«-Parfümfamilie Mühlens gehörte. Das Haus sieht aus, als hätte es noch einmal Gäste wie Honecker & Co. zu beherbergen. Ich würde nicht einmal die schwärzesten meiner afrikanischen Diplomaten dort übernachten lassen.

Bernie Cornfield, IOC-Investment-Illusionist, machte sein Glück zum Nachteil der kleinen Leute. Ich mußte ihm dafür zur Strafe in Genf seine Freundin ausspannen.

HOFFNUNGSTRÄGER

Marie Waldburg, AZ-Klatschkolumnistin aus gutem, distinguiertem Haus, tut mir manchmal leid, daß sie sich mit dem ganzen Pöbel der Neureichen und Selbstdarsteller herumschlagen muß. Wir saßen einmal auf dem Boden und aßen gemeinsam vorzügliche Spaghetti *al dente*. Ich wünschte, Marie würde bald in eine Position gelangen, wo sie ihre großartige Schreibe unredigiert ins Blatt rücken kann.

Hildegard Knef von der Firma »Chanson, Pinsel & Co.« lernte mich als glühenden Bewunderer ihrer scharfsinnigen Texte vor fünfundzwanzig Jahren kennen. Neulich bei der Vernissage in einer Sparkasse im bayerischen Weilheim sagte sie zu mir: »Schön, daß Sie da sind, ich wollte schon lange den Consul Weyer kennenlernen.« Ich kann ihr nachfühlen, was es bedeutet, 75 000 Mark nach einem Gerichtsurteil zurückzahlen zu müssen. Ich darf als Trost bemerken: Ihre Bilder sind nicht so schlecht, wie Experten sie beurteilen. Aber ich hoffe, ihr Genie wird eines Tages anerkannt, wenn Hilde das Geld nicht mehr benötigt.

Nikolai Tregor, »Rasputin vom Gärtnerplatz«, ein Bildhauer, den ich schätze, weil er Strauß-Büsten für 300 000 Mark verkaufte. Bei einer Vernissage stritt er mit einer

Feuilletonistin der *Süddeutschen Zeitung* über die ausgestellten Objekte im Raum. Ich hörte deutlich, wie er sagte: »Das einzige Kunstwerk hier ist Consul Weyer, weil er seine Sehnsüchte und Neigungen auslebt, seine Talente und Tendenzen erforscht und sich in einem Holocaust verwirklicht. Der Mann hat nicht umsonst gelebt.« Am nächsten Tag las ich im Streiflicht der *Süddeutschen Zeitung: Für den IQ von Consul Weyer müssen sich andere zusammenlegen.*

FREUNDE

Dr. Franz Josef Dannecker, der Anwalt der Anwälte, auch persönlicher Freund von Franz Josef Strauß gewesen. Immer, wenn er mein Auto in München entdeckt, steckt er mir seine Visitenkarte hinter den Scheibenwischer mit dem Vermerk: »Würde mich freuen, Sie zu einem kleinen Umtrunk im ›Canale Grande‹ zu treffen.« Unsere gemeinsame Ärztin, obwohl wir alles andere als krank sind, hat schon uns einige Haarbüschel gekostet, um durch chemische Laboranalysen festzustellen, ob wir uns auch an ihre Diät halten. Ich bewundere die Kondition meines Freundes Franz Dannecker, drei Schweinshaxen mit zehn Maß nachzuspülen und dann bei der Haarprobe keine Spurenelemente körperschädlicher Stoffe zu hinterlassen.

Graf Erwein Matuschka von Greifenklau, Präsident des deutschen Winzerverbandes und mein Internatsfreund, dessen Spitzenerzeugnisse ich sehr liebe und in Intervallen auch zu mir nehme. Die Pausen lege ich freiwillig ein, bevor gesundheitliche Meßwerte anzeigen, was für einen Schaden man durch übermäßigen Genuß angerichtet hat.

Carl Schmidt-Polex, der Star-Reporter, der nicht beim *stern* landete und mir liebenswürdigerweise einige Amtsgänge ersparte. Er machte mich in Buenos Aires mit seiner damaligen charmanten Schwiegermutter bekannt. Sie knüpfte für mich wertvolle Verbindungen zur Universidade Patagonia »San Juan Bosco« Comodoro Rivadavia an der Grenze zwischen Argentinien und Feuerland. Als mein Kurier übergab er persönlich wichtige Urkunden an meinen damaligen Rechtsanwalt Octavianus Krauss in München. Heute legt er besonderen, notfalls juristischen Wert auf die Feststellung, daß für diese »Dienste« kein Geld, Pesos oder Mark, geflossen sind.

Das hätte auch nie jemand behauptet, weil man unter Freunden kein Geld nimmt. Carl Schmidt-Polex ist stellvertretender Chefredakteur bei *!Forbes* von Burda, dem einzigen Magazin in Deutschland, bei dem es mir bisher nicht gelungen ist, Honorare, Vorschüsse oder Spesen zu kassieren.

UNVERBESSERLICHE:

Paul Schockemöhle, wegen Tierquälerei ins Kreuzfeuer geratener WM-Reiter, der mit Elektroschocks und Schlägen seine Gäule zur Höchstleistung antrieb. 1975 wandte sich Paule an mich. Er wollte nicht mehr für Deutschland reiten: »Ich will den Herren Funktionären einen Denkzettel verpassen«, sagte er. »Und Sie müssen mir dabei helfen.« Ich sollte ihm einen Diplomatenpaß besorgen, mit dem er für ein neues Land hätte starten können. Er sprang jedoch von meiner Kandidatenliste ab. Wäre er Weyer-Kunde geblieben, und hätte er sich bei mir rechtzeitig einen diplomatischen Status gesichert, hätte er in Paraguay weiter Pferd *und* Reiter mit seiner erfolgreichen Methode zum Sieg führen können.

Walter Sedlmayr, Opfer eines Hammer-Mörders, bot ich vor Jahren diverse Consulate in Brasilien an. »Dort können Sie Deutschland im Dirndl vertreten, und ich besorge auch den Nachschub an norwegischen Kadetten«, sagte ich zu ihm. Der Preis von 400 000 Mark für ein Consulat erschien ihm zu teuer. Es war Sparsamkeit am falschen Ende. Als »Consul Sedlmayr« hätte er mit Sicherheit ein hohes Alter erreicht. Denn Weyer-Kunden leben länger, Weyer-Kunden leben gut.

Heide Keller, die Hosteß der Nation aus der ZDF-Serie *Traumschiff.* Ich brachte einmal in ihre trüben Drehtage kurzweilig Sonnenschein, las dann in der *Hör zu* (4. April 1986): *Die Darstellerin der Hosteß Beatrice, privat vom Scheidungsstreß geplagt, war dem Hafenflirt nicht abgeneigt.* Es muß in Rio gewesen sein. Aber mehr als der Flirt regte mich der Umstand auf: Sie wußte nicht, wohin mit den Möbeln nach der Scheidung. Da ich jegliche körperliche Arbeit hasse, fiel mir mein Stiefvater Clifford Davis ein, und ich hielt es mit den Engländer: *»Let's fly away«* — und schickte Heide mit meinem Chauffeur zum Aeroporto Galeon.

WINDMACHER:

Horst Ehmke, Polit-Onkel Grimm, wenn er mit seinen Märchen im Fernsehen auftritt, bin ich überzeugt, daß viele SPD-Mitglieder ihre Parteibücher zurückgeben. Auch wenn Ehmke schon mal auf dem Gästesofa bei meiner alten Freundin und »Simpel«-Wirtin, Toni Netzle, schlief, wie die halbe alte SPD-Spitze auch, so sind mir die SPD-Abgeordneten nicht sympathischer geworden. Was nicht ausschließt, daß ich doch einige SPD-Freunde habe.

Ralf Quost Prinz zu Sayn-Wittgenstein legte als Millionen-Erbe runde 300 000 Mark für eine Adoption hin. Ich verband die Transaktion mit meinem vierzigsten Geburtstag. Daher kostete mich auch die ganze Feier in Schwabings Disco »Yes« nichts. Dreihundert geladene Gäste folgten meinem Ruf: »Vier Jahrzehnte fröhliches Schaffen und Raffen.«
An der Disco-Tür standen kaffeebraune Diener mit weißgepuderten Perücken und lodernden Fackeln. Ich wünschte keinen niedrigen Landadel zu sehen. Eintritt gab's nur vom Grafen aufwärts. Es kamen Eduard Prinz von Liechtenstein, Gesandter von Haiti, und Kaiser Bokassa. Über die Quost-Adoption berichtete in der *BamS* Friederike Gräfin von der Schulenburg. Nach dieser Jahr-

zehntfeier wurde es um Herrn Quost etwas still. Aber wer bezahlt, ist bei Weyer ein Ehrenmann.

Klaus Graetz, Radio-Millionen-Erbe, den ich zum Abspecken nach Marbella brachte, in die Prominentenklinik des Marquis des Villeverde, Schwiegersohn von General Franco. Dort verliebte sich die Milliarden-Erbin Caterina Lebolo, eine Leidensgenossin, in Klaus. Und *Die Zeit* schrieb in einem hervorragenden Artikel über mich: *Weyer macht es möglich, Holz kommt zu Schmierseife.* Die Hochzeit feierte der Clan von Arezzo, der mit Textilien, Gold und Schmuck sein Vermögen machte, mit einem Feuerwerk, bei dem der halbe Olivenhain der Oma abgebrannt ist. Sie trug es mit Fassung. Zur Taufe beugten sich zwei deutsche Paten über das Baby: Dr. Arno Cramer (»Pfanni-Knödel«) und der Starnberger Frischzellen-Arzt Dr. Eberhard Schiller. Es nutzte alles nichts. Graetz wurde im religiösen Wahn zum Wanderprediger.

ZUFÄLLIGE:

Sie begegneten Consul Weyer einmal:
Sibylle Rauch, unverwüstliches Starlet des Pubertärkinos »Eis am Stiel«, stellte für eine Pressekonferenz ihren Busen zur Verfügung: um ihn mit der neuen »Consul Weyer«-Kosmetikserie einreiben zu lassen. Ich schenkte Sibylle auch mein Duschgel in der schwarzen Tube. Die Gebrauchsanweisung, daß dieses Gel nur bei einem gemeinsamen Nacktbad mit Consul Weyer wirkt, habe ich vorher entfernt. Wie ich höre, *Hustler*-t sich Sibylle als herausgebende Chefin dieses Soft-Porno-Blattes nach oben. Wenn mein Schmiermittel ihr dabei hilft, habe ich noch welches im Keller.

Jörg Sommerlath, Bruder von Königin Silvia, hat mich damals um viel Geld gebeten und dafür Wechsel unterschrieben, um seine neugewonnene »königliche Verwandtschaft« zu vermarkten. Der schwedische Hof zeigte wenig Verständnis, aber ich war auch der Meinung:

»Den Sommerlath-Boom, entstanden durch die Heirat von Jörgs Schwester mit einem echten König, muß man ausnutzen.« Jörg Sommerlath ließ eine Schmuckserie, unter anderem auch einen Brieföffner mit »SS«-Initialen entwerfen. Ich verbot ihm als sein Partner, künftig auf seinen Opel-Kadett Rallye-Streifen zu kleben. Daran ist unsere Geschäftsbeziehung auch zerbrochen.

Monika Peitsch, von der Zahnarzthelferin zur »Bambi«-gekürten Schauspielerin aufgestiegen, scheint aus drei Männerpleiten immer noch nichts gelernt zu haben. Auch der vierte, der Hamburger Kaufmann Sven Hansen-Höchstedt, ist vielleicht nicht der Richtige. Ich besorgte ihm einen seltenen Orden, den »Stern des Friedens« von Kardinal Ottaviani. Früher machte er stets einen Diener, wenn er mich sah; neulich in meinem Lieblingsrestaurant »Fisch-Fiete« vergaß er, mich zu grüßen. Ich wollte ihn hiermit nur an die für ihn fruchtbare Geschäftsverbindung erinnern.

PECHVÖGEL:

Sie kreuzten meinen Weg, berührten mich kurz und starben eines unnatürlichen Todes:
Renate Ewert, Filmstarlet (»08/15«) mit dem Ruf, Europas beste Liebhaberin zu sein, schluckte eine Überdosis Tabletten. Sie war schon fünf Tage tot, als man sie zum Skelett abgemagert fand.

Susanne Cramer, Renates beste Freundin, ebenfalls Starlet (»Der Greifer«), starb in Hollywood nach einem Selbstmordversuch durch Tabletten an den Folgen. Diagnose: schwere Lungenentzündung.

Lucky Cassner, Rennfahrer, den ich vorhatte zu sponsern, fuhr sich schon bei der Trainingsrunde in Hockenheim tot. Mit meinem Rennwagen, den ich für 300 000 Mark gekauft hatte, um einer Fürstin zu imponieren. Wenn Lucky damals gesagt hätte, daß er schon neunundvierzig war, hätte ich ihn niemals fahren lassen. Er hatte nicht die Weyer-Konstitution.

Graf Berghe von Trips, siegreicher Rennfahrer, verunglückte zwei Tage später, nachdem er in Berlin mit dem Nachtclub-König Rolf Eden, Bubi Scholz und mir eine ganze Nacht durchgefeiert hatte. Ich glaube, er hatte Todesahnungen und genoß es, Abschied vom Leben mit Consul Weyer zu nehmen.

Anastasio Somoza, Diktator von Nicaragua, begegnete ich kurz bei meinem Staatsbesuch in Haiti. Ich kam, er ging. »Baby Doc« schimpfte: »Dieser Büfettplünderer!« Somoza fiel 1981 in Asunción einem Attentat zum Opfer. Vor meinem Haus an der Avenida España 332.

William R. Tolbert, Präsident von Liberia, und sein Sohn und mein Häuptlingsbruder Albert wurden hinterhältig bei einem Putsch im Palast ermordet und der König von Burundi Ntare V. von seinem Gegner geviertelt.

Requiescant in pace — ich schließe alle in meine Gebete ein. Auch meinen verunglückten Freund Jochen Rindt und den mit seiner Privatmaschine abgestürzten Jürgen Feindt, den Kojak des deutschen Fernsehens, der mir sehr sympathisch war.

Mir wurde ein geradezu widernatürlich langes Leben prophezeit, ein Methusalem-Alter, das ich in bester gesundheitlicher und geistiger Verfassung erreichen werde. Mein Hausarzt, Dr. Rainer Cämmerer, da Weyer-Arzt auch bester Doktor in München, attestierte mir zu meinem fünfzigsten Geburtstag das Herz eines Dreiunddreißigjährigen, die Cholesterinvorzeigewerte 134 und eine Leber wie Samt und Seide. Angesichts so exzellenter Kondition beabsichtige ich, demnächst auch meinen Status als einer der zehn goldenen Junggesellen Deutschlands (laut *Bunte* auch der begehrenswerteste) aufzugeben. Der Grand Prix um Consul Weyer ist hiermit eröffnet.

Meine Freundin Caroline, bei der ich bereits in der Familie bestens aufgenommen bin, versteht mich sehr gut. Sollten wir trotzdem gravierende Meinungsverschiedenheiten bekommen, bin ich sicher, daß wir uns in Liebe trennen werden.

Ich schrieb dieses Buch in der Blüte meines Verhältnisses zu Caroline. In den Verschnaufpausen in Miami Beach, Palm Springs und Los Angeles erlebten wir herrliche Zeiten. Nur war Caroline furchtbar eifersüchtig. Als wir händchenhaltend den Malibu Beach entlangspazierten und ich gedankenverloren »Denver«-Star Linda Evans anstarrte, die uns entgegenjoggte, drehte Caroline gleich durch und lief auch dreieinhalb Meilen, zirka sechs Kilometer, weit weg.

Wir flogen hin und zurück mit der LTU und wurden wie ein Fürstenpaar bedient und *first class* verköstigt. Ich habe versprochen, wenn wieder USA, dann mit der LTU.

Auf der Warteliste zum Endziel Weyer stehen inzwischen ein zauberhaftes dreißigjähriges Dior-Model, kurz eingeheiratet in eine der größten Aufzugs-Dynastien, aber Lifte beeindrucken mich nicht, weil ich immer im Parterre, notfalls im Hochparterre wohne.

Die andere Wahl wäre eine frisch geschiedene Chefredakteursgattin, die enge verwandtschaftliche Kontakte zu der von mir hochgeschätzten Familie von Axel Springer unterhält.

Für meine glückliche Zukunft mit einer geliebten Frau spielen geldliche Überlegungen überhaupt keine Rolle. Nur das Herz soll sprechen. Ich bin nie ein Prinzgemahl-Typ gewesen, sondern stolz darauf, die Millionen selbst verdient zu haben. Ich könnte es nicht ertragen, daß eine Frau zu mir sagt: »Der echte Louis-XVI-Stuhl, auf dem du sitzt, gehört mir.«

Ungeachtet dieses Umstands möchte ich aber mehrere Millionärinnen auffordern, sich zu melden. Schon aus Paritätsgründen. Ein entscheidendes Kriterium, um meinen Junggesellen-Status aufzugeben, ist für mich der sogenannte Hand-Test. Ich wünschte mir, das Märchen meiner wunderbaren Eltern könnte auch für mich wahr werden. Als mein Vater und meine Mutter — für mich die schönste Frau, die ich je gesehen habe — kennenlernte, rief er voller Entzücken: »Diese Hände dürfen niemals spülen!«

Eine noble Tradition im Hause Weyer, an die ich anknüpfen will. Auch an den Umstand, daß mich mein Vater erst im reifen Alter von fast fünfzig Jahren zeugte. Es gelang ihm, ein Musterexemplar der genetischen Fortpflanzung, einen Sohn mit geradezu widernatürlicher Intelligenz zu schaffen, der wie Franz Josef Strauß das Einser-Abitur schaffte.

In vielen Sachen war mein Vater für mich ein Vorbild. Ich hatte eine solche Hochachtung vor ihm, daß ich beinahe Sie zu ihm sagte. Einmal, ich steckte als Hamburgs jüngster Getränkehändler etwas in der Klemme, besuchte ich meinen Vater. Er hatte mich fast ein halbes Jahr nicht gesehen. Trotzdem empfing er mich nur mit kurzen prägnanten Sätzen: »Wie geht es dir?« — »Was willst du?«

Mir fiel das Herz in die Hose, aber die Lage war für mich zwingend: »Ich brauche 450 000 Mark als Darlehen für ein Jahr. Zahle mit Zinsen zurück.«

Mein Vater schaute mich streng an, schob die Brille auf die Stirn.

»War das alles?«

Dann schob er die Brille noch höher auf den Kopf. Seine anschließende Belehrung klingt mir noch in den Ohren wie gestern: »Ein echter Weyer hilft sich selbst.«

Dann klappte er die Brille wie einen Hitzeschutzschild herunter und schob sie von der Nasenspitze dicht an die Augenbrauen. Ich begriff, welche wichtige Funktion die Optik im Geschäftsleben hat, und machte mich auf die Suche nach dem besten Brillenmacher Deutschlands.

Ich fand ihn in München beim Sendlinger Tor: Optik Paradies Suchy GmbH. Der Beste seines Faches, weil mein Freund Suchy ein Weyer-Optiker ist.

Sicherlich ist dem verehrten Leser schon aufgefallen, wie konsequent ich alle meine Schneider, Hotels, Restaurants, Autohändler und Fluggesellschaften genannt habe. Aus gutem Grund: Meine Memoiren sind das erste Buch in Deutschland mit *Product placement*. Es wurde schon während des Schreibens ein Bestseller, weil ich das Buch seitenweise für Werbung verkauft habe, ähnlich wie das Telefonbuch *Gelbe Seiten*.

Consul Weyer ist käuflich. Meine neueste Firma heißt

unicef 🕊

Kinderhilfswerk der Vereinten Nationen

**Deutsches Komitee
für UNICEF**

Steinfelder Gasse 9
5000 Köln 1
Telex 88 81 331
Telefax 02 21/13 56 44
Telefon 02 21/1 60 08-0
Durchwahl 02 21/1 60 08-58

Herrn Consul
Hans-Hermann Weyer
c/o Herrn RA Tschofen
Königsberger Str. 7

8225 Traunreut

09.03.1990
0433e/Gr

Sehr geehrter Herr Consul,

Sie haben im Rahmen der Münchner tz-Weihnachtsaktion

DM 10.000.--

gespendet. Damit haben Sie den "Kindern dieser Welt" sehr
geholfen. Herzlichen Dank dafür!

Das Bewußtsein, daß die Menschen zusammengehören trotz aller
Unterschiede von Rasse, Religion, Einkommen, Nationalität und
Ideologie, prägte die Arbeit von UNICEF von Anfang an. Und daß
in dieser Menschenfamilie das schwächste Glied, das Kind, eines
besonderen Schutzes bedarf, war und ist der eigentliche Motor
all unserer Aktivitäten. Für das Wohl der Kinder sollten wir
alles tun, gleichgültig ob sie bei einer Kamelkarawane in der
Sahara, in dem Ghetto einer Großstadt, in einem Dorf im südamerikanischen Hochgebirge oder anderswo geboren werden; denn Kinder sind unser aller Zukunft. Und zur Sicherung dieser Zukunft
sind wir alle aufgerufen - jetzt!

Wir danken Ihnen nochmals für Ihre Mithilfe und verbleiben mit
den besten Wünschen für Ihr Wohlergehen

und freundlichen Grüßen

Dietrich Garlichs
Dr. Dietrich Garlichs
Geschäftsführer

Petra Juch
Petra Juch
Leiterin der
Arbeitsgruppe München

Deutsches Komitee für UNICEF e.V., Steinfelder Gasse 9, 5000 Köln 1 · Vereinsregister VR 5068
Schirmherrschaft: Marianne von Weizsäcker · Vorsitzende: Marie-Elisabeth Klee · Geschäftsführer: Dr. Dietrich Garlichs
UNICEF-Spendenkonto 300 000: Bank für Sozialwirtschaft Köln (BLZ 370 205 00); Pax-Bank eG Köln (BLZ 370 601 93); Stadtsparkasse Köln (BLZ 370 501 ;
Sahlbrück & Co Köln (BLZ 370 203 83); Kölner Bank von 1867 (BLZ 371 600 87); Dresdner Bank Köln (BLZ 370 800 40); Commerzbank Köln (BLZ 370 400 44);
Deutsche Bank Köln (BLZ 370 700 60); Bank für Gemeinwirtschaft Köln (BLZ 370 101 11); Postgiroamt Köln (BLZ 370 100 50)

Der ‚neue' Weyer: Sechsstellige Spenden im Jahr.

»Rent-a-Consul«. Man kann mich zu Geburtstagen, Betriebsfeiern, Hochzeiten mieten. Ab 6000 Mark plus Spesen kommt Consul Weyer ins Haus. Ich halte auch Reden. Bei Übernahme der Anwaltskosten bin ich auch bereit, Gäste zu beleidigen. Der Kunde (Gastgeber) kann den Härtegrad bestimmen.

Zu der Familiensaga Weyer möchte ich noch vermerken, daß mein Vater sich bis zur letzten Minute auf seine sagenumwobene Potenz verlassen konnte, wie mir seine letzte angetraute Ehefrau Gretchen aus Hamburg zusteckte. Mein Vater starb 1968 im gesegneten Alter von fast achtzig Jahren. Von ihm erbte ich meinen Tick mit den Autonummern. Er fuhr die nobelsten Karossen seiner Zeit: Horch, Maybach, Mercedes — immer mit dem Kennzeichen: A 1—1 bis 1—3.

In Erinnerung an ihn und an meine Mutter könnte ich mir vorstellen, daß ich eines Tages einer geliebten Frau doch eines von meinen beiden traumhaft gelegenen Landhäusern oder eine der hollywoodähnlichen Wohnungen in Südamerika vermachen könnte. Mit einer genauso verliebten Widmung, wie mein Vater es tat, als er meiner Mutter die Schlüssel zu einer feudalen Villa in Berlin-Dahlem übergab: »Nun hat Bärlein Rehlein ein Heim geschenkt.«

Und wenn sie nicht gestorben wären, dann lebten sie heute noch.

Und ich, der schöne Consul Weyer?

Ich war auf dem Weg, einer der reichsten Männer Deutschlands zu werden. Aber das Geld hätte mich ruiniert. Also gab ich es auf und entdeckte mein Herz für die Armen. Ich spende für Straßenkinder in Brasilien, SOS-Kinderdörfer, UNICEF und wohltätige Aktionen, die eine Weyer-Hilfe benötigen. Ich hoffe, meine Freunde werden mich dabei unterstützen, daß die Weyer-Schecks für den guten Zweck immer höher werden.

Ich verwalte meine Steuergelder selbst, und zwar ohne großen Aufwand; und vor allem achte ich auf meinen immer länger als sechs Monate dauernden Auslandsreisen im Jahr sehr genau darauf, daß diese Gelder dahin kommen, wohin sie gehören.